경제민주화를 비판하다

임현진 · 김종인 · 백낙청 · 송호근 주장의 허구

경제 민주화를
비판하다

임현진·김종인·백낙청·송호근
주장의 허구

허화평

기파랑

지난 세기가 이성을 바탕으로 하는 근대화 물결이 무한한 성취의 가능성을 향하여 포효하는 세기였다면, 지금은 탈脫근대화 바람이 지식정보산업혁명 진전과 더불어 과거 역사와 전통, 문화, 예술, 환경 등에 이르기까지 새로운 해석과 인식을 환기시켜줍니다. 게다가 지구상의 모든 인위적 장벽과 경계와 속박은 물론 이성의 아성까지 무너뜨리면서, 사고의 영역과 삶의 공간을 무한히 넓혀가는 글로벌화 세기입니다. 인류는 이미 지구라는 행성을 하나의 삶의 터전으로 받아들이면서 살아가야 하는 글로벌 시대에 진입했기 때문에 어떤 국가, 민족, 종족이라 할지라도 비껴갈 수 없는 글로벌화는 지구행성 시대에 수반되는 필연적 현상입니다.

한국은 유럽의 룩셈부르크나 네덜란드, 아시아의 싱가포르와 홍콩처럼 지구상에서 글로벌화를 가장 적극적으로 받아들여야 하는 국가입니다. 그럼에도 불구하고 무지와 허영에 차있는 현실참여 지식인들이 이를 외면하거나 비판하면서 구시대적 사고의 틀 속에 갇혀 사회적 신뢰를 아랑곳하지 않고, 시민의 상식을 쓸모없는 것으로 만들고 있습니다. 부정부패의 상징처럼 되어 있는 정치인들과 권력 집단들이 그들의 손에 놀아나고, 그 대가를 국민들이 치르고 있습니다. 그런 가운데 과거 성취를 무색하게 만들고 자유주의 체제를 송두리째 변혁하려는 종북좌파들이 경제민주화 깃발을 추켜들고 분열 책동을 가속화하면서 세상을 거꾸로 돌리려고 하는 것은 불가사의하고 웃기는 세상에서나 가능한 일입니다. 불행하게도 웃기는 세상이 되어버린 한국사회에서는 극심한 아노미 현상이 발생하면서 밑바닥을 가늠할 수 없는 블랙홀 현상이 생겨나 국민 절대다수가 지키고자 하는 가치와 원칙이 그 속으로 빨려 들어가고 있습니다.

박근혜 대통령이 2014년 연두 기자회견에서 개인소득 4만 불 시대, 통일시대 준비로 대박을 터뜨리자고 한 것은 대통령 개인의 일시적 정치구호라기보다 절대로 포기할 수 없는 우리 모두의 소망입니다. 하지만 지금과 같은 블랙홀에서 벗어나지 못하면 국민적 소망 달성은 불가능합니다. 저자는 편견을 두려워하면서 상식의 개념으로 현실참여 지식인들의 지적 무지와 허영을 비판하고, 한국정치의 패악성과 상식붕괴 현상을 고발하면서 정작 우리에게 요구되고 있는 국가적, 국민적 선택을 제시하고자 고심하였습니다.

책이 출간되기까지 필요한 자료를 찾아주고 원고를 세심하게 정리해준 민가람 연구원의 도움과 도흥열 교수의 성의에 넘친 마무리 감수에 감사하고, 기꺼이 출판을 맡아준 기파랑 안병훈 대표께 깊은 감사를 드립니다. 책을 낼 때 마다 항상 부족감을 떨쳐내지 못하지만 이 번에도 예외는 아닙니다. 독자 여러분들의 너그러운 이해와 편달을 바랍니다.

2014. 3. 허화평許和平

목차

1장

식자識者의
무지와 허영

▶▷ 식자의 현실참여

여러분 이 세상에서 가장 무서운 사람이 누구인줄 아십니까?

…? …?

딱 책 한 권 읽고서 뭘 주장하는 사람입니다.

위의 인용문은 『무지개 원리』의 저자로 널리 알려진 차동엽 신부가 쓴 『잊혀진 질문』에 실린 것으로, 그가 신학교 시절 수업시간에 지금은 대주교가 된 당시의 교수가 던진 질문과 답을 소개한 내용이다. 이것은 아마도 지식인의 진지함과 겸손함의 중요성을 강조한 것일 수도 있겠지만 변화가 무상하고 갈등과 충돌이 심한 사회에서 흔히 경험하게 되는 대중영합적, 기회주의적, 맹목적, 때로는 광신적인 지식인들의 무지와 허영이 사회에 끼치는 위험성에 대한 경각심을 환기시키기 위한 것이 아니었을까 싶다. 딱 책 한 권 읽은 사람이란, 일반적으로 학문이 짧고 지식이 옅은 사람을 지칭했겠지만, 차동엽 신부가 신학생 시절이었으니 꽤 오래전 일이다. 현재 한국 지식사회 환경이 그때에 비해 얼마나 변하고 성숙되었을까?

식자란 학자와 지식인을 통틀어서 하는 말이지만 학자와 지식인은 구분된다. 학자란 전문분야 학문을 전업으로 하면서 가르치는 사람이고, 지식인이란 배움을 바탕으로 하는 정신적 노동자로서 현실에 직·간접적으로 참여하는 사람들을 말한다. 지식인의 현실참여는 일반적 현상이나 학자의 현실참여는 예외적이다. 학자가 현실에 참여하는 순간 그는 지식인의 대열에 합류하게 된다. 이들은 스스로 권력 주체가 되는 일은 드물지만 권력 주체의 주변을 감싸고돌면서 특정 정치세력의 이념적 노선 선택과 정책결정을 좌우하거나 한 시대를 요란스럽게 만드는 경우는 드물지 않다. 학자들의 도움과 지식인들의 참여 없이 세상일은 이뤄지지 않지만, 이들이 현실참여에서 자의든지 타의든지 간에 과오를 범하고 착오를 일으켰을 때 세상 사람들이 치러야 하는 대가와 희생은 이루 말할 수 없이 클 수 있다. 그로 인해 이들의 사상과 이론, 글과 말에 대해 깊은 관심을 갖지 않을 수 없게 되며 개방되고 다양한 사회일수록 그 중요성은 커진다. 그들의 사상과 이론과 방책들은 한때의 정권, 한 시대, 때로는 세기에 걸쳐 깊은 영향을 주기 때문에 훌륭한 학자들, 훌륭한 지식인들과 그렇지 못한 학자들과 지식인들을 구분할 수 있어야 건전한 사회를 유지하고 발전시켜 갈 수 있다.

명문대학인 미국의 하버드대와 예일대, 영국의 옥스퍼드대와 캠브리지대, 혹은 국내 명문대 간판을 앞세워 달콤하고 향긋한 대중영합적이고 기회주의적인 방책이나 정책으로 권력자들의 허영심을 자극하고, 때로는 광신적 선동 메시지를 들고 나와 대중을 유혹할 때, 그리고 그들이 권력자들의 주문을 받아 화려한 포장을 씌워 만들어낸 정치적 상품을 국민 앞에 내놓았을 때 심각한 문제가 발생한다. 유감스럽게도 우리는 김영삼 정부 이래 선거가 거듭되고 정부가 바뀔 때마다 그러한 현상이 반복되고 심화되는 가운데 정치, 경제, 사회적 갈등과 충돌과 혼란을 겪어왔다. 2012년 18대 대통령 선거철을 맞아 각 캠프에 몰려든 교수가 500여 명에 이른다고 하니 드러나지 않은 교수들을 포함하면 그 숫자를 정확히 알 수가 없을 정도다. 학자와 지식인들이 정치인들의 들러리가 되어 이들을 완전히 포위하고 있는 형국이다.

역사적으로 사림士林 정치 500여 년 동안 피비린내 나는 권력암투가 끊이질 않았고, 백성을 내팽개치다시피 하면서 경복궁을 중심으로 그들만의 게임에 몰두하다가 비극적 망국을 자초한 바 있었다. 1945년 이래 현대사를 뒤돌아봐도 성공한 족적을 남긴 참여 학자들은 희소하다. 유신헌법을 만들어낸 것도 그들이며, 세금폭탄을 제조해낸 것도 그들이고, 끊임없이 증오를 재생산해내면서 국민을, 시민을 분열시키고 있는 것도 그들이다. 1930년대 케인즈의 처방을 2012년에 들고 나와 공짜 세상을 만들어주겠다는 것도 그들이며, 패배한 이념의 끈을 붙잡고 퇴물이 되어버린 식민지 종속론을 떠받치고 있는 것도 그들이다. 또한 멀쩡한 역사를 뜯어고치고 성공한 역사에 흠집을 내는데 시간과 노력을 바치고 있는 것 역시 그들이다. 그들 중에는 적대적 계급사회를 만들어 세상을 뒤집으려고 하는 자들도 적지 않다. 그들은 선량한 시민과 국민은 안중에도 없는 듯 무모하게도 세기적 흐름을 거부하고 보편적 가치를 조롱하면서 대한민국 거리를 활개 치며 걷고 있다. 인물이 많기로 유명한 중국의 경우 5천여 년 역사를 통해 고결한 자부심으로 한때나마 현실정치에 참여했던 학자는 귀거래사歸去來辭를 남긴 도연명陶淵明 정도라고 하니 그 정도를 가늠할 수 있다. 중국 샤

먼대학廈門大學 교수 이중톈易中天은 『제국의 슬픔』에서 학자의 현실참여 문제와 관련해서 다음과 같은 견해를 밝히고 있다.

중국 고대 사회의 오천년 역사를 통틀어 사회적 정의나 양심이 깨어 있었다고 할 만한 학자가 과연 몇이나 될까? 아마 그런 인물이 있었다면 영락없이 희귀종으로 분류되었을 것이다.

조선시대 사람들은 중국 명나라 학풍을 고스란히 받아들인 판박이 소중화주의자小中華主義者들이었다. 그런데 이중톈 교수는 명나라 사상가며 비평가였던 이지李贄가 가식적인 학자들을 향해 "그들의 삶은 진실함이 없고 거짓과 가식덩어리뿐이다. 그들은 옳은 행동을 주장하며 이를 몸소 실천하는 시정의 속인들보다 못하다"고 한 것을 소개하면서 자신의 견해를 밝힌 것을 보면 장소를 불문하고 옛날이나 지금이나 크게 다르지 않다.

학자들은 자신의 재능만 믿고 안하무인으로 우쭐대거나 고상한 척하기 마련이어서 강한 오기와 어리숙함, 심지어 무분별한 광기를 드러내기도 한다.

그가 지적한 것은 오늘날 우리 사회에서도 그대로 적용될 수 있는 내용들이다. 국민이 선출한 정치 지도자들이 선출된 적이 없는 허명虛名에 들뜬 지식인들이 만들어낸 정치상품을 무분별하게 받아들이는 것이 일상화되면, 그러한 사회는 위험한 대중영합주의가 만연하게 된다. 그러므로 정치 지도자들의 지식인, 특히 학자 영입은 세심한 고려와 판단을 요한다. 국민이 선출한 지도자가 그들의 손에 놀아나면 결국은 국민이 그들의 손에 놀아나는 결과를 초래하기 때문이다. 현실 참여 지식인들, 학자들은 왔다가 가버리면 그뿐인 책임지지 않는, 일회성으로 끝나버리기 쉬운 하루살이 같은 존재들이므로 그들을 정부와 당에 불러들이는 것은 매우 신중하지 않으면 안 된다. 그들 자신과 그들이 몸담고 있는 대학교, 전문분야 발전을 위해서도 그렇고 책임정치 발전을 위해서도 그렇다.

중국의 공자孔子가 위대한 불멸의 사상을 남겼으나 현실정치 참여에서는 거듭 좌절했다. 반면 희랍의 아리스토텔레스가 위대한 헬레니즘 문화의 전파자였던 알렉산더 대왕을 가르쳤다는 역사적 사실은 사상가, 학자들의 한계와 역할을 보여주는 대표적 사례史例다. 정치 지도자들에게 사상적 기반과 지적 역량이 중요한 것은 주변을 둘러싸고 있는 수많은 지식인들이 제공하는 사상과 이론과 방책들을 때를 놓치지 않고 현명하고 올바르게 선택하고 수용할 수 있어야 하기 때문이다. 이것은 정치 지도자들의 성패를 좌우하는 결정적 요소이며 아무도 대신해줄 수 없는 오직 자신만의 문제이다. 우리의 경우 민주적 지도자로 자처한 김영삼 대통령 이래 그러한 조건을 갖춘 지도자는 없었다. 김영삼을 포함한 4명의 지도자는 지난 20년 동안 국민들에게 영감을 불어넣기는커녕 과거에 집착하여 국민을 분열시켰고, 천박한 수준의 사상과 지식, 편견과 독단으로 시행착오를 반복함으로써 발전 에너지를 소진하면서 민족과 국민의 진로에 심각한 혼란을 야기해온 것이 사실이다. 김영삼의 문민정부론과 민족우선론, 김대중의 국민정부론과 제2건국론, 노무현의 참여정부론과 정의가 실패한 건국론, 이명박의 중도실용론의 공통점은 하나같이 식자의 무지와 허영의 대명사들이며, 2012년 대선에서는 경제민주화가 등장했다.

▶▷ 배 위에 사는 쥐와 같은 존재

식자의 무지란 잘 알지 못하면서 아는 체 하는 것이고, 식자의 허영이란 조금 알면서 모든 것을 아는 체 하는 것이다. 무지가 심한 자는 편파적이고 쉽게 부화뇌동하여 선동의 주역이 되거나 하수인이 되고, 허영이 심한 자는 권력과 명예와 세속적 이익을 위해 왜곡, 심지어 날조를 서슴지 않는다. 식자의 무지와 허영이 손을 잡고 선동을 일삼게 되면 사회는 걷잡을 수 없는 혼란의 수렁으로 빠져들게 된다. 무지하고 허영에 찬 지식인들은 '배 위에 사는 쥐'들과 같아서 침몰을 가장 먼저 알아차리고 남보다 먼저 탈출하여 다른 배로 옮겨 타는 기민함을 드러낸다. 전형적인 기회주의자와 출세주의자들의 모습이다. 정치인, 관료, 교수, 언론인, 문화예술인, 종교인에 이르기까지 예를 열거하자면 끝이 없다.

가장 신뢰 받고 존경 받아야 할 법조 집단이 국민의 뇌리 속에는 부정·불의하여 믿지 못할 집단으로 인식되어 있다. 권력지향적이고 출세지향적인 그들의 행적이 그렇게 만든 것인데 이것은 국가의 불행이다. 정치적 사건일수록 그들의 수사와 판결은 의심을 자아낸 경우가 다수였다. 1997년 '역사 바로세우기'라는 정치재판에서 판사들이 내린 판결문에는 그들이 얼마나 당시의 권력에 아부하여 그들의 지식을 어떻게 남용하였는가를 알 수 있는 부끄러운 내용들이 있다.

광주시위대는 헌법 수호를 위해 결집된 준≞헌법기관이었다. 시위가 전국적으로 확산됐어야 했는데 신군부가 조기에 진압한 것은 분명한 내란행위였다.

이것은 누가 읽어봐도 당시 사법부가 김영삼 정부에 바친 최고 수준의 헌사献詞에 가깝다. 그들의 판결처럼 신군부의 사태진압이 잘못된 것이라 하더라도 '시위가 전국적으로 확산되지 못하도록 한 조치'를 내란으로 규정한 것은 사법 권력의 자의적 해석이자 남용이며 양식도, 상식도 없는 지식인들의 폭거가 아니고서는 상상할 수 없는 내용이다.

노무현 대통령 밑에서 한미 FTA 협상 타결 당시 비서실장을 지낸 문재인은 2011년 10월 「나는 꼼수다」라는 인터넷 방송에서 FTA 협상단에 대해 "경제관료들 거의 대부분이 대단한 개방주의자다. 다들 미국 유학생활을 해서인지 친미를 넘어 숭미崇美, 종미從美라고 할 정도"라고 비판했다. 당시 노무현 정부에 경제 브레인으로 참여했던 이정우 경북대 교수는 민주당 대선후보 문재인 선대위원회 경제민주화 위원장 신분으로 2012년 10월 11일 공식적으로 "한미 FTA는 노무현 정부의 과過요 잘못"이라고 발표하였다. 이들로부터 공인의 정직성이나 학자의 양심을 찾아보기란 어렵고, 이중적이며 기회주의적인 지식인의 면모를 발견하게 된다.

김대중 대통령 밑에서 관치경제의 주역으로 거대 기업의 구원에 앞장섰던 이헌재가 2012년 대선 정국에서 반反기업적 경제민주화 바람에 편승하여 재벌 해체 주장에 열을 올린 것도 기회주의적 처신의 본보기라고 할 수 있다. 그는 사상도 원칙도 없는 지식인이다.

"안철수 현상은 고난에 빠진 민중의 처절한 목소리"라는 도올 김용옥 교수의 주장은 드라마 대사에서나 나올 법한 과장된 표현이어서 역겨움을 느낄 정도다. 우리 사회에 빈곤층이 있는 것은 사실이나 억압 받고 착취 받은 나머지 처절한 소리를 내는 민중집단은 존재하지 않는다. 안철수에게 아첨하고 대한민국을 욕하는 소리가 아니라면 북한 사회를 착각해서 하는 소리가 아닐까 싶다.

최근 경기도에서 역사교사 17명이 단군신화를 정사正史로, 만주의 간도를 조선 땅으로 기술한 중·고교용 교재를 발간했다가 동북아 역사재단의 수정 권고를 받은 것은 역사 왜곡의 예이며, 지금도 현대사 서술을 놓고 양분되어 있는 것이 학계다. 세계 석학들의 사상과 이론을 호기 있게 비판하면서 이들의 사상과 이론을 뛰어넘어야 한다고 주장하는 지식인들이 적지 않지만 막상 스스로는 자신의 것, 새로운 것을 내놓지 못한다. 마이클 샌델Michael Sandel의 『정의란 무엇인가』(2009)라는 책이 번역되어 1백만 부 이상 팔리고, 비싼 초빙료를 지불하면서 노벨상 수상자들을 모셔놓고 각종 학술회의 하기를 좋아한다. 하버드대, 케임브리지대 출신 교수들의 글과 말이면 무조건 높은 가격을 매겨주는 언론들과 일반 지식인들의 반응에서 심한 지적 사대성을 접하게 되며, 의도를 감추면서 대중이 쉽게 이해할 수 없는 추상적 용어를 동원하여 국민의 여망이며 시대의 흐름이니, 시대정신이니 하면서 주요 정책이론으로 각색하여 정치권력의 힘을 업고 강요하다시피 하는 지식인들의 기만성을 발견하게 된다. 하지만 우리 사회에서는 이상하리만큼 학문적 비판이 전무하다시피 하여 일반인들이 학자들, 지식인들의 주장들을 비교판단하기 매우 어려운 현실이다. 김종인金鍾仁과 이정우가 주장하는 경제민주화가 좋은 예라고 할 수 있다.

▶▷ 글로벌화와 신자유주의에 대한 왜곡

최근 식자의 무지와 허영을 확인할 수 있는 대표적인 주제가 '글로벌화globalization'와 '신자유주의neoliberalism'이고, 그 연장선상에 양극화와 경제민주화가 있다. 우리 사회에서 신자유주의에 대한 비판은 1980년대 이후이고 글로벌화에 대한 비판은 1990년대 이후이지만, 본격화된 것은 2008년 미국 월가 발(Wall Street發) 국제 금융위기 이후이다. 우리의 경우 이러한 현상이 출발부터 잘못되어 있음을 인정해야만 앞으로 있을 논의의 방향과 수용 여부를 올바르게 결정할 수 있다. 어떠한 사상이나 이론에 대해 비판을 올바르게 하려면 학문적, 이론적 학습과 논의가 선행되어야만 가능하다. 그런데 그러한 사전단계 없이 곧바로 비판이 이뤄지고 있기 때문에 중구난방이 되어버렸고, 일반인들이 인식과 판단의 기준을 가늠할 수 없게 되다보니 출신대 간판이 좋고 사회적 영향력이 큰 사람들의 비판일수록 설득력을 갖게 되어 문제를 어렵게 한다.

글로벌화와 신자유주의는 한때의 정치적, 사회적 사조나 조류가 아니라 인류의 역사와 300여 년에 걸친 자유주의 역사발전 배경을 이해해야만 비로소 이해할 수 있는 것이다. 그렇기 때문에 특정 국가, 특정 정치 지도자들의 역할이나 한때의 정치 · 경제 · 사회적 특정 현상에 초점을 맞추다 보면 중대한 오류를 범할 수 있는 주제들이다. 가르친 바도, 배운 적도, 논의해본 바도 없는 상태에서 어느 날 해외로부터 전해오는 시류에 편승하여 비판에 가세하다보니 비판자들의 지식은 편파적이고 편향적이며, 평범한 상식 이상의 수준을 넘어서지 못하고 있다. 이 주제들에 대한 비판은 좌 · 우 지식인 구분이 없는 일반적 현상이며 지극히 선동적이다. 저자가 알고 있는 한 이들 주제에 대해 학문적으로 본격적인 연구와 이론정립을 이루어낸 국내학자는 전무하다. 그러나 현실에서는 비판자들마다 전문가인양 떠들어대고 있다.

이것이야말로 '책 한권 읽고 무엇을 주장'하는 위험한 현상이다. 해외파 학자 중 글로벌화와 신자유주의 비판에 앞장서고 있는 대표적 인사가 장하준 영국 케임브리지대 경제학 교수다. 그의 책과 글들은 국내 언론을 타고 널리 읽혀지고 알려져 있다. 정몽준 의원이 쓴 『자유민주주의 약속』에 의하면 그는 "정부가 경제발전을 위해 적극적인 개입 정책을 구사"해야 하고 "정부 개입은 제대로 계획되고 추진되기만 하면 경제는 더 역동적으로 만들 수 있다"고 주장한다. 그의 주장은 이성의 힘을 맹신하는 19세기적 합리주의 발상으로 이성의 한계를 뛰어넘고자 하는 오늘날과 같은 포스트모더니즘 시대에는 맞지 않는 국가주의 입장으로서, 긍정적으로 평가한다면 케인즈주의적이고 부정적으로 평가한다면 사회주의적이다. 1789년 프랑스 혁명은 급진적 합리주의의 발로였으나 폭력에 의해 피로 얼룩졌다. 20세기 구舊 소련공산주의 제국은 극단적 합리주의자들에 의한 국가주의의 실험이었으나, 폭압적이고 야만적인 전체주의 역사를 남겼을 뿐이다. 인간은 이성만으로 사고하고 합리주의 정신만으로 행동하는 기계적 존재가 아니다. 그러므로 인간을 구성원으로 하여 생겨나는 사회 역시 이성과 합리주의만으로는 작동하지 않는다. 이런 전제 하에 국가권력을 경계하고 시장원리를 환영할 때 인간은 개인의 자유와 권리를 누릴 수 있고, 번영을 창의적으로 추구할 수 있다고 믿는 신자유주의자들의 주장과 극명하게 대비된다. 이성과 합리주의에 근거한 과학적 유물론을 내세운 마르크스레닌주의자들이 국가 계획에 의하여 인민을 무오류의 공산주의자로 개조하고, 국가가 계획에 의하여 공급과 수요를 창출하며 개인의 필요를 충족시켜주는 사회, 사회정의가 지배하는 계급 없는 사회, 지상낙원을 건설할 수 있다고 확신을 가지고 호언장담했다. 그러나 철저히 실패한 것이 최근의 역사다.

장하준 교수가 신자유주의적 시장경제 사상과 이론은 공산주의자들의 계획경제와 나치스의 국가주의 경제가 실패할 것을 예견했을 때부터 대두되었으며, 케인즈주의 처방이 약효를 다했을 때 대안으로 등장한 사실을 모르고 자신의 주장을 고집한다면, 스스로 학문적 한계를 드러내는 것밖에 되지 않는다. 그가 비판하는 신자유주의적 자유시장경제 이론이 날로 탄력을 받아가는 21세기의 새로운 흐름이라면, 그가 내세우는 국가주의적 주장은 이미 생명력을 상실해버린 20세기 전반 이전의 구시대적 유물에 지나지 않는다. 그는 2012년 남부 유럽, 특히 그리스의 금융위기의 원인을 진단함에 있어서 그 원인이 글로벌화에 따른 신자유주의적 금융자본가들의 농간에 있다고 주장하지만, 이 역시 진실과 다르다. 그리스의 역대 사회주의 정부가 벌어들인 것보다 지출을 더 많이 한 사회주의적 과대 복지정책 때문이라는 것은 천하 주지의 사실이다. 만약 그의 주장이 옳다면 신자유주의적 글로벌화 정책을 수용하고 있는 중국, 인도, 브라질과 같은 국가 역시 금융위기를 맞아야 하지만 현실은 그 반대다. 그는 결과적으로 큰 정부 옹호론자로서 국가권력, 즉 정치권력과 관료권력 통제 아래서 살아가는 삶이 가장 안전하고 이상적이라고 주장하고 있다. 그러나 이는 정부 개입과 간섭의 축소, 개인의 자유와 권리 확대, 지방정부와 시장의 자율성 확대라는 신자유주의자들의 주장과 어긋나고, 국가계획경제체제가 개인의 자유와 권리를 축소하거나 부정하고, 시장메커니즘을 왜곡하거나 부정할 뿐 아니라 권력의 부패를 심화시킨 나머지 실패할 수밖에 없었던 20세기의 경험적 교훈을 무시하는 반시대적, 반역사적 주장이다.

　　국내학계에서 언론을 통하여 글로벌화와 신자유주의를 가장 강하게 비판하고 있는 학자는 김호기 연세대 사회학 교수이다. 정몽준의

『자유민주주의 약속』에서 인용된 다음과 같은 그의 주장에서 그가 얼마나 선동적 학자인가를 알 수 있다.

　김영삼 대통령에서 이명박 대통령에 이르기까지 보수, 좌파를 막론하고 신자유주의 정책을 채택해온 결과 우리 사회는 사회 양극화 현상이 심화되었다. 중소기업이 도산하고 자영업이 무너지고 비정규직이 증가하고 사회적 약자들이 거리로 내몰리는 등의 사회 양극화가 빠른 속도로 심화되면서 '경제위기'는 '정치위기'로, 그리고 다시 '사회위기'로 전이되고 확산되었다. 신자유주의는 결국 시장경제를 지속 불가능하게 하고 사회 양극화를 강화시키며 무엇보다 시민사회를 황폐화시키는 동시에 인간적인 기품을 훼손시킨다.

　대학 캠퍼스나 거리에 뿌려지는 운동권의 유인물 수준이다. 그가 자신의 주장이 틀리지 않았다는 것을 입증하려면 최소한 다음과 같은 질문에 답해야 한다. 학교에서 신자유주의 이론을 가르친 적이 있으며, 있었다면 언제부터인가? 국내학계에서 권위 있는 신자유주의 이론가가 있는가? 그 자신도 여기에 속하는가? 김영삼 정부 이래 정부가 신자유주의 정책을 공식적으로 채택한 바가 있었는가? 저자가 아는 한 그런 적은 없다. 신자유주의적 글로벌화와 관련해서 무리하게 인용한다면 1980년 초기 경제정책 기조였던 개방, 민간주도, 시장경제라고 할 수 있으나 국내에서는 신자유주의에 대한 논의는 전무하였다. 김영삼 정부 출범 당시 저자는 국회 경과위(경제과학상임위원회) 소속 국회의원으로서 정부 경제정책 전반에 대해 보고를 받고 논의하는 위치에 있었다. 그렇지만 신자유주의정책 거론은 한 번도 없었다.

　김영삼 정부의 OECD 가입을 두고 신자유주의정책 채택이라고 한다면 이것은 틀린 주장이다. OECD 가입은 조건이 되면 가입할 수 있는 국제기구이다. 마치 UN에 가입하는 것과 유사한 것으로, OECD는 신자유주의적 글로벌화 진행 이전에 이미 존재했던 기구이다. 김대중 정부가 금융기관과 기업구조조정을 하고 시장개방을 확대한 것은, 외환위기 극복을 위해 IMF의 요구 조건을 수용하여 단행한 강요된 구조조정이며 시장개방이었을 뿐이다. 신자유주의 정책 채택과는 무관하다. 그 이전에도 국제사회에서는 영국을 비롯해 IMF로부터 조건부 구제금융을 받아 일시적 금융위기를 벗어난 적이 있었으며, 현재도 발생하고 있다. 노무현 정부와 이명박 정부 역시 신자유주의적 경제정책을 명시적으로 천명한 바가 없었고, 단지 이명박 정부가 자유시장경제를 강조했을 따름이다. 전체 경제의 87%를 교역에 의존하고 있는 한국경제는 출발부터 해외시장 개척에 명운이 달려 있었고, 반대급부로 국내시장을 개방하지 않으면 안 되는 상황에 놓여 있었다. 그렇기 때문에 교역경제, 개방경제, 시장경제 외 다른 선택의 여지가 없었음을 그가 조금이라도 인정했다면, 오늘날 우리가 직면하고 있는 경제적 모순의 원인을 신자유주의 탓이라고 주장할 수 없을 것이다.

신자유주의 경제는 1980년대 초 미국의 레이건 행정부와 영국의 대처 행정부에 의해 본격화되고, WTO 체제와 더불어 글로벌 차원으로 확대되기 시작한 것이다. 한국에서는 좌파 정부인 노무현 정부 때 거의 돌발적 현상처럼 신자유주의적 글로벌화에 대한 비판이 제기되었고, 좌파들에 의한 양극화 시비와 겹치면서 점차적으로 확산되어 정치 계절과 맞물리면서 포퓰리즘 바람을 타고 일반화 되고 있는 것이 현재 상황이다. 중소기업 도산, 자영업 붕괴, 비정규직 증가는 신자유주의 정책과는 무관한 자유시장 자본주의 경제체제 하에서는 항상 실재하는 현상들로서, 모든 정부가 이러한 현상을 최소화하기 위하여 중단 없는 노력을 기울이는 것이 현대국가의 정상적 국가운영 방식이다.

양극화 시비 역시 학문적 연구가 요구되는 것으로, 현재 한국사회의 64%가 중산층이라는 통계가 맞는다면 양극화 사회가 아니라 상대적 소득격차와 빈부격차가 증가하고 있다고 말하는 것이 합리적이다. 1997년 외환위기는 경제위기였으나 우리는 성공적으로 극복하면서 국제사회에서 GDP 기준 15위에 해당하는 경제강국으로 성장해왔다. 2008년 국제 금융위기 상황에서도 한국은 성공적으로 대처해온 모범국가로 평가를 받고 국제신용 면에서도 등급이 상승한 것이 최근의 일이다. 김영삼 정부 이래 정치, 경제, 사회적 갈등은 항상 있어 왔으나, 외환위기 이래 경제위기는 없었다. 따라서 정치적, 사회적 위기는 존재하지 않았고 오히려 경제적 위기와 관계없는 정치, 경제, 사회적 갈등을 야기한 것은 노무현 좌파 정부 때였다. 대한민국 체제존립과 관련되는 개혁입법 시도로 정치적 갈등을 야기하였고, 세금폭탄과 반기업 정서조장으로 경제적 갈등을 증폭시켰다. 반미 친북 정서조장으로 사회적 갈등을 악화시키면서 제반 모순의 원인을 신자유주의적 글로벌화와 연계시키는 정직하지 못한 입장을 취하는 것이 김호기 교수 같은 학자들이다. 신자유주의가 시민사회를 황폐화시키고 인간적인 기품을 훼손시킨다는 그의 주장은 사상적, 이론적 근거와는 무관한 반대를 위한, 반자유시장 자본주의 비판에 지나지 않는다. 그가 2011년 10월 17일, 〈경향신문〉에 기고한 비판문은 소인이 거인의 목을 비트는 듯한 역설 그 자체다.

우리 인류는 '신자유주의 황혼' 속에 위태롭게 서있다. '영광의 30년 1950~1980'을 이은 '고뇌의 30년 1980~2008'은 신자유주의 시대다. 신자유주의는 금융자본시대다.… 전 지구를 넘나들며 탐욕스럽게 이익을 챙겨온 금융자본은 '20 대 80 사회'를 넘어 '1 대 99 사회'를 만들어왔다.… 금융부분의 정의를 요구하는 점령 시위는 노동시장의 정의를 요구하는 희망버스, 사회복지 정의를 요구하는 무상급식과 반값 등록금 투쟁의 연장선상에 있다. 그리고 포괄적인 원인이 신자유주의 경제정책에 있음을 이제 누구도 부인할 수 없다.… 우리는 99%다. 우리는 하나다. 화폐가 아니라 우리가 세계의 주인이다. 이젠 국가와 정치가 응답해야 할 때다.

위 내용은 과장과 왜곡으로 가득 찬 식자의 무지와 허영의 결정판이자 계급투쟁을 선동하는 정치적 선언에 가깝고, 신자유주의에 대한 자신의 무지를 드러내는 고백서와 같다. 신자유주의는 황혼기에 처한 것이 아니라 이제 겨우 여명기와 소년기를 거쳐 청년기에 접어들고 있다. 그가 말하는 신자유주의 시대인 '고뇌의 30년 1980~2008' 동안 한국은 비약적으로 발전하였다. 경제적으로 세계 10위권에 진입하는 원동력을 축적한 시기였다. 신자유주의는 마치 금융자본이 전부인양 주장하지만 이것은 인류가 추구해온 보편적 가치 공유와 상품, 자본, 기술, 정보, 서비스, 노동에 이르기까지 자유롭고 공정한 교역을 통하여 함께 번영하고자 하는 글로벌 시대의 한 단면이다. 금융자본이 '1 대 99 사회'를 만들어왔다는 것은 선동적이고 대중영합적인 정치인들의 말은 될 수 있을지 모르나 학문하는 사람의 주장은 될 수 없다.

연봉 1억 원이 넘고 글을 쓸 때마다 수입이 늘어나는 언세대 교수가 우리는 99%라고 주장할 수 있는가? "우리는 99다. 우리는 하나다"라는 주장은 전형적인 계급투쟁 논리다. 상대적 빈곤과 소득격차가 늘어나는 것은 사실이지만 우리 사회를 여전히 64%에 이르는 중산층이 떠받치고 있음을 모른단 말인가. 인간이 화폐보다 존귀한 존재라는 사실을 모르는 사람이 있을까? "이젠 국가와 정치가 응답해야 할 때"라는 것은 "국가주의, 사회주의 정치체제로 가자"는 말과 다르지 않다. 국민대 경제학부 조원희 교수는 "과거 제국주의는 무력을 통해 가난한 국가를 침략한 것처럼 금융자본이 시장을 통해 가난한 사람들을 착취하는 체제"라고 비판하면서 보편주의적 복지국가, 즉 사회민주주의를 우리 사회가 나아갈 방향이라고 주장한다. 김호기 교수, 조원희 교수 공히 반자본주의적 평등주의자들이며, 경제적 불평등 차원에서 사회문제에 접근하는 냉전 종식 이후의 좌파 지식인들이다. 그들은 1970년대 이전까지 중남미를 비롯하여 제3세계를 풍미했던 신식민지 종속이론의 틀을 벗어나지 못하고 있는 글로벌 시대의 지적 미아迷兒들이다.

좌파 지식인 중에는 심지어 학교시험에 대해서도 신자유주의의 잣대를 가져다 댄다. 대안연구공동체 대표 김종락은 "신자유주의적 자본주의 체제에서 시험의 승자가 되는 극소수는 지나치게 과다한 보상을 받지만 대다수는 패자로 전락한다. 영문도 모른 채 경쟁에 내몰려야 하는 수험생들은 두렵고 고통스러운 일이다"고 주장했다. 학교에서의 시험은 신자유주의 훨씬 이전부터 있어온 인류사회의 공통된 일상사다. 경쟁을 자본주의 사회의 악으로 규정짓는 평등주의자의 주장인지는 모르지만, 공산주의 체제 하에서는 훨씬 더 치열한 시험제도가 시행되었다. 경쟁과 시험이 없는 사회가 이 세상에 존재한 적이 있었고, 앞으로도 출현할 가능성이 있을까? 허황하고 미학적인 공상 세계에서나 가능할 것이다. 일반적으로 냉전 기간 중 좌파 지식인들의 비판은 자본주의 모순에 초점이 맞추어져 있었다. 그러나 냉전 종식

후 좌파 지식인들의 비판과 관심의 초점은 반反글로벌화, 반反신자유주의, 환경 기후 문제로 옮겨졌다. 그 밑바닥에는 반미 정서가 깊게 깔려 있고, 한국의 좌파 지식인들 역시 예외가 아니다. 좌파 지식인들이 환경과 기후 문제를 거론할 경우에도 그 저류에는 미국을 비롯한 선진 자본국가의 개발정책과 산업정책에 대한 비판의식이 깔려 있다.

글로벌화 및 신자유주의에 대한 이론적 소개와 설명이 빈약한 학계에서 그나마 꾸준하게 글을 써 온 학자는 서울대 사회과학대학 임현진林玄鎭 교수이다. 따라서 그가 쓴 대표적 논문에 대한 분석적 비판을 통하여 전반적인 견해를 정리해보는 것이 도움이 되리라고 생각된다. 광복 60년에 즈음하여 오늘의 한국이 선 자리와 갈 길을 모색하기 위한 임 교수의 논문「신자유주의적 세계화와 한국적 근대의 향방」을 객관적으로 비판하려면 글로벌화와 신자유주의 개념에 대한 기본적 이해가 필요하다.

글로벌화 역사는 무척이나 길고 신자유주의 역사는 글로벌화 역사에 비하면 무척이나 짧다. 하지만 오늘날 둘을 떼어놓고 설명할 수 없는 것은 글로벌화가 신자유주의로 인해 탄력을 받고, 신자유주의가 글로벌화의 바람을 타고 확산되어 가는 양상을 띠고 있기 때문이다. 또한 신자유주의의 종착점이 자유주의의 글로벌화와 자유교역의 글로벌화에 맞닿아 있기 때문이다. 글로벌화를 반대하는 자들이 신자유주의를 반대하는 것과, 신자유주의 반대론자들이 글로벌화를 반대하는 것은 같은 맥락이다. 혹자는 글로벌화를 신자유주의와 동일시하기도 한다. 글로벌화와 신자유주의는 인류 역사발전 과정에서 진행되는 현상이므로 이것들이 좋든 나쁘든 상관없이 개인이나 국가가 받아들이기를 거부하거나 막아설 수 없는 세기적인 차원의 흐름이다. 21세기 신자유주의적 글로벌화 사상은 소크라테스, 칸트, 애덤 스미스, 토마스 페인 같은 인류의 선각자들이 꿈꾸어왔던 평화로운 코스모폴리탄 세계, 글로벌 공동체 사상 속에서 잉태되고 자라난 것이다.

나는 아테네인도, 그리스인도 아닌 세계의 시민이다.

플루타르크가 인용한 소크라테스의 말이다. 칸트의 영구평화론이나 토마스 페인이 식민지 미국인들을 향하여 아메리카대륙에 인류의 대의를 위한 자유의 피난처를 건설하라고 호소한 것이나, 애덤 스미스가 전쟁이 아니라 교역을 통하여 번영을 이루어낼 수 있다고 역설했던 역사적 사실을 통하여 그 궤적을 더듬어 볼 수 있다. 우리는 글로벌화와 신자유주의 사상 수용여부를 놓고 찬반을 논의해볼 겨를도 없이 그 흐름 속에 내던져졌다. 그러므로 지금 와서 수용여부를 다툰다는 것은 부질없는 노릇이며, 설사 수용을 거부한다고 해서 달라질 것도 없다. 따라서 우리에게 주어진 선택은 자명하다. 글로벌화와 신자유주의를 올바르게 이해하고 글로벌 차원에서, 세기적 차원에서, 보편적 차원에서 앞으로의 추세를 판단하는 것과, 국가 민족의 미래 차원에서 최선의 수용방책을 모색하고 적응해가는 것이 유일한 길이다. 이는 학계와 정치 지도자들이 감당해내야 할 주요 당면주제이기도 하다.

글로벌화란 과학기술의 고도 발달로 상대적 시간과 공간이 축소되면서 인류가 하나의 공간, 하나의 울타리 속에서 살아가게 되는 현상을 뜻하는 것이다. 학자들의 일반적 견해에 따르면 세계에 대한 관점, 생산품, 사상, 문화와 같은 요소들이 국제적으로 통합되어 가는 과정을 뜻한다. 가까운 근원은 근대성에 있지만 시원은 기원전 3000년경까지 거슬러 올라간다. '글로벌화'란 단어는 1930년대 유럽에서 신교

육과 관련된 논의에서 처음 등장했다. 그 후 1940년대 유럽 문학계에서 처음으로 언급되었고, 1960년대 접어들면서 경제학자들과 사학자들에 의해 본격적으로 거론되었다. 서구 선진국 주요 언론에서 본격적으로 쓰이게 된 것은 1980년대 이후이고, 경제적 · 사회적 용어로 널리 쓰이게 된 것은 냉전 종식 이후이다. 글로벌화를 학문적으로 정의를 내린 최초의 인물은 애버딘대학University of Aberdeen 사회학 교수 로버트슨Roland Robertson으로, 글로벌화를 공간적 압축 세계화와 의식적 동화 세계화로 규정하였으나 학자에 따라 다양한 개념으로 정의되고 있다. 단순상식으로 표현하면 지구 행성시대 단일세계 사회로 가는 과정이다. 이 과정은 모든 인간사와 인간 활동이 때와 장소와 거리에 구애됨이 없이 상호 연결되고 작용하면서 인간의 삶에 영향을 주고 세계를 변화시켜간다. 참여민주주의 주창자이며 시장경제에 대해 비판적인 영국 좌파 경제학자 포토포우로우스Takis Fotopoulos의 글로벌화 분류에서 알 수 있듯이, 글로벌화가 신자유주의와 관련하여 경제에서 두드러진 현상을 보이지만 사실은 모든 분야에 걸친 현상이다.

> 경제 글로벌화 economic globalization,
> 정치 글로벌화 political globaization,
> 문화 글로벌화 cultural globalization,
> 이데올로기 글로벌화 ideological globalization,
> 기술 글로벌화 technological globalzation,
> 사회 글로벌화 social globalization

여기서 우리가 알 수 있듯이 국내 비판적 학자들이 신자유주의적 글로벌화를 비판함에 있어서 주로 경제 글로벌화에 초점을 맞추고 있으나, 이것은 비판과 반대효과를 높이기 위한 기만적 방편에 불과하다. 또한 이들은 신자유주의적 경제 글로벌화를 선진 자본주의 국가 이익을 위해 후진 개발국을 희생시키는 이데올로기로 비판하지만, 이것 역시 진실과는 거리가 멀다.

2000년, IMF는 글로벌 차원의 교역과 매매, 자본과 투자 이동, 이민과 인적 이동, 지식전파를 글로벌화 개념으로 규정한 바 있다. 독일의 역사경제학자이며 사회학자인 프랑크Andre Gunther Frank는 글로벌화가 역사적으로 다음과 같이 여섯 단계에 걸쳐 진행되어 왔다고 주장한다.

고대 글로벌화 the ancient globalization

기원전 3000년경 수메르와 인더스강 계곡 문명 간 교역을 비롯하여 그리스를 주축으로 한 헬레니즘 시대까지 지중해와 에게해 연안 국가들과 소아시아, 인도에 이르는 지역에서 있었던 군사적 정복과 경제적 활동.

실크로드 시대 글로벌화 the Silk Road age globalization

기원전 2세기 중국의 한漢무제에 의한 실크로드 개척은 군사목적에 있었으나 시간의 경과와 함께 한 왕조와 로마제국, 파르티아Phartia 제국간의 교역을 발전시켰고 그리스-로마 세계와 인도 간의 교역, 인도와 미얀마, 시암, 캄보디아, 베트남 간의 교역으로까지 확대.

이슬람 황금시대 글로벌화 the Islam golden age globalization

7세기~12세기, 신앙 전파와 상인과 탐험가들이 교역로를 개척하고 각종 지식과 과학기술을 전파했으며 십자군전쟁으로 사라센 문화가 유럽에 소개됨.

몽골제국 시대 글로벌화 the Pax Mongolia globalization

13세기~16세기, 몽골의 군사정복과 제국 건설, 남유라시아 지역과 이태리 도시국가 간의 교역을 발전시켰고 부를 축적한 이태리 도시국가들이 르네상스를 촉발시켰다. 마르코 폴로Marco Polo와 베네치아공화국이 유럽을 중국에 알렸고 콜럼버스를 자극하여 대항해에 나서게 했다. 15세기 명明의 정화正和 대함대가 동남아시아, 동아프리카 해안까지 항해.

초기 글로벌화 the proto globalization

16세기~17세기, 포르투갈, 스페인, 네덜란드, 영국을 주축으로 하는 유럽 해상제국들이 아프리카, 인도와 동남아시아, 아메리카 대륙으로 진출. 교역과 식민지 획득이 본격화되면서 동서반구 간에 사람(노예 포함), 동물, 식물과 질병에 이르기까지 광범위한 교류가 이루어졌다. 영국은 1600년에 동인도회사를, 네덜란드는 1602년에 동인도회사를 설립했다. 이 시기에 최초의 다국적 회사가 생겨났고, 주식이 처음으로 등장하였으며, 옥수수와 토마토, 콩, 카카오, 고무, 담배 등이 유럽으로 전해짐.

현대 글로벌화 the modern globalization

19세기 산업혁명이 본격화 되면서 철도와 증기선을 비롯한 교통혁명과 장거리 통신기술의 발달, 서구 제국주의 세력의 아프리카, 아시아에 대한 침략적 진출은 인간의 활동영역을 지구 구석구석까지 확대시켰다. 1차 세계대전, 러시아 공산주의혁명, 세계 대공황, 2차 세계대전, 중국 공산주의혁명, 식민지 민족해방투쟁, 동서냉전으로 특징 지워지는 20세기는 제국주의적 국가 집단 간의 격돌과 이념적 국가집단 간의 격돌을 거치면서 국제사회에서 개개 국가의 힘만으로 자신의 문제를 해결해내거나 경쟁하고 발전할 수 없는, 상호존중과 상호의존 관계에서만 생존과 번영을 추구할 수 있는 글로벌 공동체시대를 열면서 막을 내렸다. 침략적 제국주의 체제의 종언, 전체주의적 공산주의 체제의 종언, 인류 전멸을 가능케 하는 절대 무기의 등장으로 인한 전쟁에의 유혹과 전쟁 가능성의 최소화, 고립주의와 보호무역주의 한계 극복을 위한 자유교역주의 수용, 눈부신 과학기술 발달 등이 글로벌화를 촉진시키면서 역사적이며 세기적인 21세기 흐름을 만들어내고 있다.

군사정복과 전쟁, 교역과 시장개척, 식민지 개척과 영토확장, 신앙전파, 대항해, 과학과 기술의 발달, 이념과 혁명, 인간의 탐욕과 지적 호기심 등등과 같은 요소들로 가득 찬 글로벌화는 기획의 산물이 아니라 역사의 진화적 현상이다. 현재 진행 중인 글로벌화가 국제사회에서 체계적으로 전개된 것은 2차 세계대전 종전과 더불어 출범한 UN과 브레튼우즈 체제 이후이다. 집단안보와 국제차원의 경제관리가 중시되었다. 국제사회는 미국을 맹주로 하는 NATO와 구 소련을 맹주로 하는 WARSO 체제로 양분되어 대결을 벌이는 가운데 IMF, WB와 같은 국제 금융기구와 국제교역을 위한 GATT에 의한 재정·상업정책 등으로 교역장벽을 축소하고 시장개방을 유도하면서 전 세계적 경제성장을 추구하였다. 1991년 동서냉전 종식 이후 경제중심의 WTO 체제로 발전하면서 신자유주의적 글로벌화로 이념적 색채를 띠게 되지만 경제문제 못지않게 기후, 환경, 질병, 빈곤, 대량 살상무기, 테러, 마약, 인권문제들이 글로벌화 성격을 강화시키고 있으며, 더 빠르고 정교한 통신·교통 기술이 진행속도를 가속화 시키고 있다.

강자에 의한 절대적 이익 독점시대는 더 이상 불가능하게 되고, 약자에게도 무한한 이익추구의 기회가 주어지는 시대가 글로벌화 시대인 것만은 누구도 부인할 수 없다. 글로벌화와 관련하여 인류는 돌아올 수 없는 강을 건넜다고 할 수 있다. 상품, 서비스, 자본, 기술, 정보, 지식 등의 교환은 궁극적으로 국가들을 맥루한H. M. McLuhan이 말한 글로벌촌村이라는 울타리 안으로 통합시켜가고 있다. 신자유주의적 글로벌화가 늦게 진행되고 있다고 주장하는 국가들은 선진국들이 아니라 해방신학과 종속이론의 본거지였던 중남미 국가들이다. 이에 비해 프랑스, 독일, 일본 같은 선진국들이 진행 속도가 너무 빠르다고 우려하는 것은 뜻밖의 현상이다. 신자유주의적 글로벌화 현상은 정치, 경제, 군사 분야뿐만 아니라 광범위하고 다양하게 진행되고 있다.

가장 두드러진 현상의 하나가 여행이다. 여행 목적은 단순한 관광의 즐거움에 있는 것이 아니라 다양한 목적을 수반하고 이뤄진다. 사업, 출산, 의료 서비스, 문화체험, 자연과 야생체험, 박람회, 스포츠, 학술회의, 지리탐방, 성지순례, 신앙 등등을 위해 가고 싶은 곳, 가야 할 곳이 있으면 어느 곳이든지 방문한다. 위키리크스 자료에 의하면 2010년 현재 세계 여행자 수는 9억 4천여만 명에 이른다. 여행자들이 뿌린 돈은 9천190여억 불로 2009년에 비해 6.5% 정도 증가했는데 그 숫자는 해마다 늘어난다. 세계 배낭여행을 떠나는 한국의 젊은 이들 역시 날로 증가하고 있다. 2012년 한국을 드나든 출입국자 수는 5천만 명을 넘어섰다. 2009년 통계에 따르면 세계적으로 이민노동자 수는 1억 9천200여만 명에 이르고, 이들이 모국에 송금하는 총금액은 4천140억 불에 달한다. 저개발국의 경우 국가 GDP의 30%에 이르는 액수다. 예컨대 타지키스탄은 45%, 몰도바는 38%이고, 온두라스는 25%를 차지한다. 이들은 경제적으로 자신들의 모국에 기여할 뿐 아니라, 습득한 기술과 지식을 가지고 귀국하여 모국 발전에 기여하고 있다.

그러나 가장 장기적이고 심층적이며 지속적인 결과를 초래하는 현상은 문화적 글로벌화다. 국제사회에서 영어 사용 인구는 35억을 넘어서고 전 세계 이메일, 텔렉스, 케이블 사용 언어의 35%가 영어이다. 최근 한국어로 된「강남스타일」이 말춤과 함께 불려지면서 뉴욕시 광장을 메운 그곳 시민들을 열광시킨 현상은 과거와 같은 문화강국의 독점시대가 변해가고 있음을 말해주는 것이다. 문화 변방국에 머물러 있던 한국이 2012년 드디어 문화상품 수출에서 흑자를 기록한 국가로 발돋움하였다. 이러한 발전적 변화를 겪는 국가가 한국뿐이겠는가?

신자유주의적 글로벌화를 미국 중심 서구 선진자본주의국가들의 음모라고 비판하는 학자들은 2012년 미국 대선에서 오바마 후보가 국민을 향하여 약속한 연설을 상기할 필요가 있다. 그는 만약 재선이 된다면 전통적인 미국 산업의 국내복귀를 장려하여 일자리를 늘리겠다고 약속한 바 있다. 2000년~2007년 사이에 미국은 320만 명의 제조업 일자리를 상실했고, 수많은 초청 노동자들이 미국에서 일하고 있으며, EU 선진국들은 해외 두뇌유출로 심각한 고민을 하고 있다. 실제 과학기술 분야 졸업자 40만 명이 미국에 거주하고 있고, 2000년~2010년 사이에 1천400여만 명이 미국으로 이주해갔다. 이들 중에서 성공한 사람들이 미국 경제전문지 〈포춘Fortune〉 선정 500인의 40%를, 최고 브랜드 10개 중 7개를 차지하고 있다. 미국에서 일하는 외국인들이 본국으로 송금하는 총액은 2009년도 현재 4,140억 불이며, 이중 3,160억 불이 개발도상국으로 송금되었다. 중국의 상하이항이 세계에서 가장 분주한 항구가 되고, 미국 전체 인구와 맞먹는 3억의 인도인들이 절대빈곤에서 벗어난 것은 전적으로 신자유주의적 글로벌화 추세에 편승한 결과이다.

국제기구들이 제시하는 각종 통계에 따르면 신자유주의적 글로벌화의 최대 수혜자들은 저개발 국가들과 발전도상국가들로서, 이 가운데 우뚝 선 국가 중의 하나가 대한민국이다. 국내 비판적 학자들이 아무리 비판하고 부정하고 싶어도 불가능한 것이 현실이다. 물론 성공한 국가라고 해서 문제가 없는 것은 아니지만 성공에 따른 대가 지불과 문제해결은 또 다른 문제이다.

▶▷ 신자유주의적 글로벌화에 대한 비판

국제사회에서 신자유주의적 글로벌화를 둘러싼 비판론자들은 주로 좌파 계열 인사들이다. 이들은 반식민지, 반제국주의, 반문화적 지배, 반헤게모니 입장을 취하면서 국가 간 불평등현상을 강조하며 종교단체들, 농민단체들, 환경단체들, 문화예술인들, 무정부주의자 등이 가세하여 국제적 연대활동과 투쟁을 벌인다. 이들은 신자유주의적 글로벌화가 거대 다국적기업 이익을 조장하고, 빈곤한 자(국가)들의 희생 위에 가진 자(국가)들의 이익을 추구(특히 금융분야)하는 결과를 초래한다고 말한다. 또한 자연환경을 오염시키고 파괴하며 빈곤층을 증가시키고, 무자비한 경쟁과 물신주의 조장으로 인간을 소외시키고 인간사회를 황폐화시킨다고 주장한다. 그런가 하면 주권국가의 주권을 약화시킨다는 구실 하에 민족주의 정서까지 조장한다. 국제적으로 알려진 비판론자 중에는 미국의 노암 촘스키Noam Chomsky와 국내에서도 알려진 조셉 스티글리츠Joseph Stiglitz가 있다. 촘스키는 글로벌화를 경제에 국한시키면서 "투자자와 채권자들의 특권을 위한 것"이라고 비판한 바 있다.

찬성론자들은 가시적이고 구체적인 결과와 통계를 들어 찬성하고 있다. 맥루한이 1962년 처음으로 '글로벌촌'이라는 개념을 제시했을 때 그는 인류의 공동이익과 인간 존엄성 고양을 위한 미래를 강조하였다. 1980년대~1990년대 기간 중 신자유주의적 글로벌화를 수용한 18개국이 빈곤 탈출과 성장에 성공했으며, 신자유주의적 글로벌화가 가져다준 최대 선물은 자유와 자유시장자본주의의 확산이다. 영국의 정치사상가인 헬드David Held는 글로벌화로 인한 경제발전이 자유민주주의의 글로벌화를 초래한다고 주장한다.

신자유주의적 글로벌화의 퇴조나 실패를 주장하는 학자들은 기다렸다는 듯이 2008년 미국발發 금융위기와 2012년 그리스를 비롯한 남부유럽 국가들의 금융위기를 그 증거로 내세운다. 미국의 금융위기 극복과정과 유로존 금융위기 극복과정을 보면 그들의 주장과는 반대로 글로벌적 관리에 의해 해결되어 가고 있다. 2008년 미국 월가발 금융위기는 G-20 등의 공동대처로 고비를 넘기면서 정상으로 자리잡아간다. 2012년 그리스발 남부유럽 금융위기가 많은 전문가들, 특히 반反신자유주의적 글로벌화 주창자들의 예측처럼 유로존의 붕괴를 초래하지 않고 오히려 강화되고 있다. 그리스, 스페인, 이태리에서 국내적 반발이 계속되었음에도 불구하고 유로존의 집단적 정책을 수용하면서 대처해가고 있음을 2012년 12월 12일 EU 재무장관회의에서 합의한 내용으로 확인할 수 있다. 유로 사용 17개국 재무장관은 유럽중앙은행ECB으로 하여금 회원국의 시중은행을 직접 감독하기로 합의함으로써 역내 6천 개 은행 중 자산 300억 유로 이상 되는 은행 200여 개는 유럽중앙은행의 직접 감독을 받게 된다. 유럽중앙은행은 대상은행에 대한 조사권, 영업취소권, 제재권을 행사할 수 있고 유로존 구제기금인 유로안정화기구ESM가 회원국 정부를 거치지 않고 문제된 회원국 은행에 직접적으로 구제금융을 지원한다. 이것은 유로존의 금융통합을 뜻한다. 이렇게 되면 2008년 이후 유럽에서 문제되었던 금융위기가 정부 재정위기로 전이되는 것을 막을 수 있게 된다. 유로존에 속하지 않은 영국 등 나머지 EU 10개국은 선택적으로 가입이 가능하다. EU 설계자들은 많은 난관에도 불구하고 금융통합에 이은 재정통합과 정치통합을 목표로 하고 있다.

EU 지도자들이 경제적 통합을 정치적 통합을 위한 전단계로 인식하면서 꾸준히 노력하는 것은 우리가 알고 있는 역사적 뿌리보다 훨씬 깊다. EU 탄생은 2차 세계대전 직후인 1952년 프랑스, 서독, 이태리, 벨기에, 네덜란드, 룩셈부르크가 유럽 석탄 및 철강 공동체 구성을 시발로 해서 오늘날 27개 회원국으로 구성된 EU가 된 것이다. 하지만 그 시원을 살펴보면 기원 800년 샤를마뉴 대제Charlemagne에 의한 유럽제국까지 거슬러 올라가고, 가톨릭 세력과 개신교 세력 간에 벌어진 30년전쟁(1618~1648)이 끝난 직후인 1652년 탄생하여 1806년 나폴레옹전쟁으로 붕괴되기까지 유럽제국들의 연합체였던 신성로마제국이 EC의 전신이라고 할 수 있다. 유럽에서 국경을 갖는 근대적 주권국가는 이 시기에 생겨났으며, 제국의회Reichstag(Imperial Diet)가 1663년 이래 상시로 활동하였다. 당시 기준으로 역대 국가들이 다양하고 자유로웠던 삶이 괴테의 "이곳은 평화 시에 누구나 번영할 수 있는 곳이다"는 글에 잘 나타나 있다.

한 때의 금융위기로 인해 유로존이 붕괴되거나 신자유주의적 글로벌화가 쉽게 멈출 수 없는 여러 이유 중의 하나는 긴 역사적 배경과 관계되어 있다. 2012년 11월 26일, 영국 재무장관 조지 오스본George

신성로마제국 1648

POMERANIA

Mecklenburg

Berlin

BRANDENBURG
PRUSSIA

네덜란드

폴란드

WESTPHALIA

Mainz   Frankfurt

AUSTRIAN
HABSBURG

SPANISH
HABSBURG

Speyer

WURTTEMBERG

BAVARIA

Danube   Vienna

프랑스

SWISS
CONFEDERATION

VENICE

오트만 제국

SAVOY
PIEDMONT

PAPAL
STATES

지중해

200km

1648년 국경
최대 확장 경계

〈이코노미스트〉 2012년 12월 22일

Osborne은 캐나다 중앙은행장 마크 카니Mark Carney를 역사가 길고 국제 금융사회에서 막강한 영향력을 행사하는 영국 중앙은행The Bank of England의 은행장에 임명한다고 발표하면서 그 이유를 다음과 같이 설명했다.

그는 간단하게 말해서 최고다. 그는 세계에서 그 직을 수행하기에 남보다 경험이 많고 가장 자격을 갖춘 인사다.

콧대 높은 영국이 경직되고 관료화된 세계에서 가장 역사가 깊은 영국 중앙은행에 새로운 생명력을 불어넣기 위해 세계에서 가장 유능하다고 판단되는 외국인 전문가를 그 자리에 앉히고자 하는 것이 오늘날의 신자유주의적 글로벌화 현상이다. 한국의 비판적 학자들은 한국이 신자유주의적 글로벌화의 최선두 그룹에 속하고 있는 것처럼 과장하지만, 국제 전문기관들이 제시하고 있는 통계자료에 의하면 그렇지 않다. 국제 전문기관들의 글로벌 지수 결정 요소들은 교역, 외국인 직접투자, 증권투자, 소득과 같은 경제적 요소와 정치, 사회, 문화 및 환경 등이다. 다음은 위키리크스에 실린 두 개 기관에 의한 최근 자료이다.

A. T. Kearney/Foreign Policy Magazine (2006)		KOF 글로벌 지수 (2010)	
순 위	국 가	순 위	국 가
1	싱가포르	1	벨기에
2	스위스	2	오스트리아
3	미국	3	네덜란드
4	아일랜드	4	스위스
5	덴마크	5	스웨덴
6	캐나다	6	덴마크
7	네덜란드	7	캐나다
8	호주	8	포르투갈
9	오스트리아	9	핀란드
10	스웨덴	10	헝가리

A. T. Kearney는 1926년 매킨지 회사 McKinsey & Company 내에 설립된 글로벌 경영컨설팅 회사

KOF는 스위스의 기업사이클연구소로서 아인슈타인이 공부하고 교편을 잡았던 취리히연방공과대학 내에 있다.

위 두 개 지표를 보면 아시아 국가는 싱가포르가 유일하다. 글로벌 교역보고서가 시장접근성, 국경 행정처리, 교통 및 통신 인프라, 기업환경을 기준으로 발표한 자유교역 환경에서도 아시아 국가는 싱가포르와 홍콩뿐이다. 한국은 국제사회에서 경제규모 면에서 10위권에 속하나 글로벌화와 자유교역 면에서 선두그룹에 들지 못하고 있을뿐만 아니라, 상대적으로 폐쇄적이며 배타적인 국가로 알려져 있다. 2006년 현재 〈네이버〉에 실린 한국의 글로벌화 수준은 다음과 같다.

OECD 30개 국가 중 국제교역 10위, 국제자본이동 및 국제적 과학기술분야 활동 20위 이하이다. KOF 자료에 따르면 전체적 글로벌화 지수는 123개국 중 29위, 교역량, 외국인 직접투자, 주식투자 등을 기준으로 한 경제적 글로벌화 지수는 GDP 대비 63위, 해외여행, 통신, 인터넷 사용 등을 기준으로 한 사회적 글로벌화 지수는 27위, UN 활동 및 국제기구 활동참여 등을 기준으로 한 정치적 글로벌화는 21위다. 베트남에 진출한 한국기업은 3천여 개에 이르고 2012년 말 수출 비율이 GDP의 57%에 이르는 교역국가이면서도 외국기업의 국내진출과 자본유입에 대한 반감은 매우 높다.

그 대표적인 예가 '론스타' 케이스다. 최근 론스타는 한국정부와 세금 추징문제로 갈등을 빚었고, 국내 금융시장으로부터는 단기 이익만을 노리고 손을 뗀 외국 투기자본의 전형이라는 비난을 받는 가운데 법적 대응을 하겠다고 나서고 있다. 신자유주의적 글로벌화 수준을 나타내는 대표적인 기준은 경제문제에 관계되어 있다. 한국의 경우 미국 경제잡지 〈포브스Forbes〉가 매년 발표하는 '기업하기 좋은 나라' 순위에서 29위이다. 스위스 국제경영개발원IMD에서 측정한 국가 경쟁력은 22위이며, 미국의 헤리티지재단The Heritage Foundation에서 발표한 경제자유도는 34위다. 헤리티지재단은 저자가 5년간 머물렀던 미국 최대의 연구소로서, 미국의 최대 신문인 〈월스트리트 저널The Wall Street Journal〉과 공동으로 매년 각국의 '경제자유도'를 분석하여 발표함으로써 경제자유를 옹호하고 조언하는 자유시장경제를 위한 양대 챔피언들이다. 작년 발표는 19번째로 2013년 1월 11일, 홍콩에서 있었다. 저자 역시 초청되어 에드윈 풀너Edwin Feulner 소장의 상세한 설명을 들을 수 있었다. 이들은 다음과 같은 네 가지 기준을 적용하여 '경제자유도'를 측정한다.

- 법치(재산권, 청렴도)
- 제한된 정부(재정자유, 정부지출)
- 규제효율성(기업자유, 노동자유, 통화자유)
- 시장개방(교역자유, 투자자유, 금융자유)

이 기준에 따르면 185개 국가 중 한국은 34위로서 홍콩, 싱가포르, 대만, 일본보다 순위가 낮다. 그 이유는 경직된 정부규제, 강성노조, 부패 때문이다. 전체적 분석결과를 보면 WTO가 본격화 되던 시기인 1995년 이래 전 세계적으로 경제자유도는 가파른 상승세를 보이다가 2008년 직후 하강 국면을 거치면서 2013년 현재 다시 완만한 상승 추세를 보이고 있다.

▎**글로벌 평균 경제 자유도**

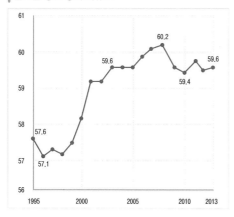

최상위 10개국은 홍콩(1위), 싱가포르, 오스트레일리아, 뉴질랜드, 스위스, 캐나다, 칠레, 마우리티우스Mauritius, 덴마크, 미국이다. 최하위 10개국은 이란, 투르크메니스탄, 적도기니, 콩고민주공화국, 미얀마,

에리트레아, 베네수엘라, 짐바브웨, 쿠바, 북한(최하위)으로서 경제자유
도가 높을수록 경제번영 수치도 높다.

| 경제 자유와 번영

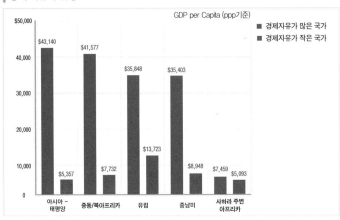

2008년 국제금융위기와 2012년 유로존 금융위기로 인한 세계적
경제침체를 벗어나기 위한 최선의 방책은 신자유주의적 글로벌화로
부터의 이탈이나 포기가 아니라 합류와 강화임이 분명해지고 있는 것
이 국제적 현실이다. 경제주간지 〈이코노미스트The Economist〉는 산업혁
명과 중상주의 고조기에 영국 내 곡물생산자를 보호하기 위해 수입곡
물에 중과세를 부과한 곡물조령Corn Laws에 반대하여 교역자유를 주장
하면서 1843년 발간되었다. 이 주간지는 2012년 12월 22일자에서 미
국, 영국, 일본 등 경제 침체를 겪고 있는 선진국 지도자들에게 정부
지출 증가를 통하여 경제침체를 벗어나려는 노력을 할 것이 아니라
교역 자유화를 통해 성장과 번영을 추구할 것을 강조하였다. 국제적
환경은 사람들이 인식하고 있는 것보다 훨씬 덜 통합되어 있음을 지
적하고, 범태평양 협력체제인 환태평양 동반자 협정TTP(The Trans-Pacific

Partnership)을 구상하는 미국, 캐나다, 멕시코, 오스트레일리아, 뉴질랜드 등 11개국 외에 한국과 일본이 합세하면 상품과 서비스 면에서 글로벌 전체 교역량의 30%를 점하게 된다는 전망과 함께 EU 시장과 북미시장이 범汎대서양 교역권으로 발전하게 될 것으로 예측했다. 그러면서 더 자유로운 교역, 개방된 시장만이 모든 국가에게 번영을 가져다줄 것이라고 결론을 맺고 있다.

같은 맥락에서 전 나토 사무총장 하비에르 솔라나는 2013년 1월초 국내 언론에 「살아남으려면 FTA가 필요하다」는 글을 통하여 아시아가 조만간 글로벌 파워에서 북미와 유럽을 넘어설 것이라고 전망했다. 그래서 세계 1 · 2위의 경제권이자 세계 최대의 양자교역 파트너인 미국과 유럽을 잇는 미국-유럽 자유무역협정이 필요하고, 이렇게 되면 이미 미국과 라틴아메리카 간 FTA 체제와 미국이 앞장서고 있는 TPP와 연결되어 중국과 인도 역시 외면하기가 불가능해질 것이다. 그렇기 때문에 보호주의의 유혹을 뿌리치고 다자주의와 개방을 적극적으로 수용하도록 강조한 것이 미국에서 이미 현실로 나타나고 있다. 재선에 성공한 미국의 오바마 대통령은 2013년 2월 첫 연두교서에서 범대서양 자유무역협정TAFTA(Trans Atlantic FTA)을 적극 추진하겠다고 천명하였다. 미국과 EU 27개국은 TAFTA를 위한 실무그룹을 이미 2011년에 출범시켰으나 진척을 보지 못했다. 그러다가 2013년 2월 14일 오바마 대통령, EU의 헤르만 반 롬푀이Herman Van Rompuy 정상회의 상임의장, 조제 마누엘 바호주Jose Manuel Barroso 집행위원장 3명이 공동명의로 TAFTA를 2014년까지 마무리 짓기 위해 2013년 6월부터 본격적 실무작업에 착수하기로 발표하였다. 이것이 계획대로 성사되면 세계 전체 GDP의 1/2, 세계 전체 교역량의 1/3을 점하는 거대 자유무역 지대가 출현하게 되어 글로벌 시장의 판도에 결정적 영향을 주게 된다. 이와 병행하여 2007년부터 제기된 TPP 즉 TPFTA는 미국, 캐나다, 멕시코, 칠레, 호주, 베트남, 말레이시아, 브루나이 등 10개국을 주축으로 한 자유무역협정을 목표로 하며, 한국과 일본, 중국이 관심을 기울이고 있다. TAFTA가 성공하게 되면 TPFTA 역시 성공할 가능성이 매우 높아질 수 있다. 이처럼 대서양 경제권과 태평양 경제권을 자유교역지대로 묶어가려는 국제적 노력은 단순히 꿈이 아니라 구체적 현실로 나타나고 있다. 이는 21세기 전반기가 신자유주의적 글로벌화라는 물결이 대홍수로 변해 갈 것을 예고하는 명백한 징후이기도 하다.

▶▷ 신자유주의 발전과정

신자유주의와 글로벌화가 1980년 이래 밀접한 동반자 관계로 발전하면서 신자유주의적 글로벌화라는 개념이 생겨났고 지금은 이 둘을 분리해서 논할 수 없게 되었다. 이것이 글로벌화 반대론자들이 신자유주의를 반대하고 신자유주의 비판론자들이 글로벌화를 비판하는 이유이기도 하다. 글로벌화가 인류사회 발전과정의 세기적 현상인데 비해, 신자유주의는 17세기 이래 전개되어온 자유주의 역사 300여년에 걸친 변모과정의 세기적 현상이다. 일반적으로 글로벌화는 포괄적 현상으로 이해되고 있는데 비해, 신자유주의는 주로 경제적 측면에서 인식되는 경향이 강한 편이다. 그러나 이것 역시 포괄적으로 인식하지 않으면 오해와 편견을 자초할 수 있으므로 둘을 연관시켜 이해할 때 비로소 균형 잡힌 결론에 도달할 수 있으며, 글로벌화가 멈추지 않는 한 신자유주의 현상 역시 멈추어질 수 없는 이유를 알 수 있게 된다. 한국 지식인 사회에서 대체적으로 긍정적 시각보다 부정적 시각에서 비판의 주제가 되어버린 신자유주의가 지닌 의미는 다양하게 인식되고 있어 세밀한 해석이 필요하다. 그렇지만 이 책에서는 상술詳述을 피하고 임현진 교수의 관계 논문에 대한 비판을 위한 개략적 개념 소개에 머물고자 한다.

신자유주의는 자유방임원리에 입각한 고전적 자유주의가 1920년대 말 대공황을 계기로 그 한계를 노출한 가운데 개인의 자유와 시장의 자유가 위협에 직면하자 주로 경제분야 학자들을 중심으로 한 일단의 지식인들이 새로운 활로를 모색하는 과정에서 제시된 처방이론이다. 당대를 지배했던 사회주의, 공산주의, 국가사회주의fascism, 케인즈주의에 반대하여 새로운 각도에서 자유주의 이론을 재정립하고, 이에 근거하여 미래지향적 정책방향을 제시하고자 진력한 결과이다. 다시 말하면 신자유주의는 반사회주의, 반공산주의, 반파시즘, 반케인즈주의의 이론적 산물이며, 계획경제의 전제성과 비현실성을 강도 높게 비판하면서 개인의 자유를 바탕으로 하는 자유시장경제의 우월성과 현실성을 이론적으로 강조한 것이다. 모든 정치, 경제, 사회학적 이론이 그러하듯이 신자유주의 역시 학자에 따라, 개인에 따라 다양하게 해석된다. 가장 최근에 영국의 역사학도인 다니엘 스테드맨 존스Daniel Stedman Jones가 써낸 『인류의 거장들Masters of the Universe』(2012)에서 유럽과 미국에서 50여 년에 걸쳐 이론적으로 축적된 신자유주의 출현과 전개과정을 다음과 같이 3단계로 나누어 설명하고 있다.

1단계(1920년대~1950년대)
1920년대~1930년대 유럽의 이념적 분위기는 압도적으로 반자유주의anti-liberalism였으며, 사회주의와 공산주의에 대한 지식 사회의 우호적 분위기가 대세였다. 1차 세계대전의 후유증과 러시아 볼셰비키혁명 열기, 독일 바이마르공화국의 사민주의 바람과 대공황 충격파가 유럽을 휩쓸면서 고전적 자유주의를 강타하자 자유방임을 기본원리로 하는 고전적 자유주의 한계를 극복하고 사회주의, 공산주의, 파시즘의 위협으로부터 자유를 지키기 위한 새로운 자유주의를 모색하기 위해 독일과 오스트리아 경제학자들을 주축으로 한 일단의 지식인들이 모여 치열한 토론과 의견교환을 통하여 도달한 결론이 신자유주의 이론이다. 시장중심사회를 재설계하려는 것이 핵심사상이다. 처음 신자유주의 논의의 장을 마련한 주도적 인사는 미국 언론인 월터 리프만Walter Lippman이다. 1938년 파리에서 리프만을 비롯한 일단의 전문 지식인들이 의견교환을 위한 모임에서 신자유주의라는 단어가 처음으로 등장하였다.

당시 주요 인사들의 면면은 미국의 리프만 외에 영국의 펠라니Michael Pelanyi, 프랑스의 루지에Louis Rougier를 비롯하여 모임의 주역이라고 할 수 있는 독일의 사회학자이자 경제학자이며 사회시장경제social market economy를 주창한 한때 사회주의자였던 로스토우Alexnader Rustow, 독일 신자유주의인 질서자유주의ordoliberalism 선구자 뢰프케Wilhelm Ropke, 오늘날 신자유주의 주류인 오스트리아 학파를 대표하는 미제스Mises와 하이에크Hayek 등 25명이다. 이 회합에서 로스토우가 신자유주의에 대한 자신의 견해를 발표한 내용을 보면 '가격 메커니즘, 자유기업, 경쟁시스템, 강하고 공정한 국가 우선'으로 집약된다. 당시 참석자들은 반사회주의, 반공산주의, 반파시즘 입장과 자유주의 틀 안에서 고전적 자유주의를 뛰어넘는 새로운 자유주의를 필요로 한다는 데는 의견의 일치를 보았다. 그러나 현실적 접근과 실천방식에서는 정부 역할을 중시하는 그룹과 시장 역할을 중시하는 그룹으로 양분되었다.

로스토우는 고전적 자유주의에 의한 자유방임 정책이 실패했으므로 강력한 정부 역할에 의해 시장 메커니즘의 정상적 작동을 보장해야 한다는 입장에서 사회시장경제를 전제로 하는 신자유주의를 주장했으나 소수 견해로 밀려났다. 반면 뢰프케를 중심으로 한 학자들은 정부 역할을 공정한 시장질서 유지에 국한해야한다는 입장에서 독일의 신자유주의를 의미하는 질서자유주의를 내세워 전후 서독 경제부흥과 라인강 기적을 이론적으로 뒷받침하였다. 오늘날 독일의 신자유주의라고 하면 사회시장경제가 아니라 질서자유주의를 지칭한다. 질서자유주의는 훗날 프라이부르크 학파the Freiburg school로 발전하게 되지만 1960년대 이후 영향력을 잃게 된다. 뢰프케는 이 학파에 속하지는 않았으나 사상적으로 동반자들이었다. 학파를 대표하는 이론가 중에는 오이켄Walter Eucken이 있었고, 현실정치에서 라인강의 기적을 이끈 지도자가 에르하르트Ludwig Erhard다. 에르하르트는 그 자신 오이켄, 하이에크와 같은 인사들로부터 심대한 영향을 받았음을 술회한 바 있고, 하이에크가 주도하는 몽패를랭 협회 회원이기도 했다.

이들 독일의 질서자유주의자들은 민주주의 국가에서 합법적이고 정당한 정부가 과정에 대한 지시가 아니라 시장에서의 질서를 유지하는데 책임이 있음을 기본원칙으로 하여 적절한 법치환경을 만들고, 시장에서의 건전한 경쟁을 유지하고자 했다. 이를 위해 중앙은행 독립과 통화안정 유지, 건전한 재정운용, 고용주와 피고용자 보호라는 정책을 폈다. 이들이 고전적 자유주의자들과 달랐던 점은 사회정의를 중시한 점이다. 프라이부르크 학파의 정치철학은 아리스토텔레스, 토크빌, 만하임Karl Manheim, 막스 베버 등으로부터 영향을 받았다. 경제적 효율성과 인간적·사회적 가치를 중시했고, 케인즈의 완전고용 정책과 보편적 복지이론을 반대하면서 정교한 법치장치와 성공적 작동을 전제로 하는 규제의 중요성을 강조하였다. 프라이부르크대학 교수로서 프라이부르크 학파를 대표하는 발터 오이켄(1891~1950)은 1931년 독일자유경제정책연합회를 결성한 바 있고, 1948년에는 에르하르트 장관의 경제자문으로 통화개혁, 중앙은행 독립, 가격규제 철폐를 도왔다. 그는 역사주의의 무능에 실망하고 집단주의의 계획경제에 반대했다. 또 적자재정, 저금리, 신용확대를 통한 케인즈의 완전 고용정책은 인플레이션을 유발하여 시장가격을 왜곡하고 불황을 초래한다고 경고하였다. 에르하르트는 시장이란 태생적으로 사회적인 것이며 인위적으로 만들어지는 것이라고 말했다. 경쟁이 원동력이라는 고전적 자유주의이론을 수용하면서도 무제한의 자유방임주의는 독과점 출현으로 인해 경쟁을 약화시킨다는 입장에서 정부의 역할을 중시했고, 이 경우에도 정부는 과정에 대한 개입과 간섭이 아니라 방향제시에 그쳐야 한다는 입장을 취했다. 그는 경제성장과 번영이 인간으로 하여금 자립시켜 사회적 안전을 꾸려갈 수 있도록 하는 복지국가의 필요성을 제기한다고 믿으면서 개인저축을 높이면서 소극적 복지국가 확대정책을 지속하였으나, 로스토우는 성장 지향적인 소극적 복지국가 확대정책을 비판하였다.

로스토우와 뢰프케, 프라이부르크 학파들이 고전적 자유주의에 의한 자유방임정책이 완전히 실패한 것을 전제로 했기 때문에 참된 신자유주의자true neoliberals로 불리게 되었다. 이에 비해 미제스와 하이에크를 비롯한 오스트리아 학파the Austrian school는 자유방임주의를 중시하는 고전적 자유주의가 완전히 실패한 것이 아니므로 원래의 개념을 수정, 보완하는 것이 합리적이며 현실적이라는 입장을 취했기 때문에 고답적 자유주의자old school liberals로 불린다. 이들은 프라이부르크 학파 인사들과는 달리 시장에 의한 자율규제를 중시하며 정부의 개입과 간섭을 최소화할 것을 주장하였다. 이들은 독일 프라이부르크 학파들의 영향력이 1960년대 이후 쇠퇴한데 비해 미국과 중남미 중심으로 영향권을 확대해가면서 글로벌화와 함께 장기적이고 지속적인 영향을 미치게 된다. 특히 하이에크는 로스토우의 사회시장경제라는 표현을 싫어했고, 에르하르트의 과도한 규제주의를 비판하면서 "질서자유주의자들은 사회주의자들보다 나을 것이 없다"고 하였다. 그는 고전적 자유주의를 시대에 맞게 미래지향적으로 재해석, 재정립하고자 지속적이고 체계적인 노력을 위해 몽페를랭 협회The Mont Pelerin Society를 출범시켰고 그가 만든 협회는 지금도 활발한 활동을 하고 있다. 이것은 1947년 4월 1일~4월 10일 사이에 스위스 몽페를랭Mont Pelerin에서 구미 각국의 경제학자, 역사학자, 철학자 등 36명이 회동하여 회의목적과 활동방향을 결정하였다. 집단주의collectivism(통상 국가주의, 전체주의를 뜻함)를 위한 자의적 정치권력이 팽배하고 인간의 존엄성과 자유를 핵심으로 하는 서구문명의 가치가 위협받는 상황에서 국가역할과 자유주의를 논하고 올바른 처방을 도출하기 위해 토의의 중점을 다음과 같이 설정하였다.

- 현 위기 분석과 국가(정부) 기능 재정립
- 법치 확립 방안과 시장을 위한 최소한의 기준
- 자유를 위협하는 역사남용 대항
- 국제적 경제관계 조화를 바탕으로 하는 평화와 자유

이들은 자유에 부정적 영향을 주는 요소로서 정부 영향력 확대, 복지정책 확대, 노조권력 증대, 기업 독점, 인플레이션에 주목한다. 그러면서 같은 생각을 갖는 각국의 주요 학자들, 정부 관료들, 언론인, 경제 및 금융 전문가, 법학자들이 매년 회동하여 최근의 주요 사상, 경향, 현상 등에 대한 논의를 통하여 자유사회 운영과 운영원리를 강화하고 자유시장경제도의 결점과 장점, 작동 메커니즘 등을 연구 분석한 결과를 국제사회에 전파한다. 몽페를랭 협회는 1947년 회원 50명으로 출범한 이래 계속 발전하여 지금은 40여 개국으로부터 500여 명이 참여하고 있다. 매년 9월 일주일 동안 주요 회원국에서 회합을 갖고 있으며, 2013년은 특별회의 명목으로 6월 22일~6월 29일 일주일간 에콰도르 갈라파고스에서 「진화, 인류 과학과 자유」라는 주제로 개최하였다. 2014년 전체회의는 8월 31일~9월 5일 사이에 홍콩에서 열릴 예정이다.

오스트리아 학파의 자매학파라고 할 수 있는 것이 미국의 시카고 학파the Chicago school이다. 시카고대학 경제학 교수 밀턴 프리드먼Milton Friedman을 필두로 헨리 사이몬스Henry Simons, 프랭크 나이트Frank Knight 등이 주축을 이루었다. 이들의 기본입장은 중앙은행의 통화공급을 위한 정부규제를 제외한, 시장에 대한 어떠한 정부의 개입도 간섭도 반대하면서 통화주의, 규제완화, 시장중심 개혁을 강조한다. 이들은 지적 재산권intellectual property rights 개념을 핵심으로 하는 지식산업knowledge industry에 지대한 영향을 미쳤다. 미국에서는 시카고 학파 외 버지니아대학과 로체스터대학도 동참하고 있다. 흔히 레이건 행정부가 신자유주의 정책 노선의 주역인 것처럼 인식되어온 이유 중의 하나는 프리드먼이 레이건 행정부의 경제정책, 특히 감세 및 규제완화 정책에 깊이 관여했기 때문이다. 오늘날 신자유주의적 글로벌화의 사상적, 이론적 주류는 오스트리아 학파와 시카고 학파에 뿌리를 두고 있다. 하이에크와 프리드먼은 미국 헤리티지재단의 지적 멘토였고, 35년간 재단 소장을 지낸 에드윈 퓰너E. Feulner는 몽페를랭 협회 핵심회원으로 참여하고 있다. 이들은 자유방임 원칙을 폐기하면서 시장자율 규제를 중시하지만 시장만능주의에 대해서도 강한 경계심을 견지하고 있다. 신자유주의가 20세기 후반부터 글로벌화와 맞물리면서 지적 대세로 자리잡기까지는 20세기 전반을 통하여 거대한 정치, 경제, 사회적 격변과 격동 속에서 이뤄진 사상적으로 개인들의 치열한 지적탐색과 투쟁과 참여가 있었기 때문이다.『좋은 사회 The Good Society』(Lippman, 1938),『노예의 길 The Road to Serfdom』(Hayek, 1944),『관료정치 Bureaucracy』(Mises, 1944),『열린 사회와 그 적들 The Open Society and Its Enemies』(Popper 1945),『신자유주의와 그 전망 Neo-liberalism and It's Prospects』(Friedman, 1951),『자유사회를 위한 경제정책 Economic Policy for a Free Society』(Henry Simons, 1946) 같은 책들이 그들이 남긴 대표적 지적 업적들이다.『노예의 길』은 집단주의자들의 계획경제는 성공할 수 없다는 것을,『관료정치』는 큰 정부 옹호론자들이 의존할 수밖에 없는 관료주의가 자유주의 체제 발전을 가로막는 결정적 요소라는 것을,『열린 사회와 그 적들』은 전체주의 체제가 얼마나 위험한 것인가를 역설한 것이다. 저자들은 한결같이 집단주의, 큰 정부, 관료주의를 반대하고 작은 정부 자유시장 체제를 옹호하였다.

2단계(1950년대~1980년대)

이 기간은 자유주의 진영과 공산주의 진영이 명운을 걸고 이념과 체제 경쟁을 벌임으로써 국제사회 전체가 정치, 경제, 사회, 군사, 문화, 사상적으로 휩쓸려야 했던 시대였으며 그 전환점은 1970년대였다. 구 소련제국의 전체주의 사회모순이 표면화되고 베트남전쟁, '68 반전 반문화운동 폭발, 1973년 오일쇼크, 영국의 산업 붕괴 직면과 같은 상황 속에서 미국의 뉴딜New Deal, 위대한 사회The Great Society, 영국의 케인즈주의적 정책노선을 대체하려는 신자유주의적 정책이 영국과 미국에서 적극적으로 수용되기 시작한 시기가 1970년대 중반 이후이다. 1970년대 중반 미국의 카터 행정부가 교통 분야와 은행 분야에 대한 규제완화 정책을 실시하고 영국의 윌슨 정부와 캘러헌 정부가 1975년 이후 정부지출 삭감과 완전고용 정책을 포기한데 이어, 레이건과 대처의 등장으로 제한된 정부limited government(작은 정부), 규제 완화deregulation, 자유공정교역free and fair trade, 감세tax cuts 정책이 본격화되었다. 독일의 신자유주의자들은 대기업 독점에 유의했고 미국의 시카고 학파는 대기업 독점보다 노동세력에 유의하였다. 특히 미국에서는 시카고 학파를 중심으로 버지니아대, 로체스터대 학자들이 주축을 이룬 가운데 경제문제연구소The Institute of Economic Affairs(IEA)와 미국기업연구소The American Enterprise Institute(AEI), 헤리티지재단The Heritage Foundation 같은 연구소들이 북미와 유럽에 걸쳐 영향을 미치는 연구활동을 본격화함으로써 케인즈 이래 가장 의미심장한 흐름의 변화를 일으키게 된다. 여기에 참여하는 주요 지식인들은 사회적 · 경제적 불평등이 사회적 · 경제적 진보를 가능케 하는 추동력으로 작용한다고 인식하기 때문에 비판론자들로부터 급진적 시장 근본주의radical market fundamentalism 옹호론자들이라는 비판을 받았다. 그렇지만 그들의 전진은 계속되었고, 이 시기에 미국에서 가장 큰 영향을 준 미국판 『노예의 길』이라고 할 수 있는 『자본주의와 자유 Capitalism and Freedom』(1962)에서 저자인 밀턴 프리드먼은 시장에 대한 개념을 "시장이야말로 좋은 삶 그 자체이다"라고 정의하였다.

3단계 1980년 이후

1980년대~1990년대는 '구조적 조정기'로서 국제적 기구들과 합의를 통하여 신자유주의가 대세를 이루는 시기다. 2차 세계대전 직후 탄생한 IMF, 세계은행을 비롯해 1995년 WTO 출범과 유럽의 EU, 북미의 NAFTA 출현 등이 대표적인 글로벌 기구들이다. 동서 냉전 종식과 구 소련제국 붕괴에 따라 동구 공산국가들로 자유가 확산되고, 중국의 개혁개방 정책과 인도와 칠레, 브라질과 같은 남미국가들이 가세함으로써 신자유주의적 글로벌화는 전 지구로 확산되었다.

신자유주의는 경제학자들이 주축이 되어 생겨난 사상이기 때문에 경제중심 사상으로 인식되고 있다. 그러나 정치, 사회, 문화, 환경, 철학 등에 이르기까지 광범위하게 이해되어야만 신자유주의가 지닌 의미와 영향력과 생명력을 올바르게 인식할 수 있다. 일반적으로 정통적 신자유주의classical neoliberalism, 경제적 신자유주의economic neoliberalism, 철학적 신자유주의philosophical neoliberalism, 혼합 신자유주의hybrid economic neoliberalism 등으로 분류된다.

정통적인 신자유주의는 미제스와 하이에크를 중심으로 하는 오스트리아학파, 오이켄 등을 중심으로 하는 프라이부르크 학파와 프리드먼을 중심으로 하는 시카고 학파들이 고전적 자유주의에 바탕을 두면서 진화를 지향하는 선도적 신자유주의를 말한다. 이들은 자유주의 전통인 과거로부터 이어진 경험과 전통에 대한 존경과 자유주의 미래를 위한 진화를 향한 이상을 융합함으로써 법치가 존중되는 시장중심 사회에서 인간의 존엄성과 개인의 자유가 보장될 수 있다고 주장하였다. 특히 하이에크는 정보와 개인의 무지가 자유 사회와 깊은 관계가 있음에 유의하여 강조하기를, 자유주의 사회에서 편파적 이익을 목적으로 국가권력에 의한 정보의 조작과 왜곡이 가능해지면 정치, 경제, 사회적으로 제한된 지식과 정보 밖에 없는 시민의 무지가 자유를 박탈당하는 결정적 원인이 되므로 권력분립과 법치가 중요하고 건전한 판단을 위해 과거 경험과 전통의 힘을 빌리는 것이 필요하다고 역설하였다. 이들이 권력분립과 헌정주의, 특히 폭군적 다수에 의한 법치만능주의를 경계한 것은 견제되지 않는 권력에 의한 정보조작과 개인의 무지가 사회적 미신과 인습을 만들어냄으로써 폭민주의mobocracy가 사회를 지배할 수 있다고 믿었기 때문이다. 따라서 사회 구성원으로서 무지를 벗어나는 것은 개인의 윤리적 책임이 된다.

하이에크는 진화와 경쟁을 강조함에 있어서 애덤 스미스와 데이비드 흄David Hume과 같은 영국의 실용적 자유주의practical liberalism자들이 내세우는 작은 정부, 보수적 정서주의(열정과 본성 중시)가 경험과 전통을 중시하면서 자유를 지향하는데 비해, 데카르트와 루소 같은 관념론적 자유주의자들이 내세우는 큰 정부, 인간이성을 중시하는 급진적 합리주의가 경험과 전통을 도외시하면서 평등을 지향함을 구분했다. 그는 전자를 상징하는 것이 미국혁명이며 후자를 상징하는 것이 프랑스 혁명임을 결론지우면서 전자의 편에 섰다. 하이에크는 정통적 신자유주의 아이콘답게 공산주의자들, 파시스트들, 합리주의적 사회주의자rationalist socialists와 경제적 자유지상주의자들economic libertarians, 자유방임적 자본주의자들laissez-faires capitalists을 반대하고 법치환경을 전제로 한 자유시장경제를 강조하였다.

경제적 신자유주의는 경제적 자유를 본질로 하며 재산권과 계약의 자유를 중시한다. 이를 대표하는 학자가 밀턴 프리드먼이다. 프리드먼은 애덤 스미스 이론에 근거하는 정통적 자유주의자로서 경제에서 정부개입은 최소에 그쳐야 결과적인 경제이익을 도모할 수 있으므로 시장 자율규제를 전제로 하는 자유시장경제에서 정부 역할은 개인의 재산권을 보호하는 법적제도 운영을 하는데 있다는 입장이다. 그가 말하는 경제에서 최소한의 정부개입이란 통화증발로 인한 인플레이션

유발로 시장의 혼란을 방지시키기 위한 건전재정을 유지하는 노력을 뜻하는 것으로, 케인즈의 적자재정과 완전고용과는 반대된다. 경제적 신자유주의자들은 자유시장에서만 개인의 자유가 가장 잘 보장되고 자유시장만이 정확한 정보소통이 가능한 곳이라고 믿기 때문에 자유주의 사회에서 유일하고 가장 중요한 자유란 시장자유라고 주장한다. 우리에게 널리 알려진 미국 기업가 워렌 버핏Warren Buffet 은 시장의 본질에 대하여 "시장은 당신을 섬기는 곳이 아니라 당신에게 정보를 제공하는 곳이다"라고 말한 바 있다. 이 말은 정보가 자유롭게 교환되는 곳, 그래서 자유가 보장되는 곳이 자유시장이라는 뜻이다.

철학적 신자유주의란 건강, 교육, 에너지, 토지, 물, 환경, 오염, 종교, 문화에 이르기까지 자유시장 원리가 적용되는 경우다. 이들은 인간 개개인은 자신의 삶을 영위해가는 기업가라는 입장에서 행동하므로 인간 삶과 관계되는 모든 분야까지 같은 원리가 적용되어야 한다는 입장이다. 혼합 경제적 신자유주의란 비신자유주의적 정부 운영형태와 경제적 신자유주의가 혼합된 것을 말한다. 영국의 토니 블레어Tony Blair 정부 당시 '제3의 길'은 경제정책에 있어서 우파적 신자유주의 노선, 사회정책에 있어서 좌파적 노선이 혼합된 것으로 대표적인 예다. 심지어 일부 학자들은 중국을 이 범주 안에 포함시키기도 한다. 정치사회적으로 공산당 1당 체제를 유지하고 경제적으로는 계획경제 요소가 있으나, WTO 체제 하에서 개방적 시장경제정책을 채택하고 있기 때문이다.

▶▷ 신자유주의 비판

신자유주의가 글로벌화와 함께 21세기의 대세로 자리를 잡아갈수록 비판의 강도 역시 높아간다. 미국 내 대표적 비판가는 경제학자인 크루그먼Paul Krugman과 스티글리츠Joseph Stiglitz이고, 영국의 대표적 비판가는 역사지리학자인 하비David Harvey이다. 크루그먼과 스티글리츠의 비판 핵심은 두 가지로 요약된다. 첫째, 시장은 불완전하며 신자유주의자들이 예견하는 것과는 달리 실패할 확률이 높고 정실 자본주의crony capitalism를 초래한다. 이 경우 재산이 친親권력자 편으로 넘어가고 권력측에 유리한 정보왜곡이 발생한다. 두 번째, 부자보다 빈자가 법의 보호와 정보접근에 더 많은 제한을 받기 때문에 부자가 빈자보다 더 큰 권리를 행사하고 더 유리한 기회를 누리게 된다. 신자유주의는 사회 내 빈부격차와 국가 간의 빈부격차를 심화시키고 도시 실업자와 범죄의 증가, 환경파괴를 초래하며 결과적으로 상류층과 부유한 국가들이 최대의 수혜자가 된다.

하비는 대표적 사회주의 이론가의 한 사람으로서 『간추린 신자유주의 역사 *A Brief History of Neoliberalism*』(2005)를 통하여 신자유주의적 글로벌 정치경제는 다수의 희생 위에 소수가 이익을 취하는 시스템이며, 금융자본을 대표하는 계급투쟁이라는 시각에서 비판했다. 또 『신제국주의 *The New Imperialism*』(2003)에서 미국의 이라크 침공을 미국 네오콘Neocon들이 자본주의 실패를 따돌리기 위한 것이라는 극단적 비판을 가하였다. 국제 사회에서 비판론자들이 제기하는 일반적 비판의 내용은 주권침해, 불평등 초래, 지속 불가능, 대기업 세력증대, 도시민들의 생활력 감퇴, 환경파괴, 비정규직 근로자와 산업재해와 직업병 증가 등이다. 이들 비판자들이 신자유주의적 글로벌화를 미국화 또는 서구화와 동일시하고, 반신자유주의적 글로벌화를 반미로 연결하여 공격하고 비판하면서 이는 미국을 중심으로 하는 선진 자본주의 국가와 이들 국가들의 금융자본가들에 의한 음모이며, 신식민지 제국주의 종속이론이라는 비판이 과연 타당한 것인지에 대한 편견 없는 판단이 중요하다. 판단이 없는 선택은 위험하고 비현실적이며 시행착오를 초래할 뿐 아니라 이미 한국 지식사회에서도 비판이 찬성을 앞서고 있기 때문이다.

국제사회에서 있었던 신자유주의에 대한 그간의 비판에서 중요한 논점은 두 가지다. 하나는 '신자유주의 성공은 역사적 필연'이고, 다른 하나는 '신자유주의란 사악한 미국의 글로벌 지배현상'이라는 것이다. 이 두 가지 논점에 대해 다니엘 존스는 『인류의 거장들』에서 다음과 같이 설명하고 있다. 신자유주의 성공이 역사적 필연성이라고 주장하는 학자들은 주로 역사학자, 사회학자, 정치학자들이다. 이들 중 영국 〈이코노미스트〉 기자 출신 리처드 코켓Richard Cockett과 미국의 역사학자 조지 나시George Nash가 대표적이다. 이들은 "신자유주의는 20세기 세계사의 흐름을 바꿔놓은 가장 대표적이고 급진적인 투쟁"이라고 주장하면서 일단의 비엔나 경제학자들이 주축이 되어 이루어낸 지적 노력과 투쟁과정을 근거로 내세웠다.

1940년대, 영국과 미국의 정부가 비대해가던 시기에 집단주의, 특히 공산주의에 대항하여 지적 전투를 전개한 학자들 중 유럽에서는 한때 공산주의자였던 포퍼, 한때 좌익이었고 관료주의 한계를 뼈저리게 체험한 미제스, 중앙정부에 의한 계획경제의 불가능을 주장했던 하이에크가 있었고 미국에는 프리드먼이 있었다. 포퍼는 플라톤과 마르크스를 비롯한 집단주의 사상가들을 맹공함으로써 전체주의를 비판하였고, 미제스는 시장에 대한 정부개입의 위험성과 비효율성을 역설했다. 급진적 이상주의자 성향을 지녔던 하이에크는 몽패를랭 협회The Mont Pelerin Society를 만들어 이론과 아이디어를 전파했으며, 프리드먼은 큰 정부 비판자로서 통화주의monetarism를 옹호하고 정부 규제완화와 감세를 통한 작은 정부로의 복귀를 주장하였다. 이들은 자유방임주의 한계를 지적하면서 시장에서의 경쟁을 목표로 하는 경제적 자유가 모든 자유의 안전판이며 정부 비대는 폭군에 이르는 길이라고 단정지었다. 이들이 세계사적 흐름을 바꾼 것은 마치 럭비게임에서 스크럼을 짜는 것처럼 연구소, 언론, 정치인 간의 밀접한 지적 연결작업을 해냈기 때문인데, 정치인들이 연구소 도움을 받아 대중의 관심을 자극하고 이들의 호응을 불러일으킬 수 있었다. 연구소는 출판, 언론 기고, 토론, 강의 등을 통하여 일반대중은 물론 특히 대학가에 영향을 줌으로써 이념적 혁명군을 만들어내는데 성공했다. 뿐만 아니라 1970년대 저성장, 초인플레이션(영·미 두 자리 수, 브라질과 터키 200%), 실업 등으로 인한 경제위기가 새로운 사고, 새로운 처방을 절실하게 필요로 한 당시의 시대적 상황과 맞아떨어졌기 때문이다. 이 과정에서 두드러진 것이 연구기관들과 정치적 지성 간의 밀접한 네트워크 현상이다.

나시는 자신의 저서에서 1945년 이래 미국 보수적 자유주의 흐름을 자유지상주의libertarianism, 전통주의traditionalism, 반공주의anti-communism로 나누었다. 그리고 이들 세 갈래가 타협 불가능한 특성을 내포하고 있었음에도 불구하고 윌리엄 버클리William F. Bukley에 의해 융합되고, 레이건에 의해 실천된 것이 오늘날 미국의 퓨전 보수적 자유주의라고 정리하면서 신자유주의는 단순히 보수적 자유주의자나 공화당 차원이 아니라 다양한 정치적 스펙트럼 차원에서 인식할 수 있는 창구를 제공하고 있다는 입장이다. 영·미 정치의 우편향이나 영·미에서의 신자유주의 신장 현상은 미국 내 특정 보수적 자유주의자들의 노력이나 영국의 대처리즘 성공 때문이 아니라 영·미 경제정책의 변화에서 비롯된 것이다. 당시의 경제정책 변화는 협소한 정당 정치차원의 성공적 제안을 훨씬 능가하는 의미를 갖는다. 1970년대 영·미 경제상황이 케인즈 테두리 안에서 벗어나지 못하고 있는 가운데 영국의 좌파left와 미국의 리버럴liberal들로 하여금 통화주의, 규제완화와 노조개혁과 같은 신자유주의적 믿음을 강화시켰다. 이는 신자유주의가 좌파와 리버럴 진영의 트로이 목마로 작용하였음을 의미한다. 영국의 좌파들은 케인즈의 후예들이며 미국의 리버럴들은 뉴딜의 후예로서, 이들이 케인즈 노선과 뉴딜 노선을 포기하고 신자유주의 노선을 채택하지 않을 수 없었던 것이 당시의 시대적 상황이었다.

여기서 우리가 정확하게 이해하고 넘어가야 할 점은 신자유주의 이론을 정립한 주역들이 케인즈주의와 뉴딜정책을 반대했는데 비해, 경제위기 타개를 위한 정책변화를 위해 새로운 이념으로서 신자유주의를 현실정치에 도입한 주역들은 신자유주의를 비판하고 반대했던 케인즈 노선과 뉴딜 노선 추종자들, 즉 영국의 좌파들과 미국의 리버럴들이었다는 사실이다. 영국의 캘러헌 노동당 정부와 미국의 카터 민주당 정부가 결정적 역할을 했다. 그러나 이들은 경제정책에서 부분적 변화의 필요성이 있었기 때문일 뿐 신자유주의 노선에 입각한 자유시장경제 전반을 도매금으로 받아들인 것은 아니었다.

신자유주의 성공은 역사 발전과정에서 지적 투쟁을 통하여 이뤄진 필연적 결과이지 결코 신화적 기적 현상이 아니라는 신자유주의 옹호론자들은 근본적으로 자유방임원칙을 포기한 점에서 자유지상주의자들이 아니다. 새롭고 급진적인, 세기적인 사상의 흐름을 바꿔놓았다는 점에서 보수적 자유주의자들이 아니므로 이들을 신자유주의자들neoliberals로 호칭하지 않을 수 없게 된다. 두 번째, 신자유주의는 획일적이고 사악한 미국의 글로벌 지배 이데올로기라는 극단적 비판은 냉전 종식 후 미국이 유일 초강대국이 되어 국제사회에 미치는 영향력이 커진 배경과 무관하지 않다. 하지만 직접적인 구실을 안겨준 것이 스페인어 사용국들인 남미, 특히 칠레와 워싱턴 컨센서스와 2008년 월가 금융위기와 관계되어 있다. 남미는 종속이론dependency theory의 진원지다. 아르헨티나의 경제학자 프레비쉬Raul Prebisch(1901~1986)는 원래 자유 무역론자였으나 대공황 이후 보호주의 무역론자로 변신했다. 그는 1950년 라틴아메리카 경제위원회 사무총장으로서 『라틴 아메리카 경제발전과 근원적 문제점들 *The Economic Development and Its Principal Problems*』을 발표하였는데, 이때 중심부 국가가 주변부 국가의 희생을 대가로 이익을 취하고 발전함으로써 결과적으로 주변부 국가가 중심부에 종속될 수밖에 없다는 종속이론을 내놓았다. 칠레에서 발생한 정치적 변동과 새로운 정부의 경제정책이 미국과 밀접하게 관련되면서 신자유주의에 대한 부정적 비판이 종속이론과 겹치며 증폭되었다. 그것은 1973년 칠레의 아옌데Salvador Allende 대통령이 미국의 후원을 받는 피노체트Augusto Pinochet 장군을 주축으로 한 군부에 의해 살해되고, 새로운 우익 정부인 피노체트 정부가 출범한 후 시카고대에서 프리드먼이 길러낸 칠레 출신 제자들이 귀국하여 정부에 참여, 과격한 시장 자유화 정책과 경제적 구조조정 단행을 주도하는 과정에서 초기에 빈자들의 희생이 컸기 때문이다. 이때 참여한 프리드먼 제자들을 '시카고 보이Chicago Boy'라고 한다. 아옌데 살해 뒤에는 미국이 있고 미국에서 길러진 시카고 보이들을 앞세워 채택한 신자유주의는 선진국(중심부 국가, 미국)에 의한 개발도상국(주변부 국가, 칠레) 착취를 위한 이데올로기로 작용한 결과라는 비판은 프레비쉬의 종속이론을 정당화시켜주는 것으로 인식되어 신자유주의가 경멸적인 뜻을 지니게 되었다. 이것이 국제사회, 특히 유럽에서의 반신자유주의가 반글로벌화, 반미 정서로 연결되면서 신자유주의가 획일적이고 사악한 미국의 글로벌 지배 이데올로기로 비판받게 된 것이다.

그러나 사실 이것은 진실과 거리가 먼 음모론에 지나지 않는 21세기 「시온 의정서 *The Protocols of the Elders of Zion*」에 비유할 수 있다. 몬티피오리의 『예루살렘 전기』에 의하면 나치스가 유태인 학살에 이용한 「시온 의정서」는 1868년 독일인 헤르만 고드시Hermann Goedsche가 쓴 반셈족을 주제로 한 소설에서 "유태인이 정부, 교회, 언론에 침투하여 전쟁과 혁명을 유발하고 다윗 왕가의 전제정치가 지배하는 세계제국을 창설하려고 한다"는 줄거리를 말하는 것으로, 19세기말 러시아의 유태인 박해(포그람Pogram)와 20세기 나치스에 의한 유태인 소멸도구로 악용되었으나 물론 이것이 허구라는 것을 1921년 〈런던타임즈〉가 증명한 바 있다.

오늘날 공격적 신자유주의 비판자들이 워싱턴 콘센서스Washington Consensus를 「시온 의정서」쯤으로 치부하는 것은 종교적 도그마나 인종적 도그마, 또는 이념적 도그마가 지배할 때 항상 있어왔던 현상이다. 음모론은 대중에게 한번 각인되면 쉽게 사라지거나 지워지지 않고 엄청난 희생을 치른 후에야 진실이 드러나는 속성이 있으므로 매우 조심성 있게 다뤄야 하는 문제다. 「시온 의정서」가 얼마나 큰 영향력과 파괴력을 발휘했는가 하는 예로서 나치스는 말할 필요도 없다. 이스라엘 건국 지도자며 초대 대통령을 지낸 하임 바이츠만은 1917년 예루살렘 방문 중 영국 장군으로부터 「시온 의정서」가 포함된 책 한 권을 받고 훗날 "이곳에 있는 엄청나게 많은 영국 장교들이 군용 가방에 이 책을 갖고 있고 또 그것을 믿고 있네"라고 경고하였다. 미국이 주도한 "워싱턴 콘센서스는 음모 문서에 가깝고 그 의미는 완전히 퇴색해 버린 것인가?"하는 질문에 대한 답변은 간단하지 않다. 워싱턴 콘센서스는 1987년 워싱턴 소재 IMF, 세계은행과 같은 국제경제기구의 동의를 구하고자 당시 미국 재무장관 윌리엄슨Williamson이 제시한 내용을 말하는 것이다. 신자유주의 노선을 충실하게 반영하여 미국 정부의 입장이라기보다 국제사회 흐름을 주도한 신자유주의적 경제정책 방향을 총괄한 것으로, 글로벌 차원의 번영을 공동으로 추구하기 위한 방책으로 건전재정 유지, 규제완화, 재산권 보호, 교역 자유화, 조세개혁, 효율적 공공지출, 유동 환율, 시장에서의 금리결정, 자본이동과 투자의 자유, 공기업 민영화 등을 강조하고 있다. 신자유주의적 글로벌화가 멈추지 않는 한 이들 내용 역시 그 의미가 퇴색되기 어렵다.

▶▷ 신자유주의에 의한 사회운영 원리

신자유주의 원리에 입각한 사회운영의 기본원리는 고전적 자유주의 원리에 뿌리를 두면서도 포스트모더니즘 시대와 글로벌화 시대에 맞고 인간본능 및 본성과 가장 잘 조화되는 것을 전제로 한 것들이다. 국가는 창의적인 촉매자이자 공정한 심판자 역할을 하는 존재이며 궁극적으로는 국민의 보호자이다. 개인은 국가의 주체로서 의존적인 존재가 아니라 책임 있는 존재이다. 긍정적이며 능동적이고 모험을 두려워하지 않는 창조적이며 자립적인 존재이다. 신자유주의 사회는 비판자들이 흔히 말하는 강자 제일의 사회가 아니라 더불어 사는 사회이며, 경쟁을 중요시하되 약자에 대한 국가의 책임을 소홀히 하지 않음으로써 사회정의를 구현하고자 하며 개인의 사회적 책임과 공동체

가치를 중시한다. 케인즈적 수혜 복지국가의 한계를 극복하기 위하여 근로 복지국가를 지향하며, 국가는 결코 수혜자로 군림해서는 안 되고 구원자이자 봉사자여야 한다. 신자유주의 구현은 글로벌화를 수용하고 자유롭고 공정한 교역을 통한 자유시장 경제체제 안에서 번영을 추구할 때 가능하다.

신자유주의적 글로벌화에 대한 이해와 수용여부를 결정하고 비판하고자 할 때 특정 지역현상이나 한 시기의 흐름이 아니라, 최소한 1930년대 이래 전개되어온 세계사 흐름 선상에서 판단해야 한다. 신자유주의적 글로벌화를 통하여 실패한 국가들보다 성공한 국가들이 많다는 사실과 비판자들의 비판과는 달리 개발도상국가들, 과거의 약소국가들이 최대의 수혜자로서 대한민국을 포함하여 홍콩, 싱가포르, 대만, 중국, 인도, 브라질, 멕시코, 칠레 같은 나라들이 여기에 속한다. 또한 스위스, 덴마크, 스웨덴, 네덜란드, 오스트리아, 룩셈부르크, 노르웨이, 핀란드, 오스트레일리아, 뉴질랜드, 캐나다, 미국, 독일, 영국 같은 선진국들이 선두에 서 있음을 정확하게 파악할 수 있어야만 올바른 결정과 비판이 가능하다. 이러한 배경에서 비판적인 국내 학자들, 지식인들이 2008년 국제금융위기, 2012년 유로존 금융위기를 구실로 신자유주의적 글로벌화가 끝났다거나 실패했다고 주장하고, 국내 양극화 현상을 과장하면서 그 원인을 신자유주의에 돌리는 것은 지식인들 스스로 허영과 무지를 드러내는 것이라는 비판을 모면할 수 없게 만든다.

신자유주의 체제란 정치·경제적 자유주의 체제 그 자체이다. 경제적 자유가 정치적 자유를 촉진하고 정치적 자유가 경제적 자유를 확대시킴으로써 권위주의 국가들, 일당체제 국가들을 변화시킨다. 이것이 중국의 정치적 미래가 관심의 대상이 되는 이유이기도 하다. 시장의 글로벌화가 진행될수록 글로벌 규칙 적용 역시 불가피해져서 각국의 경제환경은 그만큼 투명하게 되고, 정치권력과 이익집단에 의한 자의적 개입이나 부정한 거래가 어렵게 된다. 정치적 자유와 경제적 자유가 글로벌로 확대되면 전쟁 가능성은 줄어들고 평화의 가능성은 그만큼 높아지며 번영의 기회 역시 늘어난다. 이것은 애덤 스미스이래 경제적 자유주의자들, 20세기 신자유주의자들이 그려낸 설계도다. 그러나 어떠한 이념이나 사상, 제도라 할지라도 완전할 수 없으며 원리는 변함이 없어도 현실에서의 적용은 국가에 따라 다르고 시대에 따라 달라질 수 있기 때문에 찬성과 반대, 옹호와 비판은 피해갈 수가 없다. 내적인 정치, 경제, 사회적 위기와 외적인 위기상황이 언제나 국가운영 원리를 위협할 수 있으나 그러한 위기가 영원히 계속되는 것은 아니다. 그러므로 국가를 움직여가는 지도층 인사들, 당대의 지식인들은 물론이고 일반 국민들은 자신들이 의존하고 있는 국가운영 원리를 함부로 바꾸거나 포기하려는 유혹에 넘어가는 우를 범하는 일이 없어야 하고, 위기 그 자체를 자신들이 지켜온 원리로 극복하고자하는 강한 의지를 지녀야 계속 발전할 수 있다. 모든 국가운영 원리는 비판 속에서 다듬어지고 위기 속에서 단단해지는 것이 일반적 현상이다. 2012년 그리스발 유로존 금융위기가 신자유주의적 글로벌화의 미래에 대한 우려와 비판을 불러 일으켰으나, 위기 수습과정에서 보여주고 있는 EU 입장은 신자유주의적 글로벌화의 포기가 아니라 보완쪽이다. 최근 종속이론의 진원지였던 중남미에서 신자유주의적 글로벌화에 박차를 가하고 있는 칠레와 멕시코가 국제사회의 주목을 받는 것도 우연이거나 한때의 현상이 아님을 말해준다.

칠레는 한국과 FTA를 협정한 주요 교역대상 국가로서 1970년대 피노체트 군사정부 하에서 소위 말하는 '시카고 보이'들이 주축이 되어 신자유주의적 글로벌화 정책을 시작했다. 지금 미국이 창업 이민자를 제한하고자 하는데 비해 칠레는 이스라엘 못지않게 창업 기업가들을 대대적으로 환영하고 칠레형 실리콘밸리Chilecon Vally를 탄생시킨 결과 2010년 이래 37개 국가로부터 900여 명에 달하는 창업자들Start-up이 500여 개 회사를 차리고 칠레 정부의 적극적인 지원을 받고 있다.

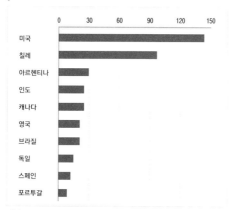

▌2010년 이래 최대 창업 10개 국가

〈이코노미스트〉 2012년 10월 13일

브라질을 라틴아메리카의 중국이라고 하면 칠레는 라틴아메리카의 싱가포르로 비유되고 있으며, 일찍이 칠레가 한국과 FTA 협정을 맺은 것은 우연이 아니다. 멕시코는 한 세대 전 수입장벽이 심한 국가였으나 지금은 NAFTA 발효 이래 세계에서 가장 개방된 시장환경을 갖추었다. 2012년 10월 27일자 〈이코노미스트〉가 인용한 통계를 보면 2012년 멕시코 수출입은 GDP의 69%(HSBC 은행)로서 브라질의 19%, 중국의 48%보다 훨씬 높은 수치이며 세계 제2의 냉장고 수출국, 세계 제2의 대미 전자제품 수출국이 되었다. 미국과 멕시코 간의 국경지대는 세계 제1의 시장으로 변모하고 있다. 2001년 멕시코 제조업 임금이 중국의 4배였으나 지금은 근소한 차이로 좁혀져 날로 경쟁력이 높아지고 있다. 멕시코는 글로벌화 된 엘리트와 글로벌화 된 농민이 공존하는 국가다. 부자는 미국에서 공부하고 가난한 자는 미국 가정에서 마루를 닦지만, 둘 다 조국 멕시코에 이익을 안겨준다. 엘리트는 기술을 배워오며 미국 대학들과 관계를 맺으면서 자국 기업에 도움을 준다.

양국 국경에 걸쳐 살아가는 사람의 수는 엄청나서 멕시코인 10명 중 1명꼴인 1천200만 명이 거주하며, 미국 내에서 태어난 멕시칸들은 3천300여만 명에 달한다. 1993년 NAFTA 결정 당시 다수의 미국 전문가들은 값싼 멕시코 노동력이 미국인들의 일자리를 뺏어갈 것으로 우려했으나 1993년~2012년 사이에 양국 간 교역이 506%나 증가하여 모두가 이득을 보았다. 멕시코에서 잘 나가는 회사들은 코스모폴리탄적이며 멕시코에서 활동하는 다국적 기업들은 더 이상 불이익을 당하지 않고 금융조달이 쉽다. 범죄와 관료들의 부패 같은 사회문제가 상존함에도 미국으로 이주 갔던 멕시코인들 중 다시 조국으로 돌아오는 사람들의 수도 날로 증가하고 있다.

신자유주의의 미래는 성장을 해치지 않고 여하히 불평등을 해소할 수 있는가에 달려 있으며, 불평등 해소를 위한 전향적 처방이 우리 시대의 진정한 진보적 의미를 갖는다는 것이 〈이코노미스트〉의 진단이다. 20세기 초 영·미를 비롯한 서구 사회에서 불평등이 심화되고 사회주의혁명 위협이 고조되어 가던 시대, 영국은 로이드 조지Lloyd George, 미국은 테오도르 루즈벨트Theodore Roosevelt 같은 지도자들이 있어 강력한 정부 구조조정과 진보적 정책으로 문제를 해결하고자 했다. 특히 미국은 기업 활력을 약화시키지 않으면서 공정한 사회를 구축하고자 했다.

　오늘날에도 경제성장을 해치지 않고 불평등을 완화시켜가는 것이 최선의 길임에도 좌·우 진영 공히 심각한 아이디어 결핍과 부재를 드러내고 있다. 우파는 불평등의 심각성을 간과하고, 좌파는 부자소득세 인상과 정부 지출증대라는 1930년대 처방에 매달리면서 현실적 위기와 모순을 신자유주의적 글로벌화 탓으로 돌린다. 글로벌화와 기술혁신과 자유교역으로 글로벌 차원의 빈곤극복과 불평등해소는 큰 성과를 거두어 왔으나 소득격차가 심화되는 상황에서 글로벌화를 거부하고 보호무역주의 시대로 뒤돌아간다는 것은 현실적으로 불가능하다. 그럼에도 그 길로 간다면 글로벌 차원의 대혼란과 재앙은 피할 수 없게 되므로 글로벌화와 자유교역이라는 큰 테두리 안에서만 문제해결이 가능하다는 것이 공통된 견해다.

　고소득층 증세와 정부지출로 해결하자는 인사들은 스웨덴이나 독일의 예를 참고할 필요가 있다. 둘 다 2000년대에 들어와서 대담한 개혁정책을 추진하여 성공한 경우다. 스웨덴은 과감한 감세를 골자로 하는 조세개혁, 수혜 축소를 내용으로 하는 복지개혁, 선택의 자유를 확대하는 교육제도 개선 등으로 국가경쟁력을 강화할 수 있었다. 독일은 슈미트 정부가 정권을 내놓으면서도 노동시장의 유연성을 골자로 하는 구조적 제도개선 등으로 오늘날 EU에서 지도적 경제강국으로 부상할 수 있었다. 신자유주의적 글로벌화 시대 불평등문제를 1930년대식 처방으로 해결하고자 하는 국가는 어느 곳에도 없다. 오직 신자유주의적 글로벌화 선상에서만 해결 가능한 것이 오늘날의 국제환경이다. 하물며 한국의 지식인들, 정치인들이 주장하는 것처럼 30년대 처방 냄새가 짙은 경제민주화로 우리가 당면한 문제를 해결하자는 것은 선동에 지나지 않는다. 미국의 대표적 외교문제 전문

계간지 중 하나인 〈포린 어페어스Foreign Affairs〉 편집장인 조나단 테퍼만 Jonathan Tepperman이 2013년 신년호에서 터키 대통령과의 인터뷰를 통해 "터키가 EU 회원가입 노력을 포기하고 서구로부터 이탈하려는 것이 아닌가?"라고 질문했을 때 터키 대통령이 답변한 내용은 우리에게도 참고가 된다. 편집장이 그러한 질문을 하게 된 배경은 2012년 그리스를 비롯한 남부유럽 국가 중심으로 발생한 유로존 금융위기이며, 터키는 지금 잘 나가고 있는 국가이기 때문이다. 2007년 이래 터키 대통령직에 있는 압둘라 굴Abdullah Gul은 외무장관, 수상을 역임한 지성을 갖춘 세련된 정치지도자다. 그는 이렇게 답했다.

나는 현재 유럽 상황을 일시적인 것이라고 믿는다. 만약 당신이 역사를 뒤돌아본다면 끝이 없는 공황은 없다. 과거에 그러한 공황이 있고난 후 국가들이나 대륙들은 더 강한 모습으로 복귀하였다. 이번에도 유럽은 이 과정을 밟게 될 것이다. 물론 EU 확대과정은 계속될 것이다.

▶▷ 종속이론에 의한 현실 왜곡

임현진 교수가 〈황해문화〉(2005년 여름호)에 실은 「신자유주의적 세계화와 근대의 향방」은 신자유주의적 글로벌화에 대한 대표적 비판논문이라고 할 수 있다. 그는 서울대 사회과학대학장을 지낸 교수로서 하버드대에서 박사학위를 받았다. 모교 교수직에 있으면서 경실련을 비롯한 NGO에 적극적으로 참여해왔으며, 정부기관에도 활발한 자문

역할을 하면서 지금은 경제정의실천시민연합 공동대표직을 맡고 있다. 그의 논문「신자유주의적 세계화와 한국적 근대의 향방」은 전체적 맥락에서 보면 식민지 종속이론에 꿰어 맞춘 비판적 논문이다. 이러한 그의 입장은 그의 박사학위논문에서 충분히 가늠할 수 있다. 1982년에 쓴 그의 학위논문 제목인「세계체제 속에서의 종속 발전: 한국의 예 Dependent Development in the World-System: The Case of South Korea, 1963~1979」에서 알 수 있듯이 그의 주된 관심은 종속이론에 있었고, 박정희 정부에 의한 한국 근대화를 종속이론 차원에서 접근하고 있음을 알 수 있다. 1980년대 초는 남미에서 생겨난 종속이론이 한국에 상륙하여 반체제 지식인들과 운동권 학생들에게 영향을 주던 시기였으나 지금은 종속이론이 통하지 않는 2000년대이다.

"실상 한국은 압축 발전에도 불구하고 여전히 국제 계층구조 안에서 반주변부 내지 반중심부 위치를 벗어나지 못하고 있다"는 논문의 머리말은 논문 전체 방향이 종속이론 제공자인 아르헨티나 출신 라울 프레비쉬의 이론을 충실하게 따르고 있음을 암시한다. '주변부'와 '중심부'란 종속이론의 핵심개념이기 때문이다. 임현진 교수는 남한의 근대화를 종속이론 틀 안에서 재해석하고 반신자유주의적 글로벌화와 비판적 서구모델 근대화 입장에서 한국의 근대화를 새롭게 모색하자는 것이 그의 논문 줄거리다. 우선 문제가 되는 것은 1950년대 이후, 1970년 이전까지 남미에서 한때 등장하고 사라진 종속론과 반신자유주의적 글로벌화, 반서구 모델 근대화라는 입장에서 논문을 썼다는 점이다. 이렇게 되면 선입견과 편견이 작용하여 객관성과 보편성을 결여했다는 비판을 피할 수 없게 된다.

종속이론은 20세기 남미 민족주의를 배경으로 한 이론으로서, 국제사회에서 객관적으로 검증되고 보편적으로 수용되었거나 입증된 바가 없는 이론이다. 남미국가에서는 중심부 국가, 즉 선진 자본주의 국가들에 대한 투쟁이나 저항이 필요했던 것이 아니라 내부적인 자체 계급적 모순타파를 위해 오히려 마르크스레닌주의와 모택동주의가 환영을 받았으며, 카스트로와 체 게바라가 상징적 인물들로서 각광을 받았다. 종속론에 의존하는 국내 학자들은 서구 거대 자본주의국가들이 설쳐대는 시대를 신식민지를 목표로 하는 신제국주의 시대로 규정하고 이를 전제로 하지만 이것은 심한 허구다. 2차 세계대전이 끝난 이후 국제사회는 과거 식민지 시대와 제국주의 시대 청산의 시대로 특징 지워지고, 지금은 인류가 함께 더불어 살아가고자 하는 글로벌 시대를 지향하고 있는 세기이다. 어떤 선진 강대국도 작고 힘없는 국가를 강요할 수 없는 시대다.

임현진 교수의 논문이 한국 근대화에 대한 객관적 평가가 아닌 비판을 위해 발생지 남미에서조차 검증되거나 입증되지 못하고 벌써 퇴색되어 버린 이론을 한국사회에 끌어들인 것은, 학문하는 사람으로서 정직하지 못하며 조국의 근대화를 욕보이는 행위다. 한국 근대화를 이끈 것은 박정희 정부였으나 근대화를 이룬 것은 대한민국 국민이다. 한국 근대화는 누구의 사주를 받았거나 강요에 따른 것이 아니었으며 그 저변에는 민족주의적 주관의식이 깊이 깔려 있음을 부인하기 어렵다. 지구상에 어떤 국가도 처음부터 중심부 국가로 출발한 예는 없었으며 우리 역시 예외가 아니었을 뿐이다. 빈곤에서 벗어나 자체적 민주화를 달성하고 경제강국으로 거듭난 한국을 두고 국제 석학들은 2차 세계대전 이후 보기 드문 성공사례로 인정하는데 비해 일부 한국의 학자들, 지식인들은 부정적이고 인색하다. 17세기 이래 20세기가 끝날 때까지 세계사는 서구 선진국 주도의 역사였으며 그 기간에 이뤄진 후발국들의 근대화는 서구 근대화를 모방한 근대화였음을 인정해야 한다.

일본만큼 서구 근대화를 송두리째 모방한 국가는 없다. 그들은 모방에 성공한 덕으로 자신의 전통과 문화를 뿌듯하고 자랑스럽게 내놓을 수 있게 되었다. 그러나 한국 지식인들 가운데에는 모방에 성공한 다음 자신의 전통과 문화가 홀대를 당했다고 자책하고 모방 그 자체를 수치스러워하거나 부정하면서 새로운 무엇인가를 모색해보자는 주장을 펴는 이들이 있는데, 임현진 교수는 그 중의 한 사람이다. 한국 현대사는 주변부에서 출발하여 60여 년 만에 중심부 문턱까지 도달한 역사이며, 앞서가는 모든 선진 자본주의국가들이 거친 과정을 답습하고 있는 역사로서 이는 역사 발전의 일반적 현상이다. 어떠한 역사도 비판의 대상이 되는 것처럼 한국의 근대화 역시 예외가 될 수 없지만 부정되어야 할 이유는 없다.

1997년 말 외환위기 이후 한국의 발전노선은 종래의 신중상주의적 발전주의에서 신자유주의적 발전주의로 급격히 전환되고 있다.

교과서적 기준으로 판단할 때 한국은 1960년대 이후 산업화가 본격화된 이래 1997년까지 신중상주의적 발전주의를 추진했다고 말하기 어렵다. 신중상주의란 서구 열강에 의한 제국주의적 중상주의 시대가 끝난 20세기, 선진 자본주의 국가들에 의한 선진기술을 바탕으로 한 경제정책 노선으로서 대내적으로는 국세, 보조금 등으로 자국산업을 육성보호하고 대외적으로는 관세, 쿼터제 정책과 초국적 교역권을 형성하면서 성장과 발전을 추구하는 것을 말하는 것인데, 선진기술이 핵심이다. 1997년 외환위기 당시 상당한 수준의 제조업 생산과 수출능력을 갖추고 있었음에도 기술면에서는 선진국 기술도입을 위해 고가의 로열티를 지불해야만 하는 처지에 놓여있었다. 지금까지도 반도체, 자동차, 조선 등 선도적 분야에서 핵심기술과 제품은 선진국에 의존하는 실정임을 감안할 때 독자적 선진기술을 바탕으로 한 신중상주의 정책을 수용했다고 보기 어려우며, 더욱이 우리 스스로 초국적 교역권을 형성해나갈 수 있는 위치에도 있지 않았다. 그 무렵 우리는 이미 WTO체제 하에 놓여있었고 신자유주의적 발전주의 운운할 겨를도 없이 신자유주의적 글로벌화라는 국제환경 속에서 종전과 같이 중화학공업에 기반을 둔 수출경제 정책을 계속하며 관치경제의 틀을 완전히 벗어나지 못하고 있었다는 점에서, 신자유주의적 경제발전주의로의 전환 주장 역시 논리적으로 모순이다. 한국은 신중상주의 발전전략을 채택할 위치에 있지 않았고 신자유주의 발전정책을 공식화한 바도 없다. 그러함에도 임 교수는 오늘날 한국사회의 경제적 모순을 신자유주의 탓으로 돌리면서 맹렬한 비판을 퍼붓고 있다. 무지의 탓이 아니고서는 설명하기 어려운 태도가 아닐 수 없다.

"여러 가지 형태의 사회적 양극화도 이러한 신자유주의적 세계화에 기인한다"는 그의 주장은 심한 왜곡이다. 오늘날 한국 지식인 사회에서 제기되고 있는 양극화 문제는 과학적 근거에 바탕을 두었다기보다 정치적 의미가 더 크게 작용한 면이 강하다. 선진국은 물론 발전도상국들의 경우 양극화 문제는 신자유주의와 관계없이 항상 실재해왔던 것일 뿐 새로운 것이 아니다. 신자유주의에 관한 국제적 현실은 부정적이라기보다 긍정적이라는 것을 각종 자료와 통계들이 입증해준다. 남부유럽 국가들을 비롯한 몇몇 국가들이 경제적 위기와 난관을 겪고 있는 것은 신자유주의 정책 탓이 아니라 반시장적 경제정책, 과도한 복지정책, 정치사회적 부정부패, 국가 지도력 취약과 같은 요인들이 복합적으로 작용한 결과이다. 자유시장 자본주의 국가에서 경제가 성장하고 규모가 커질수록 상대적 소득격차가 더 커지는 것은 자연스러운 현상이다.

초국적 자본주의transnational capitalism는 산업적 성격보다 금융적 성격을 더 강하게 띠고 있다. 산업생산에 투자하기보다 자본시장에 대한 투기를 통해 부를 축적하는 경향이 있다.… 문자 그대로 돈 놓고 돈 먹는 '카지노 자본주의'라고 할 수 있다.

신자유주의적 글로벌화 시대 경제적 특징은 비단 금융산업만 부상하는 것이 아니다. 자본시장의 규모가 커지고 자본의 흐름이 빨라지면서 금융자본가들의 역할과 영향이 커지는 것은 사실이다. 그렇지만 국제적 경제환경을 좌우하는 것은 제조업과 서비스업, 지식정보산업 및 문화산업, 우주산업, 생명공학산업, 환경산업 등이다. 모든 분야에서 국제분업이 이뤄지고 공동참여가 필요하게 되는, 그야말로 역동적인 경제활동이 글로벌 차원에서 전개되는 현상을 두고 '카지노 자본주의'라고 하는 것은 전혀 설득력이 없는 주장이다. 신자유주의적 글로벌화 시대 자본주의는 카지노 자본주의가 아니라 전천후 자본주의다. 한국의 대기업들이 국제금융시장에서 자본을 조달할 수 있다는 것은 무엇을 뜻하며, 이것을 잘못된 자본주의라고 부정할 수 있겠는가? 강대국, 선진국 콤플렉스에 사로잡혀 있는 한국 지식인들은 겁없이 세계무대를 넘나들며 자신을 과시하고 뽐내며 살아가는 K-팝의 아이돌이나 「강남스타일」열풍을 불러일으킨 씨이보다 훨씬 베타적이며 폐쇄적이다. 외국자본이 들어오지 않는 주식시장은 상상할 수 없다. 한국 증권시장에 외국자본이 아무리 흘러들어오고 빠져나가도 한국경제가 외국금융 자본가 손에 넘어가는 것이 아니라 한국경제에 그만큼 활력을 불어넣는 요인으로 작용하는 것이 현실이다. 이는 곧 신자유주의적 글로벌화 현상의 하나다. 한국은 신자유주의적 글로벌화의 총아이지 결코 카지노 자본주의의 피해자가 아니다.

기든스Giddens의 주장대로 세계화를 근대성의 산물로 받아들이면 세계화 자체가 서구적 프로젝트로서 그들의 사상, 문물, 제도가 확산되는 과정이라는 의미를 지워버리기 힘들다. 제2의 냉전논리라는 헌팅턴Huntington의 문명충돌이 일면적 타당성을 가진 것도 바로 이 맥락에서다.

기든스는 자본주의적 경제노선과 사회주의적 정치경제 노선을 융합한 '제3의 길'을 제시한 영국의 학자로서 토니 블레어 노동당 정부에 영향을 끼쳤다. 근대성이란 서구의 산물이므로 근대화를 서구화와 동일시하는 것은 당연하다. 따라서 기든스 주장대로 세계화가 근대성의 산물이라면 세계화 주역은 당연히 서구 선진국들이다. 그러나 세계화 현상은 서구 선진국들에 의한 프로젝트 결과는 아니다. 프로젝트란 어떤 주체에 의해 사전 기획된 것을 말하지만 세계화, 즉 글로벌화는 이미 언급한 바와 같이 기획의 산물이 아니라 역사발전 현상이기 때문이다. 임 교수가 논문 전체를 통하여 신자유주의적 글로벌화는 선진 서구 자본주의국가들에 의한 기획의 산물이란 인식의 틀을 벗어나지 못하고 있음을 확인할 수 있는 부분이다. 근대화는 분명코 서구적 사상, 문물, 제도의 수용과 모방을 뜻하나 글로벌화, 임 교수가 말하는 세계화는 서구적 사상, 문물, 제도의 수용이나 확산을 뜻하는 의미보다 서구적 사상, 문물, 제도와 비서구적 사상, 문물, 제도가 긍정적인 의미에서 생산적이고, 창조적인 의미에서 글로벌이라는 단일 공간에서 합류하는 의미가 훨씬 강하다.

임 교수의 주장대로라면 세계화는 서구의 사상, 문물, 제도가 비서구 세계화를 잠식, 점령해가는 현상이라는 뉘앙스를 줄 수 있다. 만약 그의 주장이 옳은 것이라면 서구가 지닌 어떤 힘이 작용해서일까? 그들의 군사력? 그들의 기술력? 아니면 글로벌화를 초국적 금융자본 지배와 동일시하려는 학자들 주장과 같이 금융자본의 힘일까? 역사를 긴 안목으로 바라보는 세계적 석학들은 이미 오래전에 문명과 비문명의 구분이 사라졌음을 천명하면서 서구 중심 세계사를 글로벌 차원에서 다시 쓸 것을 주장하고 실천해가고 있다. 그 같은 상황에서 글로벌화를 서구적 프로젝트 확산과정으로 해석하는 것은 피지배의식과 피해의식에서 벗어나지 못하고 강박관념에 사로잡혀 있기 때문이다. 서구 근대화를 모방한 국가들이 글로벌화 과정을 거치면서 자신들이 받아들인 서구의 문물, 사상, 제도를 자기 것으로 만들어가는 것이 글로벌화 시대 특징이며, 강요당하는 시대가 아니라 필요에 따라 스스로 선택하는 시대가 글로벌화 시대다. 좋은 것, 도움이 되는 것, 편리한 것이면 그것이 누구의 것이든 스스럼없이 받아들이고, 자기가 누리는 것이면 그것이 어디서 왔던 자기 것으로 생각하면서 자신이 지녀왔던 것들과 지켜왔던 것들을 새롭게 인식하고 더욱 소중하게 생각하게 되는 것이 글로벌 시대 환경이다. 프랑스 석학 기 소르망이 국내 언론과의 대담에서 21세기는 아시아의 세기가 될 것이라는 견해에 대해 아시아의 세기가 아니라 아시아가 글로벌화에 편입 동화되는, 그래서 동서 구분이 의미가 없게 되는 세기가 21세기라는 해석이 타당한 결론이다.

헌팅턴Samuel Phillips Huntington의 '문명충돌론'은 미래 가능성을 말한 것이지 확실성을 예언한 것은 아니다. 헌팅턴이 문명충돌론에서 주장한 내용들은 오늘날 국제현상을 이해하고 설명함에 있어서 참고의 수준을 넘어서지 못하고 있는 것으로, 역사 글로벌화 주장 학자들이나 기소르망의 주장과는 상반되는 주장이다. 더욱이 임 교수가 주장하는 것처럼 현실적으로 실증된 바 없는 헌팅턴의 문명충돌론을 제2의 냉전논리로 규정하는 것은 심한 과장이며, 문명충돌을 마치 글로벌화가 초래한 부정적 현상인 것처럼 주장하는 것은 학문적 한계를 드러낸 것이다. 헌팅턴이 내세우는 문명충돌론의 주된 쟁점은 냉전 이후 이슬람 과격세력에 의한 대 서방, 특히 미국에 대한 테러공격과 위협을 이슬람권 대 기독교권의 충돌로 인식하는 데 있다.

그러나 충돌 양상은 다르지만 기독교권과 이슬람권간의 악연과 충돌 역사는 길고 이스라엘 문제와 관계된 것이어서 글로벌화와 직접적인 관계가 없을 뿐만 아니라, 긴 안목에서 볼 때 글로벌화로 인해 양대 문명권 충돌이 오히려 약화되어 갈 가능성이 높다. 이슬람 과격세력은 소수이고 그들 방식이 국제사회에서 환영받지 못하고 있으므로 국제사회와 다국적군이 그들의 위협을 결코 방치할 수 없기 때문이다. 이웃 국가들, 국제사회에 대한 폭력은 용인될 수 없는 시대가 글로벌화 시대이다. 오랜 역사적 배경을 가진 서구 문명, 아시아 문명, 아랍 문명, 중남미 문명권이 충돌할 가능성이 있을까? 글로벌화가 진행될수록 충돌 가능성은 줄어들고 있다. 중국 정부는 전 세계에 공자학교를 늘려가고 있고 각국은 그들을 환영한다. 중국의 국수가 그 옛날 마르코 폴로에 의해 이태리의 스파게티가 된 것처럼 일본의 초밥이 서구인들의 고급 음식으로 각광을 받게 된 것은 20세기 후반이고, 21세기 들어와서는 한국의 김치가 국제 사회에서 웰빙 음식으로 환영받으면서 해마다 수출이 늘어나고 있다. 한글이 새로운 조명을 받는 것도 글로벌화와 무관하지 않다. 임현진 교수가 세계화, 즉 글로벌화의 실체는 자본주의임을 전제하면서 신종속론 입장에서 이해할 것을 주장한 부분이 논문의 핵심으로 보인다.

세계화란 자본주의가 전지구적으로 재구조화되면서 강화되고 동시에 해체되는 양면성을 가진다. 따라서 한국과 같은 반주변부, 혹은 반중심부에 불과한 나라가 세계화 과정에서 나타나는 상호의존을 대칭적인 것으로 받아들이는 자세는 순진하기에 앞서 어리석은 일이다. 상호의존은 호혜평등이라기보다 수직적 위계를 가지는 불균등성을 내재하고 있다. 따라서 세계화 문제는 다시금 중심과 주변 사이에 등장하고 있는 '신종속new dependency'의 문제를 차분하게 반추할 것을 요구하고 있다. 세계화가 '자본주의 천년 왕국'의 장밋빛 미래를 기치로 하고 있음은 잘 알려진 사실이다. 신종 발전 이데올로기란 '국가를 개방하고 시장에 의존하라. 그러면 천년 왕국이 도래할 것'이라는 메시지를 강력히 전달하고 있다. 신자유주의는 1970년대와 1980년대를 풍미했던 신보수주의 연장선상 위에 있다.

이 글에서 그는 1970년대 이전 한때 남미에서 유행했던 종속이론에 대입하여 글로벌화와 신자유주의를 비판함으로써 냉전시대 이후의 전형적인 좌파 지식인의 모습을 드러내고 있다. 한국의 상호 의존적, 경쟁적 경제정책을 어리석은 것으로 단정함으로써 배타적이며 고립적인 민족주의 냄새를 진하게 풍긴다. 그는 철저히 반서구, 반자본주의 입장에서 글로벌화와 신자유주의를 반대하고 한국 근대화를 비판하고 있으나, 이는 세계 조류와도 맞지 않고 우리의 현실과도 맞지 않는다. 자본주의는 고전적인 자유방임적 자본주의, 케인즈주의적인 수정자본주의, 신자유주의적 자본주의 등으로 구분된다는 것을 모를 리 없는 그가 '자본주의'를 말할 때 그것이 어떤 자본주의인가를 구분하지 않았다는 것은 자본주의 전반을 부정적으로 인식했다는 증거다. 세계화란 자본주의가 전全 지구적으로 확산·강화되는 것만이 아니라 자유주의 가치의 보편화, 즉 자유민주주의와 자유시장 자본주의의 확대재생산을 의미하는 바가 훨씬 더 크다.

우리가 상호의존을 대칭적으로 받아들인다는 것이 진정 어리석은 것인가? 또 이것은 선택의 여지가 있는 문제인가? 그의 주장은 그야말로 미학적 공간에서나 가능한 논리다. 지구상에 인간세상이 펼쳐진 이래 대칭적인 국제사회, 대칭적인 인간사회가 출현하고 존재했던 사실이 전무했음을 모르고 하는 소리다. 대국과 소국, 강대국과 약소국, 부국과 빈국, 자유주의 국가와 비자유주의 국가가 혼재하고 있는 것이 국제 환경이며 강자와 약자, 부자와 빈자, 선한 자와 악한 자가 섞여 사는 곳이 국가환경이다. 인간세계의 속성은 대칭 현상이 아니라 비대칭 현상이다. 비대칭, 불균형, 불평등이 있으므로 변화와 발전, 상승과 도약이 가능하며 영원한 강자도 영원한 약자도 없는 것이 인간세계의 순리다. 임 교수가 즐겨 제기하는 주변부 국가와 중심부 국가 구분 자체가 비대칭 구조를 전제로 하는 것인데, 주변부 국가에서 출발하여 중심부 국가로 진입하고자 했던 근대화는 상호의존 관계에서만 가능했고 이것은 대칭이 아니라 비대칭이었음을 누구도 부정한 바 없다. 그럼에도 마치 대칭적인 것으로 받아들였다고 하는 것은 심한 논리적 비약이다.

상호의존의 본질은 상호존중이다. 국제사회에서 상호존중은 국제사회가 동의한 일정규칙 안에서 이뤄지는 것이지 일방적인 선의나 한때의 호의로 이뤄지거나 지속되는 것은 아니다. 상호존중을 바탕으로 하는 상호의존이라 할지라도 불균등성은 존재할 수밖에 없지만 글로벌 시대 상호의존 관계는 제국주의 시대, 열강 독주시대와는 달리 수직관계가 아니라 수평관계다. 이것은 상대를 인정하는 것을 전제로 나 자신을 내세우는 것을 뜻한다. 지식과 기술의 독점은 영원할 수 없고 지식과 기술의 글로벌화로 인해 모든 국가가 기회를 갖는 시대, 모든 국가가 자유와 번영을 향해 더불어 가는 시대, 신자유주의적 글로벌 시대를 향해 나아가면서 우리 자신을 국제사회 안에서 19세기적인 수직적 상호의존 관계로 자리매김하면서 신종속 문제를 다시 생각해보자는 것은 선진 강대국의 지배를 받는 식민지 시대에나 가능한 도그마적 주장이다. 임 교수가 오늘날 싱가포르에 가서 같은 논리를 편다면 어떤 반응을 불러일으킬 것인가를 한번쯤은 생각해볼 일이다.

신자유주의적 글로벌화의 두드러진 특징은 과거 주변부 국가들이 강력한 원심력으로 작용하면서 새로운 구심세력으로 변모하여 중심부로 진입하는 현상이다. 사람을 제외하면 아무런 자원이 없는 작고 새로 태어난 나라 이스라엘과 싱가포르, 광대한 영토와 수많은 인구, 풍부한 자원을 갖고 있으면서도 공산주의와 사회주의체제로 잠자던 국가들인 중국과 인도, 종속론 틀 속에 갇혀 있던 브라질, 칠레, 멕시코, 극동의 작은 나라 대만, 홍콩, 한국, 아세안 국가들, 거대 회교국 인도네시아, 터키 같은 국가들이 그들이다. 미국의 국채를 가장 많이 보유하고 있는 국가가 중국과 일본이며, 한국은 2012년 말 현재 138개 국가에 849개 건설업체가 진출하여 2011년 매출 63조를 달성한 국가이다. 한국의 반도체, 스마트폰, 자동차, 선박산업이 선두그룹에 속하게 된 것도 상호 의존적이며 호혜적인 글로벌 시대 혜택을 누린 결과다. 임현진 교수 주장을 받아들인다면 한국은 과거의 미얀마, 현재의 북한이 되어야 한다. 미얀마는 최근까지 수직적 종속관계를 두려워한 나머지 비개방 개발정책 노선을 따랐으며, 북한은 주체사상을 내세워 폐쇄적이고 고립적인 자력갱생 노선을 걷고 있다.

"세계화는 얼굴을 가린 신종 발전 이데올로기로 '국가를 개방하라, 그러면 천년 왕국이 도래할 것'이라는 메시지를 전달하고 있다"라는 내용은 '시온 장로들의 의정서'를 연상케 한다. 그는 아마도 유일 초강대국이며 자본주의 맹주국가인 미국이 신자유주의적 글로벌화라는 신종 지배 이데올로기를 내세워 세계를 자신의 지배하에 묶어놓으려는 것이 세계화라고 주장하고 싶었을 것이다.

"신자유주의가 1970년대와 1980년대를 풍미했던 신보수주의 연장선상에 있다"는 주장은 그가 얼마나 신자유주의에 대해서 무지하고, 완전히 틀린 근거에 의하여 자신의 논리를 정당화하려는 데서 그가 얼마나 자의적이며 독단적인가를 확인할 수 있는 대목이다. 학문적 진지함이나 학구적 성실함을 전혀 느낄 수 없다. 1970년대와 1980년대라면 영국의 대처와 미국의 레이건이 집권했던 시대다. 대처와 레이건은 신보수주의neo-conservatism(neo-con, 네오콘)자들이 아니라 보수적 자유주의자conservative liberal로 자처했던 지도자들로서 전통적 자유주의 가치를 지키고 실천하려는 입장에서 정책을 펼쳤기 때문에 자유주의 진영에서 보수주의conservatism 아이콘으로 불린 정치 지도자들이다.

유럽의 좌파들lefts과 북미의 좌파들liberals로부터 부정적 시각으로 비판 받는 신보수주의가 영·미의 정치현실에서 등장한 것은 미국의 부시 행정부와 영국의 토니 블레어 정부 시대인 2000년대 이후로서, 2001년 9·11테러를 전환점으로 한 영·미 주축의 이라크 침공이 국제사회에서 주목받게 된 결정적 계기였다. 네오콘(신보수주의)은 자유의 위협에 대해서는 일방적이고 선제적인 군사행동을 취할 수 있다는 입장이나 국내정책에서는 오히려 큰 정부 노선을 답습했다. 이에 비해 보수적 자유주의자인 레이건은 대외정책에서는 동맹국과의 협력을 중시하고 국내정책에서는 작은 정부 정책을 추구했기 때문에 레이건 집권시기인 1980년대를 네오콘이 풍미했다는 것은 거짓말이 된다. 1970년대와 1980년대 대처와 레이건은 소련 공산주의 체제의 반자유주의적 사악성을 반대하고 케인즈 이래 지속되어 온 큰 정부 자유주의 한계를 극복하기 위해 작은 정부 자유주의를 옹호하고 부활시키고자 했던 지도자들로서, 전통적 자유주의자들의 기본철학인 작은 정부를 지향했던 20세기의 진정한 보수적 자유주의자들이었다. 따라서 1970년대, 1980년대에 신보수주의, 네오콘이 풍미했다는 것은 틀린 주장이며 1920년대부터 태동된 신자유주의가 1970년대, 1980년대 풍미했던 신보수주의 연장선상에 있다는 것은 더욱 틀린 주장이다.

이미 설명한 바와 같이 신자유주의 정책이 등장한 것은 비판자들이 지적해온 것처럼 대처, 레이건 정부에 의해서가 아니라 1970년대 영국의 캘러헌 노동당 정부, 미국의 카터 행정부 때였다. 다만 당시의 영·미 정부는 정치적 필요에 의해서 신자유주의적 정책을 채택하였다면, 대처·레이건 정부는 정치적 신념에 따라 추구한 작은 정부, 자유의 보존과 확대 정책들이 신자유주의 노선과 일치했고 신자유주의 거장들인 하이에크나 프리드먼의 주장에 귀를 기울였기 때문에 훗날 신자유주의 정치 지도자들로 각인된 경우다. 일반적으로 북미와 유럽의 좌파 지식인들이 부정적 시각으로 보는 신보수주의, 네오콘을 신자유주의에 연계시킴으로써 비판의 효과를 그만큼 높일 수 있으므로 선동적 비판가들이 즐겨 쓰는 방법을 임현진 교수도 선택한 것이 아닌가 하는 의심을 지워버릴 수 없다.

그가 주장하는 것처럼 세계화는 결코 얼굴을 가린 적이 없고 가릴 수도 없다. 이것은 21세기 디지털 시대 세상이 움직이는 법칙이기도

하다. 국제질서나 세계적 시대 조류는 항상 당대의 주도국들이 앞장서서 주도해왔고 여타의 국가들은 동참하거나 관망하거나 반대하는 입장에서 선택하는 것이 상례이며, 시간의 경과와 함께 달라지는 것은 주도하는 국가들의 수가 늘어난다는 점이다. 200여 개가 넘는 국가들 중 국제사회의 중대사를 위한 원탁을 둘러싸고 앉아 의견을 나눌 수 있는 국가는 G-20 정도다. 이것이 불평등을 의미하는 것일까? 한 국가 안에서도 모든 주권자가 한 자리에 모여 합의를 이끌어내는 것은 불가능하다. 그래서 대의민주주의를 받아들이는 것이다. G-20 회동은 국제질서 현상이며 대의민주주의 체제 작동은 국가적 질서 현상이다. 그러나 임 교수가 제시하는 종속론 잣대를 적용하게 되면, G-20에 속하지 않는 국가들은 G-20 국가들에 종속된 국가들이 된다. 이것은 논리적으로 지극히 비합리적이다.

그는 '신자유주의적 개혁'의 요체가 "정부 역할을 최소화하는 대신 시장 기능을 최대한 확장하는 데 있다. 자유무역, 시장개방, 규제완화, 복지축소, 사유화 등이 주요 내용이다. 여기서 우리는 자본주의 보호막으로서 민주주의가 참여와 평등보다 경쟁과 축적의 이념으로 변색하고 있는 역사의 아이러니를 본다. 지구 시대의 민주주의는 다원주의와 시장경제의 의미로 협애화狹隘化 되고 있다"고 주장한다. '자유무역'과 '시장개방'이 잘못되고 나쁜 것인가? 글로벌 시대 흐름이자 인류의 번영을 약속하는 최선의 길이다. 해외시장에 의존하고 있는 한국이 시장을 개방하지 않는다면 국제사회에서 불공정한 것이 되고 살아남을 수도 없게 되는 것이 아닌가. 더 좋은 대안이 있다면 그것을 제시하면서 자유무역과 시장개방을 비판하거나 거부하는 것이 학자의 태도일 것이다. '규제완화' 역시 잘못된 것인가? 자유무역과 시장개방은 글로벌 시대를 대표적으로 상징하는 현상으로 자유무역은 시장개방을 전제로 하고, 자유무역과 시장개방은 이를 방해하거나 저해하는 규제들의 완화와 이를 촉진하고 확대시킬 수 있는 새로운 제도적, 법적 장치를 필요로 한다. 글로벌시장에서 살아남고 경쟁하려면 자유무역과 시장개방과 이를 뒷받침하는 규제완화는 선택의 대상이 아니라 필수적 조건이다.

신자유주의적 글로벌 시대 자본주의국가는 '복지 축소'를 지향하는 것이 아니라 과거 실패를 거울삼아 새로운 방식으로 복지를 확대하고자 한다. 공산주의 평등사회 건설이라는 꿈의 무산, 케인즈의 보편적 복지정책의 한계라는 과거 경험과 비생산적이며 낭비적인 과대 복지정책의 파탄이라는 현대 국가들의 경험을 토대로 생산적이고 지속가능한 방책으로 합리적이고 현실적인 복지를 점차적으로 확대하자는 입장에서, 성장과 분배정책을 중요시하고 낭비요소의 최소화와 능동적인 개인의 책임과 역할을 강조하는 것이 오늘날의 추세다. '사유화'라는 단어는 오해를 불러일으키므로 '민영화'라고 해야 한다. 사유화란 개인적 소유를 말하는 것인데 이 표현 속에는 가진 자의 탐욕이라는 의미가 있기 때문에 정치적으로는 잘 쓰지 않는다. 신자유주의적 경제의 본질이 정부개입과 간섭의 최소화에 있는 만큼 정부가 관리하는 공기업의 최소화는 당연하고 공기업 최소화는 민간기업의 최대화, 즉 민영화의 최대화를 의미한다. 임 교수가 공식 단어가 되어 있는 민영화를 사유화로 표현한 것 자체가 정직하지 못하다. 'Privatization'을 직역하면 사유화가 되지만 이 경우 공기업을 개인에게 넘기는 것이 아니라 민간기업에 넘기는 것이므로 개인의 것을 의미하는 사유화가 될 수 없다.

정부가 '최소화'되면 개인이 최대화된다. 개인이 최대화된다는 것은 개인의 자유와 권리가 최대화되는 것을 의미한다. 임 교수가 작은 정부를 비판한다면 큰 정부 옹호론자가 되고 큰 정부 옹호론자는 궁극적으로 국가주의에 가까워지는 것을 모르고 있지는 않을 것이다. 정부가 커지면 개인은 작아지고, 정부가 비대해지는 만큼 개인은 왜소해져서 정치권력을 등에 업은 관료집단의 지배와 통제를 비대해진 만큼 더 감내하지 않으면 안 된다. 정부가 극대화되고 개인이 최소화된 사회, 당과 정부만 있고 개인과 시장이 없는 사회가 구 소련공산당 체제였고 현재의 북한이다. 임 교수는 이 부분을 비판만 할 것이 아니라 자신의 입장을 밝혀야만 그 다음에 이어지는 주장이 설득력을 지닐 수 있다.

'자본주의 보호막'으로서 민주주의가 있는 것이 아니라 자유민주주의 체제 안에서만 자유시장 자본주의가 존재할 수 있는 것이 자유주의 체제가 지닌 고유의 작동원리다. 근대국가의 특징은 국민 참여 실현을 위한 가장 현실성 있는 최선의 방책으로 대의민주주의를 채택하고 있으며, 자유 속에 평등이 공존하는 것을 당연하고 정상적인 것으로 받아들여지고 있다. 그런데 어떤 수준의 평등과 참여를 바라는 것인지를 말하지 않고 참여가 부족하고 평등이 소외되므로 대의민주주의, 민주공화국 체제가 경쟁과 축적만을 내세우는 이념적 체제로 변색했다는 것은 말장난에 불과하다. 참여와 평등을 앞세우는 체제가 있다면 소수 권력집단의 독점과 독식, 전체 인민의 군중집회 참여와 빈곤의 평등으로 특징지워지는 과거 소련공산주의 체제, 현재의 북한 체제인데 이들이 한결같이 주장하는 것이 전 인민의 참여, 계급이 없고 빈부의 차이가 없는 평등사회를 목표로 하는 인민민주주의다. 지구 시대의 민주주의가 다원주의와 시장경제의 의미로 협애화되고 있다는 그의 비판과는 달리 다원주의와 시장경제야말로 자유민주주의 체제의 본질이며 생명 그 자체다. 자유주의자들이 꿈꾸는 신자유주의적 글로벌화는 다원주의와 시장경제의 보편화이며 자유주의 체제에서 이것 이상 중요한 것은 없다. 이 부분에서 그에게는 비판이 필요한 것이 아니라 수용 여부를 결정하는 것이 중요하다. 그의 글을 읽을수록 그가 얼마나 종속론적 도그마에 몰입해 있고 냉전시대 사고의 틀 속에 갇혀 있는가를 진하게 느낄 수 있다. 한국 최고 명문대 사회과학대학장을 지낸 교수로서 학생들에게 미치는 영향과, 주요 NGO 참여 지도자로서 사회에 끼치고 있는 영향을 생각하면 그의 말과 글을 주목하지 않을 수 없게 되고 객관적 비판을 하지 않을 수 없게 된다.

전 세계를 하나의 시장으로 통합하려는 신자유주의적 세계화는 다양성 보다는 획일성을 강요하며 다국적 기업에 의한 지역적 공동체가 해체되는 결과를 가져오고 있다. 국가가 왜곡된 자원 배분을 시정하는데 주저할 때 그 결과는 과도한 경쟁 원리에 따른 분배 구조의 공정성과 형평성의 악화로 나타난다. 이 결과 '빈익빈 부익부'의 불평등 문제는 국내외적으로 심화되고 있다. 이에 따라 신자유주의적 세계화에 대한 지구적 저항운동은 더욱 커지고 있다.

신자유주의적 글로벌화를 반대하기 위한 논리일 뿐 사실과는 동떨어진 주장이다. 신자유주의적 글로벌화는 다양성의 지구화이지 획일성을 강요하지 않는다. 그가 말하는 획일성 강요가 글로벌 시장을 의미하는 것이라면 이는 획일적 현상이 아니라 시장의 확대현상이며, 글로벌 시장 그 자체가 다양성을 용해시키는 거대한 지구촌의 용광로다. 다국적 기업이 지역공동체를 해체시키기보다 지역 공동체를 오히려 결속시키고 있음을 곳곳에서 확인할 수 있다. 다국적 기업이 진출하는 곳은 일자리가 창출되고 해당 공동체의 경제사정이 그만큼 좋아져서 진출하기 전보다 활성화되고 있다. 현대자동차가 미국 조지아주에 공장을 건설하고 현지생산 차들이 미국시장에서 팔려나갈 때의 상황이나, 한국기업들이 베트남에 진출하여 생산시설을 짓고 현지 주민들을 고용하여 제품 생산을 하면서 지역공동체 발전을 위해 음양으로 참여하고 지원함으로써 호응을 얻고 있는 가까운 예를 인정한다면, 지역공동체가 해체된다는 주장을 할 수 없을 것이다. 신자유주의적 글로벌화는 지역공동체 삶의 활동공간을 넓혀주고 삶의 양식을 다양화시키는 요인으로 작용하여 삶의 질을 높여준다.

한국은 그러한 현상을 확인할 수 있는 대표적 국가다. 해외수출이 국가경제의 57%를 차지하고 교역이 국가경제의 87%를 차지하고 있는 곳이 한국이다. 한국사회의 공동체가 해체되고 있는가? 다국적 기업이 많은 공단지역은 그렇지 못한 곳보다 훨씬 좋은 경제적 여건 속에서 발전하고 있는 것이 현실이다. 글로벌 시장구조 하에서 우리의 경우 배분할 자원은 없다. 오히려 글로벌 차원에서 자원배분에 참여하고 있는 국가다. 각국의 자원배분 문제는 각국의 국가운영과 관련된 문제일 뿐 신자유주의적 글로벌화는 무관하다. 신자유주의적 글로벌화가 국가 간 경쟁을 가속화시키는 것은 사실이나 이것이 국가 간 불평등과 대내적인 빈익빈 부익부 현상을 심화시킨다는 것은 현재까지 국제사회가 내놓은 각종 통계자료와는 반대되는 주장이다. 글로벌 차원에서 개발도상국가들의 발전과 약진이 두드러지고 글로벌 차원에서 빈곤은 감소하고 있으며, 한국의 경우 상대적 소득격차는 벌어지고 있으나 전체적 소득수준은 꾸준히 상승하고 있다. 한국사회에서 불평등이 심화되고 있는가? 오히려 과도한 평등요구가 자유를 위협한다.

그가 주장하듯 세계문화의 창출과 공동체 형성을 촉구하는 대안운동으로서 반세계화 운운은 터무니없는 논리의 비약이다. 세계문화 창출과 공동체 형성은 가능하지도, 필요한 것도 아니다. 상호 인정, 상호 존중, 상호 의존을 전제로 한 글로벌촌이 가능할 뿐 세계문화, 세계 공동체를 전제로 한 글로벌 공동체는 꿈같은 소리다. 따라서 신자유주의적 세계화에 대한 대안으로서 건강한 세계 시민사회 건설 운운하는 것은 신기루를 좇아가자는 주장과 다를 바 없다. 자유주의자들이 결코 세계 중앙정부를 꿈꾼 바가 없고 오히려 두려워하는 것은 이들이 체질적으로 국가역할에 대한 소극적 인식을 지니고 있기 때문이다. 만약 세계 시민사회가 존재할 수 있다면 그것이야말로 임 교수가 비판하듯 획일성이 강요되는 세계 공동체일 것이다. 임 교수와 같이 신자유주의적 글로벌화를 반대하는 지식인들로 구성된 NGO 그룹들이 국제적인 연대를 넓히면서 영향력을 키워가는 것은 가능하겠지만, 그것을 바탕으로 지구 시민사회, 글로벌 시민사회를 건설한다는 것은 영원히 불가능하다.

임현진 교수는 신자유주의적 글로벌화가 서구 자본주의국가들에 의한 기획 산물이므로 세계화를 맹종하다보면 결국 서구화 내지 미국화의 길을 밟게 되고, 우리 자신의 정체성이 결여된 근대화로 낙찰될 위험에 커진다는 논리에 근거하여 한국 근대화를 "서양적 근대성이 침음漫淫 되는 근대 아닌 근대, 즉 사이비 근대가 만들어졌다"고 결론짓는다. 이것은 반서구, 반미라는 배타적 민족주의와 반자본주의 입장에서 한국의 근대화 역사 전체를 부정함을 의미한다. 이러한 그의 주장이 과연 현실성이 있는 것일까? 우리의 근대화는 잘못된 것인가? 잘못된 것이라면 되돌릴 수 있는 것일까? 다른 선택이 가능했을까? 긍정적으로 받아들일 수 있는 질문은 없다. 그의 주장은 21세기 흐름을 거부하지 않는 한 공허한 주장이다. 사이비 근대화가 실재할 수 있는 것이라면 유클리드 기하학과 아인슈타인의 상대성이론을 받아들이고 이용하는 것도 사이비가 되어야 한다. 그의 주장을 따른다면 우리가 만들어낸 것이 아니기 때문이다.

근대화 본질은 이성과 합리주의며 민주화와 산업화로 그 모습을 드러낸다. 다만 그 모습이 나라마다 다를 뿐이다. 삶에서 스승이 없는 제자가 없는 것처럼 사상과 제도 역시 선진국을 스승으로 받아들인 것이 모든 비서구 국가들의 근대화 과정이며, 우리 역시 여기에 속한다. 쑥스러워 할 것도, 부끄러워 할 것도 없다. 그가 사이비 근대화 탈피 운운하면서 비사이비 근대화를 제시하지 못하는 비현실적 입장에서 "식민지 근대화론은 일본 제국주의의 특성을 중시하고 있다는 점에서 커다란 취약점이 있다"고 하는 것은 민중사학자, 좌파 지식인들의 단골 논리다. 자본주의를 반대하기 때문에 자본주의와 관련된 모든 것을 반대하고, 미국을 싫어하기 때문에 미국과 관계되는 것을 싫어하고, 일본을 증오해야하는 과거 때문에 일본과 관련되는 일체를 부정하는 것은 이성적이지도 않고 합리적이지도 않다.

"성숙한 국민 국가와 시민사회 기반을 무시한 자본주의 발달" 운운은 배부른 다음에나 가능한 논리다. 한꺼번에 모든 것을 이루어낸 국가가 인류 역사상 한 번이라도 존재한 바가 있었다면 타당한 주장이지만 그렇지 않다면 틀린 주장이다. 피와 땀을 흘린 다음에 빵을 획득했고, 빵을 얻고 난 다음에야 자유를 쟁취했으며, 자유를 쟁취한 다음 평등을 추구하게 된 것이 자유주의 국가, 자본주의 사회의 역사이며, 이러한 과정을 겪으면서 국민이 성숙해지고 시민사회 기반이 다져지는 것이 국가발전과 시민사회 성숙의 법칙이다.

서양 중심주의 관점에서 벗어나려는 노력을 하지 않으면 한국 근대성의 본질을 정확하게 해명할 수 없다는 것은 오히려 그 반대가 아닐까. 한국의 근대화 뿌리가 서구 근대화에 있다면 한국 근대성의 본질 파악은 당연히 서구 근대성의 본질 파악에서 비롯되어야만 글로벌 시대 환경에서 우리 자신의 위치와 정체성을 확인할 수 있고 자아비판이 가능해지기 때문이다. 자본주의를 넘어서는 대안적 이념과 체제에 바탕을 둔 새로운 문명의 실험이 수반되지 않는 한 구체성이 없다는 것은 자본주의 비판론자들의 한결같은 논리다. 자본주의를 넘어서는 대안 실험들은 이미 사회주의, 공산주의, 사민주의, 파시즘, 수정자본주의 등등의 이름으로 충분히 있어 왔으며, 지금도 진행 중이므로 그는 그가 선호하는 이념과 체제를 골라내기만 하면 된다. 한국 사회과학계에서 중진의 위치에 있는 그의 책임은 필요성 제기에 있는 것이 아니라 대안 제시에 있다. 능력이 없어서 대안을 제시하지 못하는 것인지, 대안 제시를 유보하고 있는 것인지는 그 자신이 잘 알고 있을 것이다. 문명은 실험으로 만들어지지 않는 것인데 마치 실험실에서 제품 생산하듯이 문명을 실험하자는 주장만큼 허황한 주장이 있을 수 있을까?

"버터에 버무린 김치를 먹다가 자신도 모르는 사이에 속살과 피부 모두가 하얗게 되는 자기 변질"에 비유한 한국 근대화 비판은 순종純種주의자, 순혈純血주의자들의 논리며 글로벌 시대를 역행하는 사고다. 오늘날 우리가 일상의 삶을 통하여 접하게 되는 현상들을 보면 그의 주장이 얼마나 소아병적인 견해인가를 알 수 있다. 포도주와 치즈 소비량이 늘어나지만 막걸리와 김치가 밀려나기는커녕 오히려 수출 상품이 되어 세계인의 식탁에 올라가고 있다. 이런 현상이 왜 일어나는 것일까? 글로벌화 시대 교역자유화 때문이다. 모방을 주저하지 않고 또 다른 형태의 창조행위로 받아들이는 새로운 세대는 어떤 문화적 콤플렉스도 느끼지 않는다. 이들은 모든 것을 빨아들이는 스펀지 같아서 짜내면 짜낼수록 변색된 액체를 쏟아낸다. 이것은 오염된 폐수가 아니라 새로운 창조의 생명수와 같은 작용을 하고 있다. 신자유주의적 글로벌 시대가 아니라면 그 옛날 고립되어 살던 시절 천대받던 남사당패가 당당한 한국의 사물놀이 팀으로 거듭나서 세계 구석구석에서 공연하고 갈채를 받을 수 있을까? 국제사회에서 신자유주의적 글로벌화가 본격화되던 1980년대 초 한국에서는 고유의 문화와 전통이 긴 잠에서 깨어난 것처럼 기지개를 펴기 시작했고, 지금은 폭발적인 기세로 지구촌을 넘나들고 있음을 부인할 수 없을 것이다.

한국의 전통에 의해 근대를 응시하자는 것은 종속론에 얽매이고 피지배 의식에서 벗어나지 못한 탓이며 우리가 성취한 것을 인정하지 않으려는 태도다. 글로벌화가 진행될수록 우리의 문화와 전통에 대한 자각이 높아지고 자신의 정체성에 대한 확신이 깊어지는 것은 우리 민족 심성 깊은 곳에 자리 잡고 있는 우리만의 DNA 때문일 것이다. 실로 긴 세월동안 인위적인 족쇄에 묶여 있던 민족이 족쇄가 풀리는 순간 무변광대한 세계로 마음껏 뻗어나가는 시대에 살면서, 생명력을 상실해버린 종속론이나 폐쇄적인 과거의 틀 속에서 사고하자는 것은 미래를 포기하자는 것과 다를 바 없다. 근대화 성취를 자랑스러워하는 가운데 한국의 문화와 전통을 재발견하고 재해석하는 것이 시대 흐름에 부합하는 지식인의 자세일 것이다.

임현진 교수는 2012년 12월 〈월간 조선〉에 세계화의 10가지 구체적 대안을 제시하고 있으나 글로벌화와 직접적으로 관계된다고 보기에는 어렵다. 신자유주의 세계화 입장은 점차 그 설득력을 잃어가고 있다면서 장기 비상 시대, 불의의 확대, 매스미디어는 초국적 자본가 계급의 강력한 로비활동에 의해 종속되는 상황에서 지구적 차원의 민주주의 달성은 요원해져가고 있고, 지구 시민사회, 윤리적 소비자 주장을 내세우고 있으나 현실과 상반되는 가상 세계가 아니고서는 수용하기 어려운 공론이라 할 수 있다. 인간적 얼굴을 한 자본주의 세계화라는 마르크시스트 형식논리를 내세워 "2012년 세계적으로 리더십이 교체되는 해를 맞이하여 신자유주의 세계화에 대해 일대 수술을 요구하는 '경제민주화'를 최대의 관심사로 만들고 있다. 경제민주화는 그동안 가졌던 가치에 대한 근본적인 변화를 의미하기 때문"이라고 역설하고 있다. 경제민주화는 실체가 애매하여 혼선을 빚어내는 쟁점일 뿐 국제사회에서는 제기되거나 논의된 바가 전혀 없는 것을 강조하는 이유는 국가주의체제 옹호를 위한 근거로 이용하고자 하는 것이 아닌가 하는 추측을 낳게 하는데, 다음과 같이 계속되는 주장에서 더욱 분명해지기 때문이다.

차기 정부가 경제민주화 정책을 추진하기 위해서는 정부의 적극적인 개입과 증세 정책은 필연적 선택일 수밖에 없다.… 어쨌든, 우리는 과거의 '큰 시장 작은 정부'에서 '강한 정부'로의 전환의 경로를 선택한 상황이다.

그가 정치인이 아닌 학자로서 이론적으로 시비가 진행 중인 경제민주화를 정설로 전제하고 있는 자체가 학문하는 사람으로서 경솔하고, 우리가 '큰 시장 작은 정부' 노선에서 국가를 운영했다고 하는 것은 사실과 정반대되는, 그야말로 학자로서 부끄럽기 짝이 없는 실언이다. 우리는 현대사에서 '큰 시장 작은 정부'를 경험해본 바가 한 번도 없고 현재까지도 큰 정부 작은 시장, 즉 관치경제의 틀을 완전히 벗어나지 못하고 있다. 한국의 산업화는 국가 주도하에 관치경제 형태로 이루어져 왔기 때문에 정부는 크고 강력했으며, 시장은 정부와 관료의 손아귀를 벗어날 수가 없었다. 전쟁을 치른 국가, 무에서 유를 창조한 산업국가, 전쟁 가능성이 상존하는 국가의 공통점은 '큰 정부' 라는 속성에 있다. 대한민국은 여기에 해당하는 대표적 국가다. 신자 유주의적 글로벌화가 멈추지 않는 한 우리의 국가적 당면과제는 '작은 정부 큰 시장'으로의 진입이다. 여기서 말하는 작은 정부 큰 시장 이란 관치경제의 틀을 완전히 벗어난 정상적 자유시장 경제체제를 뜻 한다. 대한민국 정부는 항상 크고 강력했으며 대한민국의 관료주의는 결코 약화된 적이 없다.

그러나 불행하게도 '경제민주화'라는 덫에 걸려 더 강한 정부, 더 작은 시장 체제로 가야한다는 주장을 정당화하기 위해 마치 우리가 지금까지 '작은 정부 큰 시장' 체제를 유지해온 것처럼 엉터리 논리를 펴면서 큰 정부, 강한 정부 체제로 가야 한다는 것은 기록에 남을만한 지적 기만이다. 임 교수는 구차한 논리를 전개할 것이 아니라 국가주 의, 사회주의 체제, 평등주의 체제로 가자고 하는 것이 정직한 태도가 아닐까. 임 교수의 무지는 그 자신만의 문제가 아니라 그가 가르치는 학생들, 그의 글을 읽는 대중들의 문제로 연결되기 때문에 결코 가벼 울 수 없다.

▶▷ 지적 공백상태

식자의 무지와 허영의 예를 열거하려면 한이 없을 정도다. 이념 용 어 사용에 있어서 극좌 체제인 북과 대치하는 상황에서 남한 내에 종 북좌파 세력이 실재하고 있다. 그럼에도 불구하고 우파, 좌파라는 이

넘용어 대신에 보수와 진보라는 노선용어를 사용함으로써 좌(평등주의)와 우(자유주의)를 모호하게 하고, 진보로 자처하는 종북좌파들로 하여금 리버럴liberal이라는 단어를 도용하여 민주 세력으로, 개혁과 변화 세력으로, 미래지향적 세력으로 둔갑할 수 있도록 만든 것은 우파 지식인들에게도 책임이 있다. 정치인들이 즐겨 사용하는 '국민통합'이란 단어도 자유주의사회가 아닌 전체주의사회 단어임을 모르고 말하는 것이며, 개인의 역할이 날로 중요해지고 다원주의로 특징지어지는 포스트모던 시대, 글로벌 시대에는 전혀 어울리지 않는 1960년대~1970년대 개발시대에 강조되던 단어이다.

"한국 지성은 공백상태다"라는 표현은 〈조선일보〉 이한우 기자(現 문화부장)가 2012년 12월 6일자 신문에 쓴 글의 제목이다. 그는 80년대 이후 지적 풍토가 식자는 촌스럽다고 외면당하고 혁명의식이 공공의식마저 몰아낸 상태임을 지적하였다. 지적 공백상태가 되면 혁명의식을 지닌 지식인들은 사상적, 이론적 도그마에 빠져 목적을 위해 수단방법을 가리지 않는 지적 파시스트가 되어 거짓과 기만, 왜곡과 날조를 서슴지 않으면서 대중을 현혹하고, 지적 적대자들과 비판자들에 대해서는 잔인할 정도로 집요하게 비난과 비판을 가한다. 종북좌파들이 대표적이다. 이들은 의심의 여지없는 사회주의자들이다. 반면 자유주의사회를 옹호하는 대다수 우파 지식인들은 저들의 집요한 공세에 밀려 수세에 놓이거나 소극적이 되거나 침묵하게 되고 정치적 이해관계가 작용하게 되면 시대의 흐름이니, 국민정서니 하면서 쉽게 그들의 동조자로 변모하기까지 한다. 1990년대는 1980년대까지 표면 아래서 응축되어오던 종북좌파들의 변혁 마그마가 대폭발을 일으킨 시기다. 하늘 높이 치솟아 올랐던 마그마의 식은 잔해들이 대지 위에 쌓이면서 거목을 찾아볼 수 없는 사바나가 되어버린 벌판을 보는 듯한 느낌으로 한국 지식사회를 조망하게 되는 것이 솔직한 느낌이다.

지적 공백상태란 사상적 거인도, 학문적 거인도 찾아보기 어려운 황량한 지적 사바나와 다르지 않다. 지적 공백상태가 지속되고 심화되면 그 사회는 필연적으로 지적 편견과 무지가 지배하게 되고, 식자의 무지와 허영이 맹목과 광신을 부추기는 가운데 정치적 포퓰리즘이 만연하여 대중의 이성과 상식을 마비시킨다. 그들로 하여금 오늘의 이익과 안락을 위해 내일을 포기해도 무방하다는 정치적 허무주의를 야기하고, 정상이 비정상이 되고 정론이 이단으로 둔갑한다. 이러한 현상은 오늘과 같은 디지털 시대에 디지털 유목민digital nomad과 디지털 폭도digital mob의 출현을 쉽게 하고 유행성과 모방성, 순간적 폭력성을 폭발시켜 기존의 가치 체계와 질서를 순간마다 위협하게 된다. 지적 공백상태에서 허명과 세속적 이익을 노리는 식자의 무지와 허영이 만연하게 되면 최대 피해자는 국민이며 국가다.

사상과 이론, 제도에 이르기까지 한국 지식인 사회는 모방과 편식의 한계를 벗어나지 못한다. 그 모방마저 표피적이거나 불완전한 것이어서 생명력 있는 자기 것으로 재창조하는데 실패한 결과, 심한 지적 콤플렉스 현상을 노출시키고 있다. 임현진 교수의 주장처럼 한국 전통을 무시한 서구 모방 근대화를 재조명해야 한다면서도 자신의 것을 제시하지 못하면서 글로벌 시대 세기적 조류의 수용을 비판하고, 지금까지 이루어낸 국민적 성취를 부인하면서 현재의 모순만을 확대·재생산하는 것에만 관심을 갖는다. 극단적으로 말해서 자유주의자들은 서구의 자유주의 사상과 이론과 제도만을 배웠고, 평등주의자들은 마르크스-레닌 사상과 이론과 제도, 종속론과 같은 제3세계 사상을 편식했다. 그 결과 오직 자신의 입장에서 상대방을 바라보게 되고 일방적 통행에 익숙하다보니 발전을 위한, 보편적 가치 공유를 위한 학문적 비판이나 논쟁은 처음부터 배제되어 왔고, 남북 분단과 정치적 풍토가 이러한 환경을 더욱 악화시키고 있다. 불완전한 지적 모방과 편식은 국가체제와 사회공동체에 대한 믿음을 약화시키고 표류현상을 야기한다.

글로벌화가 진행될수록, 디지털 시대가 진행될수록, 지식인들의 사상과 이론과 주장의 중요성은 더욱 높아지는 것인데 현실은 오히려 지적 혼동지수가 높아지고 있다. 이 시대, 한국사회에서 위대한 사상가와 이론가가 없다는 것은 국가적 불행이며 국민적 비운이다. 밀J.S.Mill의 주장처럼 사회환경에 따라 사악해질 수도 있고 위대해질 수도 있는 국민 대중은 당대의 정치사회적 상황과 지식인 사회의 풍토로부터 결정적 영향을 받게 마련이므로 지식인들의 역할은 언제나 결정적이며 중요하다. 자유민주주의 국가가 내포하고 있는 최대 취약점은 다수가 폭군으로 변할 수 있다는 가능성에 있으며 이 경우 사악한 대중이 출현하게 된다. 이것은 밀이나 토크빌처럼 자유주의 선구자들이 공공교육을 중요시했던 이유이기도 하다. 지식인들의 사명 중에는 이러한 현상 발생을 사전에 방지하는 것이 포함되어 있다. 그렇지 못하고 그러한 현상을 조장한다면 비난은 물론 사회적 책임을 모면할 수 없게 된다.

어떠한 사상이나 체제라 할지라도 도전과 위협은 피해갈 수 없다. 서구 근대 자본주의국가들이 탄생한 이래 오늘에 이르기까지 주기적으로 그러한 도전과 위협에 직면했을 때 극복했던 역사를 관찰해 보면, 초인적인 지성의 힘이 결정적 요인으로 작용한 것을 알 수 있다. 서구 자본주의 역사에서 네 번에 걸친 위기극복 과정이 있있는데, 그때마다 사상과 이론의 힘, 특히 정치 지도자들, 당대의 지식인들의 지성의 힘이 결정적 작용을 했다. 그 주 무대는 영국과 미국이었다. 1789년 프랑스 혁명으로 인한 급진적 자유주의 광풍이 영국 의회 제도와 기존질서를 위협했을 때 에드먼드 버크의 지적 노력으로 혁명 열풍의 영국 상륙을 막아낸 것이 첫 번째이다.

두 번째는 자유방임주의적 자본주의가 산업혁명과 제국주의 바람을 타고 맹위를 떨치던 영국사회가 산업화로 인한 도시화로 노동자 문제, 양극화 현상으로 심각한 위협에 처하고 유럽대륙에 정치, 경제, 사회적 변혁 에너지가 고조되었을 때 두 명의 유대인 출생 개혁가가 등장하게 된다. 영국의 디즈레일리와 독일의 칼 마르크스였다. 디즈레일리는 사회주의, 마르크스의 급진주의, 벤담을 필두로 한 공리주의자들의 물질주의적 공세에 맞서 영국을 지탱해온 제도와 전통에 새로운 역사적 의미를 부여하면서, 계급 간 모순이 계급투쟁에 의해 해결되어야 한다는 급진사상을 거부하고 계급 간 조화와 동화과정을 통하여 자유시장 자본주의체제를 보존·발전시킬 수 있음을 이론적으로 역설하고 정책적으로 실천함으로써 1830년대 빈사상태에 빠졌던 토리Tory당을 구해내고 번영을 구가한 빅토리아 시대를 연출해내어 영국의 전통적인 보수적 자유주의 체제를 굳건하게 지켜내는데 성공했다.

세 번째는 1920년대 대공황과 독일의 파시즘, 소련의 공산주의 세력이 서구 자본주의 국가들을 위협했을 때, 케인즈의 혼합 자본주의 이론과 미국의 프랭클린 루즈벨트 대통령에 의한 뉴딜정책으로 극복하였다. 케인즈 이론과 뉴딜 시대가 1970년대에 이르러 그 생명력을 잃어가고 소련을 비롯한 공산주의국가들이 발전 한계에 이르렀을 때 등장한 새로운 처방이론이 신자유주의적 자본주의며, 이것이 1990년대 초 소련제국 붕괴에 따른 급속한 글로벌화라는 상승기류를 타면서 국제환경을 일변시키고 있는 것이 네 번째다.

이러한 국제적 환경변화 속에서 우리 사회가 지적 공백상태에 처해있다는 사실이 실로 심각한 문제이다. 그럼에도 불구하고 이것을 인식하고 벗어나려는 노력은커녕 배타적이며 추상적이고 퇴행적인 지적 게토ghetto 안에서 무지와 허영을 뿜어내는 것은 개탄스럽고 우려스러운 현상이다. 최근에 벌어진 두 건의 케이스가 이러한 한국 지식사회의 분위기를 충분히 알려준다. KAIST에서 일부 이사진, 교수, 학생들이 합세하여 자신들이 모셔다 놓은 전 MIT대 교수 출신 서남표 총장을 미국으로 쫓아 보낸 경우와, 박근혜 당선인이 장관으로 추천한 세계에서도 명성이 높은 미국 벨연구소 소장 출신 김종훈 씨를 이중국적, 미 CIA 관여 등등을 거론하며 배척한 예다. 영국 정부가 캐나다 중앙은행장을 영국 중앙은행장으로 데려오기로 결정한 것과는 너무나도 대조적이다.

여기서 우리는 글로벌 시대를 앞서가는 선진국 영국과 정치적 후진국 한국의 차이를 극명하게 보여주는 현실을 마주하게 된다. 지식인들의 역할 중에는 선동과 무리한 요구에 빠져들기 쉬운 대중의 이기심을 억제시키는 일과, 포퓰리즘 유혹에 약한 정치인들의 허영심을 자제시키는 일이 포함되고 있다. 그러나 오히려 그들의 이기심과 허영심을 자극하고 부추기는데 앞장서고 있음을 2012년 대선 과정을 통하여 귀가 아플 정도로 들어야 했고, 눈이 시릴 만큼 목도하였다. '2013년 체제론'을 주장하며 야당과 비자유주의 세력들을 선동한 하버드대에서 영문학 학위를 받은 서울대 교수 출신 백낙청白樂晴, 최근 자신의 책에서 '2013년 체제를 위한 경제민주화 대세론'을 주장하며 백낙청과 맞장구를 친 독일 뮌스터대에서 경제학 학위를 받은 서강대 교수 출신 김종인, 이들이 내세우는 '2013 체제'란 자기들만이 알고 있는 평등주의 체제, 북한 민족주의에 더 가까운 사회주의 체제라는 의심을 갖기에 충분한 주장이다.

지식인, 특히 지도자의 지성과 관련해서 귀감이 되기에 충분한 20세기 사례를 든다면 초대 이스라엘 대통령 하임 바이츠만Chaim Azriel Weizmann(1874~1952)일 것이다. 이스라엘 독립국가 건설을 목표로 하는 시오니즘zionism의 창시자는 헤르츨T. Herzl이었으나, 실현을 위해 주도적 역할을 했던 지도자는 바이츠만이었다. 그는 영국 맨체스터대 화학 교수이기도 했으나 영국 지도자들을 설득하여 밸푸어Balfour 선언을 이끌어낸 주인공이며, 초대 이스라엘공화국 대통령에 오른 지성인이다. 몬티피오리의 『예루살렘 전기』에 실린 그의 말은 참으로 인상적이다.

세르반테스Cervantes를 읽기 위해 스페인어를, 플라톤Plato을 읽기 위해 그리스어를 배웠다. 건국 계획을 세울 때 그리스 철학을 읽었고 전쟁을 할 때는 클라우제비츠Clausewitz를 읽었다.

세계에서 대학 졸업률이 가장 높다고 자타가 인정하는 국가에서 국민 대다수가 지적 공백상태에 놓여 있고, 식자 무지와 허영의 희생자가 되고 있다는 것은 시대의 역설逆說이자 국가의 중병重病이다.

2장

경제민주화

▶▷ 경제민주화의 정체

2012년은 선거의 한해였고 경제민주화 소동으로 시끄러운 한해였다. 19대 총선이 있었고 18대 대통령 선거가 있었다. 소동의 발원지는 1987년 헌법이고, 소동의 주인공은 경제학자 출신 정치인 김종인이다. 선거는 끝났으나 소동은 끝나지 않고 소동으로 인한 정치, 경제, 사회적 소음이 우리들 삶의 공간을 메우고 있다. 김종인은 2012년 11월에 출간된 자신의 저서 『지금 왜 경제민주화인가』 표지 글과 서문에서 다음과 같이 언급하였다.

18대 대선이 한 달 앞으로 다가왔다. 이른바 '2013년 체제'의 출발이 임박했다. 과연 한국에선 누가 대통령에 당선돼 이들 주변 강국 지도자와 어깨를 겨루며 2013년 체제를 이끌 것인가.… 체험한 것들을 회고하여 지금 우리 사회에서 왜 경제민주화가 필요한가를 정리했다.…경제민주화 없이 한국경제는 지속 가능하기 어렵다.…경제민주화는 시대의 흐름이다. 한국에서만이 아니다. 전세계적 흐름이다.

그는 2011년 말 새누리당 비상대책위원회 위원으로 참여하여 당 정강정책에 경제민주화 정신을 담고, 2012년 총선과 대선기간에는 새누리당 국민행복추진위원회 위원장 겸 경제민주화 추진위원장을 맡아 선거 공약을 만드는데 깊이 관여하였다. 대선기간 중 민주통합당의 문재인 후보 캠프에서는 노무현 대통령 정책참모였던 경북대 이정우 교수가, 무소속 안철수 후보 캠프에서는 고려대 장하성 경제학 교수가 각각 경제민주화 추진 선봉장에 포진하였다. 이들 3인은 글로벌화와 신자유주의 비판자들이자 자유시장경제 회의론자들로서 2012년 선거 무대를 장식했던 연출자들이다.

'경제민주화'라는 씨앗이 뿌려진 것은 1987년 정치적 격동기다. 평화적 정권교체를 앞두고 민주화 세력과 권위주의 세력 간 대격돌 속에서 '민주'가 모든 논리를 압도하며 마력 같은 위력을 발휘하던 때, 제諸 정파 간 타협으로 만들어진 '87년 헌법'에 포함된 것이 경제민주화다. 이제 와서 생각하면 '경제민주화'는 당시 누구도 거부할 수 없었던 '민주'라는 정치적 부적符籍으로 포장된 판도라 상자였고, 25년이 지난 후에야 뚜껑이 열린 것이다. 판도라 상자를 끼워 넣은 이도, 판도라 상자 뚜껑을 열어젖힌 이도 같은 사람, 김종인이다. 그는 1987년 개헌 당시 집권 민정당 소속으로 개헌특위 경제분과위에 참여했던 인사다. 문제되는 헌법 조항은 제119조 2항이다.

1항; 대한민국의 경제 질서는 개인과 기업의 경제상의 자유와 창의를 존중함을 기본으로 한다.
2항; 국가는 균형 있는 국민경제의 성장 및 안정과 적정한 소득의 분배를 유지하고 시장의 지배와 경제력의 남용을 방지하며 경제주체 간의 조화를 통한 '경제민주화'를 위하여 경제에 관한 규제와 조정을 할 수 있다.

김종인이 헌법 제119조 2항에 근거하여 경제민주화를 강력하게 주장하고 나서자 그동안 이 조항을 장식품 정도로 인식하고 있었던 대다수의 정치인들은 서로의 얼굴을 쳐다보며 무슨 뜻인가를 알아보려는 듯한 모습을 보였다. 또 자유시장 자본주의 체제를 비판하고 반대하는 인사들은 기다렸다는 듯이 일제히 맞장구를 치면서 환호하고 나섰다. 1987년 당시 여야 국회의원 73명으로 구성되었던 헌법개정특별위원회 위원 면면과 그들이 만들어낸 결론을 살펴보면, 자유주의 헌법liberal constitution을 정확히 이해하고 있었던 인사는 전무하다고 할 수 있다. 당시 개헌의 초점은 대통령 직선 여부였기 때문에 특별한 의도를 갖고 경제민주화를 포함시키기는 어렵지 않았을 것이다. 경제민주화를 둘러싼 논쟁이 언론에 본격적으로 등장한 것은 2012년 4월 11일 총선 직후, 새누리당 비상대책위원이던 김종인의 발언이 계기가 되었다.

박근혜 비상대책위원장의 대표적인 경제통이라고 하는 사람이 경제민주화에 약간의 비판적인 자세를 취하고 시장경제에 맞지 않는다는 등 이런 얘기를 하고 있는 인사들에 대해… 시장을 빙자한 친기업주의적인 사고를 갖는 사람들이 지금 계속해서 경제민주화에 대해 비판적인 발언들을 하고 있다.… 내가 보기에 그 사람들은 경제민주화라고 하는 것이 무엇을 의미하는지 잘 이해를 못하는 것 같다.… 경제민주화를 제대로 추진할 수 있는 인물을 찾아내라고 할 것 같으면 별로 찾아낼 사람이 없고 오히려 반대세력이 더 많이 들어있는 그런 상황이다.

이러한 새누리당 당내 기류가 대선이 본격화되면서 노골적으로 표출된 것이 이한구 의원과 김종인 간에 벌어진 두 번에 걸친 설전이다. 얼핏 보면 두 사람 간 경제정책 노선을 둘러싼 한때의 견해차이 같지만, 앞뒤 정황들을 종합해보면 매우 중대한 본질적 문제를 둘러싼 충돌임을 알 수 있다. 김종인이 신봉하는 독일식 사회시장경제와 이한구가 신봉하는 미국식 자유시장경제의 다툼, 즉 독일 모델과 미국 모델 간의 다툼이며 과거와 미래의 다툼이다. 양자의 첫 번째 설전은 2012년 7월 2일에 벌어졌다. 김종인이 한 라디오 방송에 출연하여 이한구 새누리당 원내대표를 겨냥하여 포문을 열었다.

경제민주화가 무엇인지 모르겠다면 정치민주화는 이해하느냐고 묻고 싶다. 오랫동안 재벌에 종사했기 때문에 그쪽의 이해를 많이 대변한다. 정치민주화가 무슨 뜻인지 알면서 경제민주화를 자꾸 왜곡되게 이야기하고 마치 시장경제 자체가 경제민주화다, 이런 얘기를 할 것 같으면 자본주의 발달, 시장경제의 발전과정에 대한 이해가 굉장히 부족한 사람이 아닌가.

지식인으로서는 거칠고 무례한 공격으로 상대를 재벌 대변자인양 몰아붙였다. 이한구 의원은 기자들과 만난 자리에서 김종인의 주장을 정면으로 반박했다.

일일이 답변하고 싶지도 않다. 답변할 만한 가치가 있어야지.… 기껏 경제민주화라고 하면 재벌과 관련된 것으로 국한하는 것은 경제학자들 사이에선 모자란 생각이다. 김 전 의원이 말하는 내용이 뭔지 모르겠다. 경제민주화 개념은 사회학이나 정치학자들이 쓰는 용어이지

정통 영미 경제학자들은 쓰지 않는 말이다. 김 전 비대위원이 공부한 독일식 사회적 시장경제를 정통 경제학에선 사회주의라고 부른다. 기업에 몸담았던 게 무슨 죄인이냐. 야당처럼 출자 총액제를 부활하고 재벌 해체를 주장하는 건지 구체적으로 밝혀야 한다.

이한구 원내대표가 자유시장경제를 정면으로 내세우면서 반박하지 않은 것은 그의 비판 자세가 수세적 공세였음을 의미한다. 이 의원이 경제민주화를 비판하면서도 새누리당이 총선 때 경제민주화를 공약했을 뿐 아니라 원내 교섭단체 대표연설에서도 '상생 자본주의', '공정한 경제' 등으로 발언했기 때문에 당의 입장을 벗어나지 못하는 한계가 있었을 것이다.

두 번째 설전은 2012년 9월 5일에 벌어졌다. 김종인은 박근혜 후보의 대선공약을 총괄하는 국민행복추진위원장 위치에 있었고, 이한구 의원은 원내 사령탑 위치에서 당의 공약사항 입법화를 지휘하고 있었다. 이한구 의원이 예산 당정협의회 모두冒頭 발언에서 "정치판에서는 정체불명의 경제민주화니 포퓰리즘 경쟁을 하느라 정신이 없고 그래서 기업의 의욕이 떨어진 국민이 불안해하고 있다"고 하자 김종인은 기자와의 통화에서 "박근혜 후보가 대선 출정식과 후보 수락연설에서 한 (경제민주화) 얘기를 어디 허공에서 한 것처럼 '정체불명'이라고 한 것은 상식 이하다. 정서적으로 문제가 있는 것 같고 태어나서 그런 정치인은 처음 본다. 그런 정신상태로는 얘기할 수 없고 대꾸할 가치도 없다. 경제학자 폴 새뮤얼슨이 '절제 없는 시장경제를 맹신하는 사람은 정서적 불구자'라고 했는데 이 원내대표가 거기 해당한다"고 반박했다.

2012년 9월 5일 서울 여의도 새누리당사에서 총선공약 법안 실천 보고회가 열린 가운데 이한구 원내대표 옆에 김종인 국민행복추진위원장이 불편한 얼굴로 앉아 있다. 〈조선일보〉 2012년 9월 6일

　　두 사람 사이의 의견충돌에 대해서 박근혜 후보는 "두 분이 차이를 가지고 있지는 않다고 본다. 그것에 대해 논쟁 내지 논의할 수 있다"는 견해를 보였다. 이한구 의원 발언은 경고적인 데 비해 김종인의 반박은 인격적 모독에 가깝다. 두 사람의 논쟁은 민주주의 사회에서 항상 있을 수 있는 것이나 문제는 누구의 견해가 설득력이 있는가 하는 것이다. 이한구 의원은 서울대에서 경제학을 공부하고 미국 캔자스주립대에서 경제학 박사학위를 받은 후 귀국하여 정부와 기업에서 몸담았던 미국식 자유시장 자본주의 경제 신봉자라고 할 수 있다. 김종인은 한국외국어대 독일어과를 나와 독일 뮌스터대에서 경제학 박사학위를 받고 귀국하여 서강대에서 경제학 교수로 지내다 정계에 입문한 독일식 사회적 시장경제 신봉자로 분류할 수 있다. 건국 이래 한국은 정치, 경제, 군사, 문화면에서 미국의 절대적인 영향을 받으면서 발

전해온 국가이기 때문에 정치는 물론 경제에서 미국 모델을 답습해온 것이 사실이다. 1945년 이래 우리 사회는 각 분야에서 주도적 역할을 담당한 인사들의 절대 다수가 미국 유학파들로서 한국 근대화의 주류를 형성해왔다. 독일을 비롯한 유럽 유학파들은 소수로서 국외자였다가 김대중 좌파정권 이후 그들의 참여공간과 역할이 확대되면서 현실정치에 영향을 미치고 있다. 두 사람의 논쟁은 그러한 배경의 연장선상에서 벌어진 면이 있다. 그들의 논쟁에서 누구의 입장이 타당한가 하는 것은 미국 모델과 독일 모델 중 어느 것을 선택할 것인가 하는 문제로 귀결된다. 미국식 자유시장 자본주의에 대한 독일식 사회적 시장경제의 강력한 반격 형태를 띠고 벌어지는 현상이므로 한때의 논쟁으로 끝날 수 없게 된 것이 경제민주화 논쟁이다.

경제민주화를 둘러싼 두 사람의 설전을 계기로 정계, 언론계, 학계에서 벌어진 찬성과 비판은 각인각색이어서 대중을 어리둥절하게 만들고 혼돈 속으로 몰아넣었다. 대체적으로 찬성이 비판보다 많은 가운데 아무도 정확한 뜻을 설명하지 못했다. 그러면서도 찬성하는 인사들은 하나같이 신자유주의적 시장만능주의로 인한 재벌의 횡포와 양극화 현상을 바로잡기 위하여 경제민주화가 필요하다는 입장을 보였다. 경제민주화를 가장 빠르고 적극적으로 옹호하고 나선 것이 야당과 좌파 언론 및 인사들이었다는 것은 여러 가지 점을 시사한다. 〈경향신문〉은 2012년 7월 4일자 기사에서 헌법적 근거를 들면서 전 서울시교육감이며 헌법학자인 곽노현의 견해를 소개하였다.

경제계획 및 규제 과정에 대한 민주적 참여와 통제의 실질화, 기업의 경영 및 이윤에 대한 종업원 참여 및 통제의 실질화, 그리고 사회보장과 사회복지 실질화.

아마도 이것은 야당과 좌파 인사들이 인식하고 있는 경제민주화에 대한 가장 정확한 개념이 아닐까 하는 생각이 든다. 좌파 인사들이 습관적으로 사용하는 '민주적 참여'란 남한과 같은 자유주의 체제에서는 금기시되는 '민중참여', '인민참여'를 의미하는 것으로 대의민주주의 원리에 어긋나는 언어다. '경제계획과 규제 과정에 대한 민주적 참여'란 경제계획과 규제과정에 민중이 참여하는 것, 인민이 참여하는 것을 뜻하는 것으로, 민중이 주체가 되어 경제를 계획하고 통제하자는 것이다. '기업의 경영 및 이윤에 대한 종업원 참여 및 통제의 실질화'란 노동자, 피고용자가 기업운영과 통제 주체가 되어야 한다는 말이며, '사회보장과 사회복지의 실질화'란 보편복지로 결과적 평등을 보장하자는 주장이다. 곽노현의 주장은 전형적인 민중민주주의, 인민민주주의 논리이며 급진적 주장이다. 좌파들이 말하는 민중, 인민이란 노동자, 농민, 도시 빈민, 좌파적 지식인을 주축으로 하는 무산계급, 프롤레타리아를 뜻한다. 민중과 인민이 주체가 되어 경제를 계획하고 통제하며 노동자가 기업주와 함께 기업운영의 동등한 파트너가 되어 이윤을 통제하고 실질적 복지를 보장받게 되는 사회란 오직 사회주의 국가에서만 가능하다.

경제민주화는 새누리당과 우파 인사들이 2012년 총선과 대선에서 승리하기 위한 정치적 상품으로 활용한 면이 크고, 야당과 좌파 인사들은 2013년 체제를 염두에 둔 이념차원에서 주장한 면이 강하다. 좌파 인사들이 평화, 평등, 민주라고 할 때 우파 인사들이 생각하는 개념과는 아주 다르다. 평화의 경우 우파는 다양한 계급간의 화합과 조화를 뜻하지만 좌파는 동일계급 사회, 즉 민중, 인민이 주축을 이루며 일사불란한 질서를 유지하는 상태를 말한다. 평등의 경우 우파는 기회의 평등, 법 앞의 평등을 뜻하지만 좌파는 물질적 결과의 평등, 권리의 평등을 의미한다. 또한 좌파가 말하는 민주란 우파가 말하는 대의민주가 아닌 민중민주를 뜻하므로 정확히 구분해서 이해하지 않으면 함정에 빠지기 쉽다. 앞으로 경제민주화를 둘러싼 이념적, 법률적 해석은 물론 정치, 경제, 사회적 의미를 두고 첨예한 논쟁은 불가피해 보인다. 1989년 헌법재판소가 헌법 제119조 2항에 대해 내린 해석을 보면, 법률적 인식과 정치적 인식의 차이가 얼마나 큰 가를 알 수 있다.

헌법이 자본주의적 생산 양식이라든가 시장 메커니즘의 자동조절기능이라는 골격은 유지하면서 근로 대중의 최소한의 인간다운 생활을 보장하기 위하여 소득의 재분배, 투자의 유도, 조정, 실업자 구제 내지 완전고용, 광범위한 사회보장을 책임 있게 시행하는 국가, 즉 민주복지국가의 이상을 추구하고 있음을 의미하는 것.

법률가의 시류 편승적이고 기계적인, 자유주의 사상과는 거리가 먼 해석이다. 어떤 유의 민주복지국가란 의미가 분명하게 설명되지 않으면 자본주의적 생산양식이나 시장 메커니즘의 자동조절기능 유지는 불가능해질 수 있다. 1989년은 '87년 체제' 출범 직후로서 민주화 열기가 고조되던 시기다. 소득의 재분배, 투자의 유도, 완전고용 및 사회보장 문제는 정부정책과 이를 뒷받침하는 제도적 문제이지, 자유주의 헌법에 구체적으로 명시할 사항은 아니다. 법률가의 법률적 해석이나 정치가의 정치적 해석이나 이념집단의 이념적 해석은 시대상황과 정치환경에 따라 달라지기 때문에 해석을 둘러싼 논란의 여지가 많은 헌법조항은 백해무익하다. 이미 헌법 제119조 1항과 2항을 두고 2항은 1항을 보완하는 것이라는 측과, 2항이 오히려 1항에 우선하는 것이라는 주장이 팽팽한 상태다. 모든 법률조항에서 앞선 조항이 뒤에

오는 조항보다 우선하는 것이 상식임에도 119조 2항이 1항을 우선한다고 주장하면 조문 전체가 의미를 잃게 된다. 2항은 1항을 보완하는 것이 아니라 1항을 본질적으로 부정하는 국가통제 경제를 의미하므로 1항과 2항은 심한 모순관계에 놓여 있다.

이 경우 1항과 2항의 우선 여부는 현실에서 주도권을 갖고 있는 정치집단에 의해서 편의적으로 결정될 뿐만 아니라, 권력정치 문화와 관료행정 편의주의 풍토가 강한 환경에서는 정치인들과 관료들의 편의에 따라 1항이 무시되고 2항이 존중되어 경제자유 자체가 제한되거나, 반대로 2항이 무시되고 1항만 강조되면 정치적 충돌을 야기한다. 헌법 제119조 2항은 1항을 무의미하게 만드는 조항이자 자유주의 헌법정신을 근본적으로 부정하는 조항이다. 정부가 경제에 관한 규제와 조정을 할 수 있다는 것은 경제자유 전반을 제한할 수 있음을 전제로 하는 내용이며, 이에 더하여 재산권을 제한할 수 있도록 한 헌법 제23조까지 감안하면 경제 자유에 관한 한 대한민국은 자유가 유명무실하다고 할 수 있다.

모든 국민의 재산권은 보장된다. 그 내용과 한계는 법률로써 정한다. 재산권 행사는 공공복리에 적합하도록 하여야 한다. 공공 필요에 의한 재산권의 수용, 사용, 또는 제한 및 그에 대한 보상은 법률로써 하되 정당한 보상을 지급하여야 한다.

'공공의 복리' 여부를 결정하는 것은 재산소유자가 아니라 국가, 정부다. 정치인, 관료들의 판단에 따라 공공목적이 정해지고 개인은 재산권 행사 포기를 강요당한다. '용산 참사'를 비롯한 재개발과 관련된 충돌이 발생할 수밖에 없었던 원인이기도 하다. 2009년 헌법에 명시된 경제민주화에 대해 원론적 문제제기를 한 최초의 인사는 좌승희 박사다. 그는 『새헌법 연구』에서 다음과 같이 주장하였다.

제정 헌법 당시 독일 바이마르 헌법의 복지국가 모형을 모방하고 당시의 사회주의적 성향의 국내외 정치 조류를 반영해서 들여 온 사회주의적 성향의 가치에 개발연대 정부주도 경제개발 전략을 정당화하기 위해 들여 온 정부의 시장개입을 광범위하게 허용하는 조항이 혼재된 상태에서 1987년 민주헌법 개정 시 도입된 경제민주화를 내건 사회민주주의적 가치들이 혼재하게 되었다. 이러한 상호 상충되는 헌법적 가치들의 혼재상태는 한국경제의 경기규칙에 대한 불확실성을 높임으로써 경제주체들이 부담하거나 인식하는 실제, 혹은 잠재적 거래비용을 심대하게 증가시키고 있다.

좌승희 박사를 중심으로 한 일단의 학자들이 수년간에 걸친 연구와 논의 결과를 정리하여 내놓은 것이 『새헌법 연구』인데, 그들이 개헌의 필요성을 강조한 이유는 현행 헌법이 포함하고 있는 비자유주의적 경제 조항들을 존치시키는 한 경제발전에 한계가 있을 수밖에 없다고 믿기 때문이다. '87년 헌법은 근대화용, 냉전시대용으로서 수명을 다한 헌법이며 글로벌 시대 경쟁에서 이겨내고 새로운 발전을 도모하려면 새로운 헌법이 필요한 것은 명백하다.

▶▷ 경제민주화의 이념성

현실세계를 지배하는 결정적 요소는 정치다. 국가 공동체에서 전개되는 모든 현상은 정치와 직간접적인 관계에 놓여있다. 심지어 삶의 방식과 양식에 이르기까지 예외가 없다. 정치적 용어가 정제되고 간명해서 대중이 쉽고 정확하게 이해할 수 있어야 하는 이유다. 따라서 정치에서 가장 바람직하지 않은 현상의 하나는 대중이 이해하기 힘든 추상적 용어를 구사하고 남용하는 행태다. 이러한 현상이 발생하는 이유는 세 가지다. 의도를 숨기고 대중을 현혹하기 위한 경우, 대중에 영합하기 위하여 맹목적으로 동조하는 경우, 자신이 무엇을 말하는지도 잘 모르고 현학적 용어를 남용하는 경우다. 의도를 숨기거나 맹목적으로 동조하는 자들은 정치적 동기를 지닌다는 점에서 구분이 되지 않지만 전자는 체제 변화나 혁명을 꿈꾸는 자들이 선호하는 방식이고, 후자는 기득권 유지를 위해서 뇌화 부동하는 자들의 방식이다. 현학적 용어를 남용하는 자들은 권력 주변을 맴도는 천박한 지식인들로서 정치 수준이 낮은 사회일수록 많다. 빈약한 정당정치 풍토에서 선거가 거듭될수록 대중에 의한 정치적 냉소주의가 깊어지고 이념적 투쟁목적을 지닌 지식인들의 영향이 확산된다. 그런 가운데 선동적이고 대중영합적인 추상적 용어가 춤을 추게 되면 무방비상태에 놓인 대중은 쉽게 폭민주의 덫에 걸리게 된다.

총선과 대선이 있었던 2012년은 그와 같은 현상을 보여준 기념비적 한 해였으며, 정치계절을 장식한 기념비적 문구가 '경제민주화'였다. 경제 교과서에도 없는 경제민주화를 한국 지식인들이 어떻게 설명하고 있는가를 확인해보면 소수를 제외한 다수가 허공에 떠있음을 실감하게 되고, 이들을 분류하게 되면 이념적 색깔을 확인할 수 있게 된다. 교과서에 없는 것이다 보니 이론적으로 각인각색이어서 이해를 돕는 것이 아니라 오히려 혼돈과 의문을 증폭시키는 것은 피할 수 없는 현상이다. 경제민주화 찬성론자인 방송통신대 김기원 교수는 "경제민주화란 말의 유래를 더듬어 보면 19세기 말 영국의 웨브Webb 부부가 산업민주주의industrial democracy를 제기한 바 있고 1차 세계대전 후 독일의 사회민주당이 경제민주주의를 주창하기도 했다. 이런 서구의 경제민주주의wirtschaftsdemokratie는 대체로 기업의 소유나 경영에서 노동자 참가를 목표로 삼았다. 종업원 지주제나 독일의 노사공동결정제가 그런 흐름에 따른 제도로 여겨진다"고 했다. 그는 대선 당시 박근혜 후보나 김종인이 이미지 정치에 치중한 나머지 자신들이 제시한 경제민주화 방안을 제대로 펼치지 못했다고 비판하면서 김종인의 독창적 작품이 아니라고 하였다.

1987년 헌법에 처음으로 경제민주화 조항이 삽입됐다고들 하나 1980년 헌법에 이미 비슷한 조항이 있었기에 당시 '독점규제 및 공정거래에 관한 법률' 제정이 가능했으며, 1987년 헌법 조항은 김종인의 독창적 작품이라기보다 이미 야당의 초안에 포함되어 있었음을 지적하였다. 반대론자인 사공일은 위키피디아에 실린 내용을 인용하면서 경제민주화는 심각한 이념적 함축성마저 내포하는 가볍게 다룰 수 없는 개념이므로 조심스럽게 다루어야 하며, 세계시장에서 규모의 경제 이점을 최대한 살려 경쟁력을 유지하고 있는 재벌 기업을 때리는 것은 국민경제에 대한 자위행위임을 강조하였다.

경제민주주의는 의사결정권을 주주로부터 근로자, 고객, 공급지, 이웃과 일반 대중을 포함하는 이해 당사자 그룹으로 이관할 것을 제의하는 하나의 사회경제 철학이다.

가장 설득력 있는 견해는 시장경제 자체를 경제민주화로 보는 복거일의 견해가 아닌가 싶다. 그는 '경제민주화'는 허울뿐인 구호라고 전제하면서 다음과 같이 말하였다.

'경제민주화'는 새로운 용어가 아니다. 19세기에 마르크스주의자들이 이미 '부의 평등화'라는 뜻으로 널리 썼던 말이다. 이때 경제민주화는 '경제민주주의'의 실현을 뜻한다. 따라서 경제민주주의 어원은 바로 공산주의 경제 체제인 것이다.… 최근 다시 살아난 경제민주주의는 자본주의에 반대하는 사람들이 내세우는 사소한 정책들을 포장하는 말이 되었다.… 시장경제는 모든 시민의 경제적 자유를 보장하므로 이미 그 자체로 민주적이다. 그래서 주류 경제학자들은 경제민주주의라는 말을 아예 쓰지 않는다. 이렇게 보면 우리 사회에서 갑자기 경제민주화가 중요한 사회적 의제로 떠오를 까닭이 없다. 그것이 매력적인 구호라는 점을 빼놓고는 말이다. 하지만 바로 그 점 때문에 우리 체제에 적대적인 사람들은 그들의 시장간섭정책을 경제민주화라는 구호로 포장한다.

이는 전형적인 자유시장경제 논리다. 그는 헌법 제119조 2항인 경제민주화는 헌법에 들어가면 안 되는 표현임을 강조하면서, 우리 시장은 이미 너무 많은 규제로 왜곡되어 있고 오늘날 재벌기업이 보이는 추한 모습은 대부분 잘못된 규제에 적응하는 과정에서 나왔기 때문에 재벌에 대한 거친 공격을 경제민주화로 포장하는 것은 시민을 현혹하려는 시도이자 도덕적으로 옳지 못하고 현실적으로 해롭다는 입장을 취하고 있다. 강원대 민경국 경제학과 교수는 경제민주화의 이념적 고향이라 할 수 있는 독일에서조차 더 이상 이 개념을 사용하지 않는데 우리나라에서 이로 인한 논의가 언어적, 사회적, 정치적 혼란을 야기하고 있음을 비판하였다.

경제민주화라는 개념이 생겨난 배경은 19세기 중반 이후 20세기 초 유럽이다. 산업혁명의 진원지였던 영국에서 '산업민주화' 논의가 발생했고, 사회주의와 마르크시즘 바람이 거세게 불었던 독일에서 노동자의 경영참여와 부의 평등을 앞세우는 경제평등주의 논의가 활발하던 때 생겨난 개념들이다. 그렇지만 '경제민주화'라는 확정된 용어로 정립된 바는 없었다. 사유재산을 부정하고 무산계급 독재를 기반으로 하는 극단적 경제평등을 추구한 체제가 공산주의체제였고, 사유재산을 허용하고 의회주의를 기반으로 하되 자본주의를 반대하는 입장에서 경제에 관한 한 국가개입과 간섭으로 빈부격차를 최소화하여 부의 평등을 실현하려고 했던 체제가 바이마르공화국 당시 사회민주주의 세력의 기본 입장이었다. 소련 공산주의 체제는 소멸했고 바이마르공화국 당시 독일 사민주의 체제도 쇠퇴의 길을 걸었는데 비해, 자유민주주의에 입각한 정치체제와 자유시장 자본주의에 입각한 경제체제를 양대 축으로 하는 자유주의 체제가 19세기와 20세기 초반에 걸친 혁명의 파고를 해치면서 사회주의와 공산주의의 도전을 이겨내고 거듭 부활할 수 있었던 것은 자유주의 기본사상을 존중하면서 조세정책, 복지정책을 통한 부의 분배문제 해결과 사회안전망 구축으로 사회정의 문제를 해결하려는 노력을 지속적으로 기울여왔기 때문이다.

자유주의 체제의 생명력은 인간의 본성을 존중하고 개인의 창의력과 책임을 중시하는데 있다. 따라서 자유주의 체제에 의존하는 한 인간본성을 무시하고 개인의 창의력과 책임을 쓸모없는 것으로 만들면서 국가권력에 의한 부의 평등, 즉 결과적 경제평등을 달성하려는 경제민주화는 금기시되어야만 하는 단어다. 자유주의의 본질인 자유와 평등과 개인의 권리를 정치·경제적으로 분리해보면 그 이유는 더욱 분명해진다. 정치적 자유는 표현의 자유, 결사와 집회의 자유, 이동의 자유, 선택의 자유 등으로 실현되고 경제적 자유는 계약의 자유, 거래와 교환의 자유 등으로 실현된다. 정치적 평등은 법 앞의 평등을 뜻하고 경제적 평등은 기회의 평등일 뿐 결코 부의 평등, 물질적 평등을 의미하지 않는다. 개인의 정치적 권리란 참정권이 핵심이며, 경제적 권리는 사유재산에 대한 소유권과 처분권을 말하는 것으로 자유시장 자본주의 체제에서는 신성불가침한 영역이다.

경제민주화를 주장하는 인사들은 "우리가 주장하는 경제민주화는 부의 평등을 의미하는 것이 아니라 소득의 양극화를 해소하고, 대기업의 불공정거래를 방지하며 무분별한 탐욕을 제도적으로 억제하고, 중소 영세상인들이 부당한 불이익을 당하지 않게 시장질서를 확립하며 보편복지를 통하여 경제적 약자와 소외계층을 보호하는 것"이라고 말하고 있으나 새삼스러운 내용이 아니다. 1980년 이래 정치적으로, 제도적으로, 법적으로 실천해오고 있는 것들로서 새삼스럽게 추상적인 경제민주화를 거론할 필요가 없다. 그럼에도 불구하고 그들, 특히 이념적 차원에서 주장하는 좌파 정치인들과 지식인들이 노리는 진정한 목적이 어디에 있는가를 따져볼 필요가 있다.

이념투쟁을 하는 좌파들은 처음 상대방의 손을 잡을 때 상대방의 목을 조르기 위한 준비단계라고 생각하라는 레닌주의자들의 교훈을 따르는 속성을 지니고 행동하는 경향이 강하다. 이들은 내심 국가권력에 의한 경제적 평등사회 건설이라는 목표를 품고서 듣기 좋은 경제민주화라는 말로 대중을 현혹하여 일차적으로 기존의 경제체제를 뒤엎고자 하는 자들이다. 현 단계는 세력이 미약했을 때 현상이지만 이들이 정권을 잡게 되면 경제민주화 의미를 확대 해석하여 자유시장 자본주의 원리를 거부하고 정부가 시장을 좌우함으로써 경제적 평등 사회를 향해 질주할 가능성이 매우 높다. 그렇기 때문에 한때의 정치적 현상으로 가볍게 넘겨버릴 수 없는 문제다. 2012년 선거를 앞두고 그들이 내걸었던 '2013년 체제'란 다분히 그러한 의도까지 내포하고 있었음을 짐작할 수 있다. 그들은 2012년에 이루지 못한 '2013년 체제'를 2017년에 가서 '2018년 체제'로 대신하고자 모든 노력과 투쟁을 멈추지 않을 것이다. 우리 사회가 경제자유화 깃발을 들어 올려야 할 시기에 경제민주화 깃발을 들어 올리자는 소리를 듣게 되기까지는 좌파 정치인들과 지식인들의 집요한 투쟁과 노력이 있었기 때문이며, 우파 정치인들의 나태함과 안이함에 더하여 이들과 뇌화 부동하는 지식인들의 허영이 작용했기 때문이다. 경제민주화란 19세기 용어이자 사회주의 용어이며, 반역사적이고 반시대적이며, 반자유민주주의적이고 반자유시장자본주의적인 용어이다. 경제민주화를 둘러싼 논쟁이 계속되는 현실에서 누가, 어떤 집단들이 어떻게 다투고 있는가를 확인하고 소모적인 논쟁에 종지부를 찍는 것은 이 시대를 살아가는 대한민국 국민 모두의 시민적 책임이다.

▶▷ 경제민주화의 논리적 공통점

경제민주화를 적극적으로 주장하는 학자들의 논리적 공통점이 있다. 신자유주의를 비판하고 글로벌화를 반대하는 기본입장에서 자유시장 자본주의 체제를 반대하고 대기업을 탐욕집단으로 매도하면서 균등분배, 보편복지, 부자增稅증세를 강조하고 시장에 대한 정부의 개입과 간섭확대를 주장하는 점이다. 이러한 입장을 지닌 학자들을 전통적 방식에 따라 분류하면 좌파 지식인들로 규정할 수 있다. 이들 맨 앞자리에 원로 경제학자인 변형윤(85) 서울대 명예교수가 있다. 그는 2012년 9월 〈한겨레신문〉과 가진 인터뷰에서 자유시장경제를 기본으로 하는 주류 경제학을 비판하고 효율보다 형평, 성장보다 분배를 강조하면서 평등과 분배의 정의, 균형발전, 자립경제를 바탕으로 하는 경제민주화론을 피력했다. 그러면서 경제체제 자체를 변혁하려는 노력이 필요하다고 강조하였다.

경제민주화가 오늘날 시대정신이란 사실은 확고한데 아직 그 알짜가 확실하지 않은 것 같다. 경제민주화의 핵심은 재벌개혁이다.… 박정희, 이명박 정권 등은 경제성장에 목을 매는 '성장지상주의'를 내세웠는데 기득권층 배만 불렸을 뿐 성장의 과실을 균점하는 제도적 장치는 외면했다.… 경제민주화를 실천에 옮길 정치세력이 집권하는 것이 관건인데 어떻든 간에 야권에서 정권을 잡아야 이 문제를 풀 수 있을 것이다.… 경제민주화는 몇 개 정책만으로 실현될 과제가 아니며 실천할 수 있는 정치세력을 뽑아 10년이고 20년이고 노력을 기울여야 한다.

그는 사회주의와 민족주의 세례를 받고 자라난 세대이자, 한국 근대화를 비판하면서 자유시장 자본주의 체제 변혁을 주장해온 대표적 경제학자다. 그의 주장과 백낙청의 2013년 체제론은 같은 맥락이다. 정권을 장악하여 체제를 바꾸자는 것이 그들의 일관된 주장이다. 현재 경제민주화를 적극적으로 주장하고 있는 김기원 방송통신대 교수,

이병천 강원대 교수 등이 그의 학문적 제자들이다. 10년 집권 경험이 있는 좌파들이 언제고 또다시 집권할 수 있다고 믿는 것은 당연하고, 그 가능성 역시 언제나 열려 있는 것이 현실이므로 그들이 주장하는 경제민주화가 결코 한때의 불꽃으로 타다 꺼져버리는 일은 없을 것이다. 대다수 국민이 찬성(?)한다는 환영을 본 이상 경제민주화 구현을 위해서도 그들의 집권 노력은 멈추지 않을 것이다.

우려스러운 것은 경제민주화에 동조하는 우파 정치인들과 지식인들이 좌파들의 이념적 접근방식과 배경을 간과하거나 별 것 아닌 것처럼 인식하는 점이다. 만약 그러한 인식과 태도에서 벗어나지 못하면 미구에 닥칠 재앙을 피할 수 없게 될 가능성이 매우 높다. 이것은 우리가 자유주의 체제 위에서 미래로 나아가려면 현재 불붙고 있는 경제민주화를 조기에 진화하지 않을 수 없는 이유가 된다. 서울대에서 마르크시즘을 가르치다 현재 성공회대 교수로 있는 김수행은 노동자에 의한 생산수단 공유를 민주화의 근본으로 규정하고 있다.

경제민주화의 최고 정점은 인구 대다수를 차지하는 직접적인 생산자인 노동자가 생산수단을 공동으로 소유하고 창의적으로 생산하는 것이며 신자유주의 이후의 자본주의 체제는 이런 형태의, '자유로운 생산자들의 연합'으로 진전할 경향이 있다.

이것은 마르크시즘적 논리다. 그가 언론사가 주최한 토론회에서 복지국가 모델과 관련하여 발언한 내용에서 그의 사상적 색채를 확인할 수 있다.

자본주의 한계를 넘어서야 제대로 복지를 할 수 있다. 많은 사람들이 빈곤과 실업의 문제를 개인 문제라고 생각하지 않고 사회적인 문제로 보고 기업을 '개인의 회사'가 아닌 '사회의 회사'라고 여겨야 새로운 복지모델을 만들어나갈 수 있다.

노동자가 생산수단을 공유하고 개인 회사를 부정하는 사회는 사회주의, 공산주의 사회다. 그 역시 단순히 경제민주화를 주장하는 것이 아니라 한국 자본주의 체제를 부정하고 사회주의 경제체제로 변혁하기 위한 것이 경제민주화임을 말하고 있다.

이명박 정부는 '중도 실용주의'로 국민을 어리둥절하게 만들고 '공정사회를 위한 동반성장위원회'로 시장을 헷갈리게 만들었다. 서울대 경제학 교수 출신으로 총리를 역임한 정운찬이 동반성장위원회 위원장에 취임하여 제일 먼저 제시한 방안은 '이윤공유제'였다. 그는 대기업이 거둔 이익을 중소 납품업체와 나눠가져야 한다는 반시장경제적 주장을 하더니 2012년 대선 직전 민주통합당 문재인 후보를 지지하고 나섰다. 그는 "누구를 위해 경제민주화를 하지 말자는 이야기인가?"라는 성명서를 내고 박근혜 후보와 전경련, 기획재정부, 일부 우파 지식인들을 향하여 "99% 국민의 생존에 아랑곳하지 않고 경제민주화를 저지하려는 반헌법적 발상을 철회하라"고 촉구했다. 그는 또 박근혜 후보의 경제민주화 공약에 대해 "양극화와 경제침체 유발원인에 대한 근본 치유책이 없는 현상유지 조정책에 불과하다"고 비판하며 "한국경제가 공동체 붕괴상황으로 치닫고 있는 근본원인은 복지 과잉과 포퓰리즘 정책 때문이 아니라 양극화를 초래한 재벌의 경제력 집중"이라며 경제위기론을 내세우는 전경련을 비판하였다. "서민 가계의 위기를 극복하고 지속적 성장이 가능한 경제구조를 만들려면 동반성장 정착이 필요하고 이를 위해 초과이익 공유제와 중소기업 적합

업종제 도입, 정부 발주사업의 80% 이상을 중소기업에 직접 발주해야 한다"는 3대 정책안을 제시했다. 현재 동반성장연구소를 차려두고 있는 그는 서울대 경제학 교수, 서울대 총장, 국무총리를 거친 화려한 경력의 소유자이며 정계를 기웃거리는 지식인이다.

그는 학문적으로 조순의 수제자이며 케인즈주의적 입장에서 정부의 시장개입과 간섭 강화를 주장하는 큰 정부주의자이고, 99%의 국민의 생존을 위해 분배와 평등을 중시하는 경제적 평등주의자다. 그는 산업화에 참여하여 한 방울의 땀도 흘려본 바 없고, 한 명도 직접 고용해본 적 없으면서 경제발전의 혜택만을 누려온 대표적 명문대 출신 서생이다. 변형윤, 조순, 김수행, 정운찬 같은 서울대 경제학 교수 출신들이 한결같이 반자유시장 자본주의적 좌파 지식인이라는 사실은 흥미로운 관찰과 분석의 대상이다.

정운찬 지도교수 밑에서 경제학 학위를 받고 지금은 한성대에서 경제학을 가르치고 있는 김상조 교수는 1990년대부터 참여연대에서 경제개혁, 특히 재벌개혁을 선도적으로 주장해온 인사로서 경제민주화 운동을 위한 경제개혁연대 소장이다. 그는 경제민주화가 앞으로 5년 내 이뤄질 수 있는 것이 아니라 장기간에 걸친 노력이 있을 때 가능하다는, 변형윤과 같은 입장을 취하고 있다. '재벌개혁 전도사', '재벌 저격수'로 불려온 그의 경제민주화는 '재벌개혁'과 '양극화 해소'를 주축으로 하지만 재벌개혁에 우선을 두고 있다.

지금은 경제민주화가 시대정신이지만 1년 전만 해도 반대진영에서 과격분자, 좌빨이라고 손가락질 했다.… 재벌 개혁은 경제민주화의 전부가 아니라 출발점이다.

그는 경제민주화가 시대정신임을 단언하면서도 교과서에는 정답을 찾아볼 수 없는 것이 경제민주화임을 솔직하게 인정하고, 자신이 생각하고 있는 세 가지 개념을 제시하였다.

어떤 교과서를 봐도 경제민주화가 뭔지에 대해 모든 사람이 동의할 수 있는 하나의 정답이 제시되어 있지 않다.… 경제민주화란 출발선에서의 균등, 과정에서의 공정, 결과에서의 공평을 뜻한다.

변형윤 명예교수 제자이며 강원대 경제학 교수이자 골수 반자유시장 자본주의자인 이병천은 현재의 경제적 모순은 유신경제체제에서 비롯되었다는 입장에서 접근하고 있다.

유신경제를 관통하는 종신 독재와 재벌 지배 연합, 비용 사회화와 이익 재벌화, 선先성장 후後분배주의는 우리 사회의 파행적 양극화와 이중 구조적 불균형을 심화시키고 경제민주화와 복지국가, 국민통합의 길에 덫을 놓는 원죄를 범했다. 오늘의 재벌공화국과 국민분열상은 유신경제체제에 그 뿌리가 있다.

하승수 변호사는 단순히 재벌의 지배구조를 개선한다고 해서 경제민주화를 달성할 수 없다고 한다.

국가가 온갖 정책을 통해 재벌을 위한 특혜구조를 만들어주고 있는 상황에서 고작 기업지배 구조 개선만으로 경제민주화가 되었다고 할 수 없다. 군사독재 시절에는 정치권력에 재벌이 붙는 형태의 정경유착이 있었다면, 이제는 재벌 대기업들의 이익을 위해 정치인, 관료,

전문가들이 정책을 만들고 있다. 재벌을 위한 국가가 된 것이다. 그래서 경제민주화는 재벌 대기업 중심의 정책구조를 깨는 것에서 출발해야 한다. 이를 위해서는 새로운 정치가 필요하다. 국민보다는 재벌 대기업들의 이익에 기여해온 국가관료 구조를 근본적으로 개혁하는 것도 필요하다.

이병천 교수와 하승수 변호사는 한국경제 모순을 신자유주의적 시장만능주의 정책에 있다고 주장하는 다수의 지식인들과는 달리 정치경제학 차원에서 접근하고 있다. 이들의 주장을 액면 그대로 수용하기 어렵다하더라도 한국경제 모순의 근원이 국가주도 '악성 관치 시장경제'와 밀접하게 관련되어 있다는 진단은 정확하다.

대표적인 좌파 지식인 중의 한 사람인 이정우 경북대 경제학 교수는 노무현 대통령 밑에서 정책실장, 정책기획위원장으로 있으면서 '세금 폭탄' 제조자로 알려진 분배주의자이다. 그는 2012년 민주통합당 문재인 대통령 후보 캠프에 합류, 당내 경제민주화 위원장을 맡아 "다시는 같은 실수를 되풀이하지 않겠다"는 다짐을 했다. 그는 "양극화 해소를 위해 사람들이 몸부림치다가 발견한 해법이 경제민주화"라고 하면서, 노무현 정부 때 '재벌개혁'이라는 말을 내세우지 못하고 '시장개혁'이라고 했으나 지금은 재벌행태에 대해 국민이 분노하고 있으므로 국민의 지지를 바탕으로 재벌개혁을 해내는 것이 경제민주화임을 역설하였다. 그는 한국 자본주의를 강자가 약자를 착취하여 이익을 독점하는 '정글 자본주의'로 규정했다. 그래서 이것을 타파하여 보편복지국가로 가는 길만이 한국 자본주의를 구출할 수 있다고 주장했다. 그는 이를 위해서 차기 정부는 호민관 정부가 되어 성장지상주의 신화에서 벗어나는 것이 당면 과제이고, 경제민주화를 완성하는 것이 사회적 대타협이라는 논리를 내세워 지금까지의 성취를 깡그리 부정하였다. 언론과의 대담에서 밝힌 그가 지닌 건국, 산업화에 대한 부정적 시각은 섬뜩하다.

한국 현재의 틀을 만든 인물이 이승만과 박정희다. 이승만은 나라의 주춧돌을 친일파로 세웠다. 그 친일파 중 한 명인 박정희가 쿠데타를 해서 약탈적 자본주의의 틀을 만들었다. 재벌 체제를 만들고 노사문제를 지금처럼 불신과 대립 관계로 만들었다.

그는 참여정부 경제가 성공했다면 이명박 정부가 등장하지 않았을 것이냐는 기자의 질문에 대해 "학자로서 양심을 걸고 이야기하겠다. 노무현 정부의 실패가 아니고 이전 정부에서 정책을 펼친 경제 관료들의 실패다"라는 기회주의적이고 무책임한 학자의 모습을 드러내면서 자유시장 자본주의 체제에 대한 적대감을 숨기지 않았다.

2012년 총선과 대선 과정에서 국민을 혼란스럽게 만들고 정치적 혼선을 만들어낸 장본인들은 대부분 현실참여 대학교수 지식인들이다. 이들은 결코 책임지는 일이 없는, 책임에 관한 한 영원한 자유인들이다. 그들은 정치 계절 때가 되면 어김없이 무대로 돌아온다. 교수 영입을 좋아하는 정치 지도자들이 조심해야 할 점이다. 일반적으로 사상이 빈곤하고 지적 역량이 제한되어 있고 내실보다 겉모양을 중시하는 정치인들이 교수들을 선호하는 경향이 강하다.

김종인, 이정우에 비하면 무소속 대통령 후보 안철수 캠프에 합류하여 경제민주화 정책개발을 책임졌던 고려대 장하성 경제학 교수의 주장은 비교적 합리적인 현실인식에 근거하여 재벌문제를 다루고 있다. 그는 "나는 놀랐다. 1996년 참여연대에서 경제민주화 위원회를 만들어 소액주주운동과 기초생활보장법 제정 등을 추진했을 때는 '경제민주화'에 대해 빨갱이냐는 등 온갖 비난에 시달렸다. 그런데 16년 만에 좌파, 우파를 가릴 것 없이 국가적 어젠더로 세팅됐다"면서 경제민주화란 "더불어 잘 사는 것, 정의로운 것, 따뜻한 공동체"를 만드는 것이라고 규정했다. 이를 위해서는 재벌개혁뿐만 아니라 금융개혁, 노동법, 산업구조, 세제는 물론 정치개혁까지 포함하는 체제 전반에 걸친 개혁의 필요성을 강조하면서 재벌개혁의 당위성을 내세웠다.

우리 사회에서 재벌 구조가 갖는 힘이 경제, 산업 쪽에만 그친다면 문제 풀기가 오히려 쉽다. 하지만 지금 정치, 사회, 법조, 문화, 교육, 어느 한 곳 안 들어간 데가 없이 재벌이 전방위적 영향력을 행사하는 이 구조가 변해야 한다.

이 논리 자체는 흠잡을 데가 없으나 그러한 모순을 해결하는 방법에 있어서 좌파는 경제민주화를 찬성하고, 우파는 반대한다.

▶▷ 경제민주화 반대론자

경제민주화를 비판하고 반대하는 지식인들은 자유주의 체제 신봉자들이다. 이들 역시 복지확대가 시대적 추세임을 인정하지만 경제환경 개선으로 기업활동을 위축시키지 않으면서 지속적 성장과 낭비 제거와 절세로 재원을 마련할 수 있으며, 대기업 문제를 포함한 경제적 모순해결은 기존의 제도, 법률, 규정만으로도 충분히 가능하다고 말한다. 따라서 경제교과서에도 없는 반자유시장 자본주의적이며 정치적이고 대중영합적인 '경제민주화'를 내세워 재벌을 개혁하고, 증세를 통하여 보편복지 체제를 실현하자는 것은 위험하고 비현실적이라고 주장한다. 그러나 시류에 편승하는 다수의 현실참여 우파 지식인들 중에는 경제민주화 자체를 인정함으로써 한계를 드러내고 있다. 오직 소수 지식인들만이 경제민주화 자체를 비판하고 반대한다.

임종철 서울대 경제학 명예교수는 2012년 12월 〈한국논단〉에 게재한 「경제민주화, 원론적 고찰」이라는 기고문에서 자본주의 경제는 본질적으로 민주화를 거부한다면서, 평생을 자본주의 연구에 바친 독일의 경제학자이자 사회학자인 좀바르트의 주장을 인용하였다.

자본주의란 생산수단 소유자이며 동시에 지휘권을 가진 자본가와 무소유의 경제 객체이며 단순한 노동력 판매자일 뿐인 노동자가 시장이라는 기구를 매개로 협동하는 경제조직이다.

생산수단인 자본을 독점한 자본가가 모든 결정권을 행사하는 것이 자본주의 법칙이라는 임종철과는 달리, 생산수단의 공유를 경제민주화의 본질이라고 하는 김수행의 주장은 전통적 마르크시즘 이론에서 비롯된 것이다. 임종철은 "사회주의 경제는 소유가 균일화되어 있고 경제 권력도 골고루 분산되어 있다. 그러므로 사회주의와 경제민주화는 동의반복어다. 그러나 사회주의 경제에서도 경제적 결정권은 한 사람에게 집중되어 있다"면서 오늘날 적지 않은 지식인들이 독일의 '노사공동결정제'를 참고 사례로 제시하지만 한국 정치풍토에서 수용하기 어려운 이유를 다음과 같이 설명하고 있다.

한국의 노동조합주의가 독일처럼 경제적 조합주의에 투철하지 않고 정치적 조합주의 색채가 짙은 것도 공동결정을 어렵게 한다. 정치적 조합주의는 노동자의 경제적 지위 향상에 그치지 않고 자본주의 체제 변혁까지 목표로 한다.

그러나 경제 권력이 사회조화를 깨뜨릴 만큼 절대화되거나 사악하게 행사되면 반드시 국가의 간섭이 초래되므로, 계속 비대해지는 경제 권력이 남용되는 것을 막으려면 경제법, 그 중에서도 공정거래법을 엄중히 적용할 것을 주문하였다. 대표적 자유시장 자본주의 옹호론자인 좌승희 박사는 보편복지를 전제로 하는 경제민주화 주장을 "서구 선진국들보다 더 강한 사회주의적 경제민주화로 변질시키고 있다"고 우려하고 있으며, 서울대 표학길 경제학 부교수는 경제민주화 논의를 비판하면서 논의의 시기가 잘못되었음을 지적했다.

현재의 논의는 경제민주화가 한국경제의 장래에 어떠한 영향을 미칠 것인가에 대한 분석이나 예측 없이 공허한 이념논쟁으로 흐르고 있다. 실제로 챙겨야 할 민생은 뒷전에 내버려두고 한국경제를 실험의 장으로 만들려하며 경제민주화에 의문을 제기하면 시대정신에 반反하는 것으로 매도하고 있다. '경제민주화'는 경제학 교과서에 등장한일이 없는 신조어이다.… 개혁 프로그램이 성공하려면 경제가 경기변동적 확장기에 있을 때 추진해야 하며 경기 하강국면에서 추진할 때는 성공 확률이 낮아진다. 세계경제의 불황이 국내 경기를 압박하고 있는 현 시점에서 경제민주화 논의가 치열해지고 있는 것은 엇박자를 밟고 있는 것이다.

자유시장경제의 열정적 옹호론자인 김정호 연세대 경제대학원 특임교수는 경제민주화를 경제자유 후퇴로 단정하는 인사다. 그는 이명박 정부가 얼마나 경제적 자유에 역행했으며 경제민주화가 어떻게 의욕적인 중소기업에 올가미로 작용하는가를 '풀무원식품'의 예를 들어 설명했다.

　　노무현 정부가 반反시장적 가치를 들고 나오긴 했지만 미국과의 자유무역협정FTA만은 추진했으니 경제자유를 완전히 후퇴시키지는 않았다. 이렇게 본다면 이명박 정부는 역설적이다. 비즈니스 프렌들리를 내걸었던 만큼 경제적 자유가 크게 확대될 것이라고 기대했는데 결과는 딴판이었다. 언제 그런 약속을 했느냐 싶게 서비스산업의 자유화, 민영화는 물 건너 가버렸다. 오히려 정부가 시장가격에 직접 개입하고 주유소를 차리고 투자를 안 한다고 기업을 압박했다. 노무현 정부 때 폐기된 '중소기업 고유 업종'이라는 제도가 '적합업종'이라는 이름으로 다시 등장했다.… 의욕적인 중소기업에는 경제민주화가 올가미로 작용한다. 풀무원의 사례가 잘 보여준다. 이 회사가 두부사업을 시작한 1984년도엔 직원 10명의 영세기업이었다. 철저한 위생관리와 끊임없는 기술개발을 통해 소비자의 선택을 받아냈고, 30년 만에 연매출 1조원이 넘는 중견기업으로 성장했다. 'CJ'나 '대상' 같은 재벌계 식품기업도 누르고 두부시장 점유율 1위가 되었다. 그런데 동반성장위원회가 풀무원식품에 대해 두부사업에서 철수하라고 압박을 해왔다. 옥신각신한 끝에 확장을 자제하라는 수준에서 가닥을 잡은 모양이지만… 아마도 풀무원은 치열하게 기업가 정신을 발휘해온 것을 후회하고 있을지 모를 일이다.

그가 지적한 것처럼 경제민주화가 대기업을 규제의 사슬로 묶어 더 이상 못 크게 만들고, 중소기업은 영원히 중소기업에 머물도록 성장욕구를 거세해버림으로써 기업들의 성장동력을 빼앗는 것은 자유시장 자본주의 경제체제를 분재화盆栽化하고 전족화纏足化하는 것과 같다. 분재화되고 전족화된 경제체제 하에서는 글로벌 시장에서 경쟁할 수 있는 규모의 경제력을 갖는 대기업 출현은 불가능하고, 중소기업에서 대기업으로의 성장은 기적에 가까운 현상이 된다. 이렇게 되면 오직 관료와 결탁된 평등주의에 중독된 소수 정치 엘리트들만 혜택을 누리게 되고, 대중은 이들의 선의에 의존하면서 살아가지 않으면 안 되는 사회로 전락하는 것은 시간문제다. 이명박 대통령이 남긴 정치 교훈 중에 잊지 말아야 할 것은 가짜가 얼마나 위험하고 국민으로 하여금 엄청난 대가를 치르게 하는가라는 사실이다. 그는 530만여 표라는 압도적 표차로 당선한 우파 지도자였으나 국가운영에서 좌, 우조차 분간하지 못하고 좌파에 추파를 보내는 가짜 우파였고, 친親기업 공약으로 집권하고 나서는 자유시장 자본주의 경제원리를 역행하는 정책을 일삼음으로써 경제민주화 가도를 닦아놓고 떠난 가짜 자유시장경제론자였다. 그를 우파 입장에서 정직하게 평가한다면 가장 수준 낮은 이념적 배반자였다고 할 수 있다.

얼마 전 고인이 된 남덕우 한국선진화포럼 이사장은 1960년대 ~1980년대 초반에 이르는 기간에 걸쳐 박정희 정부의 경제정책 수장으로서, 또 전두환 정부의 총리로서 수출 드라이브 정책, 중화학공업 육성을 성공적으로 이끌었던 원로였다. 그는 2012년 〈월간 중앙〉 9월호에 기고한 장문의 글을 통하여 한국경제를 살려낼 7대 구조조정 방안을 제시하면서 경제민주화가 해법이 될 수 없음을 설명하였다. 우선 그는 한국경제가 2%대 성장에 머물고 있는 침체현상의 주된 원인이 대기업이나 재벌 때문이 아니라 우리 경제 자체의 구조적 취약점과 맞물려 있기 때문이며, 양극화 문제 역시 정부 정책이나 재벌에 있는 것이 아니라 산업구조 변화와 밀접한 관계가 있는 것이므로 근거 없는 대기업 때리기나 재벌해체 주장은 잘못된 것임을 지적하면서 복지정책 문제와 관련하여 참고하고 주의할 점을 강조하였다. 정치인들, 교수들, 학자들이 즐겨 인용하는 것 중 한국이 OECD 국가들이 비해 복지비용 지출이 낮다는 비교에 대해서 국방비 지출을 고려하지 않고 있음을 환기시켰다.

다른 나라와 달리 우리나라는 총세출 예산의 33%를 국방비에 쓰고 있다. 참고로 IMF가 발표한 2006년도 각국의 GDP 대비 국방비 비율을 살펴보면, 한국은 11.47%로 미국의 12.02%에 근접하지만 영국은 5.99%, 프랑스는 3.56%, 독일은 2.34%, 일본은 2.63%로 나타났다. 일반적으로 국방비 부담이 적은 나라가 사회보장지출 비용이 높다.

그는 또 적자재정으로 사회복지를 늘리는 것은 위험하다고 경고하였다.

그 이유는 사회보장제도를 유지하려고 재정적자를 사용하기 시작하면 그것에 맛 들여 적자재정이 만성화하게 된다. 적자재정은 경기 후퇴 국면에 일시적으로 허용될 수 있는 것이고 영구적 제도를 유지하는 방법으로 사용하면 그리스의 꼴이 되고 만다.

그러나 한국선진화포럼이 2012년 9월 25일 주최한 「경제민주화에 관한 전직 장관 토론회」에서 참여자들은 경제민주화를 전제로 토론을 하는 과정에서 지적 한계를 드러냈다. 이승윤 전 경제부총리는 남덕우를 중심으로 하는 서강학파의 일원으로서 성장정책을 이끌었던 인사다. 그의 발언내용은 좌파 지식인들과 같은 상황인식에 근거하여 대기업을 옹호하는 모순을 과시했다.

최근 경제민주화 논의는 한국만의 현상이 아니라 세계적 현상이며 기본적으로 양극화 심화는 세계화와 신자유주의 영향인데 대기업이 양극화의 주범이라고 보는 것은 안일한 인식이다.

대기업이 양극화의 주범이 아니라는 것을 제외하면 좌파 교수인 임현진이나 김호기의 논리와 똑같다. 서강대 경제학 교수 출신이면서 세계화와 신자유주의를 공부했거나 우리 경제가 직면하고 있는 경제적 모순에 대해 고민한 것 같지도 않고, 경제민주화를 주장하는 좌파 정치인들과 지식인들의 의도를 알고 있는 것 같지도 않다.

한국의 석학들, 전문가들, 지식인들의 주장이 정치적이며 이념적이고, 현학적이고 비현실적이어서 종잡을 수 없는데 비해 한국을 잘 알고 있는 외국 석학들과 전문가들의 비판과 조언은 단순명쾌하고 현실적이다. 미국 와튼스쿨의 라파엘 아미트 교수는 2012년 10월 미국 신문을 대표하는 〈월스트리트저널〉에 기고한 글에서 "한국의 세 대통령 후보들이 '경제민주화'를 명분으로 대기업 때리기에 나서고 있다. 현재 한국은 여야 성향을 막론하고 정치권은 물론이고 사회 전체에 '반재벌 정서'가 들끓고 있다. 한때 산업역군으로 칭송받았던 대기업은 심각한 빈부격차와 불평등의 주범으로 몰렸다"면서 재벌에 관한 한 문제가 없는 것은 아니지만, 경제혁신이 중요한 상황에서 한국에서 이런 혁신을 감당할 수 있는 주체는 대기업 밖에 없다고 썼다.

프랑스 파리정치대학 교수인 기 소르망은 2012년 9월 숭실대 초청 강연에서 "경제민주화는 담론에 불과할 수 있다"면서 보편복지 공약에 대해 "성장을 유지하면서도 사회적 정의를 더 높은 수준으로 실현할 수 있는 지점을 찾아야 한다"고 하였다.

미국 경제학계에서 대표적인 진보적 인사로 알려져 있는 프린스턴대 폴 크루그먼 경제학 교수는 정부의 시장개입을 강조하는 케인즈주의자다. 그는 2012년 10월 숭실대 초청을 받아 「경제민주화, 과연 어떻게 가능할까?」라는 주제로 강의하면서 "소득 불균형을 완화시키기 위해 경제민주화가 필요하다"면서도 "한국은 이미 선진국 대열에 거의 진입했다. 저성장 구조로 가는 건 어쩔 수 없다"는 전제 하에 "원칙적으로는 보편복지가 바람직하지만 재원의 한계 때문에 일부 제도에 한해서만 보편복지를 도입할 수밖에 없다"는 점을 강조하고, "대기업이 중산층을 지탱할 수 있는 좋은 수단이기 때문에 단순히 규모가 크다는 이유로 적으로 돌리는 것은 옳지 않다. 소수인들이 다수에 반하는 강한 정치적 영향력을 행사하지 못하도록 견제하면 된다"는 논리로 반反대기업 정서에 대한 우려를 나타냈다.

▶▷ 경제민주화에 대한 좌파적 주장

경제민주화에 관한 한 대다수 우파 지식인들은 정치환경의 영향을 받아 탈脫이념적, 수세적 긍정 입장을 취함으로써 논리적으로 취약하다. 이에 비해 장기적인 이념투쟁을 통하여 체제변혁을 꿈꾸는 좌파 지식인들은 이념적, 공세적 입장을 취한다. 우파는 뇌화 부동하고 좌파는 전면 수용을 강요한다. 이들이 입을 열고 펜을 들기만 하면 들먹이는 것이 '시대정신'이니 '국민 요구'니 하는 것들이다. '국민이 요구하는 시대정신'이라는 것만큼 허황한 말도 없다. 그들이 언제 '시대정신'을 규정한 적이 있었나? 그들이 언제 '국민'에게 물어본 적이 있었나? 그들이 단지 이념적, 정치적 필요에 따라 교묘하게 조작해냈을 뿐이다.

경제민주화 논의에 대한 언론의 반응은 전파매체의 경우 관망적이고 좌파 성향 신문은 적극적 찬성인데 비해, 우파 성향 신문은 적극적 비판 입장이다. 특히 〈경향신문〉이 재벌과 성장의 시대를 끝내고 다른 경제를 준비하자면서 제시한 '사회 경제론'은 의심의 여지없는 '사회주의 경제론'이다. "공동체적 생산과 소비를 통해 함께 만드는 시장"이 그들이 말하는 사회경제론의 근간이다. 이를 위해 의사결정의 민주성, 경영에 대한 민주적 통제를 통하여 기존 경제체제의 한계를 극복하자는 것이 기본논리다. 의사결정의 민주성이란 의사결정과정에 노동자가 대등한 입장에서 참여하는 것이며, 경영에 대한 민주적 통제란 노동자의 경영참여를 의미하는 것으로 곽노현이 규정한 경제민주화 그 자체이다. 조합원이 출자액과 상관없이 의사결정과 경영에 참여하자는 것은 1주 1표를 기본원리로 하는 주주자본주의를 정면으로 거부하는 것으로, 노동자 중심 공동체 경제체제를 뜻한다. 이것은 체제변혁 없이 받아들일 수 없는 급진적 주장으로 옛 소련, 중국과 같은 사회주의 체제에서 철저히 실패로 끝난 집단농장과 같은 공동생산체제를 하자는 것인데, 이는 곧 공동빈곤 경제체제를 하자는 주장이다.

〈한겨레신문〉은 경제민주화를 옹호하면서 "자본 쪽으로 크게 기울어진 힘의 균형을 바로잡아 노동자들이 나라 경제의 온당한 주체가 될 수 있도록 하는 것이 민주적 경제이며, 민주적 경제란 국민에 의한, 국민을 위한, 국민의 경제"라는 뜬 구름 같은 논리를 펴고 있다. 그러나 본질은 〈경향신문〉의 그것과 차이가 없다. 이들의 주장이 지닌 결정적 결함은 정치적 자유민주주의 존치여부에 대한 언급없이 경제적 평등주의인 경제민주화, 즉 사회주의적 경제체제로 가자는 점에 있다. 경제체제가 정치체제와 분리될 수 없음을 모를 리 없는 경제민주화 옹호론자들이 정치체제 변혁에 대해서는 함구하면서 경제체제를 변혁하자는 것은 대중을 오도하기 위한 전술적 접근 방식이다.

경제민주화 비판에 앞장 선 언론인은 〈동아일보〉 김순덕 논설위원(現 논설실장)이다.「자학적 경제민주화」란 제목으로 한국사회 모순의 본질을 정확히 꿰뚫어 보는 통렬한 비판을 통하여 심각한 우려를 썼다.

공공 개혁 없는 경제민주화는 사기라고 해야 옳다.… 경제민주화를 주장하는 대선 후보들이 부를 키우는 공약인지 정부를 키우는 공약인지 눈을 부릅뜨지 않으면 경제민주화는커녕 부패에서 세금까지 키울 공산이 크다.

문제는 얼마나 많은 사람들이 눈을 부릅뜨고 정치권의 게임을 관찰하고 있는가 하는 점이다. 불행하게도 극소수에 불과하여 정치인들은 소수의 비판과 경고에 아랑곳하지 않고 청와대 입성과 여의도 점령을 위해 경제민주화라는 공을 굴려가고 있는 것이 현실이어서 혼선과 대가 지불은 시간문제일 뿐이다. 경제민주화란 분명코 좌파 메뉴임에도 불구하고 우파 정치인들이 합세하고 있는 현상에 대해 〈중앙일보〉 김수길 주필이 취재를 통하여 그들이 주장하는 경제민주화가 실체가 없는 것임을 확인하였다. 그가 진보 진영(좌파) 학자들에게 "경제민주화란 무엇인가?"를 물었더니 "개념으로 이야기하면 어려우니 구체적 사례를 풀어가자면서 말한 것이 대부분 재벌 제재에 관련된 것"이었다. 새누리당 핵심인사 한 사람에게 같은 질문을 했더니 "아 직 합의된 것이 없다. 그래서 함구령이 내려져 있다"는 정직한 답을 들었다고 썼다. 오늘날 자유주의 국가에서 선거를 앞두고 경제민주화 를 놓고 여야가 서로 치고나가는 경우가 우리 말고는 없다는 김수길 주필의 말과, 자학적 경제민주화라는 김순덕 논설위원의 우려 섞인 비판은 결코 과장된 것이 아니다. 특히 〈동아일보〉는 정치권의 경제 민주화 타깃을 재벌에 두고 있는 점과 관련하여 국민 모두가 새겨들 어야 할 책임소재를 사설과 칼럼을 통하여 강조하였다.

자본가의 탐욕이 공격받고 있지만 정치판의 탐욕도 문제다.… 시장 보다 유능하다거나 도덕적이지도 못하면서 국민 위에 군림하려 드는 정치꾼들에게 경제 주도권을 맡길 순 없다.

이 글은 총선이 있기 전인 2012년 2월 사설이다. 총선 결과가 그러 한 정치꾼들의 승리로 끝난 것은 유권자 절대다수가 경제민주화를 잘 모르고 속았기 때문이다. 〈조선일보〉 김광일 논설위원은 자신의 칼럼 에서 「위험한 정치경제학」중 "우리를 위협하는 주변국보다 더 무서운 것이 우리 정치인일 수 있다"는 부분을 인용하면서 "위험한 정치꾼들 은 위기의 불을 끄는 쪽으로 행동하는 게 아니라 불이 더 타오르게 기 름을 붓는다"고 지적했다. 이것은 정치권이 현재의 경제문제를 해결 함에 있어서 잘못된 책임을 대기업, 재벌에 뒤집어씌우면서 유권자들 을 자기편으로 끌어들이기 위해 국민을 인질로 삼아 경제민주화를 떠 들어대는 정치꾼들의 후안무치하고 위험한 불장난에 대한 진솔한 경고들이다.

경제민주화에 대한 대기업의 반응은 당연히 부정적이다. 한국사회에서 재벌왕국은 엄연히 존재하고 재벌이 발휘하는 가시적, 비가시적 영향력은 미치지 않는 곳이 없고, 그들로 인해 벌어지는 갖가지 형태의 불법, 탈법, 반사회적 일탈은 근절되지 않고 있다. 한때 산업화 주역으로 칭송 받던 대기업들이 이제 양극화 주범으로 전락(?)하여 경제민주화의 표적이 되어버렸다. 50여 년 만에 생겨난 사회적 현상이다. 정치권, 언론계, 지식사회, 시민단체들은 재벌존치, 재벌개혁, 재벌해체를 두고 뜨거운 논의와 논쟁을 벌인다. 국회는 군사작전을 방불케 하듯이 관계 법률안을 발의하고 통과시키려 덤벼든다. 이것은 대기업, 재벌만의 문제가 아니라 한국경제 전반의 문제이고, 한국 자본주의 문제이자 한국 자유주의 체제와 직결된 문제로 진행되고 있다. 단순한 재벌존치나 개혁, 해체 여부의 문제가 아니라 자유시장 자본주의 경제체제 발전이냐, 아니면 국가시장 경제체제로의 강화와 후퇴냐 하는 문제이므로 재벌옹호나 비판 차원을 훨씬 벗어나는 문제이다. 오늘날 한국의 재벌들이 보이고 있는 행태를 적절히 설명한 인사 중 한 사람은 〈조선일보〉 송희영 논설주간(現 주필)이다.

20년 전만 해도 창업자 총수들은 오늘처럼 오만하지 않았다.… 현대 그룹의 정주영 창업자도 은행장을 만나려고 한 시간 넘게 은행장실 문고리가 흔들리기를 기다리는 광경을 쉽게 볼 수 있었다.… 지금 2세, 3세 총수에게는 누구도 쓴 소리를 할 수 없다. 재벌 총수 사무실은 싫은 소리가 금지된 치외법권 구역으로 성역화 되었다. 과거에 돈줄을 쥐었다 풀어주며 견제하던 은행은 여유자금을 예금해달라고 거꾸로 매달리는 형편으로 바뀌었다.… 지금은 사장들마저 총수 따라서 거만해졌고… 총수와 사원들 간의 거리는 지구와 태양만큼 까마득하게 멀어졌다.

우리 사회에서 재벌에 대한 인식은 확연하게 양분되어 있다. 자유시장 자본주의 경제론자는 재벌을 인정하는 쪽이고, 그 반대편에 서 있는 사람들은 재벌을 사회적 모순의 주범으로 인식한다. 일본의 대기업 그룹들은 한국 대기업들보다 더 많은 계열사를 거느리고 있고, 계열사 간 출자는 물론 순환 출자는 상식으로 통한다는 주장과, 전경련이 오늘날 중산층과 서민들이 처한 절박한 현실을 부정하려드는 것은 재벌이 양극화 주범이기 때문이라는 언론기사 내용들이 이를 대변한다. 정치권으로부터 난타 당하고 있는 대기업들은 비명에 가까운 비판과 호소를 한다.

2012년 7월 9일, 민주통합당 이해찬 대표가 "민주당은 경제 기조를 '재벌특권경제'에서 '민생중심경제'로 대전환하고 재벌개혁에 당의 명운을 걸겠다"면서 재벌개혁을 위한 9개 법률개정안을 당론으로 발의하자 전경련, 대한상의, 경총 등 경제계가 강력히 비판하고 나섰다.

민주통합당 경제민주화 법률 개정안
1. 독점 규제 및 공정거래에 관한 법률
   – 출자총액제 도입, 상호출자 제한, 부당내부거래 규제 강화
2. 법인세법
   – 같은 그룹 내 법인 간 배당 수익에 대한 과세 강화
3. 은행법
   – 산업자본의 은행 소유지분 한도 9%에서 4%로
4. 금융지주회사법
   – 비은행 지주회사의 금융회사 소유 금지

---

5. 사면법
　－ 재벌범죄 사면 제한
6. 국가를 당사자로 하는 계약에 관한 법률
　－ 재벌 계열사의 공공계약 입찰 참여 제한
7. 하도급 거래의 공정화에 관한 법률
　－ 징벌적 손해배상제도 확대
8. 소득세법
　－ 최고세율 과세표준 구간 3억원에서 1억 5000만원으로
9. 파견근로자 보호 등에 관한 법률
　－ 파견근로자 보호 강화

경제계의 비판

　경제민주화의 의미가 뭐냐? 경제민주화가 대기업으로의 집중을 방지하기 위한 것이라면 이미 50여 개의 관련 법안이 있고 중소기업을 지원하는 것이라면 역시 1300여 개 관련법과 규정이 존재하는데 왜 다른 법이 필요한가. 법안의 근거는 모두 1990년대 중반에 마련된 것으로 기업들은 변했는데, 법안은 그 시대에 머물러 있다.

　유럽 재정위기보다 대선이 더 무섭다는 것이 대기업들의 푸념이었으나, 대선이 끝나자 국회는 여야가 한편이 되어 각종 관련 법률안을 양산해냈다. 그런 모습이 '입법부 독재'가 아닌가 할 정도로 가속 페달을 밟자 경제 5단체는 2013년 4월 26일 "현재의 경제현실과 기업 여건을 고려하지 않은 포퓰리즘적 과잉 입법"이라는 공동성명서를 발표하고 10여 개 대상에 대한 수정 또는 철회를 요구하고 나섰다. 경제계가 정치권으로부터 불어오는 거센 바람 앞에 맞서 공동대응을 하고 나선 것은 매우 드문 일로서, 양대 집단 간의 정면충돌을 의미하지만

문제해결의 주도권은 여전히 정치권의 수중에 있다. 이들이 가치와 원칙문제를 중시하면서 합리적 타협안을 만들어내는 것은 당장은 어려워 보인다. 철학이 빈곤하고 장기적 비전이 없기 때문이다.

▶▷ 경제민주화를 위한 정치권 공약

경제민주화 요구와 논의는 결국 정치권에서 결론이 나올 수밖에 없는 것이므로 각 당 대선 캠프가 제시한 경제민주화 공약사항이 중요한 의미를 갖는다. 현재와 같은 추세라면 이 문제는 향후 정치 계절이 닥칠 때마다 뜨거운 감자로 떠오를 수밖에 없고, 실현여부와 관계없이 우리 정치, 경제, 사회에 지속적인 영향을 줄 것이기 때문에 관심을 갖지 않을 수 없다.

집권당인 새누리당이 2012년 2월 13일, 10대 약속, 23개 정책을 내용으로 하는 정강정책을 「국민과의 약속」이라는 미명으로 발표한 내용 중 전문에는 "자유민주주의와 시장경제, 그리고 법치주의라는 대한민국의 정체성과 보수적 가치"를 바탕으로 대한민국의 발전을 주도해왔다고 명시되어 있다. 우리나라는 64년 만에 산업화와 민주화에 성공하여 경제규모 면에서 GDP 기준 세계 15위에 도달하고 정치적으로도 근대국가의 면모를 갖추게 되었다. 그러나 여전히 수준 높은 자유민주주의 정치체제와 정상적 수준의 자유시장 자본주의 경제체제와 선진국 수준의 법치주의의 실현을 목표로 전진을 계속하면서 글로벌 시대 일류국가 대열에 합류하고자 갈망하고 있는 국가다.

2007년 대선 당시 당내 후보경선에서 이명박은 작은 정부, 큰 시장, 법치 확립을 약속했었고, 박근혜의 공약은 '줄 · 푸 · 세(정부규모를 줄이는 것, 규제를 푸는 것, 법치를 세우는 것)'였다. 양자의 공약내용은 사실상 같은 것이다. 이명박 정부는 5년 동안 국제적으로 2008년 금융위기가 있었음에도 국내적으로는 안정된 경제환경을 유지했기 때문에 근본적인 면에서 크게 달라진 것이 없었다. 그럼에도 집권당은 2012년 대선 출정식에서 뜻이 모호한 경제민주화를 전면에 내세우면서 "일자리 걱정 없는, 모든 국민이 더불어 행복한 복지국가 건설"을 약속함으로써 성장보다 분배가 전면에 등장하게 되었다. 또 "공정한 시장경제 확립으로 성장 잠재력 제고"를 강조함으로써 규제완화 대신 정부의 개입과 간섭강화를 암시함으로써 '보편적 복지국가' 건설을 약속한 결과가 되었다. 그로 인해 우파정당으로서의 정체성을 포기하는 꼴이 되었고, 작은 정부 큰 시장 노선은 아예 자취를 감추어버렸다. '복지국가'란 큰 정부를 의미하기 때문이다. "일자리 걱정 없는, 모든 국민이 더불어 행복한 복지국가 건설"이란 "만인을 모든 사슬로부터 해방시켜주겠다"던 공산당선언을 연상케 하는 비현실적 이상주의 수사(修辭)에 가깝다.

당내 대선후보 경선에서 임태희 후보가 "경제민주화는 진보진영의 주장"이라고 말했을 때 박근혜 후보는 "새누리당 경제민주화는 야당의 '부자, 대기업 끌어내리기'와 다르고 대기업의 소유구조, 경제력의 집중 자체보다는 경제적 남용을 문제 삼는 것"이라고 응수했다. 그렇지만 당내 일반적 분위기는 확신보다는 불확신이 강했음을 한 의원의 발언에서도 알 수 있다.

김 위원장이 경제민주화에 대해 구체적으로 밝힌 바 없어 뭔지를 모르겠다. 그로부터 각론을 들어본 바가 없다. 실제로 없을 것이다.

새누리당에서 경제민주화에 불을 지핀 사람은 김종인이지만 판을 키워보자는 인사들은 '경제민주화 실천모임(경실모)' 멤버들이다. 2012년 4·11 총선 직후 당내 전·현직 국회의원 48명(현직 40명, 전직 8명)으로 구성된 경실모는 남경필 의원을 중심으로 김세연, 이종훈, 김성태, 박민식, 이혜훈 등이 주축이다. 이들이 도모하고자 하는 것은 대기업 그룹의 지배구조 개선, 비정규직 차별시정, 경제사범 처벌강화, 일감 몰아주기 금지, 순환출자 금지, 배임·횡령 시 대주주권 박탈, 금산분리 강화 등이었다. 사실상 재벌해체에 가까운 내용들로, 이들이 대선 직전에 발의한 관계 법률안에는 심지어 위헌적 발상까지 포함되어 있다.

| 새누리당 내 경제민주화실천모임이 발의한 법안

법 안	내 용
1호 특정경제범죄가중처벌법 개정안	횡령·배임죄 대기업 총수의 집행유예 금지
2호 공정거래법 개정안	일감 몰아주기 등 대기업 계열사의 불공정거래행위 금지
3호 독점규제 및 공정거래법 개정안	대기업 집단의 신규 순환출자 금지
4호 4개 금융관계법 개정안	금융회사 대주주에 자격심사 강화
5호 은행법 및 금융지주회사법 개정안	대기업의 금융계열사 의결권 제한(금산분리)

금융회사 대주주가 횡령·배임으로 5억 이상의 부당이익을 취한 경우 금융계열사 강제매각을 명령할 수 있고, 일감 몰아주기 등 대기업 계열사의 불공정 거래행위 시 공정거래위원회가 기업분할 명령을 내릴 수 있도록 하자는 것이 대표적이다. 이것은 재산권과 재산권 행사에 대한 심각한 위협으로, 자유주의 체제를 지키고 발전시켜 갈 책임이 있는 우파 정치인으로서는 상상하기 어려운 위험하고 탈선적인 발상이다. 이런 인사들이 포진하고 있는 정당을 우파 정당이라고 믿

고 표를 던져야 하는 자유주의체제 신봉자들에겐 크나큰 실망이 아닐 수 없다.

민주통합당은 2011년 12월 16일 발표한 강령 및 정강정책 전문에 경제민주화와 보편복지를 양대 목표로 명시하고 있다.

첫째, 정의와 연대의 가치를 추구하고 사람과 노동의 가치를 존중하며 국민 모두에게 골고루 돌아가는 '경제민주화'를 실현한다.

둘째, 모든 국민에게 출산, 보육, 교육, 의료, 주거, 장애, 노후 등과 관련한 사회보장을 제도화하는 '보편적 복지'를 국민의 기본권리로 보장하는 '복지국가'를 건설하는 것.

강령 및 정강정책에서 한국사회 현상을 위기로 규정하고 위기의 원인을 성장, 경쟁, 개방이라고 한 것은 우리가 그동안 성공적으로 이룩한 산업화와 경제발전을 부정하고 자유주의체제 존립기반 자체를 부정하는 것이다. 시대흐름에 역행하는 20세기 냉전적 사고의 산물로서 사회주의라는 단어를 사용하지 않았을 뿐 내용상으로는 사회주의 정당의 강령과 정강에 가깝다. 이들이 말하는 '정의'란 '사회정의'를 뜻하는 것으로 집단주의자들, 사회주의자들의 상투적 언어들이다. 이들은 자유주의 사회에서 상식으로 통하는 개인의 자유와 개인의 책임이나 법치주의와 법과 질서보다 정의와 연대를 강조한다. 이들이 "국민 모두에게 골고루 돌아가는 것, 경제민주화"와 국가가 책임지는 보편복지 국가를 실현하자는 것은 자유시장 자본주의 경제체제를 경제평등주의에 입각한 사회주의 경제체제로 바꾸자는 요구다. 이것은 영국 노동당 정부(1945~1951)가 추구했던 "요람에서 무덤까지 국가가 책임지겠다"는 보편복지 국가정책이 치유불가능에 가까운 영국병을 낳은 결과 1980년대 대수술을 받고 나서야 가까스로 회생할 수 있었던, 그런 실패를 되풀이하자는 주장과 다를 바 없다.

경제민주화로 보편복지 국가를 건설하겠다는 것은 국민의 경제활동을 계획, 통제하고 생산결과를 균등하게 분배하며, 국가가 개인의 일자리와 안락한 삶을 책임지겠다는 것인데, 이는 곧 소수 권력 엘리트와 관료들이 국민의 삶을 지배하겠다는 것을 의미한다. 통합진보당을 좌파정당으로 인식하는 국민 다수가 민주통합당을 중도좌파, 개혁적 진보쯤으로 생각하지만 스스로 좌파정당임을 당의 공식문서로 말하고 있는 셈이다. 2012년 총선을 앞두고 맨 먼저 경제민주화 기치를 들고 나온 것은 새누리당이지만 정강정책에 경제민주화를 명시한 것은 민주통합당이 먼저였고, 한때 민주당에 몸담았던 김종인이 새누리당 비대위에 참여하여 경제민주화 깃발을 들어 올린 것은 우연의 일치일까? 2012년 10월 11일, 문재인 민주통합당 대통령후보는 "경제민주화는 이제 누구도 부정할 수 없는 시대적 요구가 되었다"면서 "참여정부 시절 재벌개혁을 제대로 못해 재벌공화국의 폐해가 더 심화됐다. 두 번 다시 실패하지 않겠다"는 다짐과 함께 구체적인 경제민주화 방안을 제시했다.

이종걸, 유승희 의원을 공동대표로 하고 정회원 33명, 준회원 8명으로 총 41명으로 구성된 민주통합당 내 '경제민주화 포럼'은 2012년 7월 5일부터 활동을 개시했다. 이들은 출자총액제한, 순환출자 금지, 금산분리 강화, 재벌 계열사의 공공계약 입찰참여 제한, 재벌범죄 사면제한과 같은 경제적 계약 자유를 제한하고 법적 평등원칙에 벗어나는 법률안을 제시하였다.

┃ 문재인 후보의 공정경제 실현을 위한 재벌개혁 방안

재벌의 소유지배구조 개혁→경제력 집중 차단

① 순환출자 금지
- 신규 순환출자 즉시 금지
- 기존 순환출자 유예 3년 내에 자율적 해소

② 출자총액제한제도 재도입
- 10대 대기업 집단에 대해 순자산의 30%까지만 출자
- 각종 예외규정 폐지
- 순자산 30% 초과 출자분은 유예 3년 내 자율적 해소

③ 지주회사 제도 재정비
- 지주회사의 부채비율 상한 200% → 100%
- 자회사;손자회사의 최저지분 보유율 20% → 30%(상장사), 40% → 50%(비상장사), 증손자회사 이상 100%

④ 금산분리 원칙 강화
- 산업자본의 은행 지분 소유한도 9% → 4%
- 비은행지주회사(보험지주회사 및 증권지주회사)의 비금융(손)자회사 소유 금지
- 사모투자전문회사(PEF)의 은행 지분 소유에 대한 예외규정 폐지
- 금융업종 주기적인 대주주 적격성 심사제 도입

재벌 총수일가의 부당한 사익추구 행위 방지

① 일감 몰아주기 강화
- 일감 몰아준 계열사뿐 아니라 이득을 얻은 계열사에도 과징금 부과
- 부당이익 얻은 총수일가에 대해선 과세

② 재벌기업 내부 견제장치 강화 및 소수주주 역할 강화
- 이사 선임에 대한 집중투표제 의무화
- 소수주주의 다중대표소송제도 도입

재벌의 반칙에 대한 책임 강화

① 공정거래법 및 하도급 위반행위 전체에 대해 손해액의 3배를 배상토록 하는 3배 배상제 도입

② 기업범죄 처벌 강화 및 사면 제한
- 기업범죄 사면 제한
- 기업범죄 집행유예 제한
- 범법자의 임원 취임 제한

③ 대기업 담합 및 부당지원 행위 처벌 강화, 공정위의 전속고발권 일부 폐지
- 공정거래법상의 중대 범죄에 대해 공정위의 전속고발권 폐지, 집단소송제 도입
- 불법행위 기업에 대한 과징금 대폭 상향조정
- 불법행위를 지시한 경영진과 가담 직원에 대해 벌금과 징역형 등 형사상 처벌 강화

좌파정당으로 자타가 공인하는 통합진보당은 2012년 5월 1일 발표한 강령에서 자본주의 폐해를 극복하며 신자유주의가 초래한 사회경제적 위기를 극복할 것을 천명했다. 또한 자주자립경제 실현을 위해 재벌의 소유경영의 독점해소 등을 통해 독점 재벌중심 경제체제를 해체하고 경제민주화를 실현하여, 기업경영과 국가 경제정책 결정과정에 노동자와 시민의 참여를 보장해 자본 중심이 아닌 노동자·시민과 함께 하는 경제, 경제적 평등사회를 실현한다고 선언했다. 2012년

총선 당시 재벌규제법으로 30대 재벌을 해체하여 3천 개 전문기업으로 만들겠다는 공약을 제시한 바도 있다.

재벌해체론은 좌파정당의 대표적 정치상품 중 하나다. 2000년 민주노동당 창당 시 강령에 등장한 이래 현재까지 변함이 없다. 이들의 사고방식이 얼마나 폐쇄적이며 비현실적인가 하는 부분은 '자주자립경제 실현'에서 알 수 있다. 지구상에서 자주자립 갱생을 가장 강조하는 곳이 주체사상으로 무장하고 있는 북한이다. 그러한 북한에서조차 중국의 지원과 국제기구의 물질적 도움이 없으면 수백만이 아사하는 비극이 언제나 발생가능하다는 것은 자주자립경제의 철저한 실패를 의미한다. 또한 노동자·시민이 참여하는 경제를 하자는 것은 민중민주경제를 하자는 주장이다.

각 당이 제시한 경제민주화 실천방향은 '재벌문제 해결'로 집약되고 '보편복지'와 '증세'로 귀결된다. 2012년 7월, 〈동아일보〉가 사설에서 인용한 미국 〈월스트리트저널〉의 기사내용은 한국 정치 지도자들과 현실참여 지식인들이 얼마나 일탈하고 있는지를 말하고 있다.

미국 〈월스트리트저널〉은 지난 총선에서 한국 정치권이 내놓은 '좌클릭' 공약을 '선진국 문제'라고 비꼬았다. 한국의 1인당 국민소득은 2만 4천불로 미국(4만8천불), 일본(4만7천500불) 보다 크게 떨어지는데도 복지국가를 서두르고 있다.

바야흐로 철학과 비전의 빈곤과 매춘적 포퓰리즘pandering populism이 한국정치를 좌우하고, 자신들이 서있는 기반 지체가 붕괴하는 것도 상관하지 않는 맹목의 시대로 접어들고 있음을 실감하게 된다.

2012년 대선이 끝난 후 새로운 정부가 출범하고 국회가 활동에 들어가자 예상했던 대로 경제민주화 관련 법안들이 봇물처럼 쏟아져 나왔다. 재계는 이에 반발하고 여당은 당내 강경·온건파의 의견이 충돌하는 가운데 박근혜 대통령은 경제민주화 본질에 대한 정리 없이 속도 조절을 주문하고 나섰다. 국회 법사위가 2013년 5월 6일, 유해 화학물질 사고를 일으킨 기업에 대해 해당 사업장 매출의 5%까지 과징금을 물리도록 한 법안을 통과시키자 10대 그룹의 한 임원이 탄식했다.

도저히 이해할 수 없는 법안이다. 매출 1조 원의 화학공장에서 사고가 나면 과징금으로 500억 원을 내라고요? 그건 공장 문을 닫으라는 소리다.

가히 입법부 만능시대, 입법부 독재시대가 도래하고 있는 것이 아닌가 하는 의구심을 갖게 하는 현상이다. 자유주의 사상가들이 대의민주주의에서 발생할 수 있는 위험한 현상 중의 하나가 지금 한국에서 벌어지고 있는 것이다. 대통령 독재에 익숙한 국민이 국회 독재에 대해서는 익숙하지 않지만 국회 독재는 대통령 독재보다 더 위험하다. 산업화 성공을 위하여 정부 주도로 초법, 편법을 마다하지 않고 애써 키워온 것이 기업들인데 정의의 이름으로 기업들의 숨통을 끊어도 아깝지 않다는 태도를 보이는 것이 정치인들이다. 국민으로부터 가장 믿을 수 없고 부정직한 집단으로 낙인 찍혀 있는 정치인들이 자성과 자정自靜은커녕 여의도 국회의사당이라는 대장간에서 대기업의 발목과 손목에 채울 차꼬와 쇠고랑을 제작해내느라 신바람이 나있다.

▶▷ 경제민주화 비판

경제민주화를 비판하려면 김종인의 경제민주화 주장 논리와 백낙청의 '2013년 체제'를 정확히 이해하여야만 한다. 이들의 주장이 한때의 대중영합적 정치 이슈인지, 아니면 체제변혁을 염두에 둔 장기적이고 이념적인 어젠더인지를 개괄적으로 파악해볼 필요가 있다.

김종인은 학자 출신 정치인 경력을 지닌 인사로서 독일 뮌스터대에서 재정학을 전공한 경제학 박사다. 그의 학위논문인 「개발도상국가에 있어서 분배 및 재분배 정책의 가능성과 한계」에서 그의 학문적 관심 분야가 '분배'에 있음을 짐작케 한다. 귀국 후 서강대 경제학과 교수로 있으면서 1976년 박정희 정부의 제4차 경제개발계획 실무위원, 1980년 전두환 정부의 제5차 경제개발계획 실무위원으로 참여했고, 1981년 민정당 소속 제11대 국회의원으로 진출한 이래 2004년 민주당 소속 17대 국회까지 4선 국회의원으로 활동했다. 노태우 정부에서 보사부 장관과 청와대 경제수석을 지냈고, 노무현 정부 당시 국민경제자문회의 자문위원으로 참여하였다. 2012년 4·11 총선 때는 새누리당 비대위원으로 참여하여 경제민주화 깃발을 올린 장본인이 되었고, 2012년 12월 대선에서는 새누리당 국민행복추진위원장으로서 박근혜 후보를 도왔다.

그는 대한민국 초대 대법원장 김병로金炳魯의 손자로서 존경받는 가문의 후손이기도 하다. 그의 학력과 경력을 살펴보면 학문적으로 그는 2차 세계대전 후 독일 경제학 영향을 직접적으로 받았다. 학자로서 정부 경제개발계획 수립에 참여했으며, 5공 이래 정계와 정부에 진출하여 경제정책 분야에서 '정부 개입주의자' 입장을 견지해왔음을 알수 있다. 이를 상징적으로 말해주는 것이 그가 '87년 개헌 당시 개헌

특위에 직접 참여하여 헌법 제119조 2항에 경제민주화 삽입을 적극 찬성했고, 2012년 총선과 대선 기간에 새누리당으로 하여금 경제민주화 공약을 전면에 내세우도록 주도한 사실이다. 그로 인해 뜨거운 정치 어젠더가 된 경제민주화는 새누리당의 선거 어젠더에서 대한민국의 어젠더로 발전했다. 한때의 선거나 정치적 소동으로 끝날 어젠더가 아니라 최소한 박근혜 정부 5년 동안 뜨겁고 시끄러운 쟁점으로 작용할 가능성이 크고, 대한민국 체제를 변혁시키고자 하는 인사들과 세력들의 정치적, 이념적 무기로 남용될 가능성이 매우 높은 주제가 되었다. 그 한가운데 김종인이 있다. 민주통합당이 2011년 당 강령에 경제민주화를 명시해놓고서도 2012년 총선 당시 '좌파 공약'이라는 비판을 받을까봐 머뭇거리는 동안 새누리당이 선점해버린 것은 김종인의 작용이 있었기 때문인데, 지나고 보면 김종인은 민주통합당이 그로 하여금 경제민주화 깃발을 들게 하여 새누리당으로 파견한 것이나 다름없는 결과가 되었다.

그가 경제민주화를 공식적으로 거론한 이래 수많은 비판과 질문을 받으면서 답한 내용들을 정리해보아도 여전히 손에 잡힐 만큼 명쾌한 개념은 없다. 일찍이 경제학자로서 헌법에 포함시킬 만큼 중요한 것이었다면, 경제민주화와 관련된 한 편의 논문 정도는 썼을 법한데 발견할 수가 없고, 대선을 한 달 정도 앞둔 시점에 출간된 『지금 왜 경제민주화인가』라는 그의 저서를 접하게 되었다. 그는 첫 장 '2013년 체제, 한국의 선택'에서 독단적인 경제민주화 정당성을 제시하면서도 경제민주화를 위한 대전제인 '2013년 체제'가 무엇을 뜻하는 것인지에 대해서는 일언반구의 설명도 하지 않았다. 2013년 정부라고 하지 않고 2013년 체제라고 하게 되면 의미가 완전히 달라지고, 사용자 본인의 설명이 없으면 함부로 해석할 수 없는 표현이 되므로 반드시 확인이 요구되는 부분이다. 2013년 정부라고 하면 현행 헌법에 규정된 입헌민주공화국 체제 안에서의 새로운 정부를 의미하지만, 2013년 체제라고 하면 2013년부터 시작되는 새로운 체제를 뜻하게 되어 입헌민주공화국 체제가 아닌 새로운 체제를 생각하게 되기 때문이다. 그가 이 부분을 정확하게 설명하지 않으면 그가 주장하는 경제민주화는 의심을 받게 되고 설득력을 상실하게 된다.

그가 현재 우리가 직면하고 있는 경제적 제반 모순을 진단함에 있어서 초기 산업자본주의 발달에 따른 필연적 모순으로 보지 않고 재벌이 국가권력을 넘어서는 기형적 발전 결과 한국사회가 재벌 권력 지배 하에 놓이게 되었다고 하는 것은 문제의 본질을 외면한, 부분적이고 피상적인 진단이다. 2010년대 한국 산업자본주의의 현실은 1840년대 영국을 비롯한 유럽 국가들과 1860년대 미국이 겪었던 산업자본주의의 상황과 유사하다. 1840년대 유럽은 산업혁명과 도시화에 따른 급속한 산업자본주의의 발전으로 인한 모순의 누적으로 인해 사회주의, 공산주의가 대안으로 떠오르면서 격심한 정치, 경제, 사회적 갈등과 충돌을 겪어야했다. 1860년대 미국은 산업자본주의 발전이 본격화되면서 남북 간 정치·경제적 이해관계가 충돌을 피할 수 없게 되어 남북전쟁을 치러야했다. 그러나 당시 유럽도 미국도 사회주의, 공산주의 수용으로 위기를 벗어난 것이 아니라 새로운 모습의 자본주의로 대처하였기 때문에 성공적으로 위기를 극복할 수 있었다. 우리의 경우 국가 주도 산업화와 압축성장이 가져온 현재의 모순을 극복함에 있어서 개인주의적 자유주의 원리에 따를 것인지, 집단주의적 평등주의 원리에 따를 것인지를 두고 충돌을 피할 수 없게 된 현상이 경제민주화 경쟁이며 논쟁이다.

그가 말하는 2013년 체제가 '자유주의 체제'인지 '평등주의 체제'

인지를 분명히 하지 않고 외곽을 두드리는 식으로 경제민주화를 주장하게 되면 심한 자가당착에 직면할 수밖에 없음을 책 전반을 통하여 알 수 있다.

경제민주화는 시대의 흐름이다. 한국에서만이 아니다. 전 세계적 흐름이다. 경제민주화는 절대로 시장경제를 부정하는 것이 아니다. 시장경제를 보완하기 위해 경제민주화가 필요한 것이다. 다시 말해 자본주의와 민주주의를 공존시키기 위해 경제민주화가 요구되는 것이다.

경제민주화가 '시대의 흐름'이란 그 자신과 그와 생각이 같은 사람들, 주로 좌파 인사들과 대중영합적인 우파 지식인들의 주장일 뿐 대다수 지식인들조차 참뜻을 모르고 있다. 절대 다수 국민은 더욱 그 뜻을 모르는 상황에서 시대의 흐름으로 단언하는 것은 현실을 왜곡하는 것이다. 더욱이 경제민주화가 '전 세계적 흐름'이라는 것은 선진국 지식인들이 들으면 웃음거리가 되고도 남을 거짓말이다. 2012년 대선을 전후하여 초청을 받아 방한하여 언론과 대담했거나 학생들에게 강연했던 외국 석학들 중 경제민주화 주장을 당연하고 전 세계적 흐름이라고 언급한 인사는 없었다. 오히려 유명 외국 언론은 한국의 보편복지 논의를 선진국에서나 접할 수 있는 현상이라고 꼬집었다. 경제민주화란 용어가 국제적으로 경제이론서적에 등장한 바가 없었지만 그럼에도 불구하고 앞으로 세계적인 흐름으로 자리매김을 하려면 자유시장 자본주의 경제 체제가 회생불가능하게 되었을 때나 가능한 주장이다.

영종도 공항을 이륙하는 순간 경제민주화를 들을 수 있는 곳은 없고 영국의 BBC, 미국의 CNN 방송은 물론 인접국 일본의 NHK 방송,

심지어 중국의 영어방송인 CCTV를 틀어 봐도 경제민주화라는 말은 들리지 않는다. 신자유주의와 글로벌화를 반대하거나 비판하는 한국의 지식인들, 주로 좌파 지식인들이 2008년 국제금융위기와 그 후 발생한 그리스를 비롯한 남부 유럽의 경제위기를 자유시장 경제체제의 실패, 글로벌화의 실패 논거로 들고 있지만 이는 사실과 다르다. 그들의 예상이나 희망과는 달리 2013년 12월 현재 미국의 월가는 건강한 모습으로 돌아왔고 미국 경제는 살아나고 있다. 그리스발 유로존 위기가 유로존을 와해시키기는커녕 IMF와 유로존 공동대응으로 위기를 벗어나는 과정에 있으며, 유로존은 내부적으로 재정통합의 강도를 높여가면서 궁극적인 정치통합이라는 장기 목표를 향해 더욱 공고해져 가고 있다.

2013년 12월 스페인 정부는 금융위기에서 벗어났음을 공식적으로 발표하였다. 미국과 유로존 회원국들은 금융산업에 대한 정부 감시·감독 강화와 재정 건전성 회복과 양적 완화정책을 통하여 문제를 해결하고 있을 뿐 경제민주화와 같은 반反시대적, 반反역사적 처방으로 국민을 선동하거나 오도하지 않았다. 오히려 북미와 EU 지도자들은 대서양 양안兩岸 국가들을 하나의 자유시장으로 통합하려는 FTA 논의가 진행 중이다. 김종인은 시장경제를 부정하지 않는다고 하지만 경제민주화 처방을 따르게 되면 자유시장 경제는 심히 위축되거나 고사할 수밖에 없다. 자본주의와 민주주의를 공존시키기 위해 경제민주화가 요구된다는 것은 자유주의를 모르는 사람들에게나 통할 수 있는 말이다. 한국사회에서 자본주의란 자유시장 자본주의를 의미한다. 자유시장 자본주의 경제 체제는 자유민주주의 체제 하에서만 가능한, 자유주의 체제 양대 축의 하나이므로 여기에 자유주의 원리를 제한하는 평등주의적 경제민주화가 끼어들 틈이 없다. 만약 경제민주화가 끼어들게 되면 자유시장 자본주의 경제체제는 설 자리를 잃게 되고, 자유시장 자본주의 경제가 불가능한 사회에서 자유민주주의 정치는 무의미하게 된다.

자유주의 체제 운영 과정에서 생겨나는 문제를 자유주의 체제 자체의 모순과 동일시하는 것은 위험하다. 어떠한 체제도 운영 과정에서 문제는 발생하고 발생한 문제는 체제 원리에 입각하여 제거되는 것이 정상적이다. 그렇지 않고 엉뚱한 체제 원리를 차용하여 문제를 해결하게 되면 이것은 문제 해결이 아니라 체제 변혁이 된다. 국가 운영과 정책 수행 과정에서 생겨나는 문제는 운영 방식과 정책 내용을 개선·보완함으로써 해결되는 것인데, 이것을 체제 자체 모순으로 규정하여 체제 자체를 바꾸자고 하게 되면 체제 변혁을 하자는 말이 된다. 시장경제 보완을 위해 경제민주화가 필요하다는 주장은 그 자체가 모순이다. 그는 시종일관 시장만능주의를 맹공하고 그 중심에 재벌이 있다고 주장하면서 경제민주화로 시장경제를 보완하자는 것은 시장에서 개인과 기업의 자유를 제한하자는 것으로서 자유시장경제를 보완하는 것이 아니라 축소하는 결과를 초래하기 때문이다.

1980년대부터 미국에서 유행한 신자유주의에 편승해 김영삼 정부는 신경제(100일 계획)니 뭐니 하면서 휩쓸렸다. 김대중 정부 때 외환위기를 수습하는 과정에도 정부 관료들이 상당 부분 신자유주의에 입각한 정책을 폈다.

신자유주의는 1980년대부터 미국에서 유행한 것이 아니라 1930년대 유럽에서 태동하여 1940년대 이후 미국으로 무대를 옮겨와 1970년대 후반부터 영국, 미국에서 현실 정책에 반영된 사상이다. 김영삼,

김대중 정부에 참여했던 정치인들, 관료들, 학자들 중에서 신자유주의를 공부했거나 사상적 세례를 받은 인사는 전무하였다. 정부, 학계, 언론계에서 신자유주의를 소개하고 논의했거나 정책 노선으로 채택한 바도 없었다. 그가 노태우 정부에서 경제수석으로 재직할 당시를 비롯하여 현재에 이르기까지 경제정책을 주도한 경제 테크노크라트들의 학문적, 사상적 성향을 분석해 보면 자명해진다. 현재까지 정부가 신자유주의 기치를 내건 적은 한 번도 없었다. 1980년 5공 출범 당시 경제정책 기조는 '개방, 민간 주도'였으며 교역국가로서 수출산업에 주력한 것은 지금도 변함이 없다.

나는 당시 청와대에서 일하고 있었기 때문에 누구보다 정확히 알고 있다. 당시 경제수석이었던 김재익은 미국 스탠포드대 유학파였으나 그로부터 신자유주의 운운하는 것을 들어보지 못했다. 대통령도, 경제 각료들도 신자유주의를 들먹인 바가 없다. 저자가 14대 국회에서 경제과학분과위원회에 속해 있으면서 경제기획원으로부터 보고를 받았을 때도 신자유주의 소리는 듣지 못했다. 1998년 김대중 정부 출범 후 IMF 구제금융으로 외환위기를 극복한 과정은 IMF 요구를 따르는 것이었을 뿐 우리 스스로 신자유주의 경제정책을 천명하거나 적용한 바도 없다. 박정희 정부 이래 지금까지 한국경제는 철저한 관치官治 자유시장경제 체제 하에서 WTO, FTA 추세를 수용하면서 수출 주도 경제정책을 추구해온 것이 전부다.

그가 지닌 민주주의관, 자본주의관에서 그는 반反자유시장 자본주의자이자 경제평등주의자임을 알 수 있다.

1975년 이후 해외에서 공부한 사람들은 신자유주의와 시장경제에 너무 집착하는 것 같다. 모든 것을 시장에만 맡기면 다 잘된다는 식으로 이야기한다.… 노벨 경제학상 수상자인 폴 새뮤얼슨Paul Samuelson은 '맹목적인 시장경제 신봉자는 정신적 불구자'라고 했는데 우리나라에는 이런 사람이 너무 많은 것 같다.

대공황을 겪은 이후 우리나라를 비롯한 국제 사회에서 맹목적으로 시장경제를 신봉하는 정신적 불구자는 없다. 폴 새뮤엘슨은 미국의 대표적 케인즈주의 경제학자로서 시장에 대한 국가 개입과 간섭 옹호론자다. 자유민주주의와 함께 자유시장 자본주의가 이 땅에 상륙했을 때 폴 새뮤엘슨의 경제학이 대표적 경제이론으로 학생들에게 소개되었고, 나 역시 학창시절 개념적이나마 그의 이론을 배웠다. 캐나다 출신 지리학자 제이미 펙Jamie Peck의 말을 인용하지 않더라도 자유시장 자본주의 사회에서 순수시장경제인 시장만능주의 경제가 현실에서 불가능한 것처럼, 마르크시스트들의 계급 없는 사회 건설 역시 꿈에 불과하다는 것이 대공황과 냉전을 거치면서 분명해졌다는 역사적 진실을 모르는 경제학자나 정치학자가 지금도 존재하고 있을까? 그가 평등을 민주주의의 기본 전제라고 하면서 자유라는 단어 대신에 경쟁이라는 단어를 사용한 것은 오류일 뿐 아니라, 그가 얼마나 평등에 집착하고 있는가를 짐작케 한다.

민주주의 정치체제는 평등을 전제로 한다. 다시 말해 민주주의 기본 전제는 평등, 자본주의 기본 전제는 경쟁인데 두 개념이 현실 세계에서 조화를 이루는 것이 거의 불가능하다. 평등과 경쟁의 부조화로 나타나는 현상이 작금의 미국과 EU 국가에서의 혼란인 것이다.… 평등과 경쟁의 부조화로 인한 대표적 사회 혼란이 '월가를 점령하라'는 시위다.

이는 삼류 평론가의 비판 수준에도 미치지 못하는 내용이다. 월가 금융위기는 평등과 경쟁의 부조화 때문이 아니라 클린턴 행정부의 주택정책 및 금융정책과 금융시장에 대한 감시감독에 대한 문제가 주된 원인으로 작용했다는 것이 다수 전문가들의 일치된 견해다. 자유주의 체제를 전제로 하는 한 민주주의 기본 전제는 평등이 아니라 '정치적 자유'이고, 자본주의 기본 전제 역시 경쟁이라기보다 '경제적 자유'이다. 경쟁이란 시장에서 실현되는 자유의 작동방식이다. 정치적 자유와 경제적 자유는 동전의 양면 관계처럼 불가분의 관계에 있기 때문에 정치적 자유 없는 경제적 자유나 경제적 자유 없는 정치적 자유는 성립되지 않는다. 자유주의 체제에서 평등은 자유 속에서 평등을 말하는 것이지 결과적 평등, 경쟁의 평등을 말하는 것이 아니고, 법 앞의 평등, 기회의 평등을 강조하는 것이 일반적 원리다. 평등과 경쟁 관계는 조화 관계가 아니라 대립 관계다. 평등주의자들이 경쟁을 사회악의 근원으로 여기고, 경쟁을 당연한 것으로 생각하는 자유주의자들은 평등주의자들의 평등우선 방식을 위험한 것으로 간주한다. 좌파적 평등주의자들이 학교의 우열순위 경쟁에 반대하고 학생 간의 경쟁을 비인간적이라고 비판하는 데서도 잘 나타나고 있다. 역사적으로 추적해봐도 자유가 출현한 다음에 평등이 출현하였음을 알 수 있다. 우리의 기억 속에 "자유가 아니면 죽음을 달라!"는 표현은 익숙하지만 "평등이 아니면 죽음을 달라"는 표현은 생소한 것도 이런 배경과 무관하지 않다.

근대국가 출현 이후 발전과정을 보아도 자유주의 혁명인 부르주아 혁명이 먼저 있었고, 평등주의 혁명인 프롤레타리아 혁명은 나중에 있었다. 영국의 명예혁명(1688), 미국혁명(1776), 프랑스 혁명(1789)은 자유주의 혁명이고 러시아혁명(1917), 중국혁명(1949)은 평등주의 혁명이다.

근대국가들이 300여년 이상에 걸쳐 겪은 경험적 결론은 자유사회에서 평등은 호흡할 수 있었으나, 평등사회에서 자유는 질식하였다는 사실이다. 그랬기 때문에 자유주의 사회는 부활을 반복했고 평등주의 사회는 소멸하였다. 과잉 자유, 절제되지 않은 자유가 초래한 모순에 대한 치유책으로 등장한 것이 평등이다. 따라서 자유와 평등은 영원한 동반자이긴 하나 양자 관계는 수평 관계가 아니라 수직 관계에 가깝다. 자유 다음 평등 관계이지 자유와 평등은 동일 관계일 수는 없다.

그렇다고 해서 평등이 지닌 가치가 자유가 지닌 가치보다 가벼운 것은 아니다. 평등의 견제를 받지 않는 자유는 방종과 일탈을 피할 수 없고, 자유를 부정하거나 제한하려는 평등은 자멸의 길을 걷기 때문이다. 오직 자유가 평등의 손을 잡고 갈 때만 자유와 평등을 함께 누릴 수 있는 문명사회를 건설하고 유지해갈 수 있다. 평등과잉 사회는 언제나 급진주의와 폭력으로 얼룩졌고 자유의 도움으로 가까스로 치유되었음을 상기할 필요가 있다. 자유의 아들로 태어난 평등사상이 정치·사회적으로 각광을 받기 시작한 결정적 계기는 루소 사상과 프랑스 혁명이지만, 문헌상 자유라는 단어가 출현한 것은 까마득한 옛날이다.

위의 것은 그림이나 부호가 아니라 고대 수메르 시대 설형문자楔形文字, 일명 쐐기문자로 쓴 '자유'라는 단어로, 미국의 출판재단인 자유기금재단Liberty Fund Inc.이 사용하고 있는 로고다. 유명한 사상가이며 하버

드대에서 불문학 교수로서 미국 인도주의American humanism를 강의했던 어빙 배빗Irving Babbit(1865~1933)이 쓴 책 『민주주의와 지도력Democracy and Leadership』의 첫 페이지에 다음과 같이 설명되어 있다.

이 설형문자는 재단의 제본 디자인 모티브로 사용된 로고로서 가장 오래된 기록상에 나타나 있는 '자유 freedom(amagi), liberty'라는 단어다. 이것은 기원전 2300년 경, 수메르 도시국가 라가쉬the Sumerian city-state of Lagash에서 점토판 서류a clay document에 쓴 것이다.

김종인의 경제민주화 주장 배경과 학문적 견해를 이해하려면 유학 당시 독일 사회의 사상적 환경을 이해해야 한다. 그가 뮌스터대에서 유학했던 1964년부터 1972년의 8년 동안은 서독이 패전 후 경제부흥으로 라인강의 기적을 구가하던 시기였고, 라인강의 기적을 뒷받침했던 사상은 '질서자유주의'였다. 김종인이 책에서 오이켄이 "시장경제 질서를 형성하기 위해서는 정부의 개입이 필수적이라고 보았다"고 한 것은 잘못 소개한 것이다. 뢰프케와 오이켄을 포함한 질서자유주의자들은 정부의 개입이 필수적이라고 한 것이 아니라 자유시장 경제를 위해 "정부는 방향을 제시하고 시장질서 유지를 위한 공정한 심판자 역할"에 그칠 뿐, 정부가 시장에 직접 개입하거나 간섭하는 것을 금기시하였다. 독일의 주류 신자유주의인 질서자유주의는 서독 경제 부흥을 이룩한 후 1960년대에 전성기를 마감하게 된다. 오스트리아 학파와 시카고 학파가 1970년대 스테그플레이션에 빠진 미국과 복지국가 병에 빠진 영국에서 환영받게 되고, 1980년대 레이건 행정부와 대처 정부의 경제정책에 결정적 영향력을 미치게 된다.

그가 "1975년 이후 해외에서 공부한 사람"이라고 한 것은 아마도 미국에서 유학한 사람들을 두고 한 말인 것 같다. 1970년대 미국은 여전히 진보적 자유주의인 뉴딜 정신이 지배했던 시기로 한국 유학생들이 신자유주의를 전공했다거나 사상적 세례를 받았다는 증거나 흔적은 없다. 독일의 신자유주의든, 미국의 신자유주의든 자유시장 중심 사회를 목표로 했다는 점에서 차이가 없었다. 독일은 정부가 자유시장경제 발전을 도모한 반면 미국은 개인주의에 바탕을 두고 자유시장경제 발전을 도모한 점에서 차이가 있었을 뿐, 신자유주의 정책을 채택했던 국가들 중 어떤 국가도 시장만능주의 정책을 시행한 국가는 없었다. 신자유주의자들은 자유방임적 자유주의의 모순을 극복하고자 했다는 점에서 오히려 반反시장만능주의자들이다.

신생 독립국 대한민국은 건국 이래 국가 주도, 정부 주도 경제정책을 시행한 국가이며 지금도 그 연장선상에 있는 국가다. 우리 사회가 신자유주의적 시장만능주의로 양극화 사회가 되었기 때문에 경제민주화가 시대적 요구이자 흐름이 되었다는 그의 주장은 학자적 주장이라기보다 대중영합적이고 기회주의적인 선동에 가깝고, 역사적 사실과 진실과도 거리가 멀다. 우리나라에서는 큰 정부와 작은 정부, 큰 시장과 작은 시장에 대해 학문적으로나 이론적으로, 심지어 정책적 차원에서도 제대로 논의된 적은 한 번도 없었다. 물론 1990년대에 들어서면서 역대 정부가 시장경제, 규제 완화, 작은 정부, 큰 시장 방침을 내세워왔으나 사상과 바탕과 이론적 토대의 빈곤으로 인해 한때의 정치적 구호로 끝났을 뿐 결과는 오히려 반대현상으로 나타났다. 정부 간섭은 심해지고 각종 규제는 누더기처럼 늘어났으며, 정부 규모는 해마다 확대되었다. 대기업의 모순을 빌미로 삼아 정치인들과 관료들의 입김은 더욱 거세지는 가운데 2012년 이후 절정을 향해 치닫고 있다.

김종인이 자신을 신자유주의 환경과 무관한 것처럼 말하는 것은 거짓이다. 그는 미국 유학파들이 하이에크나 프리드먼의 신자유주의를 학문적으로 국내에 소개한 바가 없었던 것처럼, 그를 포함한 독일 유학파들도 뢰프케나 오이켄의 질서자유주의를 소개한 바가 없었다는 점도 인정해야 할 것이다. "민주주의 정치 체제는 평등을 전제로 한다"는 주장은 경제학자인 그가 정치사상이 빈약하다는 명백한 증거이며, 인민민주주의 체제, 즉 공산주의 체제에서나 통하는 주장이다. 민주주의라고 하면 자유민주주의, 인민민주주의, 민중민주주의와 같은 여러 갈래가 있다. 인민민주주의, 민중민주주의 경우에 민주주의란 평등을 전제로 하되 특히 결과적 경제 평등을 전제로 한다. 반면 자유민주주의에서는 자유를 전제로 한 평등으로서 법 앞의 평등, 기회의 평등을 중시한다. 따라서 그가 자유주의 체제를 전제로 그런 말을 했다면 틀린 것이고 인민민주주의 체제를 전제로 했다면 맞는 말이 된다.

이것은 우리로 하여금 그의 주장을 수용할 수 없게 만드는 이유가 된다. 그가 경제 평등을 본질로 하는 경제민주화를 주장하기 위해서는 불가피했을 것이다. 그가 민주주의 전제인 평등이 현실에서 자본주의 전제인 경쟁과 조화를 이룰 수 없다고 하는 것은, 민주주의 체제에서 자본주의는 불가능하다는 말과 같다. 따라서 그가 말하는 평등을 전제로 한 민주주의는 자유민주주의, 자유시장 자본주의 체제를 포기할 경우에만 가능한 것이 되고, 그렇게 되어야만 경쟁 없는 경제적 평등사회가 이루어질 수 있게 된다. 이는 곧 그가 주장하는 경제민주화가 이루어진 사회일 것이다.

그는 반反자유시장 자본주의자로서 평등주의자, 개입과 간섭주의자다. 2011년 미국 월가 시위로 시끄럽던 시기에 방한 중이던 전 미국 국방장관 럼스펠드가 한국 기자로부터 월가 시위를 어떻게 보느냐는 질문을 받았을 때 대수롭지 않다는 반응을 보인 적이 있다. 왜일까? 그런 현상은 언제나 발생할 수 있는 정치, 사회적 불만 표출일 뿐 미국 자유시장 자본주의 체제 위기라고는 생각하지 않았기 때문일 것이다. 만약 월가 시위와 같은 현상이 서울에서 일어났다면 어떤 일이 벌어졌을까? 여야 정치인들이 앞 다투어 현장으로 몰려갔을 것이고, 무수한 시민단체 인사들이 합세하여 금융계를, 재벌들을 비판·매도하고 정부 책임을 거론하며 희생양을 요구하고 특단의 대책을 요구했을 것이다. 그 당시 미국에서는 민주당 소속 오바마 대통령이나 공화당 소속 의원들이 현장에 몰려갔다거나 시위에 동참했다는 뉴스는 없었다. 월가 시위로 인해 미국 사회에서는 우리처럼 신자유주의적 시장 만능주의로 인해 생겨난 일이므로 경제민주화를 하자는 요구도 없었다. 그리스를 비롯한 남부 유럽 국가들 중 경제민주화로 재정 위기를 극복하자는 국가도 없었다. 재정 위기도, 경제 위기도 없는 한국에서 양극화 해소를 위한 경제민주화는 시대적 흐름이자 세계적 현상인 만큼 우리도 서둘러 경제민주화를 해야 한다고 떠들어대는 정치인들과 현실 참여 지식인들은 국민을 바보로 보는 선동자들이다.

김종인이 "경제민주화를 한마디로 요약하면 거대 경제세력이 나라 전체를 지배하지 않도록 하자는 것이다"라고 하면서도 "경제민주화는 시대적 과제다. 이는 단순히 재벌개혁만의 문제가 아니다. 노동과 남북한 문제까지 아우르는 과제여야 한다"고 한 것이 그의 책에서 가장 의미심장한 부분이라고 할 수 있다. 경제민주화가 단순히 재벌개혁만의 문제가 아니라 노동과 남북한 문제에 이르기까지 아우르는 과제라는 말은 백낙청의 '2013년 체제' 논리와 같기 때문이다. 이것은 반드시 확인이 요구되는 부분이다. 그가 대부분의 경제민주화 주장자들과는 달리 공정거래법은 지켜지지 않기 때문에 효과가 없고, 법인세 증세나 소득분배도 경제민주화와 직접 연결되지 않으며, 순환출자 금지, 출총제 등도 필요하다고 보지 않는다는 이유를 짐작케 한다. 또 그가 기업 경영의 의사결정과정에 민주적 참여를 중시하고 있다는 점에서 개인 기업가와 자본가가 책임지는 자유경제 체제를 부인하고 있음을 알 수 있다.

신자유주의 퇴조를 설명하는 부분에서 "다보스포럼Davos Forum에서 신자유주의 정책이 실패한 것으로 결론 났다"고 한 것이나 "시카고 학파로 대표되는 신자유주의자들의 주장이 미 닉슨 행정부에 의해 반영되었다"는 것 역시 사실과 전혀 다르다. 닉슨 행정부는 한때 물가통제까지 시행했던 케인즈주의적 경제정책을 답습했던 정부였으며, 신자유주의 정책을 처음 채택한 정부는 카터 행정부였다. 그의 주장처럼 신자유주의가 실패했다면 WTO 체제와 FTA 체제는 붕괴되거나 퇴보되었어야만 했다. "신자유주의가 실패할 수밖에 없었던 것은 근본적으로 기업이 국가의 기능을 절대로 대체할 수 없기 때문이다"라는 주장도 듣기 거북한 오류다. 과거에 기업이 국가 기능을 대체한 역사는 있어본 적이 없고 앞으로 영원히 불가능하다. 신자유주의가 기업에게 국가 기능을 대체할 수 있다는 이론을 제공했거나 환상을 심어준 바가 없을 뿐만 아니라, 그 반대로 국가가 자유시장경제 질서 확립과 유지를 책임져 줄 것을 주문하고 있다.

하이에크가 신자유주의 사상에 입각한 자유시장 중심사회에서 가장 중요한 요소가 '법치'라고 한 것은 기업이 결코 국가 기능을 대체할 수 없음을 전제로 주장한 것이다. "공정거래법은 지켜지지 않기 때문에 효과가 없다"는 것은 앞뒤가 전혀 맞지 않는 말이다. 기업이 국가 기능을 대체하려고 하니까 공정거래법이 지켜지지 않는 것이 아니라 기업이 이윤의 극대화를 위해 탈법, 불법 속성을 지녔기 때문인데,

이것을 감시하고 방지하는 것은 전적으로 국가 기능에 속하는 문제다. 따라서 공정거래법이 지켜지지 않는다면 궁극적 책임은 집행 권한을 행사하는 국가에 있다. 그가 국가와 정부가 존재하는 한 국가와 정부는 영원한 갑甲이며 기업과 재벌은 영원한 을乙이고, 신자유주의가 시장만능주의가 아닌 것을 모를 리가 없을 것이다.

하이에크가 유태인이며 히틀러에 대한 반발감에서 『노예의 길』을 썼다는 부분도 사실과 다르다. 영국의 www.vanguardnewsnetwork.com을 검색해보면 폴 웨스트먼Paul Westman은 스티븐 크레스게Stephen Kresge와 레이프 웨나Leif Wenar가 공동으로 엮어낸 『하이에크가 말하는 하이에크 : 자서전적 대화 Hayek on Hayek : An Autobiographical Dialogue』(1994) 중 "하이에크는 유태인이었나? Was Hayek Jewish?"와 "하이에크는 반反유태인이었나? Was Hayek Anti-Semitic?"라는 부분을 인용하면서 하이에크는 유태계와 독일계가 아닌 보헤미안(체코)계 오스트리아인임을 밝히고 있다. 그럼에도 그를 아는 일부 학자들이 그를 유태계로 인식했던 것은 하이에크의 사촌들 중 한 명의 어머니가 유태계 혈통을 지녔고, 하이에크와 가까웠던 미제스, 포퍼 등을 비롯하여 오스트리아 경제학파 다수가 유태계 인사들이었던 것에서 기인한다. 그의 할아버지는 해군 장교였으나 훗날 교사, 생물학자로서 유명했다. 그의 아버지 아우구스트 폰 하이에크Dr. August von Hayek는 의사면서 비엔나대학에서 식물학을 가르친 학자였다.

그의 어머니는 헌법학자였고 오스트리아의 지도적 경제학자로서 조셉 슘페터Joseph Schumpeter를 가르친 프란츠 쥬라스첵Franz Juraschek의 딸이었다. 유태인 전기작가인 앨런 에벤스타인Alan Ebenstein이 쓴 하이에크 전기에서 'von'은 과거 오스트리아에서 하급 귀족들의 이름에 붙여진 영어의 'sir'에 해당하는 것인데, 유태계는 아주 드물게 사용하는 경우라고 한다. 하이에크는 본인 역시 자신의 가계에 대해 지대한 관심을 지니고 있었던지라 5대에 걸쳐 샅샅이 조사해본 결과 유태계 조상이 없었음을 확언하였다.

내가 할 수 있는 데까지 과거를 추적해봤으나 어떤 경우에도 내가 유태계 조상을 갖고 있지 않다는 것이 명백하다.

또 1920년대에 그가 "기독교인-유태인 혼합 그룹에 속하지 않는 가?"라는 질문을 받고 "나의 가족은 순수 기독교인 그룹에 속한다"고 답한 것을 보아도 유태인이 아님을 인정할 수 있다. 그는 또 히틀러에 대한 반감으로 『노예의 길』을 쓴 것이 아니라 훨씬 높은 이념적 차원에서 썼다. 그는 나치 정권이 들어서기 전인 1929년 영국으로 건너가 영국 시민이 되었다. 1951년에 미국으로 건너갔으며, 책 발간 당시는 나치 정권 괴멸 1년 전이다. 그는 1923년 비엔나대에서 법률학, 정치학 공부를 마친 후 미국 뉴욕대(NYU)에서 1년간(1923~1924) 연구조교로 있었다. 1929년 영국으로 건너가 런던정경대(LSE, London School of Economics)의 대표적인 반反케인즈주의 교수 라이오넬 로빈스Lionel Robbins의 주선으로 그곳에서 경제학 교수가 되었다. 그리고 1951년 미국으로 건너가 프리드먼이 있는 시카고대 경제학부에 합류했으며 1991년 노벨 경제학상을 받았다. 그가 『노예의 길』을 집필한 것은 영국 캠브리지 체류 기간인데 직접적 계기가 된 것은 1942년, 완전 고용과 보편복지를 골자로 하는 그 유명한 「베버리지 보고서 The Beveridge Report」가 발표되고 1944년 영국 정부가 이를 공식적으로 채택하여 『영국 정부 고용 백서』가 나오면서 완전 고용 문제가 뜨겁게 논의되던 시기다.

그가 당시 서구 정책 수립가들이 정부 간섭 강화와 계획 경제와 사회주의 물결에 경도되고, 학계마저 그러한 흐름에 지배당하는 위험에 직면하여 자유사회의 핵심 가치인 개인의 자유를 지켜내기 위한 학계 세력을 결집시킬 목적으로 쓴 책이 『노예의 길』이다. 그는 폭격을 피해 캠브리지에 머무는 동안 케인즈와도 가깝게 지내면서 통화정책과 계획경제를 두고 열띤 토론과 논쟁을 하면서도 결코 케인즈의 주장을 받아들이지 않았다. 그는 그곳에서 칼 포퍼의 책 『열린 사회와 그 적들』의 출간을 도왔다. 포퍼는 하이에크가 쓴 『노예의 길』을 읽고 "내가 접한 정치 관련 책 중 의심의 여지없이 가장 중요한 책"이라는 찬사를 보냈다. 하이에크의 책은 출간되자마자 영국과 미국에서 베스트셀러가 되었고, 그 후 서구 자본주의 사회에 지속적인 영향을 미치는 고전이 되었다.

하이에크를 이해한다는 것은 신자유주의를 이해한다는 것을 의미할 만큼 그가 끼친 영향은 크다. 그가 왜 그토록 집단주의자들의 계획 경제를 위험시 했고, 왜 그토록 정치와 경제에 있어서 개인의 자유를 신성시 할 정도로 중요하게 생각했는가를 이해하는데 도움이 될 수 있는 하이에크 본인의 글 중에 다음과 같은 내용이 있다.

과거에 그런 적이 결코 없었건만 우리는 지속적으로 경제에서의 자유를 포기하고 있다.…우리는 콥덴Cobden, 브라이트Bright, 애덤 스미스Adam Smith, 흄Hume, 심지어 로크Locke와 밀턴Milton의 견해 뿐만 아니라 기독교인들, 희랍인들, 로마인들에 의해 구축된 기반으로부터 성장해 온 두드러진 서구 문명 특징의 하나를 빠르게 포기해가고 있다. 단순히 19세기와 18세기 뿐만 아니라 에라스무스Erasmus, 몽테뉴Montaigne로부터 키케로Cicero, 타키투스Tacitus, 페리클레스Pericles, 투키디데스Thucydides로부터 물려받은 기본적 개인주의가 지속적으로 버려지고 있다.(『사상의 거장들』)

글 속에 언급된 인명들은 고대 희랍시대로부터 19세기에 활동했던 위대한 사상의 거장들이다. 하이에크를 비롯한 신자유주의자들의 사상적 배경은 서구 문명의 뼈대라고 할 수 있는 개인의 자유를 근간으로 하는 자유주의 사상이다. 그들은 자유에 대한 위협을 서구 문명에 대한 위협으로 간주했기 때문에 치열한 사상적, 이론적 투쟁과 노력을 했고, 이는 곧 문명사회를 지키는 것이라고 확신했다.

김종인이 경제민주화를 위해 제시한 구체적 내용을 보아도 그것들은 1980년 이래 시행되었거나 시도되고 논의되었던 것들로서 새로운 내용이 없으므로 구태여 '경제민주화'로 포장할 이유가 없다. 그가 각종 언론 매체들과 대담한 내용을 면밀하게 확인해보면 여전히 추상적이고 애매하여, 표면적으로는 재벌 개혁에 중점을 둔 것 같지만 그 이상의 것을 말하고 있음을 알 수 있다. 그가 비교적 솔직하게 말한 것은 박근혜 후보 선대위 공동위원장 신분으로 〈한겨레신문〉, 〈경향신문〉과 가졌던 인터뷰 내용이다.

공정한 시장 질서를 만들어도 시장 경제의 속성 상 부의 편중, 경제력 집중 같은 부작용이 생긴다. 그래서 경제민주화로 경제 권력(재벌)을 통제하는 것이 필요하다. 경제민주화는 공정한 시장질서 확립에 그치지 않고 그보다 더 폭넓은 것이다.

정당한 부와 정당한 경제력 규모 확대를 부정하면 자유시장 자본주의는 사라진다. 부자를 못 봐주겠다면 모두가 가난하게 살아가야만 한다. 그러니 자유주의 체제를 버리자는 주장이다.

시장 경제 원리로는 양극화 문제가 해결되지 않는다. 최종적으로 독과점 형태로 나타나는 기업의 의사결정과정을 민주화 할 수밖에 없다.

　자유시장경제의 근본인 공정한 시장질서 이상의 것을 요구하고, 정당한 부의 축적을 본질로 삼는 자본주의 정신을 부정하면서 부의 축적을 부의 편중과 동일시하고, 규모의 경제를 경제력 집중과 동일시하며, 대기업 내 권한 행사를 정치사회적 권력 행사와 동일시하면서 기업 경영에서의 의사결정과정을 민주화하자는 것은 인민민주주의자, 민중민주주의자의 논리다. 그는 우파 신문인과의 인터뷰에서는 그런 말을 하지 않고 우회적으로 답변했다. 〈조선일보〉 인터뷰에서 "경제민주화는 재벌 개혁과는 관계가 없다는 것인가?"라는 질문에 "내 입으로 재벌 개혁이니 재벌 해체를 말한 적이 없다"고 답한 것은 정직하지 못하다. 재벌에 대한 국가의 통제를 더욱 강화하고 재벌 총수의 배타적 경영결정권을 박탈하여 기업 경영의사 결정과정을 민주화하자는 것이 재벌 개혁이 아니라면 무엇이 재벌 개혁이라는 말인가? 그는 또 "헌법 제119조 2항을 어디서 착안했나?"라는 질문에 대해서 "독일 유학을 하면서 가장 안정된 시장경제를 봤다. 독일은 기업 경영에서 노사가 함께하는 '노사공동결정제'를 한다. 경제민주주의 같은 것이다"라고 한 것에서 알 수 있듯이 독일 모델을 들고 나왔으나 조심하지 않으면 안 된다.

　정치 지도자들이 선진국 유학인사들을 발탁하고 중용하거나 조언을 구할 때 참고할 것은 그들이 유학했던 선진국의 정치, 경제 전반을 잘 알고 있을 것이라는 선입견을 버려야 한다는 점이다. 미국 하버드대에서 정치학 박사학위를 받았다고 해서 워싱턴 정치 메커니즘을 잘 안다고 할 수 없으며, 독일 뮌스터대에서 경제학 박사학위를 받았다고 해서 독일 경제 메커니즘을 잘 안다고 할 수 없다. 정해진 기간 동안 학위를 받기 위해 숙소, 교실, 도서관을 오고가는 생활로 인해 폭넓은 현장 경험이나 관찰 기회는 지극히 제한될 수밖에 없는 환경 때문이다. 따라서 그들의 조언을 구할 때는 다면적 확인을 수반하는 것이 필요하다.

일반적으로 신생 독립국가나 발전도상국가들이 선진국을 모방하는 것은 이론처럼 쉽지 않다. 한국의 산업화, 민주화 역시 100% 모방과정을 겪었으나 그 방식은 피상적인 면이 컸고 철저하지 못하였기 때문에 오늘날 직면하고 있는 현실은 원산지 불명에 가까운 유사체제 모습이라고 할 수 있다. 모방 과정에서 원리원칙 적용에 대한 지속적인 점검을 하거나 실행과정에서 불가피하게 생겨난 모순들을 제거하려는 노력이 매우 부족했던 탓으로 시간이 경과하면서 누더기를 걸친 것처럼 이상한 모습으로 변해버렸다고 해도 과언이 아니다. 이는 전적으로 당대를 책임졌던 정치지도자들과 지도적 위치에 있는 지식인들의 책임이라고 할 수 있다. 지금 이 시각에도 경제민주화를 둘러싸고 독일 모델을 강조하거나 스웨덴, 네덜란드 모델을 보러가는 국회의원들이 국민의 혈세를 낭비하고 있다.

미국 브라운대 정치경제학 교수인 마크 블리스Mark Blyth가 2013년 5·6월호 〈포린 어페어Foreign Affairs〉에 기고한 내용 중 독일 경제현상을 소개한 것을 보면, 김종인으로부터 듣는 사회적 시장경제와는 거리가 먼 모범적인 수출주도형 자유시장 경제임을 알 수 있다. 1920년대와 1930년대 독일은 인플레이션과 디플레이션으로 국가 전체가 처참하게 곤두박질 쳤던 경험을 겪었다. 히틀러의 나치들이 국가 사회주의 깃발 아래 국가총동원 체제를 구축하면서 2차 세계대전을 치러야 했던 독일 국민들은 체질적으로 국가통제경제, 케인즈주의적 경제를 거부하게 되었으며, 과민할 정도로 통화안정정책을 중시하였다. 강력한 경쟁력과 완벽한 독립 체제를 갖는 중앙은행을 출범시키고 공급 경제와 수출 주도 경제 정책으로 경제 부흥과 발전에 성공하여 유럽 제1의 경제 강국이 되었다. 신자유주의적 시장만능주의 경제를 했다고 하는 한국에서는 지금도 한국은행이 완전한 독립적 위치를 누리지 못하고 있는 것과 대조적이다. 독일이 안정된 국내 시장과 경쟁력 있는 수출 시장 유지를 위해서 절대적으로 요구된 것이 상대적으로 안정되고 낮은 가격과 임금 유지 정책이었다. 이를 위해 독일 국민이 받아들인 것이 '노사공동결정제'다. 상황에 따라 노조 측은 임금 삭감과 일자리 나누기를 받아들이고 기업 측은 해고를 자제하는 타협을 하게 된다. 실직을 하더라도 재훈련과 공공기관 주선으로 재취업이 가능하고, 실직기간 보험으로 생계 위협을 받지 않는 안전장치가 되어 있는 사회다.

독일 경제는 김종인의 주장처럼 사회적 경제 체제가 아니라 역사적 경험을 바탕으로 한 국민적 합의에 의해 이루어진 자유시장 경제 원리를 중시하는 독일의 신자유주의인 질서자유주의 경제 체제다. 국민은 사상과 철학이 있고, 정부는 정직하고 투명하며 공정하고 효율적이며 생산적이다. 김종인이 주장하는 것처럼 한국이 독일의 '노사공동결정제'를 쉽게 모방할 수 있을까? 정치적이고 전투적이며 임금 삭감과 일자리 나누기를 거부하는 노조와 기업 측이 생산적 합의를 도출해 내기가 불가능한 것이 한국의 기업 현장임을 알고 있다면, 그러한 발상은 쉽지 않을 것이다. 노사 간 타협이 가능하다고 할지라도 더 큰 장애 요소는 정직한 정부, 공정하고 투명한 정부, 생산적이고 효율적인 정부를 기대할 수 없는 정치사회적 환경이다. 국가 체제를 떠받치고 있는 철학과 사상마저 공격과 비판을 받고 있는 터에 확고

한 사상과 철학이 뒷받침을 받을 수 없다면 장기적이고 항구적인 체제 건설은 불가능하다. 경제민주화가 바람을 타고 있는 현상이 확실한 증거의 하나다. 서울대 임종철 명예교수는 독일식 노사공동결정제 모방이 현실적으로 불가능한 이유를 "기업의 소유자인 자본가가 경제적 결정권을 배타적으로 행사한다. 자본주의 경제는 본질적으로 민주화를 거부한다"는 입장에서 설명한다. 즉 자본주의 경제의 집권화 된 결정권을 민주화 하려는 시도 중 성공적인 것으로 평가되는 것이 독일의 경영조직법에 근거한 '노사공동결정제'임을 소개하면서 모방의 어려움을 알려준다.

법에 따라 기업에는 11인(규모, 종류에 따라 7인을 둘 수 있음)의 감사로 구성된 감사회를 둔다. 감사회는 이사회 결정을 부결할 수 있다. 부결된 이사회 결정을 관철시키려면 다시 주주총회를 열어 2/3 이상의 찬성으로 의결해야 한다. 이는 사실상 어려우므로 감사회는 거부권을 갖는다고 할 수 있다. 11인의 감사는 노조 측 5인, 기업 측 5인이 선임된 후 이들이 1명을 선출한다. 노조 측 5인은 해당 기업 노조대표 3인, 타 노조에서 1명, 노조와 관계없는 1인이어야 한다. 마찬가지로 기업 측도 기업 대표 3인, 타 기업에서 1인, 기업과 관계없는 1인으로 구성되어야 한다. 이들 10인이 공정한 제3자라고 생각되는 1인을 뽑아 그에게 캐스팅 보트를 준다. 감사회 권능을 생각할 때 이는 진정한 결정권 공동행사라고 생각할 수 있으나, 실제로 그렇지 않다. 우선 노사가 5 대 5로 팽팽히 대립될 때 캐스팅 보트는 으레 기업 측에 던져졌고 노조도 언제나 이를 수용해온 것이 독일의 관례였다. 결정권 집중은 요지부동인 것이다.

경영조직법에 의한 독일의 노사공동결정제는 정부가 기업 경영에 간섭하거나 개입하는 것이 아니라 산업 현장에서의 노사 간 안정적이며 합리적인 질서유지를 위한 것으로, 기업 내부 문제일 뿐 국내외 시장에서 기업 간의 자유경쟁은 철저히 보장된다. 정치에서도 같은 방식이 적용되고 있다. 자유민주주의 국가로서 내각제 정부를 유지하지만 바이마르 공화국의 실패 교훈을 거울삼아 내각불신임으로 의회를 해산하려면 연립정부를 구성하고자 하는 정당들은 사전에 수상 후보를 결정하도록 법으로 명시하고 있다. 그렇기 때문에 빈번한 내각불신임과 의회 해산이 지난하여 지속적인 정치 안정을 유지할 수 있도록 하고 있다. 김종인이 주간지와의 인터뷰에서 말한 것은 자본주의 체제를 변혁시키려는 운동권 인사들이나 할 수 있는 주장이다.

우리나라를 지배하는 것이 정치력이 아니라 재벌 위주의 금력이고 정부가 제어 기능을 상실했기 때문이다. 노무현 전 대통령이 권력은 이제 시장으로 넘어갔다고 주장한 후 더욱 그랬다.⋯지금 재벌 우위 시대를 더 방치하면 사회가 폭발한다.

정부가 타의에 의해 제어 기능을 상실한 것이 아니라 스스로 제어 기능을 제대로 작동시키지 않은 것이고, 재벌이 우리 사회를 지배하는 것이 아니라 정치집단과 관료집단이 우리 사회를 지배하고 있다. 시장에 대한 정부 개입과 간섭은 자유시장 자본주의 체제 국가들 중에서도 악명이 높을 정도로 심하다. 문제의 근본은 정치세력이 재벌의 금력에 의존하거나, 재벌의 이익을 위해 은밀한 거래를 해왔기 때문이며, 심지어 관료들이 그들의 앞잡이 노릇을 자청해왔기 때문이다. 제어 기능을 제대로 작동하지 않은 책임은 재벌에 있는 것이 아니라 정치인, 관료들에게 있다. 그가 압축성장의 결과 양극화가 심화되었다고 하나 그 역시 4차, 5차 경제개발위원회 실무위원으로 참여하여 개발경제, 관치경제에 깊이 관여한 바 있고, 5·6공 정부에서 국회의원으로, 경제 각료로, 경제수석으로 주요 경제정책 결정에 크게 관여한 책임 있는 인사다.

"노조 힘이 강했던 87년부터 92년까지 '분배'가 가장 잘 이루어졌다"는 것은 국회의원이 지역 유권자들에게 보내는 의정보고서 내용 같은 자화자찬이다. 그 기간(1990~1992)은 그가 노태우 대통령 밑에서 경제수석으로 재임하던 시기다. '87년은 5공이 끝나는 시기로서 그동안 억제되어있던 노사분규가 폭발하면서 노조가 정상적 자리를 잡아가던 초기였고, 노태우 정부 역시 1980년대 경제정책 연장선상에서 분배보다 성장과 수출에 역점을 두던 시기다. 그가 언론에서 경제민주화 비판자들에 대해 "쓸데없는 이야기 하는 사람들의 입을 봉해야 한다"고 쏘아붙인 것은 학문을 하는 지식인으로서는 부끄러운 표현이다. 특히 한국의 지식인들이 정치권력을 배경으로 독단론에 빠져들면 그 자신은 물론이고 많은 주변 사람들까지 피해를 입는다는 것을 가볍게 생각하지 말았으면 하는 바람이다. 그가 2013년 새 정부 출범 후에 가진 신문과의 인터뷰에서 "창조경제를 특별히 정의하기란 매우 어렵다. 우리나라에선 새로운 용어가 나오면 용어에 대한 환상이 지나치게 커진다"고 한 것은 바로 그 자신에게 해당되는 말이다. '경제민주화'만큼 추상적이고 정리되지 않은 용어가 가까운 과거에 등장한 바가 없었고, 그것이 정치사회적으로 얼마나 큰 환상과 혼동을 초래하고 있는지를 모르고 하는 소리다. 자유시장경제의 열렬한 옹호자인 김정호의 말처럼 김종인이 경제민주화를 도그마dogma로 만들어가고자 한다고 해도 지나치지 않을 것 같다.

김종인이 말하는 '2013년 체제'가 백낙청이 말하는 '2013년 체제'
와 동일한 것인지는 본인을 통해 직접 확인해보기 전에는 단언할 수
없다. 그러나 그가 책 서두에서 "2013년 체제 출범이 임박했다"고 서
술하면서도 '2013년 체제'에 대한 구체적 내용을 전혀 언급하지 않으
면서 경제민주화란 공정한 시장질서 확립을 넘어서 남북 통일문제까
지 연계된 것이라고 주장한 부분이 백낙청의 주장과 맥락을 같이 한
다. 백낙청은 하버드대에서 학위를 받은 서울대 영문과 교수 출신이
고, 계간지 〈창작과 비평〉 편집인, 한반도평화포럼 이사장, 6 · 15 공동
선언 실천 남측위원회 명예 대표로서 대표적인 현실 참여 부르주아 좌
파 지식인이다. 그가 2012년 1월 써낸 책이 『2013년 체제 만들기』다.

백낙청은 2012년 4 · 11 총선과 12 · 19 대선에서 승리하여 2013
년 집권 세력으로서 우선적으로 남북 분단체제 해체와 평화체제를 구
축 후 남북이 공유하는 2013년 체제를 만들자는 것이 『2013년 체제
만들기』의 골자다. 그러한 주장의 근거는 6 · 15 남북공동성명이다.
그의 주장에 주목해야 하는 이유는 좌파진영의 지적 리더의 한 명이
자 김종인의 2013년 체제 실천과의 상관관계 여부를 판단하는데 실
마리를 제공해주기 때문이다. 그의 설명에 따르면 2013년 체제를 준
비하자는 제안은 2011년 3월 10일, 강원도 인제군 한국 DMZ 평화생
명동산에서 시민평화포럼 주최로 열린 '2011 평화와 통일을 위한 시
민활동가 대회'에서 그가 행한 기조발표문에서 비롯되었다. 그 자리
는 자칭 평화운동가, 통일운동가, 시민운동가들이 모여 시민이 참여하
는 평화와 통일운동을 통하여 당면 지상과제인 분단체제 극복을 어떻
게 해나갈 것인가를 논의하기 위해 열린 대회였다. 그는 대회에서 단
순한 '분단 극복'이 아니라 '분단 체제의 극복'이라는 보다 큰 서원誓
願을 위한 것이 2013년 체제임을 역설하면서, 어째서 2013년 체제인

가를 설명하였다. 그가 이러한 주장을 하게 된 배경은 국내 정치상황으로 인해 민심이 자기들 편으로 돌아섰다고 판단한 데 있는 것 같다. 그는 단순한 정권 교체가 아닌 분단 체제인 '87년 체제를 뛰어넘어 남북이 공유하는 한반도 평화와 통일로 더 잘 살 수 있는 새로운 세상을 만들어 보자는 것이 2013년 체제를 위한 더 큰 서원이라고 하였다.

1987년 6월 항쟁으로 한국사회가 일대 전환을 이룬 것을 '87년 체제'라는 개념으로 표기하듯이 2013년 이후의 세상 또한 별개의 '체제'라 일컬을 정도로 또 한 번 바꿔보자는 것이다.

이것은 2013년 집권하여 분단 체제인 '87년 체제'를 끝내자고 하는 것인데, 이는 곧 자유민주공화국 체제를 버리고 남북이 공유하는 새로운 체제를 건설하자는 것으로 선거를 통하여 혁명을 이루어내자는 말이다. 그는 또 한국사회가 여전히 반反민주 사회라고 주장한다.

신자유주의 본격화로 말하자면 1998년 이후 마련됐던 각종 복지정책이 후퇴하고 시장만능주의 이데올로기가 민주주의 담론마저 압도하게 된 2008년 이후에 더 걸맞은 표현일 텐데, 그러나 이명박 시대에조차 한국은 신자유주의 전일적 지배라기보다 온갖 반자유주의적 구대가 함께 되살아나는 특이한 사회라고 해야 옳다. 따라서 반민주적이고 남북 대결적이던 군사 독재를 무너뜨린 87년 체제는 97년 체제로 대체되었다기보다 초기의 건설적 동력을 탕진한 채 그 말기 국면을 끝내지 못한다는 것이 한층 타당한 해석이라고 본다.

그가 2009년 자신이 편집인으로 있는 〈창작과 비평〉에 기고한 글인 「2009년 분단 현실의 한 성찰」에서 "IMF 구제금융을 계기로 한국사회는 신자유주의에 의한 서민 경제의 파탄을 일차 경험했다"고 한 것은 진실을 말했다기보다 선동을 했다고 봐야 한다. 신자유주의와 IMF 구제금융은 아무런 상관이 없다. 국제 사회에서 IMF 구제금융으로 국가적 금융위기를 벗어난 예는 그 이전에도 여러 번 있었다. 2012년 유로존 중앙은행과 IMF가 공동으로 그리스 정부에 구제금융을 제공했을 때도 신자유주의 정책을 받아들이라는 조건 제시 같은 것은 없었다. 신자유주의와 시장만능주의가 한국사회를 지배한 적이 없었다는 것을 반복해서 언급한 바 있다. 하지만 백낙청을 비롯한 좌파 지식인들은 그들이 노리는 체제 변혁을 위해 끊임없이 거짓을 생산해내고, 신자유주의에 근거한 시장만능주의가 한국사회 모순의 근원인 것처럼 선동하고 있음을 다시 한 번 확인할 수 있다.

1998년 이후 마련됐던 각종 복지정책이란 김대중, 노무현 정부 때 마련된 것을 가리키는 모양인데, 이것이 후퇴했다는 주장 역시 터무니없는 거짓이다. 이명박 정부가 지출한 복지예산은 김대중, 노무현 정부의 그것보다 훨씬 큰 규모였음이 정부 기록에 남아있다. 시장만능주의 이데올로기가 민주주의 담론을 압도하고 반자유주의적 구태가 되살아났다는 주장을 수긍하는 국민이 얼마나 될까? 김영삼 정부 이래, 소위 민주화 이래 한국사회는 민주 과잉을 넘어 평등이 자유를 위협하는 사회로 변모해가고 있으며, 그 주역들은 평등하고 통일된 민족국가를 건설하려는 좌파들이다. 이들이 어떤 집단들보다 민주와 자유의 과실을 만끽하면서도 자신들의 목적 달성을 위해 불법, 떼법, 유언비어 조작을 서슴지 않는 반민주적이며 파시스트적 행태를 보여도 국가 기관은 때로 속수무책인 것이 우리의 현실이다. 자신들이 비판하고 타도하고자 하는 대상에 대해서는 가혹한 처벌과 법집행을 요구하면서 자신들이 범한 불법, 탈법에 대한 국가기관의 합법적 수사에 대해서는 언제나 정치적 탄압, 공안 탄압으로 몰아가며 법질서를 파괴하는 것이 상습화되었다. 이명박 정부 시절은 백낙청이 지적하듯 반자유주의적 구태가 되살아난 것이 아니라 기회주의적이고 멍청한 중도실용정책 노선의 그늘에서 오히려 좌파들의 활동 공간은 확대되었고, 그들로 인해 자유가 평등으로부터 위협당하는 현상이 조장되었다. 그는 자신이 만들어낸 체제 변혁이라는 도그마에 취한 나머지 끊임없이 자기 최면에 빠져든 것이 아닌가 하는 의심을 갖게 한다. 그는 '남북이 공유하는 2013년 체제 가능성'을 거론하면서 2000년 '6·15 남북공동선언'을 남북을 통틀어 6·15 시대를 연 역사적 계기로 규정하면서, 더 이상 6·15 시대 숙제를 미룰 수 없게 되었으므로 이것을 푸는 것이 2013년 체제 성립의 필수 조건임을 강조한 부분에서 학자라기보다 선동가의 면모를 접하게 된다.

6·15 시대를 더 이상 미루어둘 수 없게 되었다. 6·15 공동선언을 외면하면서 살아온 불과 몇 년 기간에 한반도는 사람 살기에 너무나 위험한 공간이 되었고 한국의 민주주의는 처참하게 후퇴했으며 제법 잘 나간다고 호언하는 남한의 경제도 서민의 희생 위에 일부 재벌을 살찌우면서 무지막지한 환경 파괴와 공기업 및 가계 부채의 증대를 통해 지탱하고 있는 것이다. 이러한 현상을 타개하기 위해서도 6·15 시대 숙제의 이행 여부가 2013년 체제 성립에 필수적이다.

6·15 공동선언 이후 한반도가 사람 살기에 너무나 위험한 공간이 된 것이 사실이라면, 그 원인은 남한으로부터 거금에 이르는 달러와 물자 지원을 받고서도 끊임없이 대남 군사 도발을 자행하고 긴장을

야기한 북한 측에 있는 것이다. 한국 민주주의가 처참하게 후퇴한 것이 아니라 대한민국 체제를 변혁하려는 세력에 의해 한국의 민주주의와 법치가 심한 위협과 상처를 받고 있다고 해야 정확한 진단이 된다. 그가 말하는 2013년 체제 핵심인 6·15 시대 숙제란 무엇인가? 2005년 베이징 9·19 공동성명, 2007년 10·4 정상선언에 기초하여 한반도 평화체제를 만드는 것이 1차적 과제다. 평화체제란 북·미, 북·일 국교 수립, 한반도 비핵화, 평화협정만으로 되지 않고 남한 존재 자체가 위협으로 남기 때문에 한반도 재통합 과정을 비교적 안정적으로 관리할 국가연합장치가 마련될 때 현실화 될 수 있다. 이것이 남북이 공유하는 2013년 체제다. 그러나 남북연합을 종착점이 아니라 경유점으로 설정하고 있다.

남북연합이 종착점이 아니다. 다만 분단 체제 극복과정이 불퇴전의 경지에 들어서게 된다는 점에서 결정적이다.

이는 그가 현 시기를 87년 체제 말기로 규정하고 남북평화체제 구축에 위협 요소로 작용하고 있는 남한의 존재를 철저히 부정하지 않으면 안 된다는 결연한 의지의 표현이다. 한반도 위험 요소는 모두 남한 체제에 기인한다고 하면서 북한 체제가 저지른 민족적 죄악과 대남 군사적 위협과 야만적이고 폭압적인 체제 모순에 대해서 침묵하는 것은 북한 입장에 동조하고 있다는 증거가 아닐 수 없다. 김종인이 백낙청의 '87년 체제 변혁론에 동조하고 있는지는 알 수 없지만 백낙청의 보편복지 주장에서 연결 고리를 확인할 수 있다.

복지국가론이 남북연합 건설을 통한 한반도 문제 해결을 외면할 때 탁상공론에 불과하다.

그는 분단 현실을 망각한 복지국가론은 분단체제 유지론과 다를 바 없고 성공 가능성도 희박하다면서 "북이야 어떻게 되건 우리는 모를 일이고 우리끼리 복지국가를 만드는 일이 가능"하다는 것은 '후천성 분단 인식 결핍 증후군' 현상이라는 거창한 언어로 비판한다. 이것은 남북을 아우르는 복지 천국을 만들자는 것이다. 김종인의 경제민주화란 공정한 시장질서 확립만으로 끝나는 것이 아니라 남북 통일문제까지 고려해야 한다는 주장과 같은 맥락이다. 김종인이 백낙청과 깊은 의견을 사전에 논의한 바가 있었을까? 그들만이 알고 있는 일이다. 전체적으로 볼 때 대기업 중심 경제 체제를 비판하거나 반대하고 있다는 점, 자유를 말하지 않고 평등을 중요시한다는 점, 보편복시를 남한에만 국한시키지 않고 북한까지 포함시켜야 한다고 주장하는 점에서 유사성을 발견할 수 있고, '2013년 체제' 실현을 주장하는 점에서 차이를 발견할 수 없다. 백낙청이 2013년 체제를 만들기 위해 2012년 선거에 대해 얼마나 집착하고 있었는가를 짐작할 수 있는 것은 2011년 9월 5일 재야인사 원탁회의에서 행한 인사말이다. 당시 그들이 내건 선거 구호는 '승리 2012, 희망 2013'이었다.

희망 2013은 승리 2012라는 현실의 관문을 통과해야하는 간단치 않은 기획이다. 하지만 그것이 정말 무서운 기획이 되는 것은 선거 이후를 책임져야 하기 때문이다.

그가 평화체제가 되면 평등은 용이해지며 양극화 극복이 진행될수록 평화체제 구축도 탄력을 받는다는 주장에서, 양극화 해소란 단순히 소득격차 해소를 의미하는 것이 아니라 분배 평등, 소득 평등을 전제로 하는 결과적 경제 평등을 이룩하는 것임을 감지할 수 있다. 그는 현재 우리가 유지하고 있는 대의민주공화국 체제는 과두정치의 한 형태에 지나지 않는 것이므로 반드시 극복되지 않으면 안 되고, 그 최종 목적지는 민중자치가 보장되는 민중민주주의가 될 수밖에 없다는 입장을 견지하고 있다.

2013년 체제가 성립되면 우리나라의 대의정치가 지금보다 훨씬 나아질 것은 분명합니다만-그렇지 않으면 새로운 체제라고 할 수 없겠지요-, 그것이 민중의 자치라는 민주주의적 궁극적 목표와 얼마나 일치하는 것인가 하는 원론적 문제가 남게 됩니다.

"대한민국은 민주공화국이다"라고 외친 촛불 군중의 함성 밑에는 민중이 스스로 주인이 되어 다스리는 세상, 지금과 전혀 다른 모습의 세상에 대한 꿈이 도사리고 있었다. 그렇기 때문에 과두정치의 한 형태인 대의민주주의 체제를 청산하고 민중이 스스로 다스리는, 남북이 하나 된 민중민주주의 국가를 건설하기 위한 중간 단계로서 '2013년 체제'를 설계한 것이 백낙청이 쓴 『2013년 체제 만들기』다. 그의 설계대로 세상이 바뀐다면 평등주의자들이 시도했으나 철저히 실패로 끝나버린 20세기 디스토피아dystopia일 것이다.

결과적으로 이들이 그러한 세상을 건설하기 위한 전前 단계로 내세우고 있는 것이 경제민주화와 보편복지 국가건설이라고 이해해야만 모든 의문에서 벗어날 수 있다. 좌파들은 2012년 선거에서 패배함으로써 2013년 체제 만들기는 물거품이 되었으나 결코 포기하지 않을 것이다. 2017년이 다가오면 2018년 체제 만들기에 전력을 집중할 것이고, 불이 당겨진 경제민주화와 보편복지 전선을 더욱 확대해가려고 할 것이다. 2012년 총선과 대선 과정에서 으뜸 이슈로 떠오른 후 지금까지 계속되고 있는 경제민주화에 대한 논의와 논쟁들을 정리해보면, 다음과 같은 흐름의 방향과 오류와 위험 요소들을 발견하고 비판할 수 있게 된다.

경제민주화의 진원지는 헌법 제119조 2항이다. '87년 개헌 당시 삽입된 119조 2항 경제민주화는 25년 동안 동면 상태에 있었으나 2012년 선거 계절을 전후하여 깨어나 정치적 바람을 불러 일으켰다. 하지만 직접적 기폭제가 된 것은 2008년 미국 월가발 금융위기였고, 2011년 그리스를 비롯한 유로존 금융위기로 증폭되면서 한국까지 상륙한 나비효과라고 할 수 있다. 그 당시 이명박 정부 하의 한국경제 상황은 국제사회가 인정할 만큼 안정된 상태였음에도 정치권을 비롯한 지식인 사회가 징치적, 이념적으로 끌어들인 깃이 경제민주화였다. 2008년 국제 금융위기와 때를 맞추어 우리 사회에서는 양극화 논의가 본격화 되면서 2009년 이명박 정부에 의한 동반성장위원회 출범과 공정사회가 강조되었다.

학교 무상급식과 대학교 반값 등록금이 정치 이슈로 떠오른 상황에서 2011년 서울 시장 보궐선거에서 무상급식을 약속한 좌파 인사가 무상급식을 반대한 우파 인사를 누르고 당선되면서 야당 기세가 상승하자, 위기에 몰린 집권당인 한나라당이 2012년 총선과 대선에서 승리하기 위하여 선제적으로 들고 나온 것이 경제민주화였다. 그러나 좌파 지식인 일각에서는 오래전부터 경제민주화를 요구해왔고 제1야당은 이미 정강정책에 경제민주화를 공식적으로 포함시킨 바 있었다.

경제민주화 의미를 정확히 알고 있는 자들이 노리는 최종목표는 평등주의 사회 건설과 보편복지 국가건설이며, 큰 정부 시대 구현이다. 경제민주화 논의와 논쟁을 올바르게 이해하려면 경제민주화 바람잡이들의 일반적 성향을 파악할 수 있어야만 가능하고, 그렇게 되었을 때 객관적 비판이 가능하다. 바람잡이들은 이념적 바람잡이들, 정치적 바람잡이들, 부화뇌동하는 바람잡이들로 구분할 수 있다. 이념적 바람잡이들은 이념 투쟁 차원에서 접근하는 좌파 지식인들이 다수다. 이들은 1990년대 후반부터 글로벌화, 신자유주의, 자유시장 자본주의를 국가 간 빈부격차와 국민 간 빈부격차의 원인으로 단정하면서 비판하고 반대하여왔다. 국가 간 무역 장벽을 없애는 글로벌화는 선진 자본주의 국가들이 연출해낸 신제국주의 현상으로서 주권국가의 공동체 해체를 조장한다. 민영화, 규제완화, 시장개방, 감세, 노동시장 유연화와 작은 정부 정책을 강조하는 신자유주의는 양극화의 주범이고, 경쟁을 원리로 하는 자유시장 자본주의의 부익부 빈익빈 현상을 타파하여 사회 정의를 구현하고, 부자 증세와 분배 우선 정책으로 강력한 정부 개입과 간섭을 통한 보편복지 국가를 건설하는 것이 경제민주화임을 내세우면서 이것이 오늘날의 시대정신이자 시대적 요구라고 주장한다.

정치적 바람잡이들은 대중연합적이고 기회주의적으로 접근하는 우파 정치인, 우파 교수와 지식인들이 다수다. 이들은 대기업과 중소기업의 동반성장을 통하여 양극화를 해소하고 분배 중시와 복지 증대를 통한 공정사회 실현으로 국민행복시대를 열어가는 것이 경제민주화이며, 이를 위해 재벌 통제와 규제를 강화하고 지하경제를 제거하겠다고 하였다. 그러나 2011년까지만 해도 강조하던 글로벌화, 신자유주의적 자유시장 자본주의에 대해서는 일체의 언급도 하지 않는다. 이들은 좌파의 경제민주화 논리를 공개적으로 비판하지도 않지만 내심 공감하지도 않는다. 오직 총선에서 승리하여 원내 다수당이 되고 대선에서 승리하여 집권하기 위한 한때의 정치적 전략상품으로 호기 있게 내놓은 것이 경제민주화였으므로 선거가 끝나자 경제민주화라는 덫에 갇혀버린 것은 필연적 결과다. 이들 정치적 바람잡이들을 주도한 인사는 좌파 진영에 가있었어야 했을 교수 출신 정치인이었고, 우파 정당(?)은 그를 위한 들러리에 불과했다. 이들의 주장은 본질적으로 큰 정부 작은 시장 논리이고 실질적으로는 1970년대 이전 진보적 자본주의, 예컨대 미국의 뉴딜 자본주의와 영국의 사회민주자본주의 논리다.

세 번째 부류인 부화뇌동 지식인들은 대체적으로 반反재벌, 반反기득권 정서 소유자들이다. 주로 정치 주변부를 맴도는 인사들로서 그때그때 개인적 이해관계에 따라 입장을 바꾸는 자들이다. 이들 바람잡이 인사들과 세력들이 주장하는 경제민주화 논리에 맞서 지속적으로 반론을 펴고 경고를 보내는 정치인, 교수, 참여 지식인, 진직 관료 출신 인사들은 소수이고, 우파 언론이 여기에 가세하고 있다. 일반 대중이 민주와 반민주 차원에서 당연한 주장이 아닌가 하는 막연한 감으로 자신들에게 돌아갈 혜택이 어떤 것일까 하고 관망하는 것은 자연스러운 현상이다. 각종 여론조사기관이 경제민주화에 대한 찬반을 물어보면 경제민주화가 국가 권력을 강화하고 개인과 시장의 자유를 쪼그라들게 만드는 독배인 줄 아는 자는 그리 많지 않다. 70% 이상의 일반 대중들이 찬성하고 있다.

▶▷ 경제민주화 주장의 맹점

1) 반역사성, 반시대성

경제민주화란 경제 교과서에도 없는 용어이자 이념적, 정치적 용어임이 확실하지만 한국 정치사회에서 뜨거운 현안이 되어 있는 것이므로 경제민주화 주장들이 내포하고 있는 독단적 오류와 문제점들을 거론하지 않을 수 없게 된다.

이것이 내포하고 있는 첫 번째 오류는 반反역사성과 반反시대성이다. 정치체제든 경제체제든 국가체제가 영속성을 지니려면 역사적으로 검증된 보편성을 지녀야 하고, 정부 정책이 타당성과 실효성을 지니려면 시대 흐름에 부합해야 한다. 경제민주화가 지향하는 최종 목적지는 평등주의 사회이며 평등주의 사회는 국가주의에 의해서만 실현가능하다. 불평등한 인간 사회를 평등한 인간 사회로 개조하려고 했던 모든 시도와 실험은 인류 사회에 끔찍한 재앙을 안겨준 나머지 철저히 실패한 것이 19세기와 20세기에 걸쳐 있었던 인류 역사의 경험이다. 이것은 인간이 계몽주의적 이성과 과학적 합리주의에 입각하여 국가 권력의 힘으로 모든 불평등과 억압과 빈곤으로부터 해방된 지상낙원을 건설할 수 있다고 확신했던 공상가들이, 인간을 단순한 실험대상으로 삼았던 비극적 역사를 말하는 것이다. 그 유령은 지금도 우리 주변을 떠나지 않고 배회하고 있다. 대한민국은 건국한 날로부터 자유경쟁, 법 앞의 평등, 기회의 평등을 기본 원리로 하는 자유민주공화국 체제를 지향해 왔고, 자유시장 자본주의 경제 체제를 지향하면서도 사회정의 요소를 중시하여 왔다. 따라서 국가가 시장에 대한 개입과 간섭을 강화하여 자유경쟁을 억제하고 사회정의라는 구실로 인위적인 평등사회 건설을 목표로 하는 경제민주화는 반역사적이다.

글로벌 시대에 부합하는 성숙한 자유시장 자본주의 사회로의 진입과 글로벌 시장경쟁에서 앞서가는 것이 우리 시대 요청이다. 21세기에 접어든지 벌써 14년이 되었다. 오늘날 세계는 20세기 후반과는 전혀 다른 세상이다. 그야말로 역사적 대전환기다. 개인과 국가의 활동 영역이 공간적으로 지구촌 구석구석까지 확대되는 지구촌 시대, 글로벌 시대이며 제조산업 중심경제에서 지식 · 정보 · 서비스 산업 중심 경제로 전환되어 가는 시대로서, 최고 수준의 지식과 기술을 갖추어야만 경쟁에서 이겨낼 수 있는 시대이다. 동시에 자국 중심 전쟁시대에서 교역 중심 공존시대로 바뀌어가는 세기적 전환기다. 국가에서 지구촌으로, 정부에서 개인으로, 폐쇄에서 개방으로, 규제에서 자율로, 통제에서 경쟁으로 급속이 탈바꿈해가는 삶의 환경이 글로벌 시장을 만들어내고, 글로벌 시장은 필연적으로 새로운 국제사회 관리 방식과 새로운 국가 경영과 새로운 사회 정의를 바탕으로 하는 글로벌 규범global standard을 만들어내고 있다. 이러한 세기적 추세가 디지털 기술혁명과 지식산업 진행과 더불어 날로 빨라지고 있기 때문에 어떤 국가도 외면하거나 역행할 수 없는 시대 상황임이 자명하다. 그럼에도 이에 아랑곳하지 않고 개발시대 정신 수준으로 자립경제와 경제민주화, 보편복지 국가로 가자는 것은 어떠한 이론이나 논리로도 수용될 수 없고 정당화 될 수 없는 반시대적 발상이며 주장이다.

경제민주화 대책이라고 내놓은 내용들은 수십 년 전부터 떠들어왔거나 시도했거나 고려해온 것들로, 새로운 것은 없이 겉포장만 경제민주화로 달라졌을 뿐이다. 성장 기반을 강화하고 사회 정의를 바로 세우며 평화롭고 행복한 세상을 만들 수 있는 '묘약'이 경제민주화라고 떠드는 인사들은 희망을 꺾는 자들이며, 미래를 포기해도 상관없다는 한때의 선동가들이다. 그것도 국제 사회에서 G-20 국가 중 교역 의존도가 87%로서 2위인 독일의 61.6%와도 20% 이상 격차가 나는 국가가 자유시장 자본주의 원리를 포기하자는 것은 배부른 자들의 헛소리가 아니고서는 있을 수 없는 주장이다. 2011년 대한민국이 세계 아홉 번째로 수출입 전체 무역규모 1조 달러 국가가 될 수 있었던 것은 국제 자유교역 체제 혜택을 가장 많이 받았음을 의미한다. 경제민주화 주장자들은 위 사실을 인정하려고 하지 않고 한국사회가 지구상에서 빈부 격차가 가장 심한 양극화 사회인 것처럼 과장하고, 그 원인을 우리로 하여금 성공케 한 자유시장 자본주의 체제 탓으로 돌리고 있다.

2008년 월가발 국제 금융위기 상황을 끌어들여 양극화를 과장하며 신자유주의적 자유시장 자본주의 체제가 파국을 맞았기 때문에 한미 FTA를 반대할 것과, 국가가 더욱 강력해진 힘으로 대기업을 통제하고 시장개입과 간섭을 강화해야만 발전할 수 있다고 떠드는 자들의 주장이 얼마나 근거 없는 허풍인가를 지구촌 곳곳에서 확인할 수 있는 것이 2014년 현재 상황이다. 국제 사회에서 신자유주의적 자유시장 자본주의체제가 종말을 고했다는 선언은 그 어디에서도 나온 바 없다. 국제적으로 자유교역은 계속 확대되고 있다. 월가 금융위기는 과거사가 되고 미국 경제는 살아나고 있으며, 그리스를 비롯한 남부 유럽 국가들이 금융위기도 EU 체제 규약과 협조 안에서 느리지만 해결되어가는 과정에 있다.

EU 체제를 구성하고 유지하는 대원칙은 자유민주주의, 자유시장경제이다. 2013년 6월 17일 개최된 G-8 정상회담에서 오바마 미국 대통령과 유럽 정상들은 "미국과 EU 간 FTA 체결을 위한 첫 협상을 다음 달 워싱턴에서 개최한다"는 공동성명을 발표했다. 미국과 EU는 전

세계 GDP의 47%를 차지하고 세계교역량의 30%를 넘는 초경제 권역이다. 한·중·일 간 FTA 협상은 이미 원칙 면에서 합의한 바 있고, 2013년 6월 중국을 방문한 박근혜 대통령은 시진핑 주석과 한중 FTA 협상을 진행시키기로 합의했다. 대한민국은 교역 국가답게 이미 미국, EU 등 45개국과 FTA를 맺고 있다. 2013년 6월 9일에는 미국, EU, 일본 등 21개국과의 서비스 무역협정(TISA, Trade In Service Agreement)에 참여키로 방침을 결정함으로써 통신, 금융, 건설, 유통, 해운 등의 서비스 분야에서 개방의 폭을 넓힐 수 있게 된다. 참여국 21개국의 서비스 무역 규모는 세계 전체 서비스 무역의 70%이며 중국, 브라질까지 참여하는 것은 시간문제인 것처럼 보인다. 한국보다 훨씬 늦게 WTO에 참여한 사회주의 국가 중국이 개방과 자유교역에 질주하고 있는데 비해, 한국은 뒷걸음질 치려 한다는 것은 아이러니다.

경제민주화로 인한 대내적 환경 개선이 국제환경의 영향을 받지 않을 것이며, 대외적 경쟁력을 높이게 될 것이라고 경제민주화 주장론자들은 말할지 모른다. 그러나 이것은 궤변일 뿐이다. 국내에서 통제받고 간섭받는 기업이 국제시장에서 통제와 간섭을 거의 받지 않거나 적게 받는 기업과 경쟁에서 이긴다는 것은 불가능할 뿐 아니라, 오히려 국내 시장에서조차 국내기업이 제재를 받는 분야와 부분에 외국 기업이 쉽게 진출할 수 있어 역차별을 당하는 것을 피할 수 없게 된다.

한국의 경제상황에 대해 외국 전문가들과 전문기관들이 지대한 관심을 가지고 지속적인 관찰과 평가를 하는 것은 한국경제가 국제시장에서 차지하는 비중이 그만큼 크기 때문인데, 최근에 발표되는 그들의 평가를 경청할 필요가 있다. 최근 제2차 한국보고서를 낸 바 있는 맥킨지글로벌연구소McKinsey Global Institute 소장 리처드 돕스가 2013년 4월 국내 언론과의 인터뷰에서 한국경제 현실을 '서서히 뜨거워지는 물속의 개구리'로 비유하면서 한국인들은 위기가 닥치면 마치 끓는 물이 담긴 냄비에 던져진 개구리가 뛰쳐나가는 것처럼 위기 극복에 뛰어나지만 "쇼크나 위기가 없어도 잘 대응할지는 의문이다. 서서히 뜨거워지는 물속의 개구리 같이 냄비 밖으로 뛰어나가지 않는다"고 하였다. 이는 '당해봐야 안다'는 우리말과 비슷한 의미다. 경제민주화 소동이 벌어지고 있는 현 상황은 물이 뜨거워지는 냄비 안에 있던 개구리가 탈출하기는커녕 오히려 바깥에 있던 개구리마저 냄비 안으로 뛰어드는 것에 비유할 수 있다. 심각한 위기 불감증 현상이다.

외교전문지인 〈외교정책 Foreign Policy〉에서 최근 한국경제의 성장정체 현상을 '멈춰버린 기적'으로 표현한 것도 가벼운 지적이 아니다. 지금까지 이룩해온 성취를 대수롭지 않게 여기고 소중한 과거 경험의 교훈을 쉽게 망각해버리는 버릇은, 앞날을 깊이 생각하지 않고 바깥세상을 별 것 아닌 것처럼 여기는 소아병적 폐쇄성과 배타성이 아닌지를 깊이 반성해볼 일이다. 모건 스탠리 Morgan Stanley 는 한국경제가 저성장시대로 진입했음을 지적하면서 한국경제의 전체 생산성을 높여온 대기업들의 역할을 상기할 것을 권고한다. 그러나 한국 정치계는 〈중앙일보〉 김종수 논설위원의 표현처럼 "대기업을 패대기쳐서 경제민주화를 이루겠다"고 아우성이다. 리처드 돕스 소장의 "한국경제는 앞으로 10년이 매우 중요하다"는 경고는 가볍게 흘려들을 소리가 아니다. 앞으로의 10년을 생각하기 전에 지나온 10년을 뒤돌아보고 오늘날을 생각하면 회의가 낙관을 앞지르는 것이 사실이다. 지난 10년 동안은 입으로만 경제구조개혁 필요성을 떠들어 댔을 뿐 가시적인 성과를 거두어들인 것은 없다. 〈동아일보〉가 2013년 4월 29일자에 소개한 맥킨지의 한국경제에 관한 보고서 내용이 이를 잘 말해주고 있다.

노무현, 이명박 정부는 모두 서비스산업 발전을 주요 과제로 추진했고 법률, 금융, 회계, 의료 등 산업화를 강조했지만 각 분야 기득권층의 저항에 가로막혀 성과를 내지 못했으며 중산층 비율은 20년 전 75%에서 65%로 떨어지고 노동력의 30%가 생산성이 낮은 자영업으로 몰리는 기현상이 벌어지고 있다.

〈조선일보〉가 2013년 5월, 한국과 비교되는 싱가포르와 중국의 현황을 소개한 내용을 읽으면 자탄을 금할 수 없다. 2010년 싱가포르 경제성장은 선진국 중 최고인 14.8%이고, 2013년 경제자유도는 홍콩과 더불어 세계 1, 2위다. 왜 그럴까? 싱가포르는 GDP의 40% 이상이 외국 기업 및 외국인으로부터 발생하며 총투자의 90%가 외국인 투자로 이뤄진다. 2008년 글로벌 금융위기 이후 매년 300억불~400억불을 넘던 외국인 직접투자가 117억불로 급감하자 오일허브, 금융허브, 물류허브에 이어 바이오허브 구축에 전력투구함으로써 인구 520만 싱가포르는 '전국토 경제특구' 정책에 가속 페달을 밟고 있다. 한국은 '경제자유구역' 정책 10년 동안 유치된 외국인 투자가 68억 불인데 비해 싱가포르는 2011년 한 해 동안 640억 불을 유치했으니 비교가 되지 않는다.

싱가포르가 현재 추진 중인 '바이오폴리스Biopolis' 프로젝트를 위해 정부는 유치대상 기업에 대해 "무엇이 필요하며 무엇이 어려운가?"를 물어보고 해결하는데 모든 지원을 제공한다. 30만m^2에 달하는 바이오폴리스에서는 지금 현재 세계 최대 생활용품 생산업체인 프록터앤드갬블P&G의 이노베이션 센터가 건설 중에 있고, 2014년까지 화장품 등 핵심사업의 본사를 미국 신시내티에서 이곳으로 이전할 계획이다. 싱가포르 정부가 P&G 유치를 위해 취한 조치와 준비 내용을 보면 우리의 상식을 초월한다. P&G에 어떤 기술이 필요한지를 3년간 연구·분석한 결과에 근거하여 14개 연구기관을 P&G와 연결해줬고, 석사급 이상 전문 인력 1만 명 공급과 화학, 바이오 등 맞춤 기술협력을 약속했다. 같은 방법으로 화이자, 노바티스, 글락소스미스클라인 등 세계 20위권 내 다국적 제약사 등 8곳의 R&D 센터와 생산 시설을 유치함에 있어서 보인 것처럼 자본과 기술을 가진 외국투자자들에게 파격적이고 신속한 지원을 해줌으로써 싱가포르를 일시적 경유지가 아닌 영구 정착지가 되도록 하는 'Best to Home' 구호를 실천하고 있다. 이 같은 정책으로 2009년부터 2011년까지 유치한 외국자금이 1,371억 불로 인구가 10배 가까이 되는 한국이 같은 기간에 유치한 외자총액 207억 불의 6.6배에 이른다.

싱가포르는 의료와 교육 시장의 과감한 개방으로 새로운 성장 동력을 육성하고 있다. 래플스Raffles 병원은 한국어를 포함한 11개국 언어로 진료 서비스를 제공하고, 전체 환자의 35%는 세계 최고수준의 의사들로부터 고난도 신경, 척추 수술을 받기 위해서온 100개국 고객들이다. 외국인 환자 수는 2000년 15만 명에서 2012년 85만 명으로 6배나 증가했다. 교육 부분에서는 싱가포르를 '글로벌 스쿨하우스Global School House'를 만드는 것이 목표다. 2010년까지 세계 일류대학 10곳 유치목표를 세웠고, 2005년 말 MIT, 존스 홉킨스, 조지아공대 등 12곳을 초과 유치했다. 2005년 7만 명인 외국인 유학생들도 2015년에는 15만 명으로 늘릴 계획이다. 싱가포르가 현재에 이르기까지 우리가 모방할 수 없는 요소들이 있지만 간과할 수 없는 공통적 요소들이 있다. 뛰어난 정치지도력과 최고 수준의 관료집단의 존재이다. 오늘날 싱가포르는 개방된 해양국가, 개방된 교역국가로서 21세기 암스테르담이며, 베네치아라고 해도 손색이 없다.

싱가포르에 비하면 한국은 해양국가로 발돋움하며 교역에 의존하고 살아가는 국가이면서, 개방과 개혁을 입에 달고 살아가는 국가이면서, 실제로는 내수 의존 국가인 것처럼 개방을 두려워하고 개혁을 미루어가면서 살아간다. 중국은 인재와 과학기술에 경제발전의 성패가 달려 있다는 믿음으로 세계 인재들을 진공청소기처럼 빨아들이고 있다. 모든 지원과 혜택을 보장하고 교육 인프라 확충 등 범국가적 투자와 노력을 아끼지 않는다. 그러나 한국은 초청받고 온 외국 교수, 전문가들마저 온갖 모멸을 당하다 버티지 못하고 내몰리는 국가다. 서남표 전 KAIST 총장, 김종훈 박사의 경우가 최근의 사례다. 한국의 경우 충분한 경쟁력을 갖추고 있는 의료산업이 온갖 통제와 규제에 묶여 있고, 학생들은 우수하나 숨 막히는 교육 관료주의로 인해 사회 전체가 열병을 견디어 내야 하는 교육환경이다. 글로벌 시장에서 경쟁해야 하는 대한민국이 나아가야 할 길은 개방과 경쟁이라는 외길밖에 없다. 그럼에도 불구하고 사회정의를 내세우면서 형평성 문제, 위화감 조성, 경쟁의 잔인성, 신종속주의 운운하는 경제민주화 주창자들은 반시대적 패배주의자의 길을 걷게 될 것이다. 20세기 냉전시대(1945~1991)는 핵무기 경쟁으로 인한 상호확증파괴(MAD, Mutual Assured Destruction) 시대였으나 21세기 글로벌 시대는 자유교역에 의한 상호확증생산(MAP, Mutual Assured Production) 시대다. MAP는 2013년 미국의 월간지 〈동양 경제학자 보고서The Oriental Economist Report〉에서 리처드 카츠Richard Katz가 쓴 단어이다. MAP는 인류 역사 발전 과정에서 전개되는 거대한 시대적 흐름 현상으로 어떤 국가도 막아설 수가 없다.

2) 시장만능주의 주장

두 번째 오류는 신자유주의에 입각한 시장만능주의 정책을 구실로 내세우는 주장이다. 한국은 그들이 주장하는 것처럼 신자유주의에 입각한 시장만능주의 경제정책을 시행하고 있는 국가인가? 그야말로 100% 거짓말이다. 거짓말이 아니라면 무지의 극치다. 무지하지 않으면서도 그러한 거짓 주장들을 하는 이유가 있다면 그것은 무엇일까? 이념적 목적이 아니면 정치적 동기에 의한 대중 유혹을 위한 것 중 하나일 것이다. 한국경제 실상은 건국 이래 관치 시장경제 체제로 일관해왔으며 지금은 글로벌 추세에 맞추어 정상적 자유시장자본주의 체제로 전환해가야 하는 처지에 놓여있다. 2007년 대통령 선거 당시 한나라당의 대국민 공약 기조가 '작은 정부, 큰 시장, 비즈니스 프렌들리'와 '줄·푸·세'였다는 것은 그때까지의 경제 환경이 큰 정부, 작은 시장이었음을 뜻하고 간섭과 규제가 심한 경제 체제였음을 말하는 것이다. 야당이 관치경제 청산을 주장한 것도 우리 경제가 심한 관치경제였음을 인정했기 때문이다. 그러나 5년 후 결과는 달라진 것이 없고 오히려 간섭과 규제가 늘어났을 뿐이다. 그런데 신자유주의적 시장만능주의 정책으로 1% 재벌만 살찌고 99% 국민은 빈곤층으로 전락하여 양극화 사회가 되었다고 하면서 "모든 국민이 더불어 행복한 '복지국가'를 이루기 위한 '경제민주화'와 언제 어디서 어떤 상황에서도 국민의 삶을 책임지는 '강한 정부'가 되겠다"고 약속한 당이 집권당이 되었다. 실로 5년 만에 일어난 대반전이다. 그러나 이것은 정상이 아니라 지극히 위험한, 성공할 수 없는 도박 현상이다.

복지국가, 경제민주화, 강한 정부를 달성하겠다는 것은 1930년대~1940년대 자본주의 시대로 뒤돌아가겠다는 것과 하등 다를 바가 없다. '어떤 상황에서도 국민의 삶을 책임지는 정부'란 요람에서 무덤까지 책임지는 정부이고 이미 실패한 실험으로 끝난 이야기다. 국민의 삶을 책임지는 강한 정부란 정치이론적으로 전체주의 사상에서만 가능한 주장으로서, 개인의 삶과 시장 활동을 정부가 계획하고 통제하는 체제 하에서만 성립된다. 이것은 현행 헌법 정신에도 정면으로 배치되는 변혁 논리다. '모든 국민이 더불어 행복한 복지국가'란 천상에서나 실현가능한 주장이 아닐까? 행복이라는 단어는 무지개 같아서 결코 인간이 손으로 잡을 수 없다. 한국의 다수 지식인들이 모범적 복지국가로 거론하는 스웨덴 국민이 원시문명에 가까운 삶을 살아가는 남태평양의 작은 섬 바누아투 주민보다 행복하지 않다는 것은 무엇을 뜻하는가? 자살률 최고 국가로 알려진 한국사회에서 자살 이유가 반드시 빈곤 때문이 아닌 것은 왜일까? '국민 행복 시대'를 누가 마다하겠는가. 문학적 표현으로서는 어울리는 것이지만 정치적 표현으로는 너무나 비현실적이다.

정치적으로 행복이라는 말이 유행했던 시기와 장소는 19세기 후반 영국이다. '최대 다수의 최대 행복'이란 말로 닐리 알려진 벤담J. Bentham을 비롯한 밀J.S.Mill 같은 공리주의자들, 콩트Comte 같은 실증주의자들은 진보와 행복이라는 명제를 중시하며 정부가 인간 개개인의 행복과 공동체적 행복을 계획하고 실현시킬 수 있다고 주장했다. 그들이 활동했던 시대의 영국은 산업혁명이 진행 중이었다. 정부의 역할이 커지고 전투적 노조의 힘이 점증하던 시기로서, 개인의 자유를 중시하며 개인주의에 기반을 둔 정통적 자유주의자들과 사회정의를 중시하며 집단주의에 기반을 둔 공리주의자, 물질주의자들이 격돌하던 시대였다. 한때 벤담과 같은 공리주의자였던 보수적 자유주의 사상가로서 행복의 근원을 미덕에 두었던 스티븐 경Sir. James F. Stephen은 행복을 실험하고 행복한 사회를 계획할 수 있다는 밀J.S.Mill을 경멸조로 비판하였다. 러셀 커크Russell Kirk는 『보수적 자유주의자의 사상 *The Conservative Mind*』에서 스티븐의 비판을 다음과 같이 소개하였다.

무엇이 행복이라고? 밀이 행복을 실험할 수 있고 행복한 사회를 계획할 수 있다고 한 것은 어처구니없는 망발이다! 우리가 누가 더 행복한가를 경험에 의하여 말할 수 있는 자격을 가진 사람을 어디에서 찾을 수 있단 말인가? 국회의원과 도덕가는 결코 개인으로 하여금 행복을 누리게 할 수 없다.

그는 인간이 인간의 행복을 디자인하고 모든 개인의 행복을 마련해줄 수 있다고 주장하는 공리주의자들, 실증주의자들의 소망을 어리석음의 극치라고 혹평하였다. 사회 정의와 물질주의를 강조하는 공리주의 사상을 정통적 자유주의자들이 경계한 것은 공리주의에서 한 걸음만 더 나아가면 사회주의가 되고 사회주의에서 한 발자국만 더 나아가면 공산주의가 된다고 믿었기 때문인데, 20세기 역사는 그러한 우려가 실제적으로 전개되고 확인되었던 역사이기도 하다. 정부가 행복한 사회를 설계하고 계획할 수 있는 것도 아니고 정부의 간섭과 규제로 개인을 행복하게 만들 수 있는 것도 아니다. 행복이란 물질적인 것만으로 이루어지는 것이 아니며 개인의 숫자만큼이나 그 척도가 다양하기 때문이다.

18세기 전후의 고전적 자유주의자들은 행복을 신의 영역으로 인식함으로써 실증적으로 증명해낼 수 없는 영역이라고 믿었다. 좋은 직장이 있고 좋은 집에서 살며 좋은 음식을 먹고 좋은 옷을 입을 수 있고 원할 때면 언제나 여가를 즐길 수 있다고 하더라도 행복을 느낄 수 있을까? 북한 땅에 부모형제를 두고 온 남한의 월남 인사들은 통일이 되어 돌아갈 수 있을 때까지 마음의 고통에서 벗어나지 못할 것이다. 정치인들과 관료들을 믿지 못하는 삶, 검사와 판사를 믿지 못하는 삶, 정부를 신뢰하지 못하는 삶, 거리를 안심하고 다닐 수 없는 삶, 인간을 믿기 어려운 삶을 살아가는 시민과 국민이라면 행복할 수 있을까? 강한 정부를 모시고 살아가야 하는 삶이 행복할 수 있을까? 경제적 평등사회가 행복을 가져다 준 역사적 사실이 실재한 적이 있었을까? 그렇지 않다.

신뢰할 수 있고 간섭이 적은 정부 아래서 안심하고 거리를 활보할 수 있고 정직한 정치인들과 관료들을 믿고 살아갈 수 있는 사회, 정치적 자유와 경제적 자유가 충만한 문명사회에서 모험과 경쟁을 두려워하지 않고 이웃과 더불어 살아갈 수 있는 사회, 오늘은 비록 빈곤하지만 내일에 대한 희망을 지니고 살아갈 수 있는 사회, 자신에 대한 인간적 존엄성을 타인의 그것과 같다고 믿고 살아갈 수 있는 사회라 할지라도 행복지수는 높여갈 수 있지만 개개인의 행복을 보장해 줄 수는 없다. 복지국가, 경제민주화, 국민의 삶을 책임지는 정부란 정치엘리트와 관료엘리트가 지배하는 사회를 말하며, 한국사회는 이미 오래 전부터 민주주의라는 이름 아래서 그들이 장구치고 북치는 사회다.

경제민주화가 가장 뜨거운 이슈였던 2012년 대선 과정에서 한국경제가 시장만능주의 경제와는 거리가 먼 관치경제로 발전했음을 정직하게 지적한 인사는 장하성 교수였다. 그는 2012년 언론에 기고한 글에서 "박정희 정권은 노벨 경제학상 수상자인 센 교수가 평가한 것처럼 사회주의에 버금갈 정도의 계획 경제와 정부가 시장 개입을 넘어서서 시장을 장악한 관치경제를 했다"면서 1997년 외환위기를 맞아 시장경제가 본격적으로 추진되었지만 여전히 관치경제의 틀을 벗어나지 못하고 있는 것이 현실임을 지적하였다.

우리 경제가 신자유주의나 시장근본주의를 했다거나 또는 정부가 시장에서 손을 뗀 것처럼 생각하는 것은 현실과 전혀 다른 아전인수

격 해석이다. 박정희 시대의 산물인 관료와 재벌의 경제 장악은 여전히 튼튼하다. 경제 관료들의 영향력은 '관은 치治를 위해 존재한다'고 공언할 정도로 아직도 막강하다.… 보수를 대표하는 이명박 정권은 물가지수를 만들고 정부가 주유소와 설탕사업에 뛰어들고 토목사업을 주도할 정도로 시장에 개입했다. 친재벌정책을 폈다가 동반성장을 내세워 중소기업 업종을 정하는 등 기업의 사업영역에 개입하기도 했다.… 우리나라에서 경제 권력은 시장에 있는 것이 아니라 재벌과 경제 관료가 나눠 갖고 있다.

관치경제 청산은 시간을 다투는 당면과제임이 분명함에도 불구하고 오히려 관치를 강화하겠다는 것이 오늘날의 여야 정치권이다. 관치경제의 주체는 정치엘리트와 관료엘리트들이다. 관치경제가 원리 면에서 문제가 되는 것은 개인과 시장의 자유를 제한하고 시장 질서를 왜곡시키는 것이지만, 현실 면에서 문제가 되는 것은 정경유착과 정실주의로 인한 부정부패 조장과 국가적 낭비를 초래하여 사회발전 동력을 저하시키고 국가 발전을 가로막는 데 있다. 현 정부가 증세 없는 복지 정책과 지하경제 양성화를 내세우자 국세청, 공정거래위원회, 금감원, 검찰, 경찰의 칼날은 춤을 추고 이들의 위력은 하늘을 찌를 듯 사나워지고 있다.

대기업들의 최우선 경영 과제는 투자나 시장 개척, 신제품 개발이 아니라 '몽둥이 피하기'다.… 국세청 세무조사가 한번 훑고 간 자리에 관세청이 나타나 다시 서류를 챙겨가는 사례도 있다고 들린다. 금융감독원이 컴퓨터를 챙겨 가버린 사무실에 검찰이 뒤늦게 나타나 비밀장부를 어디에 숨겼느냐고 문초하는 광경도 벌어지고 있다.… 산업통

상부 장관은 30대 재벌 기업 사장들을 모아놓고 투자해달라고 하소연했다. '경제민주화'를 겁내지 말라고 달랬다. 바로 그날 국세청은 사상 최대의 세무조사를 하겠다고 겁을 줬다.

〈조선일보〉 송희영 논설주간(現 주필)의 글이다. 을乙을 위한 정당을 천명하고 나선 야당이 노리는 먹잇감은 갑甲인 가진 자들이다. 그러나 이것은 가소로운 위선이다. 「기업과 시장에 빨대 댄 정政, 관官, 법法 부패 끝은 없나」라는 신문 사설이 아니더라도 한국의 정계, 관계, 법조계를 둘러싼 부정부패가 얼마나 심각한가 하는 것은 오래전부터 일반 국민의 상식으로 받아들여지고 있는 것이 현실이다. 관료주의, 관치경제의 뿌리가 깊은 한국사회에서 언론이 지적하고 있는 것처럼 영원하고 강고한 갑은 사법부, 검찰, 경찰, 국세청, 각종 규제 및 허가권을 가진 정부 부서, 지방자치단체들이다. 이들 뒤에 버티고 있는 깃이 정치권력이다.

관치경제가 초래하는 현상 중 하나는 공공기관의 부실 경영과 부채 증가다. 2012년 사상 처음으로 공공기관 부채(463.5조원)가 정부 부채(420.7조원)를 앞질렀고, 2013년 6월 현재 국토부 산하 5개 공기업이 상환해야 하는 연간 이자만 7조 원에 이른다고 하니 가히 부채 공화국이라고 할만하다. 한국조세연구원 보고서에 의하면 2013년 12월 11일 현재 공공기관 부채는 565조 원으로 늘어나서 빚을 내서 빚을 갚아야 하는 처지다. 공공기관의 장이나 감사와 같은 자리는 집권 세력이 논공행상으로 나눠주는 전리품이 되었다. 시한부 경영책임자들은 공공노조와 한편이 되어 부실 경영은 아랑곳하지 않고 자신들의 이익만 챙기면 그만이고, 책임지는 사람은 아무도 없다. 그러면서 공공기관의 민노총 조합들은 목숨을 걸다시피 하면서 경영개선을 위한 민영화 반대투쟁에 나서고 있다. 관치경제의 상징은 단연코 '관치금융'이다. 이명박 정부는 금융개혁 약속을 버리고 오히려 규제의 올가미를 조이면서 자기 사람들로 하여금 금융계를 완전히 장악하였으나 금융산업 발전은 고사하고 크고 작은 금융사고가 끊이질 않았다. 이명박 정부 하에서의 관치금융 실태를 신랄하게 비판한 〈조선일보〉 송희영 기자의 칼럼 내용은 정권이 바뀌었다고 해서 달라질 전망은 별로 없어 보인다.

주요 금융 지주회사는 대통령과 가까운 4대 천황四大天皇 지배 아래 들어갔고 민간 금융회사들의 모임인 금융단체 회장직을 모두 장악해 버렸으며, 공무원들이 금융회사 머리 꼭대기에서 호령하는, 관치를 넘어 권력자들이 그 위에서 절대 권한을 행사하는 권치權治의 꽃이 활짝 피게 했다.

그러나 2013년 6월 현재 상황을 비판한 「민간 금융회사까지 잇단 접수… 모피아 전성시대」라는 〈한겨레신문〉 기사 제목을 보면 그러한 상황이 더 심화된 것처럼 보인다. 2013년 6월 10일 이장호 BS금융지주 회장은 금감원의 사퇴 압박을 받고 사임했다. BS금융은 부산은행을 기반으로 하는 48조원대의 금융지주회사로서 순수 민간 금융그룹이다. 부산은행은 지방은행으로서 외환위기 때도 정부지원을 받지 않았던 건실한 은행인데, 주주도 아닌 금감원이 "장기간 독단적 경영을 했다"는 구실로 사임을 강요한 것이다. 정상적 자유시장자본주의 국가라면 상상할 수도 없는 일이 대한민국에서 상식처럼 벌어지고 있다. 서비스산업 육성이 국가 주요 경제정책임에도 서비스산업의 으뜸이 되는 금융산업은 관치에 휘둘려 고리대금업 수준에 머물면서 안

방장사만 하는, 정치권력과 모피아의 먹이사슬장처럼 낙후되어 있다. 외환위기 이후 공적 자금이 116조 원이나 투입되었으나 낙후성을 면치 못하고 있으며, 외환위기 백서에서 관치금융을 주요 원인으로 고백한 사실이 있었음에도 결코 개선되지 않았을 뿐 아니라, 2008년 국제 금융위기를 빌미로 오히려 관치금융이 심화되고 있다. 2008년 국제 금융위기 발생 진원지였던 월가의 투자은행들은 이미 세계 1위로 복귀하였으나 한국 금융은 여전히 꼴찌를 면치 못하고, 꼴찌인 한국 금융 뒤에는 관치가 있다는 것이 언론을 비롯한 전문가들의 한결같은 지적이다. 「관료 '모피아'의 무한 탐욕 시대」라는 신문기사가 난 것이 2013년 6월이다.

지난 정부에서 저축은행 부실 사건으로 대통령의 친형을 비롯한 청와대 참모, 감사원, 금감원 요원들이 줄줄이 쇠고랑을 차고 감옥으로 갔을 때 2011년 5월 당시 여당인 한나라당 정책위의장이던 이주영 의원은 국회에서 감독책임이 있는 김석동 금융위원장을 향해 "금감원은 금융감독원이 아니라 금융강도원"이라는 극단적 질책을 서슴지 않았다. 당시 저축은행 부실 사건은 대주주, 소속 임직원, 금융 당국, 관료, 정치권이 한통속이 되어 저질러진 대형 금융 부정사건이다. 2011년 5월 4일, 이명박 대통령이 금융감독원을 전격 방문하여 제도의 관행 혁파를 지시했으나 그 후 달라진 것은 전혀 없다. 오히려 금융 사고가 날 때마다 감독기관은 비대해졌고 규제는 강화되었으며, 모피아의 자리만 늘어났을 뿐이다. 2008년 이후 금융 공공기관 CEO의 68%가 모피아 출신들이고 관치금융이 심화되고 있다는 야당의 지적은 근거 없는 비판이 아니다. 모피아MOFIA란 재경부 관료들을 일컫는 말로서 옛 재무부 영문 명칭인 Ministry of Finance와 이태리 갱 조직을 일컫는 마피아mafia의 합성어다. 금융 부정사건이나 최근의 원전 관련 부정사건에서 알 수 있는 것은 "망하지 않는 한 들통 나지 않는다"는 인식이 우리 사회에 깊이 깔려 있다는 사실이다. 현재 진행되고 있는 원전 관련 부정사건은 관치경제의 폐해가 얼마나 심각한 가를 일깨워주는 상징적 사건이다. 2013년 23기의 원자력발전소 중 10기가 멈추어 선 것은 감독관청과 관련 업체와 원자력발전소 간부, 직원들이 수십 년간 하나의 이익공동체가 되어 부정을 저질러 왔기 때문이다. 덕분에 국민은 가장 더운 여름을 지내야 했고 산업계는 뜻하지 않았던 손실을 감내해야만 했다.

일부 경제학자들의 주장처럼 1992년 이전 노태우 정부까지만 해도 자유시장 부재의 시대였고 김영삼 정부 때부터 규제완화 정책이 본격화 되었다고 하나, 실상은 전혀 개선되었다고 할 수 없다. 1997년 외환위기로 인한 구조조정은 외부적으로 금융시장 개방을 강요당한 반면 내부적으로는 규제와 관치가 강화되었으며, 2008년 국제 금융위기로 인해 더욱 심화되었다. 2006년 참여정부 때 폐지되었던 '중소기업 고유업종 지정 제도'가 '중소기업 적합 업종 제도'로 되살아났고, 규제 전봇대를 뽑는 정부로 출발했던 이명박 정부는 친親서민 공정사회, 동반성장을 내세우며 더욱 심한 규제정부로 돌아섰다. 특히 기업 활동에 정부가 개입하는 진입규제, 거래규제, 가격규제, 품질규제와 같은 '경제적 규제'가 급증하여 자유시장경제가 무색케 만들고 떠난 것이 이명박 정부다.

그는 2011년, 공생발전 명목으로 동반성장위원회를 발족시켜 대기업과 중소기업 간의 이익공유를 강요하는 반시장 경제정책을 추진하였다. 동반성장위는 적합 업종을 결정하고 심지어 식당 간의 거리까지 정해주겠다는 과잉 서비스를 마다하지 않았다. 뿐만 아니라 우리는 민간위원회이므로 강제규제를 하지 않는다면서 가산점과 인센티브로 불이익을 줄 수 있다고 기업을 압박하였는데, 2013년 3월 서울시는 대형마트와 기업형 슈퍼마켓에서 야채와 수산물, 두부, 계란 등 51개 품목을 팔지 못하도록 하겠다고 발표했다. 이렇게 되면 당근과 호박은 대형마트에서 사지만 감자와 상추는 재래시장에서 사야 하는 일이 생겨나고, 수많은 시공무원들이 동원되어 대형마트와 기업형 슈퍼마켓을 감시 감독하러 나서는 웃지못할 희극이 벌어질 수밖에 없다. 지나간 날의 경력을 봐서 자유시장경제를 앞장서서 주장하고 동반성장위원회를 비판해야 할 교수 출신 유장희 동반성장위원회 위원장이 2013년 5월 27일, 73개 대기업 '동반성장 성적표'를 우수(9개사), 양호(29개사), 보통(27개사), 개선(8개사)으로 분류발표하면서 경제민주화에 크게 기여하는 듯한 모습에서 직위와 명예에 목을 매달고 사는 연약한 지식인의 면모를 다시 한 번 발견하게 된다. 해마다 한국 병원을 방문하는 외국인 환자들의 수는 늘어나는데 비해 한국 의사들은 매스를 들고 미국으로, 외국으로 떠나는 것도 진입규제에 가로막혀 있는 의료 산업 환경 탓이다. 서비스 산업에서 금융 산업 다음으로 전망이 밝은 의료 산업이 발전하지 못하는 것은 관치경제의 틀에 갇혀 있기 때문이다.

현재의 경제적 모순이 신자유주의적 시장만능주의와 재벌의 탐욕에 기인하는 것이므로 시장통제를 강화하고 재벌탐욕을 억제하기 위해 정부는 더 강력해져야 한다는 경제민주화 주장자들은 자신들이 과거 어떤 길을 걸어왔으며, 현재 어떤 환경에 처해있는가를 도외시하는 자들이다. 정치엘리트와 관료엘리트들에게 개인의 미래를 맡기고 살아가자는 시대를 역행하는 잘못된 선동가들이다. 그들은 실현될 수 없고 되어서도 안 되는 평등사회를 꿈꾸는 위험한 선동가들이다. 지금은 시장의 힘을 믿고 살아가야 하는 시대이지 국가가 개인의 삶을 책임지는 시대가 아니다. 국가가 개인의 삶을 책임지는 국가주의는 예외 없이 전체주의의 길을 걸었고, 전체주의는 예외 없이 정치인, 관료들의 권력남용과 부정부패로 몰락의 길을 걸었다. 대한민국은 운명적으로 국가주도 관치 시장경제의 길을 걸어와야 했다. 그 때문에 성공한 국가가 되었으나, 지금은 관치 시장경제의 틀을 벗어나 참된 자유시장경제로 더 큰 성공과 번영을 추구할 때이다.

설사 경제민주화 주장자들의 말을 받아들인다고 해도 전제 조건이 있다. 국민이 정치인들과 관료들을 신뢰할 수 있고, 정부는 정직하고 투명하며 공정하고 유능하여 효율성과 생산성을 기대할 수 있어야만 한다. 그러나 우리의 현실은 그 반대다. 정치인들은 믿을 수 없고 정치집단은 가장 신뢰할 수 없는 부패한 집단이며, 관료들을 부정부패와 동일시하는 것이 일반 국민의 정서다. 정부는 정직하지도 투명하지도 못하고, 공정한 것과는 거리가 멀며, 시행착오와 낭비의 대명사처럼 되어 있다. 이처럼 심각한 현실적 모순과 장애 요인들을 방치해 두고 정치인들, 관료들에게 더 많은 권한을 주고 정부에 더 강한 권력을 주자는 것만큼 비현실적이고 어리석은 주장이 있을까? 오늘날 우리가 타파하고자 하는 제반 모순은 특정 개인이나 집단의 책임이라기보다 압축 성장을 통한 성취의 대가라고 할 수 있다. 문제는 모순 타파를 어떤 방식으로 해갈 것인가이다. 방식 채택에 있어서 중요한 것은 우리 사회가 정치사회적으로 어떤 사회인가 하는 자가진단이다.

한국사회는 정치권력을 배후세력으로 하는 중증 관료행정 편의주의가 팽배하고, 후진적 정치 환경으로 인한 악성 정실주의로 중병을 앓고 있는 사회이다. 이와 같은 사회에서 경제민주화를 전제로 하는 보편복지 국가방식은 지금까지 쌓아온 성취마저 휴지 조각으로 만들어버리는 치명적인 독소로 작용할 수밖에 없다. 이는 언젠가는 엄청난 대가를 치르고 왔던 길로 되돌아가서 다시 시작해야 하는 우를 범하는 처방이다. 경제민주화를 전제로 하는 보편복지 국가란 '큰 정부 작은 시장' 국가다. 큰 정부란 경제민주화 주장자들이 말한 강한 정부다. 강한 정부란 강한 정치인, 강한 관료를 뜻하고 약한 개인을 말한다. 약한 개인이 활동하는 시장은 작은 시장이 될 수밖에 없다. 정직하지 못하고 이기심이 강한 정치인들, 관료들에게 더 많은 혈세를 안겨주게 되면 그들은 마치 자기 호주머니 돈을 나눠주는 것처럼 행세하고 자기들과 가까운 거리에 있는 사람들에게만 호의를 베푼다. 이러한 사회가 발전하고 번영한 예는 없다.

우리 국민들 뇌리 속에는 대한민국을 지배하는 상층부 중 검찰과 법원은 검찰·법관의 전관예우로, 행정부는 관료집단의 전관예우로, 입법부는 이익단체의 로비에 중독되었다는 인식으로 가득 차 있다. 연줄이 없으면 성공하기 힘든 나라, 권력이나 돈이 없으면 무엇 하나 쉽게 할 수 없는 나라가 지금의 대한민국이다. 한국사회는 정치권력 중심 사회이자 관료 중심 사회이다. 이것이 글로벌 경쟁시대 우리의 앞길을 가로막고 있는 결정적 장애 요인이다. 김순덕 〈동아일보〉 논설실장이 한국의 현실을 '신新 관존민비 시대'라고 한 것은 그러한 정치권력과 관료권력의 역할과 간섭을 더욱 늘려가야 한다는 경제민주화 세력들의 득세를 경고한 말이다.

사회주의자들의 중앙집권적 계획경제와 국가주의자들의 통제경제를 반대하고 개인과 시장의 자유를 기본 원리로 하는 자유시장경제를 주장했던 신자유주의의 선구자 3인방 중 미제스, 하이에크는 오스트리아에서 사회주의, 공산주의, 나치즘의 모순과 위험을 목격하고 체험했던 학자들이다. 또 프리드먼은 미국에서 뉴딜 시대의 모순과 한계를 체험했던 학자였다. 이들은 경제적 자유는 정치적 자유로부터 분리될 수 없는 것이기 때문에 정부 간섭으로 경제적 자유를 제한하게 되면 정치적 자유 제한은 불가피해진다고 믿었으며, 그 중심에 관료와 관료주의가 자리 잡고 있음을 강조하였다. 이를 이론적으로 가장 심도 있게 다룬 학자가 미제스였다. 미제스는 미국으로 건너가 뉴욕대에서 관료주의 폐해와 자유시장경제 옹호론을 가르치다 생을 마감한 학자였으며, 그가 쓴 『관료정치 *Bureaucracy*』(1944)는 미국 사회에 지대한 영향을 미쳤다. 그 책에서 큰 정부를 상징하는 뉴딜 정부에 대한 그의 비판은 2013년 한국 현실에 그대로 적용될 수 있는 논리다. 『사상의 거장들』에서 소개한 미제스의 비판 내용은 다음과 같다.

뉴딜 정부는 순수 선거라는 의미에서 보면 민주적이지만 분명한 것은 권력 위임을 유사 입헌주의로 위장하여 독재를 행할 수 있다.

이것은 큰 정부의 특성이기도 하다. 그는 공공분야에서 기업가적 경영방식이 결코 통용될 수 없는 이유를 간명하게 설명하였다. 과거에 그가 기업인이었다 할지라도 정부 공기업을 책임지는 순간 그는 기업 경영인이 아니라 관료가 되어버리기 때문이며, 관료의 목표는 이윤 추구에 있는 것이 아니라 오직 규칙과 규정을 충실하게 따르는 데 있기 때문이라고 하였다. 아무리 유능한 경영자라고 해도 공공기업 책임자는 정부로부터 더 많은 자금과 자원을 짜내기 위해 싸워야 하는 존재가 될 수밖에 없다. 그러므로 자유적인 사기업을 능가할 수 없으며, 오직 시장에서만 판매자와 구매자 간 마찰 없는 거래가 가능하다고 믿었다. 미제스와 하이에크는 특히 프러시아 관료주의 전통과 비스마르크 이래 강력한 뿌리를 내린 독일제국의 국가주의 전통이 끼친 악영향에 대한 심도 있는 연구를 통하여 국가가 책임지는 경제 보장은 위험하고, 국가가 보장하는 경제 자유만이 개인의 자유와 시장의 자유를 가능케 하고 정치적 자유를 누릴 수 있게 한다고 주장하였다. 정부의 역할을 필요 이상으로 확대하는 것을 반대하였고 인간의 자유가 숨 쉴 수 있는 곳은 오직 시장뿐이라고 역설하였다. 우리가 독일, 프랑스와 같은 국가의 체제를 조심해야 하는 이유는 관료주의 뿌리가 깊고 국가주의 요소가 강한 역사적, 문화적 배경 때문이다. 정부 간섭주의와 정부 역할에 대한 미제스의 견해는 글로벌 시대에도 여전히 유효하다. 그는 정부의 시장개입과 간섭은 또 다른 개입과 간섭을 낳고 승자와 패자를 구분하여 한 쪽의 희생 위에 다른 한 쪽을 보상하게 됨으로써 기존 질서를 무너뜨리고, 또 다른 형태의 불평등을 조장하여 사회 정의 자체를 무의미하게 만든다고 경고하였다. 그는 정부 역할을 법치 유지와 개인의 생명과 재산 보호에 역점을 둘 것을 주장하였다. "최악의 법이라 할지라도 관료적 폭군bureaucratic tyranny 보다는 낫다"고 했던 미제스는 칼 포퍼와 마찬가지로 관료적 사고가 플라톤의 유토피아 정신과 유사하다고 생각했다. 그러면서도 관료주의로 인한 폐단과 모순의 책임은 관료들에게 있는 것이 아니라 정치제도에 있다고 한 것은 국가가 국민의 삶을 책임져야 한다는 수혜정부의 본질을 말한 것이다. 이는 곧 보편복지 국가, 큰 정부를 의미한다.

미제스, 하이에크, 프리드먼 같은 신자유주의자들이 경제에 있어서 정부 간섭주의와 이를 뒷받침하는 관료주의를 그토록 비판하고 반대한 것은 그러한 제도와 정책들이 궁극적으로 자유민주주의를 위협하게 되므로 자유민주주의 체제의 향유를 바라는 한 자유시장 경제체제가 최선의 길임을 확신했기 때문이다. 이들의 사상과 이론은 경제민주화를 주장하는 한국의 지식인들이 함부로 말하는 것처럼 쓸모없는 구시대 사상과 이론으로 끝나버린 것이 아니라 여전히 영향을 미치고 있는, 당대의 주류사상이며 이론이다. 이것은 앞으로 우리가 글로벌

경쟁시대 선두그룹에 속하기 위해서 국가주의적, 관료주의적 전통이 뿌리 깊은 독일, 프랑스, 북구 국가들의 모델과 개인주의 전통이 뿌리 깊은 앵글로-아메리카 모델 중 어느 것을 참고할 것인가를 결정할 때 간과할 수 없는 고려 요소다.

19세기 후반부터 1970년대 전반기까지 국제 사회는 큰 정부 시대였다. 이 기간은 사회주의, 공산주의, 나치즘, 파시즘이 위력을 떨치고 국가공동체와 계급 이익이 개인의 이익을 앞서던 시대였다. 마르크스와 레닌과 스탈린, 히틀러, 마오쩌둥, 케인즈와 루즈벨트와 애틀리의 영향이 컸던 시대다. 큰 정부 시대에 맞서 투쟁을 벌인 신자유주의자들의 사상과 이론에 따라 작은 정부 시대가 도래한 것은 1970년대 후반부터다. 작은 정부 시대는 글로벌화와 맞물리면서 자유무역을 전제로 하는 글로벌 시장 시대를 촉진시켰다. 2008년 국제 금융위기가 북미 대륙과 유로존을 강타하자 작은 정부와 자유시장경제, 자유교역 사상과 이론에 대한 회의가 생겨났으나, 5년이 경과한 현재 기존의 국제 경제 질서와 환경은 변함없이 제자리로 돌아가고 있다.

그러나 오직 한국에서만 시대 흐름이 바뀌었음에도 큰 정부 체제를 더욱 강화해야 한다는 소동이 벌어지고 있다. 일부 지식인들은 스웨덴의 사회주의적 복지국가, 독일의 사민주의적 복지국가 모방을 주문하는가 하면 심지어 중국식 국가자본주의state capitalism를 대안으로 제시하고 있다. 박정희 개발경제 모델을 비판하는 장하준 교수가 중국 모델을 긍정적으로 평가하는 것이 단적인 예의 하나다. 오늘날 국제 사회에서 시장에 대한 국가 개입과 간섭이 심한 대표적 국가는 중국, 러시아, 브라질이다. 중국은 미국 다음 가는 제2의 경제 강국으로 부상하여 국제 교역 환경에 심대한 영향을 주고 있다. 그러나 일당독재라는 정치체제를 극복하지 못하는 한 성공에 한계가 있을 수밖에 없다는 것이 국제 사회 경제전문가들의 견해다.

　중국, 러시아, 브라질이 직면하고 있는 공통된 최대 문제는 경직된 관료주의와 정실주의와 부정부패이다. 중국 공산당이 경제발전 못지 않게 날로 만연해가는 부정부패의 늪을 벗어나야 하는 힘든 과제를 안고 있는 것은 피할 수 없는 현상이다. 이것은 일찍이 인류가 겪었던 역사적 경험이다. 중국 경제 체제를 들여다보면 경제에서 정부개입과 간섭이 심해지면 심해질수록 시장질서는 왜곡되고 부정부패는 늘어날 수밖에 없으며, 정치엘리트와 관료엘리트가 지배하는 사회가 된다는 것을 다시 한 번 확인할 수 있다. 등소평으로부터 시작된 개혁개방과 국가자본주의 정책은 대성공을 이룩하여 2010년 현재 120개 국영기업들(SOEs, State-Owned Enterprises)의 연간 총매출이 2.9조 달러(《이코노미스트》, 2012년 1월 21일)에 달하고 생산성과 경영면에서도 날로 세련되고 국제화되어 가고 있으나, 철저히 공산당의 지배 아래 있다. 큰 기업에는 공기업이든 사기업이든 관계없이 당에서 파견된 당 세포party cell가 독자적 사무실과 인원을 갖고 감시감독 활동을 한다.

　중국은 국가자본주의 체제를 작동하기 위해 2개의 기업통제기구를 두고 있다. '국영자산 감독 및 행정위원회(SASAC, the State-Owned Assets Supervision and Administration Commission)'와 '공산당 조직부(CPOD, the Communist Party's Organization Department)'이다. SASAC는 기업의 대주주로서 120개 대기업 회사를 통제하며, CPOD는 마오쩌둥이 1924년 창설한 것으로 인간 자원을 관리하는 세계에서 가장 강력한 부서로서 각 기업 회사에 파견되는 당세포의 통제 부서다. 대부분의 성공한 기업 CEO는 당 간부 요원들로 이들에게는 고용인보다 당의 보스를 만족시키는 것이 급선무다. 따라서 기업 이윤 창출보다 당의 요구를 더 중시해야 하기 때문에 생산성과 효율성은 저하될 수밖에 없고, 부정부패 가능성은 곳곳에 산재한다. 또한 국가통제기업이 개인 사기업보다 더 많은 혜택을 받게 되어 시장 질서를 왜곡시킨다. 현재 글로벌 평가기구에서 발표한 중국의 국가 부패지수는 세계 75위다. 푸틴을 정점으로 하는 지배 엘리트들이 경제를 좌우하고 있는 러시아의 국가 부패지수는 143위다. 보이는 손, 정부의 손이 크면 클수록 그 사회는 부패하기 쉽고 자유는 위축되기 마련이다.

경제민주화로 보편복지 국가로 가야한다는 한국의 정치인, 관료, 지식인들은 역사적 경험을 무시하고 보편적 시대 흐름을 거부하는 자들이다. 자신들의 능력과 양심은 물론 사회적 윤리와 양심을 과신하는 자들이고, 자유의 가치와 소중함을 망각한 자들이다. 시장에서 개인의 보이지 않는 손이 정부의 보이는 손에 밀려나면 밀려날수록 그 사회에서는 권력집중 현상이 가속화되어 자유민주주의가 위협을 받게 되고 부정부패 기회가 늘어난다. 우리가 직면한 현재의 경제적 모순은 시장만능주의 경제정책 때문이 아니라 관치시장경제 정책 때문이라는 사실을 인정할 때 비로소 해결의 실마리를 발견할 수 있는 것이지, 그렇지 않고 시장만능주의 정책 탓이므로 관치시장경제 정책을 더욱 강화하자고 하면 모든 것을 상실할 수 있다. 자기 자신 이외에 누구도 신뢰할 수 없는 사회가 한국사회라 해도 반박하기 어려운 것이 우리의 입장인 것을 뻔히 알면서 우리의 삶을 정치인과 관료들에게 맡기자는 것은 미래를 포기하자는 것과 같다. 2013년 7월 16일자 〈조선일보〉 사설 내용은 가감할 것이 없다.

「언제까지 이마에 '부패국가' 딱지 붙이고 살 건가」
홍콩 소재 컨설팅 회사인 정치경제위험자문공사(PERC)가 아시아 국가들과 미국, 호주에서 사업을 하고 있는 외국 기업인들을 대상으로 각국 부패 정도를 조사한 결과, 한국은 전체 17개국 중 8번째로 말레이시아, 태국 같은 아시아 중진국 보다 더 부패했다는 평가를 받았다.… 국제투명성기구(TI)가 작년 말 발표한 부패인식지수(CPI)에서는 한국은 조사대상 175개국 중 45위였다. 경제규모 세계 15위, 무역규모 세계 8위라는 자랑이 부끄럽다.… 부정부패의 직접적 원인은 정부의 규제와 간섭이다. 정치인과 공무원이 규제의 고삐를 쥐고 있을수록 기업과의 부정한 뒷거래가 늘어난다. 한국은 세계경제포럼(WEF)의 규제최소화 순위는 119위로 바닥 중의 바닥이다. 인허가, 승진, 전보, 경쟁, 입찰에서까지 연줄을 먼저 찾는 사회 풍토와 국민의 의식도 문제다. 정치인과 관료들의 부정부패만이 아니라… 기업의 부패와 교육, 의료 등 우리 사회 구석구석의 촌지, 급행료, 전별금, 뇌물 관행을 함께 뿌리 뽑아야 한다.… 국민 권익위원회가 발표한 '공공기관 청렴도 평가'에서 법무부, 검찰, 경찰, 국세청, 금융감독원, 공정거래위원회, 감사원처럼 힘 있는 기관일수록 국민의 신뢰를 받지 못하고 있다.… 우리가 부정부패의 수렁에서 뒹구는 한 복지 국가와 선진국 진입의 꿈도 다 헛것이라는 국민의 확고한 깨달음이다.

이것은 한국이 건국 이래 유지하고 있는 관치경제의 자화상이며, 관료주의 문화의 결정판이다. 후진적 정치제도, 후진적 정치 수준, 상식 부족의 국민 수준, 뿌리 깊은 정실주의 문화, 가치 혼동과 물신적 지식 사회의 풍토 등이 복합적으로 작용하여 굳을 대로 굳어진 대한민국의 석고상이다. 시장만능주의란 그림자조차 발견할 수 없다.

3) 책임의 전가
세 번째 오류는 책임전가의 문제다. 경제민주화 주장자들이 오늘날의 경제적 모순인 양극화 현상은 전적으로 대기업 탓이고 재벌의 탐욕 때문이라고 하는 것은 정당하고 정직한 주장인가? 이것 역시 거짓말이다. 양극화 현상에 대한 구체적 설명도 부족하지만, 그것이 사실이라 할지라도 그러한 현상은 대기업 때문만은 아니다. 사회적 모순은 인간적 요소, 제도적 요소, 체제 요소가 유기적·복합적으로 작용하여 발생하는 것이므로 특정 개인이나 집단에 국한하여 설명할 수만은 없다. 한국경제 모순의 경우 경제정책, 관치시장 경제, 대기업 중심 경제를 연관시켜야만 객관적 설명이 가능하다. 정부, 정치인, 관료들이 주체인 갑이고 대기업은 주어진 여건 속에서 이윤을 추구하는 단순 행위자인 을이다. 정책을 만들고 제도를 운영하며 체제를 유지하는 주체는 어디까지나 정부, 정치인, 관료들이다. 어떤 재벌도 이 틀을 벗어날 수 없다. 대기업과 중소기업 간의 문제는 시장 메커니즘의 문제인데 정부의 감시·감독 하에 놓여있다. 따라서 모순이 있다면 1차적으로 정부, 정치인, 관료들의 책임이 클 수밖에 없다. 현대 자본주의 국가는 정치 윤리와 기업 윤리가 병행할 때 정상적으로 작동한다. 정치 윤리가 무너지면 기업 윤리는 따라서 무너지는 것이 자본주의 사회의 속성이다. 오늘날의 대한민국이 대표적인 경우라고 단언할 수 있다.

근대 자본주의 국가는 이윤 추구라는 인간 본성을 존중하면서도 탐욕을 억제하는 구조를 갖추고 있다. 우리는 기업가와 사업가들이 이윤 추구를 목적으로 하는 존재이지만 틈만 보이면 탐욕 본성을 드러낸다는 것을 익히 알고 있으므로 대기업의 탐욕 문제가 새삼스러운 것이 아니다. 만약 그들이 탐욕스러운 존재로 변했다면 그들로 하여금 그렇게 만든 것은 정부, 정치인, 관료들이다. 따라서 문제해결 방식은 분명해진다. 정부, 정치인, 관료들과 관련된 모순을 해결하면 재벌 관련 모순은 해결된다. 그렇지 못하고 모순의 책임을 재벌에게 떠넘

기고 자신들과 관련된 모순을 그대로 방치하게 되면 결코 문제해결이 되지 않을 뿐 아니라, 모순을 깊게 하고 새로운 모순을 만들어냄으로써 치유 불가능한 지경에까지 이를 수 있다. 그러나 염려스럽게도 정치권은 잘못된 길로 가고 있다.

정치를 떠나서 경제를 말할 수 없다. 특히 한국은 정치권력이 관료들을 앞세워 산업화를 이룬 국가이기 때문에 정치적 모순을 떠나 경제적 모순을 말할 수 없다. 2012년 총선, 대선 과정을 통해 각 당과 후보들은 이념 성향은 각각 달랐으나 그들의 주장과 약속 내용들 중에서 발견된 하나의 공통점은 '대기업 때리기,' '재벌 때리기'였다. 심지어 '재벌 해체'까지 주장한 후보도 있었으나 정치적 모순을 거론하거나 정치적 책임론을 거론한 후보는 전무하였다. 이것은 정치인들의 양심 부재 현상을 의미하고 극단적인 정치 이기주의 현상을 의미한다.

재벌은 양극화의 주범이 아니다. 굳이 따지자면 주범은 정부와 정치권이었다.……그룹 총수를 감옥살이 시킨다고 양극화가 해소되지 않는다는 것도 명백하다.

2012년 9월 14일자 〈중앙일보〉 김영욱 논설위원(現 한국금융연구원 상근자문위원)의 글이다. 대형 금융사건, 경제사범 사건이 터질 때마다 정치인과 관료들이 연루되지 않은 적이 없었다 해도 과언이 아니다. 각종 선거 때마다 금품 수수 사건으로 시끄럽지 않은 적이 없었다는 것은 한국 정치경제 풍토가 금권정치와 정실 자본주의 풍토였음을 말해주는 증거다. 금권정치와 정실자본주의는 반드시 부정부패를 낳고 그 주역들은 정치인, 관료, 기업인들이다. 여기서 정치인, 관료는 갑이고 기업인은 을이다. 을이 갑의 보호를 받아서 성장하고 영역을 넓혀가는 과정에서 정치·사회적 위치가 상승하고 영향력이 확대됨에 따라 어느 날 마치 갑과 을의 위치가 바뀐 것처럼 착시 현상을 일으키게 되지만 갑과 을의 관계는 변함이 없다. 다만 갑이 정치적 목적으로 을을 희생양으로 삼을 때 그러한 착시 현상이 왜곡되고 과장되어 나타난다.

국세청 조사 앞에 버틸 수 있는 재벌이나 국회 입법 앞에 막아설 수 있는 재벌은 없다. 강봉균 전 재경부 장관이 2012년 대선 직전에 "경제민주화를 하려면 재벌 개혁보다 정치 혁신이 우선이다"라고 한 것은 그 자신 유능한 관료 출신으로서 한국 정치무대에 진출하여 몸으로 체험한 진실을 말한 것이다. 한국 재벌은 한국정치의 산물이어서 재벌 문제를 둘러싼 논쟁은 진부하다면서 "한국경제는 글로벌 시장에서 싸울 강한 대기업이 더 많아지기를 갈망하고 있다"고 한 〈조선일보〉 송희영 논설주간의 기사는 재벌의 불법을 눈감아 주자는 것이 아니라, 지극히 당연한 시대적 요청을 말한 것이다.

재계가 우려하고 반발을 보이면 '재계의 우려는 할리우드 액션'이며 국회 권위에 도전하는 행위라고 몰아세우는 정치인 행태는 적반하장에 가깝다. 만약 재벌들이 정치권력 위에 군림하고 있는 것이 사실이라면 이는 재벌이 더 강해서가 아니라 정치권력이 재벌에 기생해왔다고 할 만큼 유착해왔기 때문일 것이다. 2013년 여의도는 경제민주화 바람을 타고 폭군적 입법부 시대, 입법부 만능시대가 펼쳐지고 있다. 제왕적 대통령의 권력 남용보다 폭군적 입법부가 더 해로운 것은 이것이 법치 근간을 무너뜨리기 때문이다. "시장 보다 유능하거나 도덕적이지도 못하면서 국민 위에 군림하려드는 정치꾼들에게 주도권을 맡길 수 없다"는 언론의 주장도, 경험 있는 전문가들의 충고와 경고도, 기업인들의 간곡한 호소도 입법부 독재 아래 공허한 메아리일 뿐이다. 정권이 바뀔 때마다 한국정치 환경이 달라지고 환경이 달라질 때마다 대기업들이 맞춤형 생존 전략을 동원하지 않으면 경쟁에서 살아남기가 어렵다면 어느 쪽의 책임이 더 클까? 김대중 정부 당시 성공한 구조조정으로 칭찬을 들었던 대기업 총수가 이명박 정부에서 경제민주화 바람에 휩쓸려 그 당시 구조조정은 성공했으나 배임을 했다는 이유로 같은 사안을 두고 중형을 선고 받고 감옥으로 갔다면 이것은 누구의 책임일까?

"…피해가 없는 성공한 구조조정이고 개인적 이득이 없었지만 과거의 불법을 정당화할 수 없다.…"는 항소심 판결문은 사법부 판결이라기보다 경제민주화 바람을 탄 정치적 판결 냄새를 진하게 풍기는 내용이다. 1998년 당시는 외환 위기로 IMF 구제금융을 받으면서 대대적 구조조정을 해야만 했고 국민들이 금반지까지 바치면서 경제적 난국을 극복하던 때였으므로 수단 방법을 가리지 않고 살아남아야 했던 시기다. 현재의 정권, 현재의 정치권이 그 당시 책임과는 무관하다고 말할지 모르나 그렇게 되면 국가는 국민의 생명과 재산을 보호하는 의무를 저버리게 된다. 그렇게 되어도 괜찮은 것일까? 경제민주화 열풍 속에서 정치권, 검찰, 사법부가 재벌 총수에 대한 실형 선고를 두고 대의를 세운 것처럼 환호하는 현상은 정치권의 필요에 따라 언제든지 반복될 수 있다. 이것은 정의를 세우는 것이 아니라 정의를 하나의 장식품으로 만드는 행위이며 법의 이름으로 정의를 파괴하는 행위다. 김대중 정부 당시의 사회 정의가 이명박 정부 때 부정의로 단죄된다면 이 땅엔 영원히 정의의 기준을 세울 수 없게 된다. 이것은 전적으로 정치권의 책임이지 대기업의 책임일 수 없다.

자유시장 자본주의 국가는 산업, 교역 사회가 발전할수록 정치인, 관료들은 부패되기 쉬워지고 대중은 평등주의 욕구에 사로잡히기 쉬

워져서 자유주의 체제 자체를 위협하는 최대 요인으로 작용한다. 그런 만큼 정치권, 정치인, 관료들의 책임은 더욱 커지고 중요해진다. 대기업만을 위한 정부가 되어서도 안 되지만 영세 자영업자와 중소기업, 갖지 못한 자들만을 위한 정부가 되는 것도 경계해야 한다. 모순과 문제를 해결한다는 구실로 정부의 권한을 끊임없이 확대하여 괴물 같은 평등 사회를 건설할 수 있다는 망상을 경계하지 않으면 미래의 재난을 피할 수 없게 된다. 시인 김지하가 국회의원, 고급 공무원, 장성, 장차관, 재벌을 을사오적乙巳五賊에 비유하여 썼던 시대적 고발시 「오적五賊」이 세상에 충격을 준 것이 1970년 3월이다. 40년 이상이 경과한 지금 우리 사회는 얼마나 변했을까? 장성을 제외하면 큰 변동이 없을 것 같다. 전직 고위 경제관료 출신인 시장경제연구원 김인호 이사장이 언론과의 인터뷰에서 피력한 견해는 정치인, 관료들이 귀담아들어야 할 내용이다. 그는 청와대 경제수석으로 1997년 외환위기를 목격했고, 그로 인해 대가를 치러야 했던 인사다.

그는 "시장이 실패한 게 아니라 시장의 법칙을 지키지 않아서 위기가 왔다"면서 2008년 미국발 금융위기 원인을 예로 들었다. 당시 위기는 자유시장자본주의 시스템의 위기에서 비롯된 것이 아니라 시장법칙에 어긋나는 정책 때문이었다. "빌 클린턴 미국 대통령이 '모든 사람이 집을 갖게 해주겠다'고 했다. 소득이나 자산 신용 없이도 돈을 빌려서 집을 샀기 때문에 문제가 터졌다. 1997년 위기는 우리에게 내재된 문제가 있어서 왔다"고 한 것은 책임의 소재가 정치인에게 있었음을 말한 것이다.

4) 자유주의 원리 부정
네 번째 오류는 인류 보편적 가치로서 글로벌 시대 동력으로 확산되어 가고 있는 자유주의 원리를 부정하고 있는 점이다. 자유의 자리에 평등이, 시장의 자리에 정부가, 성장의 자리에 분배가, 경쟁의 자리에 보편복지가, 법치의 자리에 사회정의가 들어서는 것은 분명한 가치전도 현상이다. 자유주의 체제는 불평등을 전제로 출발한다. 자유주의자는 불평등 현상을 인간 사회의 본모습으로 인식하기 때문이다. 불평등이 개인의 상승의지와 경쟁심을 촉발하여 사회를 역동적으로 만들고 국가는 개인 간 불평등 격차를 최대한 좁혀나감으로써 사회 발전과 전진을 도모하고, 인위적 불평등으로 인하여 발생하는 사회 부정의를 억제하고 제거해 나가는 것이 자유주의 체제 작동 원리다.

자유시장 자본주의는 주주자본주의를 의미하는 것으로 주주가 기업경영을 결정한다. 주주란 자본 투자자를 말한다. 노동자의 경영 참여를 요구하는 경제민주화는 주주자본주의 부정 없이는 불가능하다. 기업에 투자한 적이 없는 노동자는 당연히 기업 경영에서 배제된다. 투자하지 않은 노동자가 평등을 내세워 경영에 참여하자는 것은 평등 원칙을 스스로 부정하는 것이 된다. 경제민주화론자들이 노동자의 권익과 사회 정의를 위해서 자본주와 노동자가 평등한 참여를 해야 한다고 주장하는 이유는 평등을 자유보다 앞세우기 때문이다. 근대국가 탄생은 자유주의 혁명, 부르주아 혁명을 배경으로 하고 있으며 혁명을 통하여 개인의 생명, 개인의 자유와 권리, 개인의 재산은 신성불가침한 것이 되었고, 개인의 생명과 자유, 권리, 재산을 보호하는 것이 국가 존립 목적이 되었다. 명예혁명(1688년), 미국혁명(1776년), 프랑스 혁명(1789년)을 통하여 탄생한 근대국가는 자유를 우선하는 체제였다. 자유, 평등, 박애를 가치로 내걸었던 프랑스 혁명은 절대왕정 체제를 거부하고 주권재민 체제를 추구하였다는 점에서 평등이 강조되었던 것이지 개개인간의 결과적 삶의 평등을 주장했던 것은 아니었다. 18

세기 이래 평등주의 원리가 강조된 것은 자유주의 체제 모순에 대한 반동 현상이었으며 19세기와 20세기 평등주의 혁명을 계기로 절정을 이루었던 것이 1848년 유럽혁명, 1917년 러시아혁명, 1949년 중국혁명이다. 자유주의 체제와 평등주의 체제 간의 쟁패는 20세기 후반 절정에 달했으나 자유주의 체제의 승리로 끝나고 21세기에 접어들었다. 자유주의가 글로벌 시대 보편적 가치로 확산되고 있는 시기에 남한 사회에서 평등이 자유를 추월하려는 비정상적 현상이야말로 경제 평등을 목표로 하는 경제민주화이며, 이것은 자유와 평등, 정의와 행복 같은 것들을 다시 생각토록 하고 있다.

"인간의 삶에 있어서 결과적 평등이 지배하는 사회는 어떤 사회일까? 평등한 사회에서 정의란 무엇이며 행복은 가능한 것일까? 인간 사회에서 불평등과 평등은 어떤 의미일까?"하는 문제는 아득한 고대까지 탐색해야만 그 뿌리에 접근할 수 있다. 그러나 지금 새삼스럽게 이들 문제를 둘러싸고 고민하고 충돌해야 할 이유는 없다. 역사적 경험에 의해 결론이 났을 뿐 아니라 학문적으로도 충분히 다루어져 왔기 때문이다. 인위적인 결과적 평등사회 건설은 영원히 불가능한 신기루에 불과하다. 그러한 사회 건설 시도는 소수 지배 엘리트가 절대다수를 지배하는 폭압적이고 빈곤한 노예 사회로 전락하여 붕괴하는 운명을 피할 수 없었다. 남한의 좌파들이 경쟁을 죄악시하는 것은 그것이 평등사회 건설을 가로막는 장애 요소이자 비인간적이라고 생각하기 때문이다. 하지만 경쟁이 없어진 사회에서는 어떤 현상이 발생할까? 자유가 밀려나고 평등이 지배하는 사회는 경쟁이 필요 없는 평등사회이다. 경쟁이 없는 평등사회는 개인의 능력이나 동기는 쓸모없어지고 극소수 이념적 권력 엘리트집단의 계획과 지시에 따라 단순한 생산도구로 살아가야 하는 생명력 부재의 사회가 된다.

영국의 소설가이자 사회학자, 경제전문가로서 자유주의 사상에 큰 영향을 끼친 맬록William Hurrell Mallock(1849~1923)은 『노동과 대중복지Labour and the Popular Welfare』(1894)를 썼다. 그는 루소 이래 정치적, 경제적 사상에서 과거 전통과 관습과 재산권과 질서에 대한 존경과 믿음이 점차 사라지고 과학적 사고와 통계학적 방식을 따르는 공리주의자들, 유물론주의자들의 급진적 사상이 각광을 받았다. 그런 가운데 이상적 사회 건설을 위한 사회적 평등에 대한 요구가 점증하자 개인적 자유와 경쟁을 지켜내기 위해 평등문제를 집중적으로 다루었다. 러셀 커크는 그의 책에 담긴 평등에 대한 견해를 자신의 책에서 다음과 같이 소개했다.

평등주의는 궤변으로 판가름 날 것이다. 역사를 통하여 문화적, 경제적 진보는 '불평등을 향한 인간의 욕구'가 만들어낸 것이다. '불평등이 지닌 가능성'이 없으면 인간은 아일랜드 농부처럼 '암울하고 헐벗은 생계 수준'의 삶을 살아갈 수밖에 없게 된다. 능력 있는 소수가 야만을 문명으로 바꾼다. 평등은 누구에게도 이익을 주지 못한다. 평등은 인간 재능을 좌절시키고 가난한 자를 더욱 비참한 빈자로 만든다. 문명국가에서 평등은 빈자의 '아사에 가까운 기아'를 의미한다. 왜냐하면 불평등이 공동체의 부를 만들어내고 우월한 능력을 지닌 인간으로 하여금 보편적 이익을 창출하도록 유도하기 때문이다.

맬록이 자신의 책에서 위와 같은 주장을 했던 시기는 1894년이다. 러시아혁명 발발 23년 전이며, 2014년을 기준으로 하면 120년 전이다. 이 기간 중에 전개되었던 세계사를 간추려 보면 평등주의가 사회정의 정신을 고무시켰고 자유주의 체제 모순 극복에 큰 자극으로 작용한 것은 사실이다. 그렇지만 평등주의 사회 건설과 평등주의 체제 보존에는 실패하였으며, 불평등을 전제로 한 자유와 경쟁이 인간의 삶을 지속적으로 개선·발전시켜 왔고, 인간으로 하여금 미래 발전과 상승에 대해 무한한 꿈과 희망을 갖게 하는 요소로 작용하여 왔음을 확인할 수 있다. 시대가 달라지고 삶의 환경은 변했으나 맬록의 주장이 변함없는 설득력을 가진 것은 보편성을 지니고 있기 때문이다.

평등주의자들은 사회정의를 중시하고 자유주의자들은 인간의 미덕을 중시한다. 평등주의자들은 박애주의humanitarianism를 신봉하는 루소Rousseau적 인간이고, 자유주의자들은 인도주의humanism를 신봉하는 르네상스Renaissance적 인간이다. 루소적 인간은 이성과 사회적 책임을, 르네상스적 인간은 본성과 개인적 책임을 중시한다. 루소적 인간은 이성과 과학의 힘으로 세상을 계획에 따라 완벽하게 개조할 수 있고 이상적인 질서를 부여하면 인간을 행복하게 만들 수 있다고 믿는다. 그래서 혁명을 주저하지 않지만, 르네상스적 인간은 인간의 능력은 한계가 있으므로 경험과 지혜를 중시하고 개인의 창의를 바탕으로 점진적 발전을 도모하는 것이 우주의 섭리이며, 행복이란 각자에 따라 다른 의미를 갖는 것이라고 생각한다. 때문에 이들이 인식하는 사회정의란 각각 다른 의미를 내포한다.

르네상스적 인간인 자유주의자들은 불평등은 자연적 현상이므로 불평등 자체를 인정하는 것이 정의라고 주장한다. 이에 반해 루소적 인간인 평등주의자들은 불평등은 비자연적 현상이므로 이성을 지닌 인간이 이를 방치하는 것 자체가 부정의라고 주장하면서, 공동체 구성원 개개인에게 정당한 몫을 올바르게 분배함으로써 사회정의를 달성해야 한다고 말한다. 그러나 이 주장은 실제에 있어서 권력과 특권, 재산의 분배를 뜻한다. 이 때 문제가 되는 것이 재산이다. 재산 소유에 있어서 불평등 현상이야말로 인간 사회의 자연스러운 현상이며, 이것 없이는 인류 문명이 영생할 수 없다고 믿는 것이 르네상스적 인간인 자유주의자들의 믿음이다. 러셀 커크와 같은 정통적 자유주의자들-미국에서는 보수주의자들-은 재산권을 생명권 못지않게 중요하다고 생각한다.

문명을 잘못된 것이라고 하지 않는 한 자연적 불평등과 재산적 불평등을 부정하는 것은 보편적인 불행을 자초하는 것이 된다. 재산권 보장이야말로 문명사회의 으뜸가는 책무다. 생명은 원초적으로 동물의 그것과 다를 바 없다. 그러나 재산 소유는 인간에게만 국한되는 것으로 재산 자체가 문명을 의미하는 이유다.

근대국가 탄생의 배경이 되는 자유주의 혁명, 부르주아 혁명이 재산권 문제와 밀접하게 관련되어 있고, 자유시장 자본주의 체제에서 재산권 행사가 신성불가침한 것으로 인식되어 온 것은 그러한 사상과 이론에서 비롯된다. 자유주의자들이 개인적 소유권 행사와 이에 근거한 생산과 분배가 사회 진보를 위한 필요불가결한 요소로 보는 데 비해, 평등주의자들은 개인적 소유권을 부정하거나 제한하고 개인의 재산을 국가가 필요에 따라 나눠줄 수 있다고 생각했기 때문에 실패한 것이다. 이는 변화무쌍한 세계에서 변하지 않은 인간사회 발전 원리가 어디에 있는가를 말해주는 것이며, 국가가 인위적 평등으로 인위적 정의를 실현하려고 하면할수록 사회정의는 멀어져간다. 진정한 정의란 자연적 불평등 현상을 받아들이면서 공동체가 필요로 하는 미덕을 존중하고 개인이 자신의 언행에 책임질 때 비로소 성립된다. 맬록은 인간이 동물과 다른 점은 더 높이 올라가기 위해서, 더 많은 것을 소유하기 위해서 동기와 자극을 필요로 하는 점에 있다고 말하면서, 결정적 동기의 원천은 불평등에 있다고 하였다. 불평등하므로 경쟁하려는 자극을 받고 불평등하기 때문에 경쟁하려는 동기를 갖게 되는 것이 인간이다. 노동과 능력의 관계에서 맬록은 불평등한 인간관계가 어떻게 긍정적으로 작용하는가를 아래와 같이 설명하고 있다.

부를 창출하는 것은 노동이라기보다 능력이다. 개인적 천재성이야 말로 거대한 사회 동력이다. 능력을 갖춘 뛰어난 사람들이 가난한 사람들을 구원하게 되는 이유다. 경쟁의 주체가 되는 개인이 중요한 이유도 능력 때문이다. 개개인의 재능과 능력은 개개인이 지닌 천부적 독점물이다. 문명사회에서 능력과 노동은 동반자다. 능력을 수반하지 않는 노동은 호구지책을 위한 육체적 노력에 불과하다. 맹수가 배를 채우기 위해 포식하는 것과 같다. 인간은 단순한 노동으로만 살 수 없다. 동기와 자극의 도움 없이는 문명사회를 건설할 수 없다. 상속받은 재산을 좌파들이 혐오하지만 이것이야말로 보존하고 확장하고자 하는 동기를 자극하여 능력을 발휘케 하는 근원이며, 부의 축적 동기를 불러일으키는 근원이다. 인간 개인이 번영을 추구하는 것은 자연 현상이다. 심지어 정부에 의해 조장되기도 하는 부의 대물림과 부의 축적을 혐오하게 되면 그 사회는 쇠퇴하고 황폐화된다. 진보를 자처하는 정치세력들이 문명사회에서 인간의 역량을 약화시키는 우를 범한 원인의 하나는 결코 존재한 적이 없는 대중을 만들어냈기 때문이다. 충동이 지배하면 능력은 단순노동으로 전락하고 개인이 보상을 받지 못하게 되면 아무도 개인적 재능과 능력을 발휘하지 않게 되어 경제적 노예로 전락한다.

사회정의를 내세우는 평등주의자들은 대중을 충동하는 천재들이다. 밀J.S.Mill 같은 공리주의자들은 행복을 실험하고 계획하여 행복한 사회를 만들어낼 수 있다고 주장했으나 이루어진 적이 없다. 인간 사회에서 타인을 행복하게 만들어줄 수 있는 자격을 갖춘 인간은 존재하지 않는다. 행복은 물질만으로, 자유와 평등만으로 얻어지는 것이 아니다. 국가와 당, 초인과 영웅의 힘으로 얻어지는 것도 아니다. 그러나 평등 사회에서의 행복이란 꿈꾸는 자들의 잠꼬대일 뿐이다. 자유가 없기 때문이다. 스티븐J.F.Stephen은 『자유, 평등, 그리고 우애 *Liberty, Equality and Fraternity*』(1873)에서 "참된 평등은 자유를 말살한다"고 말하였다.

평등하고 공정한 사회를 건설하고자 했던 공산주의자들, 사회주의자들, 뉴딜 정책과 사회민주 정책을 추구했던 미·영의 진보적 자유주의자들이 만들어낸 것은 현대판 레비아탄leviathan(괴수)이다. "관료 엘리트들은 봉급 받는 술탄Sultan이 되고 정치 엘리트들은 매춘적 대중영합주의자pandering populist가 되었으며, 이들에게 동조하고 합세한 지식인들은 기계적 자코뱅mechanical Jacobin들로 변모하였다"는 것이 스티븐의 주장이다. 이들이 구축한 레비아탄은 폭군적 대중tyranny of the masses, 폭군적 다수tyranny of the majority, 폭군적 입법부tyranny of legislative의 모습으로 드러난다. 이러한 흐름에 제동이 걸리고 흐름이 바뀐 것이 1980년 이후다. 자유 속에서 평등은 온전하나 평등 속에서 자유는 질식한다. 문명사회란 '잘 규제된 자유'가 균형 있게 공존하는 사회를 말하지만 어떤 경우에도 자유가 평등을 우선한다. 역사적 경험으로 보면 자유가 확대될수록 평등에 대한 욕구가 상승하였으나 일정한 한계 안에서 균형을 이루어낸 반면, 평등이 자유를 추월하려고 했을 때 균형 유지는 불가능하였다. 평등에 대한 과도한 욕구가 자유를 잠식하기 시작하면

제동을 걸 수 없는 것이 평등의 속성이기 때문이다.

　21세기 지구촌 시대 보편적 가치 흐름은 자유민주주의와 자유시장 자본주의를 양대 축으로 하는 자유주의다. 21세기 자유주의는 300여 년 이상 숙성 기간을 거친 자유주의로서 20세기 후반까지의 자유주의와 다르고, 평등주의자들의 비판처럼 자유만능 폭민주의도 아니며 시장만능 자본주의도 아니다. 자유가 우선하되 평등과 공존하는 자유주의다.

　2012년으로 접어들면서 한국사회는 글로벌 시대 보편적 가치와 흐름을 역행하기로 작정한 것처럼 1% 대 99% 양극화 사회를 극복하기 위해 경제민주화가 필요하고 국가가, 정부가 개인의 삶을 책임져야 하는 것이 시대정신이라고 주장한다. 경제민주화란 단순히 경제민주화 그것만으로 끝나지 않는다. 모든 경제문제는 정치문제가 되기 때문이다. 19세기 자유주의 사상가들은 "끊임없는 평등에의 요구는 긍정적 생산보다 질투하는 분노를 불러일으킬 뿐"이고 민주주의 체제가 지닌 속성이자 약점인 폭군적 다수 출현에 대한 끊임없는 감시와 경계를 게을리 하지 말라고 경고했다. 이는 현재의 우리들에 대한 경고이기도 하다. 스페인 출신 철학자, 시인으로서 월터 리프만 Walter Lippmann, T.S. 엘리어트Eliot, 로버트 프로스트Robert Frost 같은 당대 지성을 제자로 두었던 하버드대 산타야나Geroge Santayana(1863~1952) 교수가 1926년, 평등주의 바람에 흔들리는 자유주의 세계 모습을 서술한 다음과 같은 내용은 한국 민주주의 모습과 다르지 않다.

　인류애 퇴조는 진보적 운동에 의해 가속화 되어 왔고 편안해 보이는 자유주의 세상은 마치 뿌리가 잘린 거목이 여전히 그늘을 제공하며 서있는 것 같다. 우리는 이것이 쓰러지면 놀라서 잘려나간 뿌리 위에 다시 일으켜 세우자고 주장한다.… 최대 다수의 최대 행복이 최대 다수의 최대 태만을 의미하는 것이 아닌지 확신이 들지 않는다.

자유의 바람은 씨앗을 뿌리지만, 평등의 바람은 광풍이어서 뿌려진 씨앗까지 휩쓸고 간다.

5) 보편적 복지 추구

다섯 번째 오류는 보편적 복지 추구의 비현실성이다. OECD 국가 중 우리나라 복지비용 지출은 매우 낮으므로 대폭 확대해야만 한다는 주장은 분단 현실과 국방비 요소를 간과한 주장이며, 경제여력 면에서도 시기상조다. 조세 형평과 조세 정의가 없는 나라, 정부 낭비가 심한 나라, 정치인과 관료들을 믿기 어려운 나라, 국민의 민주시민적 윤리가 부족한 나라에서 국민 혈세로 보편복지 사회를 만들어가는 것은 고양이에게 생선 가게를 맡기자는 것과 비슷하고 "있는 것 나눠먹고 보자"는 것과 같다. 복지비용 지출에 인색해서가 아니라 여건이 어쩔 수 없었고, 관심이 부족했던 것이 아니라 꾸준한 노력을 해왔던 것이 그간의 사정이다. 양식 있는 지식인이라면 보편복지 주장 이전에 조세 형평과 조세 정의 확립, 정부 낭비요인 제거, 부패 축소와 경제력 향상부터 주장해야 하고 국방과 통일 비용을 심도 있게 논의하는 것이 정상이다. 경제민주화 주장자들이 마치 자기 자신들의 지갑을 털어서 비용을 마련할 것처럼 떠드는 것은 양식이 부족하고 책임이 없는 자세다. 〈동아일보〉 김순덕 논설실장의 2012년 1월 16일자 비판 기사 내용은 사실이다.

우리나라에서 제도와 타인을 신뢰하는 '사회적 자본' 수준은 북유럽의 반토막에 불과하다. 집권 중 OECD 평균에도 못 미치는 부패와 법치, 재산권 보호 지수 순위를 기록한 한나라당이 복지를 확대했다 간 혈세만 빼먹는 게 아닌지 의심스럽다.… 좌파의 부패도 우파와 별 차이 없음을 우리는 이미 목격했다.

정치권만 문제가 있는 것은 아니다. 보건사회연구원 조사에 따르면 국민의 58.2%가 '가난은 사회 구조 탓'으로 인식하고 있다는 것은 자유체제 하에서 한국의 사회적 건강성이 그만큼 취약하고 상대적 박탈감이 크다는 증거다. 한국은 2011년 지니계수가 0.310으로 OECD 평균 0.314와 비슷한 수준이며 영·미식 자유시장경제 운영 국가들 중 가장 낮은 수치다. 한국인의 행복감이 낮은 이유는 지나친 물질주의 탓도 있지만, 의도적으로 양극화를 과장하고 상대적 박탈감을 조장하여 계급의식을 불러일으키는 지식인들과 정치세력과 시민세력의 영향력이 작용하고 있기 때문이다. 이념적 경제민주화 주장자들이 여기에 속한다. 세금을 한 푼도 내지 않으면서 가진 자들의 호주머니를 더 털어내자는 것은 건전한 민주시민의 태도가 아니며, 한 푼의 세금도 내지 않는 사람들이 자유시장자본주의 체제에 책임이 있다고 비판하는 것은 상식에 어긋나는 행위다. 2013년 8월 현재 한국 국회의원 300명 중 소득세 10만 원 이하 납부자가 51명이나 되고 근로자의 36%는 아예 세금을 내지 않는다. 국민 1인당 연간소득 2만 불 밖에 되지 않는 나라면서 4만 불 소득 국가의 복지정책을 추구하느라고 요란한 국가가 한국이라는 외국 전문가들의 지적에는 냉소가 스며있다. 좌파 언론매체들이 우리나라는 OECD 국가들과 비교해 복지비 지출이 꼴찌에 가까운 나라라고 하는 것은 얼마나 타당성이 있는 것일까? 〈경향신문〉의 「한국 복지지출, OECD 30개국 중 29위」라는 2012년

12월 27일 기사 내용을 보자.

보건사회연구원이 26일 공개한 2012년 OECD 공표로 본 우리의 사회복지 지출 특성과 시사점 보고서를 보면, 한국의 공공사회 복지 지출은 GDP의 9.4%로 OECD 30개 회원국 중 29위였다. 꼴찌는 멕시코(GDP 대비 8.2%)다. 한국의 지출 비중은 OECD 평균(GDP 대비 22.7%)의 절반에도 미치지 못했다.

기사 내용에 아무런 문제점이 없다. 그러나 이것만을 가지고 우리가 앞으로의 정책결정에 실질적으로 참고할 수 있을까? 참고할 수 없다. 선진국과 비교할 때 단순 통계수치만을 기준으로 삼게 되면 함정에 빠져 큰 낭패를 자초하게 된다. 정치인, 관료, 언론인, 학자들이 자신이 의도하고 있는 결론에 맞추어 인용하는 경향이 강하기 때문에 그들의 글을 읽고 그들의 말을 듣는 대중은 항상 속거나 왜곡된 정보에 의존하게 된다. 나라마다 정치 수준과 문화 수준이 다르고 안보 환경이 다른 것을 감안해야만 올바른 비교와 판단을 할 수 있으며, 때로는 발표된 통계수치 자체보다 비가시적 배경 요소가 더 중요한 판단의 기준이 된다. 예컨대 스웨덴 복지 모델을 모방하자는 적지 않은 정치인들, 지식인들이 "세금을 많이 낸 만큼 국가로부터 만족한 서비스 제공을 받는 보편복지 국가"임을 내세운다. 하지만 현실적으로 스웨덴을 따라가려면 혁명적 개혁과 개선이 필요하고, 장구한 시간이 걸린다는 것을 외면하거나 숨기고 하는 말이다.

가까운 예로서 스웨덴은 최고 소득세율이 56.6%이지만 최저 세율도 무려 29%다. 우리나라는 최고 소득세율이 38%이지만 최저세율은 6%다. 조세형평이 완전히 무너져있다. 스웨덴의 역사적 배경과 한국의 역사적 배경은 다르다. 스웨덴은 오랜 세월에 걸쳐 사민주의 체제를 안정적으로 유지해왔으며 앞서가는 정치 선진국이다. 한국은 짧은 기간 겨우 선거민주주의를 이룩한 정치 후진국이다. 스웨덴 정부의 투명성, 공정성, 신뢰성이 그 어느 나라보다 높고 정치인과 관료들의 정직성은 최고 수준의 나라인데 비해 한국은 반대 상태에 놓여있다. 스웨덴에서 정부 낭비는 용납되지 않지만 한국은 정부 낭비가 다반사이며 누구도 책임지지 않는다. 스웨덴은 인구 1천만 명 규모의 나라이고 안보 비용이 적게 드는 나라지만 한국은 인구 5천만 명의 분단국가로서 안보 비용이 몇 개 강대국을 제외하고 나면 가장 많이 지출되는 국가다. 우리가 현 단계에서 스웨덴을 모방할 수 있는 것은 세금을 많이 징수하고 정부 권한을 더 강화하는 것밖에 없고, 다른 것은 긴 세월에 걸쳐 각고의 노력을 하지 않으면 불가능한 것들이다.

표면적 통계수치보다 더 중요한 것이 정치, 사회, 문화, 안보 환경과 역사적 배경이다. 선진국을 모방할 때 실패하는 주된 이유가 바로 이점과 관계되어 있다. 모방하고자 하는 대상국가의 역사적 배경과 안보 환경, 정치·사회·문화적 요소들을 고려하지 않고 표면적 모습만 모방하고자 할 때 반드시 실패할 뿐 아니라 오히려 기존의 체제와 질서를 혼란스럽게 만들어 불필요한 비용을 지불하게 만든다. 한국은 분단국가로서 미국, 영국 다음으로 GDP 대비 국방비 지출이 높은 국가이며 스웨덴의 2배에 가깝다. 우리나라가 OECD 국가에 비해 세율이 낮다고 하지만 월 소득이 있는 국민 중 36%는 세금을 한 푼도 내지 않고 소득 상위 1%가 전체 소득세의 43.9%를 부담한다. 또한 상위기업 1%가 전체 법인세 86%를 부담하는, 조세 형평이 이루어지지 않고 조세 정의가 지켜지지 않는 나라다. 선진국과 달리 준조세, 각종 부담금 등을 감안하면 대한민국의 성실한 납세자들의 담세 부담률은

OECD 국가들 중 최고일 가능성이 높다.

2013년 10월 현재 국민 1인당 준조세 부담액이 31만원으로 11년 사이에 2배가 늘었다. 부담금 항목만 100여개에 이른다. 스웨덴 국민은 모두가 세금을 바치고 정부 혜택을 받지만, 한국은 세금을 한 푼도 내지 않고도 정부 혜택을 받는 국가다. 만약 우리 사회가 양극화 사회라면 소득 면에서 양극화 사회가 아니라 납세 면에서 양극화 사회다. 한국의 정치인, 관료, 언론인, 학자, 시민운동가들이 OECD 국가들과 관련된 각종 통계수치를 근거로 복지비 지출 비용이 낮고 담세율이 낮으니까 증세로 보편복지를 하자는 것은 무책임하고 무지하며 비현실적인 선동적 주장에 지나지 않는다. 국가낭비 제거, 조세 형평, 조세 정의, 안보 환경 등을 말하지 않고 증세로 보편복지를 하자는 것은 열심히 일해서 정직하게 세금 내는 국민들을 쥐어짜고 큰 부자들의 호주머니를 더 털어내자는 것으로 사회 정의를 정면으로 부정하는 주장이다. OECD 국가들이 복지지출 비용을 객관적으로 비교하려면 최소한 도표에 포함되어 있는 내용들을 연관시켜서 파악해야만 한다.

납세 의무를 헌법에 명시하고 있는 국가에서 소득 불평등만큼이나 납세 불평등이 심하다는 것은 정상이 아니다. 우리는 국가부채 규모 계산조차 정확하지 않고 1% 대 99% 양극화 논쟁이 경제민주화와 보편복지정책으로 구체화되고 있음에도 '1%의 실체'를 정확하게 제시하지 못한다. 뿐만 아니라 99% 실체에 대해서도 정치계에서는 정확한 자료를 내놓은 적이 없다. 일본은 1886년, 미국은 1913년 이래 상위 1% 소득 비중을 파악하고 있으나, 한국은 조세연구원이 2006년 소득세 자료에 근거하여 상위 1% 소득 비중이 전체 소득의 16.6%임을 2012년에 발표한 것이 전부다. 1%와 99%의 실체를 제시하지도 못하면서 1% 대 99% 양극화니, 증세와 보편복지 운운하는 것은 국가

| OECD 국가들 중 주요 국가 비교

내용 국가	GDP	1인당 국민소득	담세 비율	복지비 비율	국방비 비율	인구 (명)
스웨덴 Sweden	5493억불 (21위)	5만7948불 세계7위	46.7	27.6	1.27	약 900만
노르웨이 Norway	5015억불 (23위)	9만9664불 세계3위	42.9	22.6	1.6	약 500만
핀란드 Finland	2577억불 (41위)	4만7495불 세계15위	42.6	28.6	1.49	약 520만
덴마크 Denmark	3210억불 (34위)	5만7572불 세계8위	48.1	30.0	1.46	약 550만
미 국 USA	15조6096억불 (1위)	4만9601불 세계12위	24.1	19.7	4.71*	약 3억1천만
영 국 UK	2조4526억불 (6위)	3만8891불 세계24위	34.3	23.9	2.59*	약 6300만
독 일 Germany	3조4787억불 (4위)	4만2625불 세계20위	37.3	26.2	1.31	약 8100만
프랑스 France	2조7120억불 (5위)	4만2793불 세계19위	42.4	32.1	2.25	약 6600만
캐나다 Canada	1조8045억불 (10위)	5만1688불 세계10위	32.0	18.3	1.42	약 3500만
일 본 Japan	5조9809억불 (3위)	4만6972불 세계16위	26.9	22.4	1.02	약 1억3천만
멕시코 Mexico	1조2078억불 (14위)	1만514불 세계63위	17.4	7.7	0.52	약 1억2천만
한 국 Korea	1조1635억불 (15위)	2만3679불 세계34위	25.5	9.2	2.54*	약 5000만
기준연도	2012,IMF	2012,IMF	2009.9 Foreign Affairs 2012 9/10	2011, OECD	2011, OECD	2012,CIA
비 고			한국: 준조세, 부담금, 면세자, 불포함		한국: 정부예산 대비 국방비 15% 스웨덴: 정부예산 대비 국방비 5.5% (2011, OECD)	각국 사회자본 제외

운영이 골목 구멍가게를 꾸려가는 수준임을 말한다.

2010년 9월, 당시 한나라당 정두언 최고위원이 다음 총선과 대선에서 야당의 공격 포인트는 '부자 정권의 종식'이라며 "감세 정책을 철회해서 서민 복지 재원으로 쓰자"고 주장한 이래 한나라당을 포함한 제 정당이 경제민주화와 보편복지 바람을 타고 2012년 총선과 대선을 치렀다. 이명박 정부는 과연 '부자정권'이었나? 자본주의 국가에서 대통령과 각료들의 재산이 많다고 부자정권이라 할 수 없고, 친기업을 강조했다고 해서 부자정권이 되는 것은 아니다. 이명박 대통령이 정치적 수세에 몰리고 부자정권이라는 반대세력의 공격을 받으면서 부자정권이 아니라는 것을 보여주기 위해 중도실용으로 노선을 바꾸고 공정사회론에 입각한 동반성장위원회 같은 것을 만듦으로써 스스로 부자정권임을 인정한 꼴이 된 면이 크다. 그의 감세정책은 매우 소극적 수준에서 끝났다. 노무현 정부의 반反부자정책인 종합부동산세는 당시에도 '세금폭탄'으로 비판받았고, 위헌 소지마저 있었으나 아주 없앤 것이 아니다. 세율을 낮춤으로써 부자들만 혜택을 본 것이 아니라 대상자들 전부가 부담을 덜 수 있었고, 기업 법인세를 종전의 25%에서 22%로 낮춤으로써 가장 혜택을 입은 것은 30대 대기업보다 과표 2억을 초과하는 중소기업이 대다수였다. 같은 시기에 대만은 25%에서 18%로 낮춤으로써 경쟁 면에서 한국을 추월하였다.

소득세에 있어서도 8천8백만 원 초과소득자에게 최고세율 35%를 적용하는 등 세율 인하는 미미하여 부자 혜택과는 거리가 멀다. 현대중공업 근로자 연봉이 8천8백만 원을 초과하고 대학교수 연봉이 1억이 넘는 사회에서 그러한 수준의 감세와 세율 조정 조치를 두고 '부자 감세'라고 주장하는 것은 매우 과장된 것이다. 전문가들의 연구결과는 법인세, 소득세 인하로 오히려 세수가 늘어났음을 조세연구원의 연구결과를 인용한 김종수 〈중앙일보〉 기자의 2010년 11월 13일자 칼럼에서도 확인할 수 있다.

우리나라 경우도 1981년 62%에 달했던 소득 최고세율을 2005년 35%까지 단계적으로 낮추었으나 세수의 절대액이 늘어난 것은 물론 국내총생산에서 차지하는 소득세 비중 역시 1981년 2%에서 2008년 4%로 늘어났다고 한다.… 사실 근로소득자와 자영업자의 절반 가까이가 세금을 한 푼도 내지 않는 상황에서 최고세율 인하를 '부자 감세'라고 몰아붙이는 것은 전형적인 포퓰리즘이 아닐 수 없다.

그러나 좌파 언론들은 이명박 정부의 부자 감세로 소득 재분배를 약화시켰다고 맹공을 가했다. 그러면서도 세금을 한 푼도 내지 않는 소득자가 얼마나 많고, 소득 상위 1%가 전체 소득세의 43.9%를 부담하며, 상위기업 1%가 전체 법인세의 86%를 부담할 뿐 아니라 법인세에 버금가는 각종 부담금, 기부금 등을 부담해야 하는 실상은 말하지 않는다. 소득세율과 법인세율을 낮추면 가장 혜택을 받는 대상은 근로소득세를 내는 샐러리맨, 공직자들과 중소기업과 영세 상인들이며 이들이 우리 사회를 지탱하고 있는 허리 계층이다.

"호랑이보다 더 무서운 것이 세금이다"는 것은 공자의 말이다. 세금을 거두는 것은 정부다. 그래서 정부가 무서운 호랑이다. 무서운 호랑이를 우리에 가두어 놓고 순치하지 않으면 어떤 일이 벌어질까? 세금을 많이 먹는 호랑이일수록 사납고 위험하다고 믿는 것이 자유주의 사상가들이다. 자유시장 자본주의 국가에서 '제한된 정부limited government'라는 원리를 중요시하는 이유다. 호랑이는 사육사의 말을 잘 듣고 사납지 않을 만큼 먹여야 한다. 여기서 사육사는 국민이다. 작은 정부를 의미하는 제한된 정부가 감세정책을 내세우고 개인과 시장의 자유를 끊임없이 강조하고 추구하는 이유다.

경제민주화론자, 증세론자들이 주먹구구식 데이터를 근거로 정당성을 강조하지만 특히 선진국들, 경쟁국들과 비교해서 준조세에 해당하는 과도한 각종 부담금에 대해서는 언급이 없다. 부가세, 소득세, 법인세 다음으로 비중이 큰 것이 부담금이며 관세, 주세, 개별 소비세보다 징수액수가 많다.

법정 부담금이 94종에 연간 94조원에 이르니 경제계에서 못 살겠다고 아우성치게 됐다. 세금 아닌 세금 형식으로 아무데나 유사, 중복 부담금을 무한정 부과하니 정부는 편리할지 모르지만 기업과 국민은 죽을 지경 아닌가.

월간지 〈경제풍월〉이 보도한 2012년 6월 기사 내용의 일부다. 법정 부담금은 '부담금 관리 기본 법령'에 따라 정부, 지자체, 공공기관 등이 국민과 기업에게 아무런 반대급부 없이 징수하는 또 다른 세금이다. 2012년 전경련이 과도한 부담금으로 기업투자를 저해하는 대표적인 예로 든 것이 '개발제한구역 보전 부담금'이다. 이것은 개발제한구역의 토지 훼손과 토지 건축물에 대해 이중으로 부담을 지우고 있다.

수도권에 있는 K사 공장은 1960년대부터 자동차를 생산하여 왔는데 공장 설립 초에는 개발제한구역이 아니었지만 뒤늦게 개발제한구역으로 묶였다. 2011년 K사는 2856억 원을 투자하여 기존 공장 지역 내 지상 2층 연면적 73,560m^2 생산 시설을 증설하려 하자 1840억 원의 부담금이 부과될 것이라는 통지를 받고 투자 계획을 철회하였다.

이 사례에서 지적할 수 있는 것은 심각한 재산권 침해다. 이미 오랫동안 존재하고 있는 시설 지역을 소유자의 사전 동의나 양해 없이 정부가 일방적으로 개발제한구역으로 결정한 것은 정부의 착취행위이며, 개인 기업이 자기 자본으로 투자하겠다는 것을 가로막는 처사다. 소극笑劇에 가까운 또 다른 예는 '껌 폐기물 부담금'이다.

지난 80년대 씹던 껌을 거리에 버려 환경을 오염시킨다는 이유로 부과했지만 지금은 거의 사라졌다. 그런데도 껌 폐기물 부담금은 매년 증가하고 있다. 제과업체 B사는 1960년대부터 껌을 생산하여 2000년에 3억 원의 부담금을 물었으나 2012년에는 31억 원으로 무려 10배나 늘어났다.

전경련 발표에 따르면 기획재정부 소관 '부담금 관리 기본법'을 통한 부담금의 관리에도 불구하고 부담금 징수 실적은 2000년 4조 원에서 2010년에는 14.5조 원으로 대폭 증가한 사실은 불합리한 부과와 징수 체계 때문이라고 한다. 여기에 더하여 대기업 중소기업 동반성장을 위해 이익 공유를 강요하게 되면 대기업 자금지원 규모는 천문학적 액수에 이를 수 있다. 이러한 부담금과 조세 외의 지출은 생산원가 상승요인으로 작용하여 마지막에는 소비자 부담, 국민 부담으로 전이될 수밖에 없게 된다.

준조세를 정상적 세금으로 흡수하지 않는 것은 세율을 높이지 않으면서도 재정 확충을 하려는 전형적 관료 행정 편의주의에 기인하는 것으로 선진 자본주의 국가에서는 불가능한 일이다. 한국의 고소득자들과 기업들은 이미 선진국 수준의 세금을 내고 있다. 우리나라의 2011년 지니계수 0.310이 OECD 국가 평균 0.314와 거의 같은 수준인 것은 소득 상위 그룹의 기여도가 그만큼 크다는 것을 의미한다. 세금을 한 푼도 내지 않는 국민의 수는 OECD 국가 평균보다 3배나 높고, 그 수는 해마다 늘어나고 있음에도 일부 좌파 언론은 반대로 말한다. 〈동아일보〉는 2011년 12월 6일자 기사에서 "우리나라 근로자 10명 중 4명은 소득세를 한 푼도 내지 않는 반면, 소득세 납부자 상위 20%의 소득세 부담 비율은 무려 84.7%에 이른다"고 하면서 세금을 내지 않는 면세자가 너무 많아 전체 조세부담률이 낮고 이는 결과적으로 부의 재분배를 악화시킨다고 지적했다. 최근 정치권에서 소득세 최고 구간 신설 등 부자들의 세금을 더 높여야 한다는 주장이 힘을 얻고 있지만, 지금도 고소득자의 세금 부담률은 월등히 높다. 조세연구원의 연구 결과에 따르면, 근로소득세 과세자 854만 명 중 상위 20%(전체 근로소득자의 12%)가 내는 소득세는 총 10조 8897억 원으로 전체 근로소득세액 12조 8518억 원의 84.7%를 차지한다. 과세자 상위 40%(전체 근로자 상위 24%)의 부담 비중이 무려 95.5%에 이르는 것이다. 그럼에도 2011년 말 국회는 미국에서도 도입하지 않은 한국판 버핏세(부유세)를 여당 주도로 통과시켜 연 소득 3억 원을 초과하는 고소득층은 현재 35%인 세율을 38%로 올렸다. 이것을 밀어붙인 여당 내 쇄신파(?)라는 정두언, 진성호 의원의 설명이 얼마나 정치적 결정이었는가를 말해준다.

부자 증세는 세수 증대가 목적이라기보다 상징적인 의미가 크다. 총선을 앞두고 우리가 수정안을 부결시키면 '부자 정당'이라는 낙인이 찍혀 치명적 이슈가 될 것이다.

국회의원의 양식을 찾아보기 어렵다. 그야말로 겁쟁이들이다. 헌법 제38조 납세의무 조항이 쓸모없는 것이 되어버린 상황에서 조세 형평과 조세 정의를 말하는 것 자체가 우스꽝스러운 나라가 대한민국이다. 〈중앙일보〉 이훈범 문화스포츠 에디터의 단상에서 증세 주장을 비판하고 버나드 맨더빌의 말을 빌려 경고한 내용은 평범한 정치적 상식이다.

부자에 대한 감정적 응징이 되어서는 곤란하다. 무리한 증세로 부자들의 근로의욕이 꺾였을 때 파이는 작아지고 결국 손가락을 빠는 건 가장 배고픈 사람들이 될 수밖에 없기 때문이다. 여기저기에서 들리는 부자 증세 목소리에서 포퓰리즘의 가래가 끓는 것도 그래서다. 사방에서 새는 세금의 누수를 막고 국민 개세주의 원칙을 바탕으로 종합적인 세제개혁을 고민해야 하는 게 우선일 텐데 말이다.… 국가는 관대함이 아니라 필연성에 기대야 한다. 잘 살고 못 사는 것을 공무원과 정치인의 미덕과 양심에 기댈 수밖에 없는 국민들은 불행하며, 법질서는 언제까지나 불안할 것이다.

오늘날 정치인들과 현실에 참여하고 있는 지식인들이 '염소 할매'보다 정신적 수준이 높다고 자부할 수 있을지는 심히 의문스럽다. 2012년 초 언론에 크게 보도된 바 있는 정갑연(당시 78세) 염소 할머니는 평생 모은 돈 1억 원을 "적어서 창피하다"면서 고향에 있는 안의 고등학교에 기부했다. 젊어서 결혼, 3년 후 이혼, 외동딸마저 어려서 사망, 서울로 상경하여 공사판 전전, 50세 넘어 고향인 경남 함양군 안의면으로 돌아와 기백산(1,331m) 언저리 해발 400미터 고지에서 혼자 살며 염소 30여 마리를 키우면서 모은 돈을 기부한 것이다. 배움도 없고 가족도 없고 오직 몸 하나가 전 재산이라고 할 수 있는 할머니가

쾌척한 1억 원은 재력가의 수십억 원에 버금가는 거액이지만, 할머니의 생각과 삶의 방식은 돈의 가치에 비교할 수 없고 금액으로 환산할 수 없을 만큼 고매하다.

"남 비위 맞춰주지 않아도 되고, 내 맘대로 할 수 있어 좋고, 죽을 때까지 정부 지원 받지 않고 내 힘으로 살다가는 것이 마지막 소원"이라고 한 할머니의 인터뷰에서 진정한 자유 시민의 정신과 삶의 모습을 발견할 수 있다. 자유주의 체제를 지키고 발전시켜가고자 하는 정치인들과 지식인들의 역할은 국민들로 하여금 염소 할머니와 같은 사고와 삶의 방식을 갖도록 안내하고 동기를 부여하는 데 있는 것이지, 국민들로 하여금 잘못된 것은 모두 강자, 가진 자들의 탓이고 정부가 국민의 삶을 책임져야 한다고 선동하는 데 있지 않다. 염소 할머니는 고대로부터 전해져 내려오는 전형적 자유인의 모습 그 자체이며, 우리가 본받아야 할 스승이다. 국민을 책임지겠다는 정치인들은 국민의 호주머니를 털어가겠다는 자들이고, 국민을 책임지겠다는 정부는 국민의 자유를 뺏어가겠다는 정부다.

중국 역대 왕조들 중에서 가장 찬란한 문화를 자랑했던 송宋의 멸망

원인은 세도가들과 관리의 부정부패였는데, 부정부패 온상이 관치경제 체제였다. 송 신종神宗 때인 1072년 백성을 위해 만들어진 왕안석王安石의 변법變法 중 상거래를 통제하는 시역법市易法과 무역을 통제하는 균수법均輸法은 강력하고 엄격한 정부통제 경제를 위한 것이었다. 그러나 이를 시행하는 관리들의 부정부패를 조장하는 원인으로 작용하여 '단강端康의 난(1127년)'이 일어나서 왕조 멸망의 길을 걷게 된다. 당시 사마광, 소동파 등 반대파들의 반대논리는 오늘날 자유시장 경제론자들의 논리와 같았다. 박경숙이 옮긴 이중톈의 『중국인』에 실려 있는 그들의 주장은 아래와 같다.

상거래와 무역은 민간에 맡겨두어야 한다. 정부의 상거래 개입은 결국은 나라와 백성 모두를 망치는 길이다.

그 당시 송宋에서는 애덤 스미스가 없었음에도 같은 생각을 했다는 것은 인간의 본성과 시장 기능의 본질이 그때나 지금이나 같기 때문이다. 외국 경제전문가들의 한국에 대한 경제 환경평가와 경제정책에 대한 조언을 접하면서 자신을 다시 한 번 점검해 볼 필요가 있다. 세계 최대 자산운용사인 블랙록의 마크 매콤McCombe 아시아·태평양 회장이 2013년 언론과의 인터뷰에서 한국을 포함한 아시아는 정책, 기업 지배구조 불투명으로 약속의 땅이 될 수 없는 이유를 "정부 정책과 기업의 지배 구조가 어떻게 변화할지 예측하기 힘든 상황에서 선뜻 투자하기 힘들다"고 지적했다. 실리콘밸리뱅크(SVB) 회장인 켄 윌콕스Wilcox는 관치경제를 경계하면서 벤처 육성책을 절대로 정부 관료에게 맡기지 말 것을 조언하였는데 미제스의 비판 논리와 같다.

정부 관료들은 고용지표와 세수, 정책집행 성과 등 챙겨야 할 것이 너무 많아서 제대로 된 판단을 내리지 못한다. 고용을 많이 한다는 이유로 별 볼일 없는 기업에 지원이 들어가는 경우가 많다.

한국은 이미 김대중 정부 당시 벤처기업 육성정책 시행에서 뼈저린 경험을 한 바 있다. 현 정부에서도 창조경제, 고용증대를 위해 같은 시행착오를 준비 중인 것처럼 보인다. 경제민주화 논의는 비정상적이고 퇴행적인 것이며 보편복지를 위한 경제민주화는 시대착오적인 정치놀음이다. 보편복지가 현실에서 가능하다고 할지라도 우리의 경우 먼 훗날의 이야기다. 정부의 정직성과 투명성과 공정성을 담보할 수 있을 때까지, 제도적으로, 정책적으로 정부 낭비를 최소화할 수 있을 때까지, 개세주의 확립으로 조세 형평과 조세 정의가 이루어질 수 있을 때까지, 국민의 시민적 윤리와 자립정신이 생활화 될 때까지, 안보비용을 줄이고 복지비용을 늘릴 수 있을 때까지 보편복지를 생각하거나 주장하는 것은 치명적인 자해 행위다.

상황이 이처럼 명백함에도 경제민주화와 보편복지 정책을 고집하게 되면 어떤 현상들이 벌어질까? 지극히 바람직하지 못한 현상들이 나타나 위험스럽고 우려스러운 일들이 발생하는 것은 시간문제다. 경제민주화와 보편복지를 둘러싼 논쟁은 이미 이념적 논쟁과 갈등으로 연결되면서 계층 간 갈등을 조장하고 국민의식 속에 계급의식을 심는 조짐을 보이고 있다. 갖지 못한 계층의 가진 자들에 대한 거부감과 상대적 박탈감이 그 어느 때보다 높아지고 있다. 경제민주화와 보편복지는 정부 통제력 강화를 수반하지 않을 수 없으므로 관료주의 심화는 피할 수 없게 된다. 정실주의 문화가 뿌리 깊은 한국사회에서 관료주의 심화는 부정부패의 늪을 더욱 깊게 만든다.

과거 모든 사회주의, 공산주의 국가들이 그러했듯이 오늘날 거대 중국 사회가 부정부패 문제로 골머리를 앓는 이유는 공산당 일당 독재체제 아래서 당과 국가가 경제를 계획하고 관리하고 있기 때문이다. 끊임없이 온갖 종류의 금융사고로 곤욕을 치르고도 책임을 통감하기는커녕 "좋은 관치도 있다"는 구실 하에 권한 키우기와 자리 나눠먹기에 혈안이 되어 있는 것이 금융위원회, 금융감독원 등을 장악하고 있는 모피아MOFIA들이다. 금융 서비스 산업이 낙후되어 있는 한국에서 돈줄을 마음대로 요리하는 것이 그들이고, 그들 뒤에는 그들을 지켜주는 정치권력이 버티고 있다. 가장 우려스러운 현상은 입법부 독재, 폭군적 입법부 출현이다. 지금 경제계는 비명을 지르고, 정부 경제 총책은 기업들을 달랜다. 그런데도 경제민주화 관련 법안을 마치 사냥꾼이 사냥감을 향하여 산탄총을 마구 쏘아대듯이 생산해내고 있는 것이 2013년 여의도 국회다.

　　2012년 대선에서 경제민주화를 공약했던 박근혜 대통령이 이를 부정하기 어렵고, 경제민주화를 반대하면 부도덕한 재벌을 편들고 민주를 반대하는 인사로 낙인찍힐까봐 두려워 마지못해 끌려가는 정치인들을 압박하고 있는 것이 국회다. 대화와 소통을 최고의 덕목으로 삼아야 할 국회가 기업계의 요구를 국회 모독으로 되받아치는 모습은 한편의 가면극 장면과도 같다. 언론에 보도된 전경련 발표에 의하면 2013년 5월 현재, 정부규제개혁위원회에 등록된 각종 규제 건수는 모두 1만 4천796건으로 지난 해보다 882건이 늘어났고 금년 들어 새로 생긴 규제만도 무려 1천338개에 이른다. 가히 규제공화국답고 관료왕국 다운 면모다. 19대 국회에서 약 5개월 만에 4천567건의 의원입법안이 발의 돼 295건이 통과됐고, 이들 다수가 규제를 새로 만들거나 기존 규제를 강화하는 것들이다. 대통령이 참모들에게 "경제민주화 관련 정책이나 입법 활동이 기업경영 활동이나 투자를 위축시키는 방향으로 왜곡되거나 변질되어서는 안 된다"고 한 다음날 경제부총리가 공정거래위원장, 국세청장, 관세청장 등 소위 경제민주화 집행부서장들과 회동하여 "현재 국회에 제출된 법안 중 과도하게 기업활동을 제약하는 내용이 포함되어 있으므로 수용할 수 없는 부분은 적극 대응하겠다"는 의견을 나눴다.

그러나 그러한 지시나 의견은 여야 정치 지도자들에게 해당하는 것들이지 청와대 참모들과 정부 기관장들에게 해당되는 소리가 아니다. 현 정부는 이미 자청하여 뒤집어 쓴 경제민주화란 멍에를 벗어나려고 하면 할수록 비판 세력의 공세에 부딪칠 수밖에 없다. 2013년 2월 대통령 인수위가 국정과제 발표 시 경제민주화를 빼버리자 경제민주화 후퇴라는 비판에 직면했고, 결국 2013년 5월, 140대 국정과제를 확정 발표하면서 다시 경제민주화를 3대 추진 전략에 포함시킬 수밖에 없었다. 정부는 이미 경제민주화라는 호랑이 등에 올라타고 있기 때문에 호랑이의 숨통을 끊지 않는 한 자신이 잡혀 먹힐 수밖에 없다. 호랑이의 숨통을 끊는다는 것은 경제민주화를 원천적으로 부정하고 포기하는 것을 의미한다. 그렇지 않고서 내놓은 처방들은 문제 해결은커녕 오히려 문제들을 악화시킬 뿐이다. 경제민주화가 내포하고 있는 본질적 모순을 모르고 한때의 정치적 편의에 따라 내세웠다는 것을 인정하면서도 원점에서 재검토하려는 의지와 용기가 없는 정부라면 5년 내내 끌려 다닐 것은 뻔하다. 우리는 "당해봐야 안다"는 국민이다. 세종시 사례가 대표적이다.

선거로 구성된 정부가 법, 규정, 명령의 이름으로 무소불위의 권력을 독단적으로 행사하게 되면 '유사 입헌 위장 독재a quasi-constitutional disguise dictatorship'가 된다. 이것은 뉴딜 정책을 추구했던 미국의 프랭클린 루즈벨트 행정부를 두고 한 말이다. 〈중앙일보〉 남윤호 기자가 쓴 기사를 보면 그는 미국에서 세무조사를 권력의 도구로 삼은 최초의 대통령이었고, 부자와 기업에 대해 늘 공격적이거나 적대적이면서 절세와 탈세를 구분하지 않았다. 심지어 합법적으로 절세한 부자를 무정부주의자로 매도했다. 그는 대대적인 증세 정책을 썼다. 재산세 70%, 연방소득세 79%였다. 2만 5천 불 넘는 소득에 대해서는 100%의 세율을 적용하는 행정명령decree을 내리기도 했다. 미국이 뉴딜로 대공황을 극복한 것이 아니라 2차 세계대전으로 인해 대공황에서 벗어났다는 것이 다수 역사가들의 견해다. 당시 루즈벨트 측근이었던 헨리 모겐소 재무장관은 1937년 "그 어느 때보다 많은 돈을 퍼부었지만 효과를 내지 못했다"고 고백했다. 심지어 루즈벨트는 기업의 내부 유보자금에 대해서도 과세하는 법을 만들었다. 이와 비슷한 현상이 한국 국회를 무대로 발생하고, 적지 않은 지식인들이 이에 가세한다. 과거 정부에서 한은 총재까지 지낸 경제학자 박승은 언론 인터뷰에서 "한국 경제의 저성장은 기업들의 투자 부진 때문이므로 대기업의 사내 유보금에 대해 별도로 과세를 해야 한다"면서 "선순환 구조를 만들려면 사내 유보금에 과세하거나 유보금을 국채에 투자하는 방안이 있고, 법인세율을 올려 사내 유보금을 줄이는 것도 한 방법"이라고 주장했다. 이것은 그 자신 뼛속까지 관치경제 독소가 스며있음을 말한다.

오늘날 기업이 사내 유보금을 보유하고 있는 것은 외환위기 경험이 있고, 정부 정책과 국제시장 환경 등으로 투자 기회를 엿보고 투자처를 탐색하려는 정상적 기업운영 방식이다. 이를 저성장 원인으로 돌려 투자를 강제하고 세금을 올리자는 것은 사회주의 체제에서나 가능한 일이고, 일당 독재 국가자본주의 체제인 중국에서조차 듣기 어려운 주장이다. 독재는 흔히 대통령 중심 행정부 독재를 연상하지만 국회가 입법만능주의로 나아갈 때 견제가 이루어지지 않으면 입법부 독재가 된다. 입법부 독재는 행정부 독재보다 더 해롭고 위험하다. 행정부 독재는 입법부의 견제를 받거나 대중의 비판에 쉽게 노출된다. 하지만 입법부 독재는 대중영합주의적 선동으로 다수를 자기 편으로 끌어들이면서 자신들의 주장을 시대정신으로 미화하고 사회 정의로 정당화함으로써 비판과 반대 여론을 무력화 시켜 폭민주의 현상을 만들어 낸다. 이때 출현하는 것이 폭군적 입법부, 폭군적 다수다. 대한민국 국회는 경제민주화를 시대정신으로 내세워 점차적으로 독재의 길을 가고 있다.

▶▷ 헌법 제119조 2항

우리는 차제에 헌법 제119조 2항 존치 여부를 진지하게 고려하지 않으면 안 된다. 2항이 왜 포함되었는지를 이해하려면 임정臨政까지 거슬러 올라가야 한다. 1941년 중국 충칭重慶시대 임시정부는 조소앙이 중심이 되어 마련한 대한민국 건국 강령에 정치의 균등, 경제의 균등, 교육의 균등을 골자로 하는 삼균주의三均主義를 기본 이념으로 명시하였다. 삼균주의는 사회민주주의 노선을 뜻하는 것으로 당시 임시정부가 좌우 합작 노선을 취함으로써 민족적 일체감을 고양시킬 필요가 있었기 때문이다. 임정 요원들이 해방 후 귀국하여 건국헌법 제정에 깊이 관여하면서 직접적인 영향을 미친 것과 깊은 관계가 있다. 숭실대학교 강경근 법학과 교수가 모 월간지에 기고한 내용을 보면, 당시 상황을 짐작할 수 있다.

우리 헌법은 1948년 제정 당시부터 공동체 가치를 중시하였으며 '대한민국의 경제 질서는… 사회정의 실현과 균형 있는 국민경제의 발전을 기함을 기본으로 삼는다. 각인의 경제상 자유는 이 한계 내에서 보장된다'고 규정한 제84조처럼 현재의 시장경제 질서가 아닌 계획주의적인 경제 질서를 인정한 것으로 볼 수 있는 조항도 있다.

강경근 교수가 인용한 헌법 제84조 내용은 1919년에 만들어진 독일의 바이마르공화국 헌법 제151조 내용과 유사하다.

경제생활의 질서는 모든 국민에게 인간다운 생활을 보장하는 것을 목적으로 하는 정의의 원칙에 합치해야 한다. 이 한계 내에서 경제적 자유는 보장된다.

헌법 기초위원으로서 주도적 역할을 했던 유진오는 일제시대 법학을 전공한 인사였으므로 일본 법체계 영향을 받았다. 일본의 법체계가 바이마르공화국 법체계 영향을 깊이 받아들였기 때문에 간접적으로 영향을 받지 않을 수 없었을 것이다. 제헌 당시 헌법 초안을 처음으로 독회讀會한 1948년 6월 23일 국회 본회의록에 유진오 헌법 기초위원의 발언 내용을 보면 그 배경을 이해할 수 있다.

제84조는 경제문제에 관한 우리나라의 기본원칙을 게양한 것으로 사회 정의라는 것은 대단히 막연한 것 같지만… 모든 국민에게 생활의 기본적 수요를 충족할 수 있게 하는 것이 사회정의다. 자유경쟁을 원칙으로 하지만 일부의 국민이 주리고 기본적 수요를 충족시키지 못하면 그 한도에서 경제상의 자유는 마땅히 제한을 받을 수 있다. 그러

므로 우리 헌법은 균등경제 원칙을 기본정신으로 하고 있다고 말할 수 있다.

우리는 유진오 위원을 비롯한 제헌 위원들의 사상적, 정치적, 학문적 배경은 물론 당시의 국제적, 국내적 정치·사회 상황을 뒤돌아봐야 한다. 유진오 위원이 말한 균등경제란 임정 강령에 명시된 경제의 균등이며 경제 평등을 뜻한다. 이것만으로도 1948년 헌법은 비자유주의적 헌법illiberal constitution이다. 그가 말하는 사회정의란 독일 바이마르 공화국의 사민주의 사상과 군국주의 일본의 국가주의 사상에서 비롯된 것이다. 또 균등경제란 당시 국제사회를 휩쓸던 사회주의, 공산주의 국가들의 평등주의 사상에서 비롯된 것이다. 그 자신 개인의 자유와 시장의 자유를 원리로 하는 영미 자유주의 사상과는 닿지 않고 있다. 그의 주장이 지닌 결정적 모순은 국가가 국민의 기본적 수요 충족을 책임지게 되면 자유경쟁은 불가능하게 되고, 자유경쟁이 불가능하게 되면 경제적 자유는 무의미해져 정치적 자유 역시 제한받게 된다는 점이다. 국민들이 1948년 헌법을 긍정적으로 수용하지 않을 수 없었던 것은 당시의 국내외적 상황을 외면할 수 없었고, 자유주의 체제에 대한 국민적 인식이 빈약했기 때문이다.

그 후 65년이 경과한 지금은 그때와는 전혀 다른 세상이 되었다. 국가주의는 몰락했고 평등주의는 실패했다. 개인과 시장의 자유를 근본으로 하는 자유경쟁과 자유교역 시대가 되었고, 지구를 하나의 시장으로 만들어가는 글로벌 시대가 되었다. 대한민국은 빈곤을 탈출하여 경제적으로, 정치적으로 성공한 국가가 되었다. 이제 일류국가를 향한 국가적 과제는 관치경제 탈피와 진정한 자유시장 자본주의 경제 구현, 선진국 수준의 법치확립과 자유민주주의 발전이다. 이것은 거대하고 벅찬 과제이나 반드시 이루어내야 할 것들이다. 이를 위해서 실천해야 할 것들은 하나 둘이 아니지만 경제에 관한 한 헌법 제119조 2항을 없애는 것이 당면 과제다. 그러나 정치 현실은 반대 방향으로 역주행하고 있다. 정치인들은 제119조 2항으로 1항을 무력하게 만드는 데 몰입한다. 건국 이래 아홉 차례에 걸친 개헌이 있었으나 균등경제와 사회정의 개념은 계속 유지되어 왔고, 87년 헌법에서 '사회정의'가 '경제민주화'로 바뀐 것뿐이다. 미국이 수정헌법 5조에서 재산권을 생명, 자유와 동등하게 다루고 있지만 경제정책을 통하여 소득을 재분배하고 시장질서 유지를 통하여 경제적 정의를 도모한다. 그러나 우리는 정책사항을 헌법에 못 박아 놓는 과오를 범하고 있다.

누구든지 정당한 법의 절차에 의하지 아니하고는 생명, 자유, 또는 재산은 박탈당하지 아니한다.

'87년 개헌에 참여한 인사들은 각 정당 인사들이 다수였고 그들의 헌법에 대한 지식과 상식은 일반 국민의 그것과 별반 다르지 않았다. 헌법 제119조 1항과 2항은 상호 모순되는 내용이다. 1항의 취지를 살리려면 2항은 필요 없게 되고 2항의 취지를 살리려면 1항을 없애야 한다. 1항이니까 우선한다는 것은 설득력이 없다. 더욱이 2항이 없더라도 헌법 제37조 2항만으로 충분하다.

국민의 자유와 권리는 국가 안전 보장, 질서 유지, 공공복리를 위해 필요한 경우에 한해 법률로 제한할 수 있다.

헌법 제119조 2항에서 '경제민주화'를 명시한 장본인이 본인이라고 스스로 밝히는 인사가 김종인이다. 87년 개헌 당시 민정당 노태우 대표의 발언 내용을 보면 오늘날 경제민주화 주장 논리와 유사하고, 김종인의 견해를 그대로 옮겨놓은 듯한 느낌을 받게 된다.

경제발전 과정에서 계층 간 위화감이 조성되었으며 절대빈곤이 아닌 상대빈곤 등 산업화 과정에서 파생된 그늘진 부분들이 정치권을 압박하는 요인으로 작용해 경제의 효율성을 떨어뜨리고 정치 민주주의에도 장애요인이 되고 있다. 정치적, 사회적 분야의 민주화 못지않게 제기되고 있는 시대적 요청이 바로 경제민주화다.

노태우 대통령은 1년 후 6·29선언 1주년을 맞아 '경제민주화 선언'을 하면서 "형평과 복지가 빠지면 이야기가 안 되었다"고 말한 것이 29년 전 일이다. 김종인이 노태우 대통령 경제수석이었음을 감안하면 경제민주화에 대한 김종인의 집념이 얼마나 강했는가를 짐작케 한다. 노태우 정부가 소수 부자들이 땅을 독점하고 있다는 여론을 등에 업고 위헌적 '토지공개념' 법을 만든 것도 우연이 아니다. 재벌개혁을 경제민주화의 목표로 삼고 있는 야당 주장의 핵심이 재벌개혁, 즉 출자총액 제한, 순환출자 금지, 금산분리 등이지만 이는 1980년 12월 31일 공포된 '독점규제 및 공정거래에 관한 법률'에 포함된 것들이다.

"사업자의 시장 지배적 지위의 남용과 과도한 경제력의 집중을 방지하고 부당한 공동 행위 및 불공정 거래행위를 규제하기 위하여 제정된 법률"로 정의 된 당시의 공정거래법은 현재 정치권이 제시하고 있는 내용보다 훨씬 강력한 것이었다. 그러나 시간이 경과하면서 내용 중 일부가 폐지되거나 완화된 것은 국내외 경제여건의 변화에 따

른 것이다. 출자총액 제한은 2009년 완전 폐지되었고 순환출자 제한
은 2008년 완화되었다. 산업자본의 은행 소유지분도 4%에서 10%까
지 올라갔다. 이것은 지속적 경제성장과 WTO, FTA와 같은 글로벌 시
장환경이 규모의 경제와 자유경쟁을 불가피하게 만들었기 때문이지
대기업을 봐주기 위해서 취해진 조치가 아니었다. 아래 도표에서 알
수 있듯이 시장경제 체제에서 상대적 소득격차는 불가피한 현상이며,
경제적 규모가 커질수록 상대적 소득격차 역시 커지는 것은 자연 현
상이다.

1980년대 소득 수준에서 공정거래법이 만들어지고 1987년 소득
수준에서 경제민주화가 등장했다. 2012년 경제민주화가 총선, 대선
의 최대 공약 사항이 되기까지 소득 격차, 빈부 격차, 형평성 문제는
새로운 것이 아니었다. 이것은 우리가 자유시장 자본주의 경제체제를
유지하는 한 영원히 존재하는 것이므로 과거에 없었던 현상이 새롭
게 나타난 것처럼 새로운 의미를 부여할 이유는 없다. 현대 자유시장
자본주의 국가는 국민 간의 소득 격차, 계층 간의 빈부 격차와 사회적
불평등 해소를 일상적 국가운영 과제로 삼고 있고, 경제 전반을 발전

▍상대적 소득 격차 추이

연 도 항 목	1980년	1987년	2012년
GDP	643억달러	1,434억달러	1조1,292억달러
1인당 GNI	1,660달러	3,402달러	22,708달러
수출액	17,505백만달러	47,281백만달러	547,870백만달러
수입액	22,292백만달러	41,020백만달러	519,584백만달러
지니계수	0.39	0.306	0.307

자료: 한국은행

시키는 것이 궁극적 해결책이라는 것을 원칙으로 삼는다.

▶▷ 중산층 덫

대한민국에서 '민주주의 체제'라고 하는 것은 입헌주의constitutionalism 원리에 입각하여 정치적으로는 자유 대의민주주의liberal representative democracy, 경제적으로는 자유시장 자본주의free-market capitalism를 기본 바탕으로 하는 자유민주공화국 체제를 뜻한다. 한국에서 민주주의는 1948년에 탄생하였으나 이것은 자생적으로 숙성된 형태로 탄생한 것이 아니라 미 점령군의 관리 하에 서둘러 이식한 외래종 나무처럼 탄생하였다.

민주주의라는 관점에서 볼 때 한반도는 역사적으로 불모의 황무지였다. 탄생 당시 한국 민주주의는 불모의 황무지에 갓 심어 놓은 묘목과 하등 다를 바가 없었다. 관개시설조차 없는 불모의 황무지에서 착근을 위해 하늘에서 떨어지는 빗방울에 의지하며 끈질긴 생명력을 유지해야 했고, 시간이 지나 현대식 관개시설을 갖추면서 꽃을 피우고 열매를 수확할 때까지 65년의 세월이 필요했으나 뿌리는 여전히 약하고 열매는 부실하다. 한국 민주주의는 아직 어리고 미숙하다. 생각과 능력이 부족했다기보다 시간과 경험의 축적이 필요했기 때문이고, 상식과 미덕을 갖춘 성숙한 국민으로 발돋움하기까지 시행착오를 피해 갈 수 없었기 때문이다. 선진국 역시 예외가 아니었으므로 미숙한 어린 민주주의 체제가 갖고 있는 공통적인 역사적 경험을 깊이 들여다봐야 할 때다.

인류 역사상 입헌주의에 입각하여 자유대의 민주공화국 체제를 가장 성공적으로 유지·발전시켜 온 국가는 미합중국이다. 이민자들이 미 대륙에 발을 내딛는 순간부터 뿌리를 내리기 시작했으므로 최초 이민자가 도착한 1610년대를 기준으로 한다면 400여 년의 역사를 지닌 국가다. 미국은 인류 역사상 가장 강력하고 자유로우며 가장 번영하고 있는 국가다. 미국이 1차 세계대전을 전환점으로 국제무대에 본격적으로 등장한 이래 2차 세계대전을 거치면서 초강대국으로 자리매김 한 것은 1950년대다. 이때를 전후하여 이념과 가치를 둘러싼 심각한 갈등이 표출되었는데 당시 러셀 커크가 대중의 경향, 지식인 사회의 풍토와 정치 환경을 신랄하게 비판한 내용들은 오늘날 한국사회의 그것들과 매우 흡사하다.

미숙한 신생 민주주의가 직면하는 어려움들은 결코 만만치 않다. 조급함과 무지가 민주주의 시대 특징이 되고 일반적으로 거친 야심가들이 국가의 조타수 자리에 앉아 있다. 여론은 먼지처럼 흩어져 있어 지적인 공동 행동을 위한 여론 형성이 어렵다. 왜냐하면 지식인은 일반적으로 얄팍한 학문적 취향과 두서없는 독서와 고매함보다 안락함을 선호하기 때문에 고립되어 가고 그러한 지적 고립이 공동체 정신을 황폐화시킴으로써 생각과 토론의 자유를 쓸모없게 만든다. 이것은 민주주의 사회에서 가장 위험한 현상이다. 대중은 조급하고 무지하며 지적 고립이 심화되면, '민주독재democratic despotism' 현상이 생겨나 입법부 폭군a tyranny of legislative, 다수 폭군a tyranny of the majority이 출현하고 사회는 정부 엘리트들이 지배하는 범용한 수준 사회로 전락한다. 민주주의는 체질적으로 독재로 향하는 요소가 내재되어 있다.

미국이 뉴딜 터널을 빠져나와 새로운 활력을 찾기까지는 1980년까지 기다려야 했다. 우리가 현재 겪고 있는 것과 비슷한 경험을 유럽 국가들은 1840년대, 1860년대 겪었다. 산업혁명, 산업화와 도시화, 노동세력의 출현과 빈부 격차를 비롯한 정치, 경제, 사회적 문제들을 야기하면서 공동체가 분열하고 무기력에 빠져 급진주의를 수반한 평등주의가 자유주의와 격렬한 충돌을 하게 되었을 때, 2명의 유태인 개혁가가 등장하여 처방을 내놓았다. 영국의 디즈레일리Disraeli에 의한 자유주의와 계급공존론, 독일의 칼 마르크스Karl Marx에 의한 평등주의와 계급투쟁론이 그것이다.

디즈레일리의 자유주의는 영생의 길을 걸었고 마르크스의 평등주의는 단명하였다. 미국은 내전을 치르면서 분열을 극복하고 산업화에 박차를 가하면서 자유시장 자본주의 토대를 굳건하게 다져나갔다. 20세기는 앵글로-아메리카Anglo-America의 자유주의 대 슬라브Slav의 평등주의 간의 경쟁과 충돌의 세기였으나 평등주의가 패배한 세기였다. 21세기는 앵글로-아메리카 자유주의가 주축을 이루고 독일, 프랑스, 이태리, 북구 국가들은 조금씩 다른 뉘앙스를 풍기면서 그 언저리에 있다. 대한민국은 운 좋게도 앵글로-아메리카 자유주의 대열에 합류하여 빈곤을 탈출하고 경제규모 세계 15위에 이르는 중진국 국가가 되었으나, 모든 선진 자유주의 국가들이 겪어야 했던 '중산층 덫middle-income trap'에 걸려 경제민주화 열병을 앓고 있다. 빈곤의 덫을 벗어나는 과정에서는 국민을 하나의 목표인 '빈곤 탈출' 아래 쉽게 결집시킬 수 있었다.

그러나 다원적 자유주의 사회가 빈곤의 덫을 벗어나 중산층 덫에 갇히게 되면 공동체적 가치를 중시하는 집단주의가 개인적 가치를 중시하는 개인주의를 대체하려는 현상이 발생한다. 정실 자본주의와 금권정치가 지배하는 사회에서 대중을 부추기면 표를 얻을 수 있다고 믿는 기회주의적이고 대중영합적인 정치 야심가들의 선동으로 인해 갖지 못한 자, 적게 가진 자, 잃을 것이 없다고 생각하는 소외집단이 계급의식을 갖게 된다. 이들의 집단이기주의가 무정부주의에 사로잡히게 되면 가진 자, 잃을 것이 많은 자들은 적대시 되고, 경쟁이 죄악시 되며, 법과 질서는 필요에 따라 춤을 추게 되고, 정부가 국민의 삶에 대해 책임져야 한다고 요구하게 된다. 정직하지 못하고 능력마저 부족한 정부에 자신들의 삶을 맡기겠다는 것은 스스로 정치 엘리트들, 관료 엘리트들의 머슴으로 살아가겠다는 것을 의미하며 민주시민으로 지녀야 할 인간적 존엄성과 미덕을 포기하는 것을 의미한다.

한국사회가 중산층 덫에 걸린 것은 1987년 이후 민주화가 가속화되던 시기다. 이 덫에 걸리면 국민은 세 부류로 나눠진다. 첫 번째 부류는 상승 가능성이 높은 계층으로 이는 소수다. 두 번째 부류는 정체를 벗어나기 어렵고 상승보다 하락 가능성이 더 높다고 생각하는 불안 계층으로 다수가 여기에 속한다. 한국사회에서 중산층이 줄어든다고 하는 것은 바로 이러한 현상을 말한다. 세 번째 부류는 하락의 길밖에 보이지 않아 좌절하는 계층으로, 그 수는 상승 가능성이 있다고 보는 계층보다는 많고 불안 계층보다는 적다. 따라서 국민의 전반적 심리 상태는 상승 의지, 불안 심리와 좌절 심리가 뒤엉킨 상태가 된다. 정치와 정부에 대한 불신감, 상대적 박탈감, 사회적 좌절감이 높아지면서 정치 야심가들의 선동 공간이 확대되면, 불안감을 갖는 불안 계층이 하락 계층과 쉽게 한편이 되어 폭군적 다수로 돌변할 수도 있다.

중산층은 빈곤층보다 정치의식이 강하고 자신의 이해관계에 예민하므로 중산층 덫에 걸리게 되면 정치적 폭발현상이 쉽게 발생할 수 있다. 그러므로 어느 때보다 정치 지도력이 중요하게 되고 가치와 원칙이 중요하게 된다. 우리가 지켜온 가치와 원칙이 보편적인 것일 때 문제해결은 기존의 가치와 원칙에 따르는 것이 최선이다. 그렇지 않고 기존의 보편적 가치와 원칙을 포기하거나 우회하여 제3의 길을 찾게 되면 결코 덫에서 빠져나올 수 없다.

정치적 야심가들이 대중을 선동하여 분노와 증오의 정치를 불러일으키게 되면 얄팍한 지식인들이 그들과 합세하여 지적 무법자가 되고 대중은 경쟁을 거부하면서 희생양을 찾아낸다. 이들이 찾아낸 희생양이란 가진 자들과 그들의 의견에 동의하지 않는 자들이다. 이러한 상황이 정리되고 각자가 자기 위치로 돌아간 후에도 남는 문제는 '경쟁'의 미덕이 심한 상처를 입는다는 것에 있다. 경쟁은 중산층의 생명과도 같다. 자유주의 사상의 기반은 '불평등'을 당연한 것으로 받아들이고 '경쟁'을 통하여 불평등 간격을 좁혀 가는 데 있다. 불평등 현상을 사회 부정의의 현상으로 규정하면서 경쟁이 불평등을 심화시킨다는 이유로 죄악시 하는 것은 자유주의 사상과 정면으로 배치되는 사상이며, 이미 실패를 맛본 사상이다. 북한이 지구상에서 가장 비참한 사회로 머물러 있는 이유이기도 하다. 경제민주화 뒤에 감추어진 평등사상은 바로 경쟁을 죄악시 하는 사상이다. 문명사회란 경쟁사회를 두고 하는 말이다. 오늘날 국제사회에서 자유무역을 반대하는 좌파인사들과 한국사회에서 경제민주화를 주장하는 인사들은 노동조합의 독점적 이익을 지키기 위해 경쟁을 거부한다. 2013년 12월에 벌어졌던 철도노조 파업이 생생한 증거다.

만약 문명 국민이 문명화된 경쟁을 포기하게 되면, 그 사회는 쇠퇴를 거듭하게 되어 결국에 가서는 자연선택이라는 살인적 경쟁에 직면하게 된다.

러셀 커크의 말이다. 문명화된 경쟁이란 법치환경을 전제로 한 경쟁을 의미한다. 시카고 학파의 대표라고 할 수 있는 밀턴 프리드먼의 스승인 헨리 사이몬스가 뉴딜을 비판한 것은 경쟁 환경을 보장하는데 실패했다고 보기 때문이며, 사회주의 계획경제를 반대한 것은 경쟁을 없앴기 때문이다. 하이에크, 프리드먼, 미제스 같은 신자유주의 거장들은 자유방임적 무제한 경쟁을 인정하는 고전적 자유주의의 모순을 극복함에 있어서 시장에서의 경쟁 환경을 보호하고 경쟁 질서를 유지하는 것이 정부의 기본 책무임을 강조하였다. 그들이 집단주의자들의 계획경제를 반대한 것은 사회주의자들이 경쟁을 부정하고 진보적 자유주의자들이 뉴딜정책에서 경쟁을 제한했기 때문이다. 신자유주의 사상가들의 중심 사상은 개인의 자유가 보호받는 자유시장에서의 경쟁이다. 그들이 추구했던 것은 19세기적 자유방임적 자유시장 경제체제를 경쟁질서가 정부로부터 보호받는 자유시장 경제체제로의 전환이었다. 경쟁은 자유 속에서 만개하고 평등 속에서 질식하는 속성을 지니고 있다.

중산층 덫에서 벗어나는 길은 세 가지가 있다. 첫째 신자유주의 길, 둘째 사민주의 길, 셋째 사회주의 길이다. 사회주의 길은 가장 위험하고 실패가 기다리는 길이다. 사민주의 길은 사회주의 길보다 쉬운 길이나 고도의 정치적, 문화적 수준이 갖추어져 있지 않으면 혼란을 가져다주는 길이며, 자유시장 자본주의를 부정하는 본질을 지니고 있다는 점에서 사회주의에 가까운 길이다. 가장 현명한 길은 신자유주의 길이다. 실패하더라도 소생이 가능하고 실패보다 성공 확률이 훨씬 높은 길이며, 인간 본성에 가장 가깝고 보편적 가치에 가장 가까운 길이다. 신자유주의 길은 21세기 인류가 지나가지 않을 수 없는 길일 가능성이 지극히 높다. 우리가 택해야 할 길, 우리가 가야 할 길 역시 신자유주의 길이어야 하지 않을까? 우리의 심성 속에는 영국·미국 인자가 독일·프랑스 인자보다 더 깊게 자리 잡고 있다. 우리에게 영국·미국 인자는 주류이고 독일·프랑스 인자는 아류다. 이런 현상은 1945년 이래 근대화 과정에서 정치, 군사, 경제, 교육, 문화적으로 미국이 끼친 영향이 절대적이었던 점과 기독교 전파와 더불어 교육, 의료 분야에 직접적인 영향을 준 것도 미국이었기 때문이다. 지금도 미국은 한국인에게 제2의 교육 현장이다. 특히 경제민주화를 주장하는 좌파인사들은 영·미 자유시장 자본주의 체제를 비판하고 독일, 북구식 시장경제 체제를 추켜세우면서 국가주의, 관료주의 체제를 강화하자고 한다. 장하준 교수는 정부가 잘 하기만 하면 좋은 복지국가를 꾸려갈 수 있다고 하나 선량한 정부를 기대하는 꿈같은 주장이다. "좋은 관치도 있다"는 것은 이론적으로는 가능할지 몰라도 한국에서는 기대 불가능한 언어의 유희다.

정부의 선의에 기대하지 말라. 경계를 늦추지 말고 감시의 눈을 떼지 말라. 언제 사나운 맹수로 돌변할지 모른다.

한국 정치수준은 후진국 수준이다. 이것은 국민의 정치수준이 후진적이라는 말이다. 정부에 대한 국민의 신뢰는 바닥 수준이다. 정치인들과 고위 관료들의 말을 믿는 국민은 드물다. 그러한 정부, 그러한 정치인들, 관료들을 믿고, 그들로 하여금 국민의 혈세를 흥청망청 쓰게 하고 시장 질서를 마음대로 좌우하도록 하자는 것은 양식을 갖춘 시민으로선 할 수 없는 주장이다. 근처에 가본 적도 없는 '작은 정부 큰 시장'이나 한 번도 실천해 본 바가 없는 시장만능주의를 들먹이며 경제민주화를 위해 크고 강한 정부의 길을 가자는 김종인 같은 인사들은 자신들이 몸담고 있는 사회 환경에 대한 기본적 판단엔 관심이 없고, 자신들 머릿속에 그려져 있는 사회 건설을 강변하는 변혁론자들에 가깝다. 경제적 자유와 정치적 자유를 분리해서 생각할 수 없다는 밀턴 프리드먼의 자유와 시장에 대한 견해 정도는 알고 있어야 하는 것이 당연하지 않을까.

자유의 적들은 모든 발전을 선량한 정부의 간섭에 돌리고 모든 결점을 시장에 돌린다.

이것은 프리드먼의 주장이다. 프리드먼이 말한 자유의 적들이란 사회주의자, 공산주의자, 뉴딜을 옹호하는 진보적 자유주의자들을 지칭한다. 이들 모두는 시장에 개입하고 간섭하는 국가주의자, 집단주의자들이다.

선동가들이 항상 앞세우는 단어가 '국민$_{people}$'이다. 그러나 '국민'이라는 단어만큼 추상적인 것도 없다. 국민이라는 단어를 앞세우면 시비의 여지가 없다고 생각하기 쉬우나 반드시 그런 것은 아니다. 실체가 애매한 국민 여론에 근거하여 중대한 제도나 법을 만든다는 것만큼 불합리하고 위험한 것은 없다. 1천 명이라는 불특정인들에게 전화상으로 물어본 결과로 국민의 여론을 판단하는 것은 무리다. 한국처럼 여론조작 기법이 다양하고 여론조작이 심한 사회에서 더욱 그렇다. 국민이라는 단어는 선동가들의 도구적 언어일 뿐 그들이 말하는 국민의 실체는 막연하다. 실체가 분명한 것은 국가와 주권자인 유권자일 뿐 국민이란 개념적 단어에 불과하다. '국민투표'라고 할 때 모든 국민이 투표하는 것이 아니라 유권자만이 투표하는 것이므로 사실 상 과장된 표현이다. 서구 국가들이 국민투표를 'people's vote'라고 하지 않고 일반투표referendum라고 하는 것은 국민이란 단어가 함축하고 있는 추상성 때문이다. '재벌 때리기'라는 광풍이 몰아칠 때 아무런 관심도 갖지 않는 불특정 시민들에게 찬반을 물어보는 것 자체가 어리석은 짓이다. 구태여 물어볼 필요가 없음에도 자신들의 주장을 합리화하기 위하여 의도적이고 유도적인 질문으로 '국민여론' 조사결과를 이용하는 것은 국민을 속이는 행위다. 박성현 기자가 쓴「춤추는 경제, 민주화, 누가 웃는가?」를 읽을 때 그러한 것을 실감하게 된다.

최근 여론조사에서도 민심의 소재는 여전했다. 새누리당 경제민주화 실천모임이 여론조사기관 리서치 앤 리서치(R&R)에 의뢰해 지난 2012년 7월말 성인 1천 명을 대상으로 실시한 여론조사에서 응답자의 79%가 '경제민주화가 필요하다'고 답했다. 82.9%는 대선 투표 때 경제민주화를 고려하겠다는 입장이다. 출자총액제 제한 부활도 절반 이상(52.3%)이 찬성했고 재벌과 대기업의 은행 소유를 금지하는 금산분리정책도 응답자의 2/3(67.6%)가 '유지해야 한다'고 답했다.

우리가 이러한 여론조사 결과를 믿고 결정을 내린다면 합리적일까? 질문지 내용을 상세히 알 수 없으나 당시 상황으로 봐서 양극화 주범인 재벌 때리기와 경제민주화라는 일반적 인식이 깊어가던 때여서 재벌에 족쇄를 채우는 것에 무조건 찬성이라는 분위기가 작용했을 가능성이 있다. 응답자들이 과연 내용을 알고 답했을까? 경제민주화에 대해서는 주장하는 본인들도 애매한 설명에 머물고 있고 경제학자들도 잘 모르는 상태였다. 출자총액 제한, 금산분리 정책은 국회의원들도 다 알지 못하는 것들이었는데, 하물며 그러한 것들에 대해 개략적 상식도 없는 불특정 다수에게 물어본다는 것 자체가 넌센스다.

중요한 제도나 정책을 도입, 결정하거나 변경할 때 '국민여론'을 수치화해서 결론 내는 것은 바람직하지 않다. 지식인들의 이론적 토론과 의견교환, 깊이 있는 언론 기사, 이익집단 간의 대화가 중요하고 사상가들의 고견이 중요하다. 정치 지도력이란 이들의 사상, 이론, 견해들을 수렴하여 가장 합리적이고 현실성 있는 결론을 도출해서 대중을 이해시키고 설득할 수 있는 역량을 말한다. 서구 선진국에서는 국가와 민족을 달리할 때 people, peoples라는 단어를 쓴다. 국내에서 정치 사회적으로 대중mass, 다수majority, 소수minority라는 단어를 사용하고 국민이라는 말 대신 시민citizen이라는 단어를 쓴다. 한국과 같이 중산층 덫에 걸린 사회에서는 '국민'이란 단어는 마력과 괴력을 발휘한다. 마르크스의 계급투쟁론이 유럽을 휩쓸 때 영국의 디즈레일리는 '하나의 국가one nation'론을 내세워 계급 간 조화와 공생을 역설하면서 국민이란 단어에 대해서 주의를 환기시켰다. 당시 마르크시스트들이 people을 인민人民, 특히 프롤레타리아proletariat와 같은 의미로 사용한 것과 관계가 있으나, 그가 people이란 단어를 경멸했던 것은 people이란 정치학적 단어가 아니라 자연철학적 단어라고 인식했기 때문이다.

중산층 덫에서 벗어나는 것은 국민 각자의 몫이기도 하지만 정치 지도력이 결정적인 작용을 한다. 경제민주화 소동이 벌어진 것은 우파 정치 지도자들의 철학적 빈곤과 정치 지도력의 빈곤에서 비롯된 바가 크고 우파 정치 야심가들의 선동이 기여한 바가 크다. 기업인의 윤리가 땅에 떨어진 것 이상으로 정치적 윤리가 땅에 떨어진 것은 오래전의 일이다. 이것은 최고 권력자 한 사람의 문제가 아니라 모든 정치인, 정치세력과 관련된 문제다. 이들로부터 철학과 사상을 바탕으로 하는 비전을 기대한다는 것은 꿈이며, 정직성과 윤리성을 기대한다는 것은 환상이다. 한국사회에서 지도적 위치에 있는 정치인들, 관료들, 현실 참여 지식인들은 눈 위에 발자국을 남기지 않고 걸어갈 수 있다고 착각하는 존재들이다. 이들이 행하는 모든 행위는 책임 전가를 전제로 하고 있다. 명령하고 지시하고 요구하고 비판할 뿐 결코 책임지려는 생각은 하지 않는다. 이들은 영원한 갑甲이며 민주라는 가면을 쓴 독재자들이다. 최고 정치 지도자가 자신이 속하고 있는 정치집단을 향해서 할 소리를 재벌들을 향해서 할 때 어떠한 양심의 가책을 받거나 주저하는 기색을 발견할 수 없다. 그야말로 뻔뻔스럽다고 할 수 있다. 가까운 과거에 있었던 예를 들면 이명박 대통령이 2011년 8월 15일 기념식에서 행한 경축사 내용이다.

이제 시대의 변화에 따라 대기업에 요구되는 역할도 달라졌다. 일자리를 더 적극적으로 만드는 책임들을 적극 수행해서 기업이 국민들로부터 사랑받고 존경받아야 한다.

이것은 호소가 아니라 훈계며 명령이다. 자유민주공화국 대통령이 할 수 없는 말이다. 마치 사회주의 국가에서 대형大兄(big brother)이 집단농장의 관리인들을 집합시켜 놓고 명령하는 모습이다. 시대 변화는 대기업에 대한 요구보다 정치인에 대한 요구, 관료들에 대한 요구가 더욱 중요하고 절실한 것이 우리의 처지다. 그의 연설에서 정치 지도자로서의 책임감은 전혀 느낄 수 없다. 그의 연설을 듣고 실천하고자 하는 기업인이 얼마나 있었을까. 아마도 모든 기업인들이 속으로 냉소했을 것이다.

경제민주화는 포기해야 한다. 빠르면 빠를수록 좋다. 경제민주화의 종착역은 경제평등화다. 창조경제를 하려면 경제민주화를 포기하지 않으면 안 된다. 글로벌 시대 보편적 흐름과도 상반되는 경제민주화의 길은 바벨탑에 이르는 길이다. 경제민주화는 정치 엘리트와 관료 엘리트들이 좌우하는 국가주의, 사회주의로 가는 길이며, 자유를 포기하는 길이자 계급사회로 가는 길이며, 한국의 좌파들이 꿈꾸는 민중민주주의로 가는 길이다. 자유주의자 얼굴로 경제민주화를 하자는 지식인들은 트로이 목마 속에 숨어있는 전사와 같다. 이들이 목마의 문을 열고 뛰어내리는 순간, 이 땅위의 자유시장 자본주의 체제는 회복 불가능한 상처를 입게 될 것이다. 그들의 요구는 간단하고 명확하다. 재벌을 우리 속에 가두자! 가진 자들로부터 더 많은 세금을 뜯어내자! 골고루 나눠먹자! 국가가 국민의 삶을 책임져라! 만인은 평등한 삶을 누릴 권리가 있다!

1세대 좌파 지식인 중 리더의 한 사람이었던 안병직 교수는 1960년대 이후 좌파는 "혁명을 시도했다"고 고백한 바 있다. 남한 사회의 좌파들이 혁명을 포기했다는 증거는 없다. 오히려 혁명세력은 더 늘어나고 그들의 투쟁 양상은 다양해졌으며 그 강도는 더 강해지고 있다. 우파 지식인들 다수는 양비론 뒤에 숨어 있고 좌파 지식인들은 곳곳에 진지를 구축하고 깃발을 흔들고 있다. 경제민주화는 그들이 흔들어대는 수많은 깃발들 중의 하나다. 헌법 제119조 2항은 삭제되어야 하고 헌법 제37조 2항만으로도 충분하다. 경제민주화 없이도 대한민국 경제체제는 악성 관치 시장경제체제이고 국가는 규제공화국이다. 경제민주화 추진을 계속하는 한 갈등은 심화될 것이고 개인과 시장의 자유는 위축되고 축소될 것이며, 정부 손아귀의 힘은 강해질 것이다. 우리는 정치 수준과 국민 수준이 높아지고, 정부에 대한 신뢰성이 확고해지고, 분단 비용을 줄일 수 있고, 소득수준이 선진국 수준에

도달할 때까지 경제민주화와 보편복지를 거론하는 것은 위험하다.

　지식인이 세상을 보는 눈과 세상을 읽는 마음은 네 부류다. 1차원적 지식인은 사건 중심적이고, 2차원적 지식인은 시대 중심적이며, 3차원적 지식인은 역사 맥락적이다. 그리고 4차원적 지식인은 시공을 초월하는 가치 중심적이다. 오늘날 현실에 참여하고 있는 한국의 지식인들은 경제민주화에 국한했을 때 1차원적이다. '재벌의 탐욕으로 인한 양극화'를 극복하기 위해서 경제민주화가 반드시 필요하다는 이들은 역사발전 방향을 아랑곳하지 않고, 글로벌 시대 흐름을 2008년 국제금융위기와 같은 한때의 사건을 확대해석하여 왜곡하고, 예측가능한 미래결과에 대해서는 함구한다.

　2007년 '줄·푸·세'를 주장했던 정치인들이 5년 동안 약속을 지키지 않았을 뿐 아니라, 5년 후에 그것과 정반대되는 경제민주화를 하자는 것은 역사적 흐름, 시대적 흐름은 물론 보편적 가치를 전혀 염두에 두지 않은 결과다. 가치체계란 5년 사이에 바뀌는 것이 아니다. 보편적 가치체계란 생겨나는 것도 긴 세월이 필요하지만 함부로 바뀌는 것은 거의 불가능하다. 보편적 가치체계란 유행 따라 바뀌는 상품과도 다르다. 인류 사회 발전과 번영의 동력으로 작용한 보편적 가치체계란 수백 년에 걸쳐 전쟁, 혁명, 투쟁을 거치면서 영글어진 사상체계이므로 한때의 위기나 선동에 의해 쉽게 퇴색되거나 포기되지 않는다. 보편적 가치체계의 특징은 위기에 직면할 때마다 더욱 성숙되고 강한 모습으로 진화하는 데 있다. 자유시장 자본주의가 대표적 본보기다. 자유시장 자본주의 선구자였던 애덤 스미스가 1776년에 발표한 『국부론』에서 제시한 세 가지 원리가 지금도 생명력을 잃지 않고 있는 것은 그것이 보편성을 지녔기 때문이다.

자유시장의 힘은 인간 본성에 있고, 자유시장은 보이지 않는 손에 의해 굴러가며, 정부는 자유시장이 잘 굴러가도록 하고 생명과 재산을 보호하는 제한된 정부여야 한다.

국가주의, 사회주의 체제가 지닌 최대 약점은 인간 본성을 무시함으로써 개인의 자유를 억압하는 것이다. 정부가 시장에 개입하고 간섭하게 되면 부정부패는 필연적 현상으로 나타난다. 시장의 자유가 없는 곳에 자유민주주의는 존립할 수 없다. 자유와 경쟁은 자유시장 자본주의의 생명이다. 하버드대 칼 프리드리히Carl Friedrich 교수가 "시장이란 정치적 민주주의 경제 형태다"라고 정의를 내린 것은 자유시장 경제와 자유민주주의의 불가분의 관계를 말한 것이다. 시장에서 보이지 않은 손은 없고 오직 보이는 손만 있다고 하는 반反신자유주의자들, 한국의 경제민주화론자들이 정부를 믿고 정부의 보살핌 속에서 살아가자고 속삭일 때 자유시민들은 "정부의 선의를 믿거나 의존하지 말라. 본질적으로 정부란 잔인한 야수다"라는 주문으로 자신을 지켜야 할 의무가 있다. 우리가 발전하고 일류국가 수준에 도달하려면 큰 원칙을 고수하고 필요시 한시적으로 보조원칙을 동원하면 된다. 큰 원칙이란 보편적 가치 체계, 즉 자유시장 자본주의를 말하고 보조원칙이란 큰 원칙을 지켜내는 데 도움이 되는 것이다. 필요시 정부 역할을 필요한 만큼 늘리되 문제해결이 이루어지면 원위치로 돌아가는 것을 말한다. 큰 원칙을 버리자는 것이 경제민주화론자들의 요구다. 이들은 "경제민주화가 나쁜 겁니까?"라는 방식으로 대중을 몰아세우고 있다. 이들은 나쁘다고 하면 민주화를 반대하는 사람이라는 오명을 쓰거나 왕따를 당한다는 두려움을 만들어내고 있다.

헌법 제119조 2항은 자유시장경제 원리에 상반되는 것이므로 개헌을 통해 삭제할 것을 오래전부터 주장해온 좌승희 전 한국경제개발원장이 2012년 10월 언론과 나눈 내용을 상기할 필요가 있다.

시장경제 체제의 본질과 현재의 경제민주화는 배치되는 개념이며, 경제는 민주화의 대상일 수 없으며, 경제민주화는 지속가능한 개념이 아니다. 경제민주화는 정치권의 선거용 캐치프레이즈이며 한국의 경제 현실을 먼저 살핀 후 주장해야 할 것이다.

미국 브라운대 국제정치경제학 교수 마크 블리스Mark Blyth가 말한 것처럼 우리의 앞날에는 두 가지 선택의 길이 있다. 국가의 간섭과 부채를 거부하는 슘페터Joseph Schumpeter, 미제스, 하이에크가 주장하는 신자유주의 길과, 국가의 간섭과 부채를 인정하는 홉슨John Hobson, 베버리지William Beveridge, 케인즈John M. Keynes의 길이다. 전자의 길을 가되 필요시 후자의 길을 일시적으로 참고하는 것이 가장 현명한 선택일 것이다.

3장

상식의 붕괴

▶▷ 상식 붕괴의 일반적 현상

    이 책에서 언급하려는 상식이란 자유주의 사회 구성원으로서 민주 시민이 갖추어야 하는 상식을 전제로 하는 것이지만, 범위를 좁혀 국가 사회에 직간접적으로 참여하거나 영향을 미치는 정치인, 관료, 법조인, 기업인, 종교인, 언론인, 대학 교수, 군 간부들과 같은 사람들의 상식에 초점이 맞추어져 있다. 광범위한 의미에서 지식인들이다.

    상식常識(common sense)이란 공동체적 삶에 필요한 일반적 지식이다. 상식은 전통과 관습, 학습과 경험에서 생겨나고 이해와 판단과 행동으로 드러난다. 상식은 사회적 존재인 인간의 삶과 직접적으로 관련되는 보편적 지식이라는 점에서 특정 분야의 전문지식과 구별되지만 개개인의 이해관계와 직결되는 정치, 경제, 사회 및 문화적 주제들을 망라하는 것이기 때문에 단순한 윤리나 규범 이상의 의미를 내포하고 있다. 상식으로 인해 공동체 질서가 유지되고 사회가 필요로 하는 공공선의 실천을 가능케 하며, 구성원 간의 존중과 신뢰와 소통을 가능케 하는 사회적 촉매제로서 문명사회를 만들어내는 기본적 영양제가 상식이다. 따라서 상식의 도움을 받지 않으면 안전하고 건강한 시민 사회를 유지해갈 수 없게 된다. 상식에 귀를 기울이지 않으면 안 되는 실제적 이유다.

상식의 범위는 일반적으로 생각하는 것보다 매우 광범위하다. 상식이란 단어와 관련하여 세계 역사상 가장 널리 알려진 인물은 토마스 페인Thomas Paine(1737~1809)일 것이다. 그는 계몽사상이 유럽을 휩쓸던 시대에 영국에서 태어나 열네 살 때 학업을 중단하고 교사, 하급 세무 공무원 등으로 전전했다. 그 후 언론인, 저술가, 정치가, 사상가로 변신하여 정치적 혁명가의 삶을 살다가 미국에서 생을 마친 급진적 자유주의자였다. 그가 미국 혁명에 불을 지핀 장본인의 한 사람이었음에도 만년에 미국 정치 사회에서 소외당했던 이유는 그의 급진적 자유주의 성향 때문이었다. 미국 혁명 지도자들이자 건국 지도자들이었던 당대의 인사들은 대서양 건너 프랑스에서 벌어지고 있는 급진적 자유주의 혁명이 파국의 길로 접어드는 것을 우려의 눈으로 지켜보았다. 그러면서 급진적 자유주의 혁명을 주장했던 토마스 페인의 노선을 택하지 않고 프랑스 혁명을 비판하면서 보수적 자유주의 혁명을 옹호했던 에드먼드 버크Edmund Burke(1729~1797) 노선을 따랐다. 그래서 미국 혁명을 프랑스의 급진적 혁명과 비교하여 보수적 혁명 또는 버크적 혁명Burkean Revolution이라고도 한다.

토마스 페인은 조국 영국에서 공화정 수립을 주장한 것 때문에 반역으로 몰렸고, 프랑스 혁명에 가담하여 국민공회 의원으로 선출되었으나 루이 16세 처형을 반대하여 투옥되었다가 풀려나서 미국으로 건너가 그 유명한 팸플릿 『상식 Common Sense』을 발표하여 식민지 미국인들의 가슴 속에 잠재하고 있던 혁명 열정을 폭발시켰다. 1776년 1월에 발표된 『상식』은 단번에 15만부가 팔려나갔다. 당시 미국 인구는 500여 만 명을 넘지 못했고 교통과 통신 수단이 열악했던 점을 감안하면 상상을 뛰어넘는 돌풍 현상이었다. 그의 팸플릿 『상식』은 독립전쟁 중이던 아메리카 대륙에 내려친 번개와도 같이 빠른 속도로 퍼져나갔고, 아메리카 대륙을 진동시킨 천둥소리처럼 울려 퍼졌다. 그는 『상식』에서 영국 식민지 미국인들이 단순히 "대표 없는 세금은 없다 no tax without representation"는 기치 아래 싸울 것이 아니라 영국의 지배로부터 자주적이고도 완전한 독립을 쟁취하여 인류의 대의를 위한 자유롭고도 평등한 민주공화국을 건설하라고 촉구하였다. 그의 주장은 1776년 7월4일 발표된 미국 독립선언문에도 영향을 줬다. 그 후 에드먼드 버크가 프랑스 혁명을 비판한 「프랑스 혁명에 대한 성찰」이라는 글을 발표하자 이에 대한 비판과 함께 프랑스 혁명을 옹호하고 영국 국민들에게 공화국을 세울 것을 촉구하는 『인권 Rights of Man』을 1791년, 1792년 두 차례에 걸쳐 발표하였다. 그가 남긴 『상식』과 『인권』은 21세기 현재까지도 정치학도들에게 고전으로 읽힌다.

　『상식』은 4개 장章으로 구성된 짧은 내용에서 국가 기원과 영국 헌법에 대한 고찰과 비판, 아메리카의 현 사태에 대한 생각, 아메리카의 현재 능력에 대한 견해를 밝히면서 완전 자주독립을 쟁취할 것을 촉구하고 있다. 여기서 우리는 그가 왜 팸플릿 제목을 상식으로 결정했으며 그가 말하고자 했던 상식의 범위를 알 수 있다. 그가 팸플릿에서 피력한 내용의 주요 요점은 다섯 가지다. 첫째, 세습적 군주제는 자연권에 반反하고 상식에 벗어난 것이므로 폐지되어야 한다. 둘째, 인류의 대의를 위해 미국인들이 영국으로부터 완전 자주독립을 쟁취하여 자유롭고 평등한 민주공화국을 건설하는 것은 당연한 상식이다. 셋째, 왕이 법으로 통하는 군주제가 아니라 법이 지배하는 국가 land of law가 되는 것이 상식에 부합한다. 넷째, 아메리카의 조국은 침략과 착취를 일삼는 영국이 아니라 자유롭고 평화로운 유럽이어야 하고, 아메리카를 자유무역항으로 만들어 조국 유럽과 교역하면서 살아가는 것이 자유와 평화를 지키고 번영하는 상식적 방책이다. 다섯째, 최소의 비용과 최대의 편의로 국민의 안전을 가장 잘 보장하는 국가 형태, 즉 작은 정부 국가가 최선이며 이것 역시 상식에 속하는 것이다. 이처럼 그가 식민지 미국 국민들에게 열정적으로 촉구한 것은 보편적 가치 차원, 아메리카 대륙을 위한 혁명적 차원, 인류 대의를 위한 차원의 상식이다.

1776년 토마스 페인이 역설했던 상식은 230여년이 경과한 오늘날 인류 사회의 보편적 진리와 가치가 되고 평범한 상식이 되었다. 그러나 2014년 한반도는 그 당시의 수준에도 미치지 못하고 있다. 북한은 그러한 보편적 상식을 역행하는 사회이다. 남한에서는 국가개입 강화를 전제로 하는 큰 정부 작은 시장을 요구하고, 세계 제1의 민주공화국 미국과의 정치 문화적 우호관계와 군사적 동맹을 반대하며, 세계 제1의 자유시장 경제대국 미국과의 자유무역협정을 반대하는 좌파 정치인들과 지식인들과 노동운동가들과 학생들, 시민단체들의 목소리가 수그러들지 않는다. 이러한 현상은 어떠한 판단 기준을 적용하더라도 상식을 벗어나도 보통 벗어난 것이 아니다. 나는 박홍규가 번역한 『상식, 인권』에서 세 가지를 특별히 강조하고 싶다. 왜냐하면 1776년 1월 토마스 페인이 주장했던 상식들이 현재 우리가 심각하게 다투고 있는 주제들이기 때문이다.

국가는 최선의 상태에서도 필요악에 불과하고 최악의 상태에서는 견딜 수 없는 악이 된다. 최소의 비용과 최대의 편의로 우리에게 안전을 가장 잘 보장하는 국가 형태야말로 다른 어떤 국가 형태보다 바람직하다.… 최소의 비용으로 최대의 개인 행복을 실현하는 방법을 찾아내는 사람은 여러 시대에 걸쳐 감사 받을 만하다.

우리가 세계를 상대해서 맞선다는 것이 무슨 의미가 있을까? 우리의 계획은 상업이고 그것만 잘하면 우리의 평화와 유럽 전체의 우의가 보장될 것이다. 아메리카가 자유항이 되면 유럽 전체가 이익을 보게 될 것이기 때문이다. 아메리카의 무역은 언제나 보호책이 되고… 유럽은 우리의 무역시장이므로 어느 부분과도 편파적 관계를 맺어서는 안 된다.

아메리카에서는 '법法이 왕王'인 군주제다. 왜냐하면 절대국가에서 왕이 곧 법이듯이 자유로운 나라에서는 법이 반드시 왕이어야 하지 다른 것이 왕이 되어서는 안 되기 때문이다.

첫 번째 것은 작은 정부 국가 주장이고, 두 번째 것은 자유무역국가 주장이며, 세 번째 것은 법치국가 주장이다. 그는 팸플릿 『상식』에서 "오, 망명자들을 받아들여라! 그리고 때를 놓치지 말고 인류를 위한 피난처를 마련하라"는 호소로 끝을 맺고 있다. 우리는 토마스 페인의 교육 배경과 학문 배경을 상기할 필요가 있다. 그의 공식적 교육 배경과 학문적 배경은 빈약하다. 그러나 그가 남긴 글과 족적은 혁명의 세기를 살고 간 전형적인 행동하는 지성인의 면모를 보여준다. 시대 상황에 대한 깊은 인식과 예리한 통찰력, 조국과 인류의 대의를 위한 진지한 판단력, 끊임없는 관찰과 참여를 통한 경험과 지혜의 축적, 사상과 이론에 대한 열정적 추구가 그로 하여금 호소력 있는 예언자적 상식의 논리를 세상에 내놓을 수 있게 만든 요인이다. 그가 우리에게 주는 현실적 교훈은 전문분야에 종사하는 학자는 그 분야에 대한 원리 원칙을 소개하거나 자신의 이론과 논리를 만들어가는 반면, 시대 상황과 사회 전반에 걸쳐 관심을 갖는 전인적인 지성인은 현재 상황을 정확히 진단하고 미래에 대한 방책을 제시하고자 노력하기 때문에 이들에 비해 대체적으로 현실적 노선과 방책을 내놓지 못한다. 전문분야 학자들은 자신의 창문을 통해 세상을 내다보려고 하지만, 상식을 지닌 지성인은 넓은 광장에서 사방을 관찰하려고 하기 때문이다. 전문분야 학자는 자기주장이 강해서 남의 의견을 무시하는 경향이 매우 심한 반면, 상식을 갖춘 지식인은 큰 귀를 가지고 있다는 점에서 다르다. 오늘날 우리의 정치 지도자들이 마치 시장에서 상품을 고르듯이 대학교수들을 긁어모으고 교섭 받은 교수 대부분은 지체 없이 달려가고 있는 현상은 대학교육이나 정치발전을 위해서도 바람직하지 못하다.

시대를 관통하면서 생명력을 잃지 않는 상식은 하루아침에 생겨나는 것이 아니라 긴 역사를 통해 영글어지는 지성과 지혜의 응축물이다. 계몽사상의 거인 중 한 명인 볼테르Voltaire(1694-1778)는 '상식이 없는 자'는 "모든 종류의 범죄에 끼어들고, 쉽게 속아 넘어가고, 쉽게 흥분하고, 쉽게 몰려다니기 때문에 '어리석은 자'"라고 하였다. 그가 활동하던 시대는 프랑스 혁명 직전 계몽주의 사상가들이 인민을 각성시키고 깨우치기 위해 활발한 활동을 했던 시기이자 절대 왕정 시대였으므로, 지금보다는 훨씬 단순한 사회여서 인민들이 속아 넘어간다하더라도 그들의 삶에 미치는 직접적인 영향에는 한계가 있었다. 그러나 현대 사회에서는 한계가 없다는 점에서 그 시대와는 비교할 수 없는 영향을 받게 된다.

송호근宋虎根 교수는 그의 저서 『이분법 사회를 넘어서』(2012)에서 '교양시민층'이 두텁지 못한 것이 한국사회가 안고 있는 취약점의 하나라고 지적하였다. 교양 없는 시민이란 곧 상식이 없는 시민, 어리석은 시민과 다르지 않다. 볼테르가 230여 년 전에 개탄했던 프랑스 사회의 병적 현상이 현재의 한국사회에서도 똑같은 모습으로 재현되고 있다고 한다면 지나친 비약일까? 상식이 부족하여 어리석기 때문에 쉽게 흥분하고, 쉽게 속아 넘어가고, 쉽게 몰려다니게 되면 어떤 일들이 벌어질까? 엉뚱한 길을 따라 나섰다가 파국을 맞이할 수도 있고, 더 많은 공직자들을 먹여 살리기 위해 더 많은 세금을 낼 수도 있다. 정부가 잘못하여 낭비한 돈을 메우기 위해 더더욱 많은 세금을 바칠 수도 있고, 그들의 말을 듣고 잘못 투자했다가 패가망신할 수도 있다. 우리를 일제로부터 해방시키고 공산군의 침략으로부터 지켜주고 가난에서 벗어날 수 있도록 도와준 소중한 친구를 버리고 위험할 수 있는 친구를 새로 맞이할 수도 있다. 우리의 자녀들이 교실에서 이상하고 비뚤어진 학생들로 변할 수도 있고, 적과 우군의 구분이 모호해지고 옳고 그름의 경계가 애매해질 수도 있다. 끝에 가서는 큰 정부 아래서 권력자들의 자비를 바라며 관료들을 섬기고 살아가야 하는, 허울 좋은 민주 머슴으로 전락할 수도 있다.

그러나 자유주의 사회에서는 국민과 시민을 영구히 속일 수는 없다. 어리석어 보여도 대중의 가슴 한복판에는 건강하고 선한 양심과 본능적인 방향 감각이 자리 잡고 있기 때문이다. 이러한 대중의 잠재의식이 작동하기까지는 시간이 걸리기는 하지만 일단 속았다는 확신이 들게 되면 분노하게 되고 사회적 대폭발이나 붕괴의 에너지로 발전하게 된다. 누구의 말도 믿지 않고 맹목에 가까운 행동을 하게 되어 사회 전체가 위험에 빠질 수도 있다. 과연 우리는 이런 현상이 도래할 때까지 시간을 흘려보내도 되는 것일까? 책임과 영향력을 갖고 있는 인사들, 지식인들이 한때의 권력, 한때의 명예, 한때의 이익에 현혹되어 마음만 먹으면 언제라도 패거리를 만들어 국민과 시민을 농락하고 속일 수 있다고 착각하는 인사들이 고개를 빳빳이 세우고 세종로와 광화문 네거리, 여의도를 활보하고 있음을 개탄스럽게 지켜봐야 하는 것이 현재의 대한민국 국민들이다.

현재 진행되고 있는 한국사회의 상식 붕괴현상은 지난 60여 년 이상 국민이 땀과 피를 흘리면서 이룩한 성취의 그늘이며, 압축 성장을 위한 질주에서 비롯된 불가피한 부산물이다. 그래서 그 원인을 한 개의 단어, 한 개의 문장으로 표현해내거나 서술해낼 수는 없다. 어떤 시대, 어떤 제국, 어떤 국가도 성취의 대가를 치러야 했다는 점에서 우리들만의 현상도 아니다. 그동안 질주와 성취와 더불어 생겨난 것들, 가려져 있었던 것들, 억제되어 있었던 것들이 활화산의 용암처럼 분출하는 현상이긴 하지만 결정적 원인만은 쉽게 지적할 수 있다. 이 것은 교양 있는 시민층, 상식 있는 시민층이 두텁지 못하고 정치적 후진성과 정치적 리더십의 빈곤과 붕괴가 거듭되어 왔기 때문인데, 설상가상으로 국민 대중은 성취의 몫을 공평하게 나눠줄 것을 요구하는 힘든 시대가 되고 있다.

1945년 이래 대한민국의 성공 스토리는 지금도 계속되고, 2차 세계대전 이래 출현한 수많은 신생독립국들 중 단연 으뜸이 되어 우리 스스로 자랑스러워한다. 건국에 성공하고 전쟁을 이겨냈으며, 산업화와 민주화를 바탕으로 하는 근대화를 이룩하여 개방되고 다양화된 사회의 삶을 살아가면서 글로벌 시대 선두 그룹에 진입하고자 인류 보편적 가치를 수용하면서 글로벌 시장에서 경쟁하고 있다. GDP 기준 세계 15위 경제 강국, 세계에서 일곱 번째로 국민 평균 연간 개인 소득 2만 불, 인구 5천만을 기준으로 하는 20-50국가, 세계에서 아홉 번째로 무역 규모 1조 달러가 넘는 교역 국가, 병력 규모 세계 6위, 국방예산 규모 세계 12위에 이르는 자주국방 국가, 문맹률 거의 0%,

대학 졸업률이 세계 최고수준에 도달하고 중국, 인도 다음으로 많은 유학생이 미국에서 유학하고 있는 교육 강국, 2012년 런던올림픽에서 종합 순위 5위에 이르는 체육 강국, 가수 싸이의 「강남스타일」이 뉴욕 광장을 흔들어 놓는 한류를 타고 문화 강국까지 바라보는 나라, 유사 이래 처음으로 해양국가, 교역 국가로 뻗어나가고 있는 나라, 만인이 법 앞에서 평등한 법치국가로 발돋움하고 있는 나라가 오늘의 대한민국이다.

실로 경이적인 성공 스토리가 아닐 수 없고 자랑스럽지 않을 수 없는 나라다. 그러나 한 꺼풀을 벗겨내고 우리 자신의 속살을 들여다보면 전혀 다른 모습의 대한민국을 발견할 수 있다. 정치에서 자유주의 체제는 겨우 선거민주주의 수준이고, 경제에서 자유시장 자본주의 체제는 관치 시장경제 수준을 벗어나지 못하고 있으며, 사회적으로는 과잉민주 열정 속에서 평등이 자유를 위협하고 있다. 대한민국은 미성년 자유주의 체제 속에서 성취가 쌓여갈수록 비례하여 모순은 늘어나고, 모순이 늘어나는 만큼 비례하여 상식이 붕괴되어 가고 있는 나라이다.

유달승이 번역한 영국 사학자이며 작가인 사이먼 몬티피오리Simon Montifiori가 쓴 『예루살렘 전기』에는 A. D. 985년 그곳을 여행한 카이로 출신 여행가 무가다시Mugaddasi의 기록이 "온순한 자가 폭행을 당하고 부자가 시기를 받는다"라고 소개되어 있다. 그가 만약 살아있어서 오늘날 한국을 여행하고 돌아갔다면 똑같은 여행기를 남기지 않았을까 하는 생각이 든다. 상식 붕괴의 상징적 현장은 길거리와 학교 교실이다. 거리에서는 백주에도 무차별 살인이 벌어지고 밤낮 구분 없이 성범죄가 발생하여 여성들이 불안에 떤다. 그런가 하면 학교 교실에서는 학생이, 때로는 학생이 학부모와 합세해서 선생을 구타하거나 여 선생의 머리채를 잡아채는 일이 벌어진다. 순진한 학생들이 교내 학생들의 폭력과 왕따에 시달리다 자살하는 비극이 반복해서 발생한다. 학교 폭력에 시달리다 죽어간 학생 영전에 가해학생과 부모가 꽃을 바치고 돌아서서는 히히대고, 가해학생 부모가 죽은 학생에게 책임을 전가하면서 오히려 선생 앞에서 기세등등해도 다수의 선생들은 못 본 채 외면하고 만다. 2012년 1월 30일 안양시의 위기청소년상담센터를 방문한 이명박 대통령이 상담교사 및 학생들과 3시간 가까이 나눈 대화 내용은 상식적으로 납득하기 어려운 것들이다.

일진이 있고 평범한 학생과 늘 당하는 '찐따'라는 3단계 구조가 있다. '빵셔틀'(빵 심부름)하는 학생들은 잘 나가는 애들에게 반항하면 철저히 착취당하는 계급 사회다. 외부에 도움을 요청하는 게 알려지면 완전히 소외당한다.

정부가 있고 교과부가 있고 선생이 부족하지 않은 정상적 교육환경에서 이러한 현상이 근절되지 않고 있다는 사실 자체가 이제는 상식으로 통한다. 상식 붕괴가 빚어내는 사회적 질병의 전형적인 예는 도덕 불감증과 관련된 부정부패 현상이다. 현재 우리 사회는 부정부패가 만연하고 있는 사회이다. 역사상 수많은 왕국과 제국들이 몰락했던 결정적 원인은 지배계층의 부정부패였고, 우리 역시 자유당 정권의 몰락에서 이미 경험한 바가 있다. 대통령 선거 해를 맞아 모 일간지 중견기자가 쓴 글의 「도둑놈을 찍을까요? 빨갱이를 찍을까요?」라는 제목은 익히 알고 있는 현상이긴 해도 매우 냉소적이다.

국제투명성기구(TI)가 발표한 2010년 국가별 부패지수를 보면 우리나라는 부루나이나 오만보다 못하다. 싱가포르, 홍콩, 일본에는 한참

못 미치고 타이완보다도 뒤쳐져 있다. 국민권익위원회가 2012년 10월 26일부터 11월 24일까지 국민 1천400명, 공무원 1천400명, 기업인 1천400명, 전문가 630명, 외국인 400명을 대상으로 전화면접과 전자우편을 통하여 '부패인식과 경험'을 조사한 결과를 언론이 전하는 내용을 보면, 일반 국민의 65.4%가 "우리 사회는 전반적으로 부패했다. 부패는 계속 늘어날 것"이라고 답하고 있다.

국민의 부패인식 추이

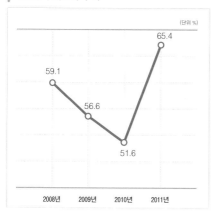

부패해결이 시급한 분야는?

정당 및 입법	54.2
행정기관	30.3
사법분야	25.4
공기업	22.5
언론분야	11.1
교육분야	8.4
종교분야	7.1
민간기업	5.2
시민단체	4.1
노동단체	3.9

단위 : %, 복수응답 허용

도표에서 보이는 것처럼 정치권이 부패 해결대상 제1번 순위이고, 가장 청렴해야 할 기관과 집단이 가장 부패해 있음을 알 수 있다. 상황이 이렇게 되면 선한 사람도 악행과 비리에 물들게 되고 사회적 악행과 비리에 대해 무감각해진다. 대부분의 연구조사기관에서 발표하는 연구보고서나 통계에 의하면, 국민의 신뢰도가 가장 낮고 부패도가 가장 높은 집단은 항상 정치인 집단으로 고정되어 있다. 국민들은 오래전부터 그들의 식언과 거짓말에 익숙해져서 그러한 현상이 정상인 것처럼 착각할 정도다. 물론 이러한 현상은 하루아침에 생겨났거나 누구 한 사람이나 특정 집단 때문만은 아니지만, 가장 큰 책임은 정치인들에게 있고, 이는 제도적이고 구조적인 고비용 저효율 정치에 기인한다. 정치인들과 정치 지도자를 믿는 국민은 없다. 정치인들을 두고 「교도소 담장 위를 걷는 사람」이라는 언론 기사 제목이 한국 정치사회가 얼마나 부패해 있는가를 단적으로 말해준다.

한국의 정치를 오랫동안 관찰해 온 기자의 입장에서 감히 증언컨대 돈 없이 정치하는 사람은 보지 못했으며, 돈도 자기 돈을 쓴 사람은 아마도 세상이 알아주는 정주영 씨 등 몇 사람 빼고는 본 적이 없다. 결국 모든 정치인은… 남의 돈으로 정치해왔고 또 하고 있다는 얘기다.

이 제목이 전하고자 하는 의미는 재수 없고 운 나쁜 사람만 들통이 나서 교도소로 간다는 뜻일 것이다. 정치인들이 연출해내는 상식 붕괴현상은 돈 거래 그 자체보다 돈 거래가 노출되어 문제가 되었을 때 정치 지도자들이 보이는 반응에서 확인된다. 각 정당에서 부정한 금전거래가 드러날 때마다 그들이 보여주는 반응은 여야 구분 없이 언제나 같은 패턴을 보여준다. 깨끗한 정치판에서, 마치 처음 생겨난 사건인 것처럼 반응하면서 당사자 개인의 책임으로 돌려 제명하거나 본인 스스로 정치적 자살을 택하게 만듦으로써 당과 자신들에게 책임이 돌아오는 것을 막기에 급급하다. 이러한 행위는 지극히 위선적이고 냉혹하며 잔인하다. 당을 대표하여 국정을 책임지겠다고 나서는 정치 지도자라면 자신도 책임이 있다는 입장에서 문제의 본질을 인정하고 근본적 해결책을 제시함으로써 국민을 이해시키고 동의를 구하는 것이 상식에 부합하는 것일 텐데 그렇지 못하다. 그와 같은 조치는 오래전부터 정치판에서 돈 거래가 상습화 되어 왔다는 사실을 국민 대중이 모르고 있다는 것을 전제로 한 것이다. 상식적으로 국민들이 납득할 수 있겠는가?

모든 정치인들에게 공동의 책임이 있다. 집권 세력이 되었을 때, 당권을 장악하고 있었을 때, 원내 제1당의 권력을 향유하고 있었을 때 근본적이고 제도적인 근절책을 강구하지 않았다. 뿐만 아니라 자신들이 누렸던 당내 공천권과 인사권 같은 기득권을 결코 포기한 적이 없었고, 오히려 중립적이고 양심적인 원외 인사들로 공천 심사위원회를 구성하고 객관적 검증으로 결정했다는 교묘한 위장 수법으로 유권자들을 우롱해왔다. 2012년 4·11 총선에서도 그러한 행태를 바꾸지 않았다. 진정으로 자유민주주의 발전을 기하고 공명정대한 후보 결정을 하려고 한다면 중앙당 공천권 행사 자체를 포기하고 지역 유권자들에게 결정권을 넘기는 것이 상식이다. 그러나 그들은 당을 개혁했고 선거법, 정치자금법 등을 손질했다고 구차스러운 변명을 늘어놓지만 곁가지에 불과한 것들로 땜질한 것에 지나지 않는다.

정치와 무관했던 한 여성이 국회의원이 되기 위해 돈을 바치고자 했다면 이것은 한국정치 환경이 만들어낸 결과이며, 정치권력과 당의 권력을 장악하고 있는 자들과 잘못된 제도와 관행의 희생양에 불과하다. 모든 정치인들을 부패 바이러스 보균자라 해도 그들은 할 말이 있을 수 없다. 한국 정치판이 부패 1번지, 거짓말 생산공장이라고 비판받아도 반박할 여지가 없다. 한국사회에서 정치권력과 관료권력은 부정부패의 숙주다. 권력사회가 부패하면 사회 구석구석까지 부패한다는 것은 누구나 알고 있는 상식이다.

그러나 지금 정치권은 한국사회 모순의 주체가 자신들이 아니라 대기업이라고 주장하고 있다. 과연 이러한 현상이 상식에 맞는 것일까? 정치인들이 대기업 오너들보다 정직하다고 믿는 국민들이 얼마나 될까? 부도덕한 대기업 오너라고 할지라도 그들은 고용을 창출하고 부를 창출해내지만, 정치인들은 생산적인 것을 창출해내지도 못하면서 정직하지도 못하고 낭비만 하는 주체들이다. 1987년 이래 역대 대통령들은 본인이든, 자식들이든, 친인척이든 간에 재임 중 또는 이임 후 금전문제로 인해 사법처리를 받지 않은 경우가 없었다. 노무현 전 대통령이 금전문제로 인해 스스로 목숨을 끊는 비극을 자초한 것이 수년 전의 일이다. 최근에는 집권당 후보의 좌장격인 중진 정치인이 금전문제로 탈당했고, 제1 야당 원내 대표는 부실 저축은행 사건과 관련하여 금품을 수수한 혐의로 불구속 기소를 당할 처지에 놓여 있다. 이명박 대통령의 최측근들을 포함하여 금감원 요원을 비롯한 수십 명의 공직자들이 부실 저축은행 비리에 연루되어 구속되어 재판을 받아야만 했다. 금전과 관련된 부패는 정치권만 아니라 한기총 회장단 선거에서도, 대학총장 직선 과정에서도, 대학교수 임용에서도 뒷돈 거래가 끊이지 않고 있다. 과히 부패공화국이라 해도 할 말이 없다. 자신을 정의의 사도, 양심의 화신처럼 내세웠던 서울시 교육감이 후보 단일화를 대가로 2억 원을 상대방에게 준 죄로 대법원 확정판결을 받고 구속된 것이 2012년 9월의 일이다. 입법부 수장이 당대표 선거에서 금전을 살포한 것이 드러나 불명예 퇴진한 것도 가까운 과거의 일이다. 이런 환경에서 상식이란 발붙일 곳이 없다.

정치인들의 도덕적 타락 못지않게 그들의 상식 부재현상은 그들의 언행에서 나타난다. 희극 공연이나 코미디 영화를 관람하기 위해 굳이 극장이나 공연장에 갈 필요가 없는 곳이 한국 정치판이라는 우스갯소리가 낯설지 않다. 공중부양이 연출되는 곳, 명지대 김형준 교수의 지적처럼 "비정상이 정상을 지배하는 듯한 정치권의 모습"을 드러낸 '정치 초짜들의 활극'이 벌어지는 곳이 여의도 정치판이다. 대선 후보로 나선 인사가 군 복무시절이 고통과 고문이었다고 서슴없이 말하는 곳이 한국 정치현장이다. 이것은 자식을 군에 보낸 부모들의 가슴에 못을 박는 말이며, 설사 그것이 진실이라 해도 적과 대치하여 휴전상태에 있는 국가에서 국정을 책임지겠다고 나서는 인사가 절대로 해서는 안 되는 말이다. 아메리카노 커피를 마시는 동료 정치인들을 향해 부도덕한 패악질이라고 매도하는 곳, 야당 현역 중진의원이 집권당 대통령 후보를 두고 '년'이라고 욕하는 곳이 여의도 정치판이다. 2012년 9월 11일, 여의도 한강 공원에서 열린 민노총의 8·15 노동자 통일 골든벨 행사에서 사회자가 던진 질문은 끔찍한 상식 붕괴의 얼굴이다.

김일성 주석과 김정일 위원장의 사망 당시 나이, 대한민국 국민의 원수 이명박과 공천 헌금을 받아 처먹은 년의 나이를 모두 더하면 몇 살이냐?

양식이라고는 찾아볼 수 없는 이들의 몰상식한 언어들이 국민의 품위를 밑바닥까지 떨어뜨리고 있으나 속수무책이다. 정치인 집단들은 2012년 12월 대선을 앞두고 상식을 포기한 매춘적인 대중영합주의pandering populism 경쟁을 벌이고 있었다. 국가 경영의 대원칙은 국민 한 사람 한 사람의 손을 잡고 바다를 건너다 주는 것이 아니라 모든 국민을 하나의 배에 태워 한꺼번에 건너는 것이다. 그런데 가는 곳마다 책임지겠다는 가당치 않은 약속에 몰입하고 있을 뿐 아니라 심지어 남북문제를 두고서도 위험한 대중영합적 경쟁을 하고 있다.

서해 북방한계선인 NLL을 부정하려면 동맹국과의 사전협의가 필요하고 국민의 동의가 필수 조건임에도 대통령이 김정일에게 임의로 약속한 것이나, 100조 원이 넘는 지원 사업을 약속하려면 최소한 국회동의가 필요한 것인데 그렇지 않았다는 것은 제왕적 행정부 우두머리인 제왕적 대통령의 비상식적 행동 그 자체이다. 이러한 행위는 수백만 민족의 희생이 있었고 국민 모두가 허리띠를 졸라매며 국방비를 감당해야 하는 국가에서는 상상할 수 없는 일이다. 토마스 페인은 일찍이 "대중의 비위를 맞추고자 하는 대중영합주의자는 대중을 깔보는 자"이므로 경계하라는 경고를 자신의 글에서 강조한 바 있다. 이 경고는 상식이다. 지난 9월 CNN 방송에 출현한 전 카터 행정부 시절 국가안보보좌관이었던 브레진스키Brezinski 교수는 대중영합주의와 민주주의를 혼동하지 말 것을 언급하면서 그 이유를 "대중영합주의는 헌법적 조건constitutional condition과 법치rule of law를 훼손하여 민주주의 자체를 훼손한다"고 설명하였다.

그가 말한 헌법적 조건이란 정상적 헌정 질서를 말하는 것인데, 대중의 과도하고 무분별한 요구를 억제하지 못하고 수용하게 되면 자유민주적이고 합리적인 국가운영이 어렵게 되어 법치 기능이 마비될 수 있음을 경고한 말이다. 이 중요한 시기에 주요 대선 후보들은 막상 유권자들이 듣고 싶어 하는 중요한 주제들에 대해서는 함구하거나 피해간다. 그러면서 자신들이 설정해 놓은 소위 국민적 요구들을 무제한 만족시켜 줄듯이 경쟁적으로 호언장담하고 있어 후보들 간의 색깔 구분이 무의미한 선거가 되었다.

2012년 11월 대선을 앞둔 미국의 민주 · 공화당 후보들이 TV 토론에서 정부의 역할을 두고 격돌하던 것과는 정반대 현상이다. 미국의 경우 정부 역할에 대한 논의와 논쟁은 건국 이래 한 번도 멈춘 적이 없는 핵심적 쟁점 사항이다. 미국민들이 이것을 당연한 상식으로 받아들이는 이유는 미합중국 건국이념과 국가존립의 본질과 정부운영의 원리에 관한 문제이기 때문이다. 하물며 이념적 분단국가에서, 이념투쟁이 진행되고 있는 사회에서, 글로벌 시대 경쟁하는 국가로서, 당연히 논의하고 다투어야 할 사안들에 대해서 침묵한다는 것은 상식적으로 납득하기 어려운 현상이다. 각 후보들은 모두가 대학교육을 마친 지식인들임에도 국가발전과 그들이 입버릇처럼 떠들어 대는 국민 행복을 위해서 필요한 장기적인 비전과 국가운영 방책에 대해서 한편의 논문이나 책을 내놓은 사실이 없다. 그렇다보니 사상적으로, 이론적으로 그만큼 빈약하여 대학교수들을 앞 다투어 모셔가는 기현상이 벌어진다. 그나마 문재인 후보가 지난해에 김인회와 공동으로 『검찰을 생각한다』는 책을 내놓은 것이 고작이고, 나머지는 자화자찬에 가득한 자서전만을 내놓았을 뿐이다.

그들의 머릿속에는 오직 청와대 진입과 권력 독점을 위해 열심히 살아가는 국민들의 호주머니만 요령 있게 털어내면 만사형통하리라는 믿음으로 가득 차 있다. 만약 후보들과 그 참모들이 올바른 생각과 상식을 지니고 있다면, 이 시기에 최우선 과제인 고비용 저효율 정당정치 구조를 뜯어 고치겠다는 약속을 하는 것이 이치에 맞는 당연한 순서일 것이다. 그러나 이들은 한국사회 모순의 근원인 이 문제에 대해서 일언반구의 언급도 없었다. 선진국 대열에 합류하려는 국가의 선거판이라고 말하기에는 부끄럽고 좌·우 격돌 속에서 자유대한민국 건설세력이 승리했던 1948년 5월 10일 선거보다 훨씬 뒤떨어진 수준의 선거였다고 해도 틀린 말은 아니다. 이것은 선거라기보다 때가 되면 이루어지는 단순 선수교체를 위한 요식적 행사에 불과하지 않을까 싶고, 그들이 쏟아낸 약속들이 지켜지는 날 대한민국 국민들은 페론Peron과 같은 대통령, 에바 페론Eva Peron과 같은 대통령을 맞이해야 하는 것이 아닐까 하는 우려를 금할 수가 없다. 페론의 조국 아르헨티나는 광대한 영토와 풍부한 자원이 있어 마음만 먹으면 언제든지 회생 부활할 수 있는 국가이지만, 대한민국은 그 반대여서 한번 추락하면 쉽게 회복할 수 없는 국가다.

이들, 상식을 방기해버린 정치인들의 동반자 중에는 현실참여 지식인들이 다수다. 이들은 강단을 버리고 권력 중심부와 정치무대 주변을 맴돌면서 권력과 명예와 이익을 탐색한다. 그러면서 자신을 한 번의 전국구 의원, 한 번의 장관, 한 번의 공공기관장과 같은 헐값에 팔아넘기는 천박함을 아무런 거리낌 없이 드러낸다. 어제까지 강단에서 존경받던 중진 교수가 오늘 미래의 권력자 후보 옆에 서서 어색한 미소를 지으며 플래시 세례를 받고 있는 모습은 추태 그 자체이다. 이들은 사상이나 이념을 거추장스러운 액세서리 정도로 여기면서 대중영합적 주장과 이론을 보기 좋게 포장해서 상품화하는데 익숙하다. 또한 역사를 뒤집고 세상을 뒤집기 위해 자신들의 사상과 이념을 교묘히 감추면서 세상의 잘못된 모든 것을 자기들의 생각과 입장을 달리하는 사람들에게 책임을 전가하여 국민을 분열시키는데 익숙한 지식인들로서, 자신들의 주장과 이론을 받아들이라고 윽박지른다. 이들은 자신들에겐 한없이 관대하고 상대방에 대해서는 잔인할 정도로 가혹하다.

이들은 "한국사회는 양극화 사회로서 가진 자 1%가 갖지 못한 자 99%를 지배하고 있으며 그 주된 원인은 신자유주의에 입각한 글로벌화, 신자유주의에 입각한 강자독식 시장만능주의 정책에 기인하는 것이므로 앞으로는 미국 중심의 글로벌 체제를 벗어나 경제민주화와 보편적 복지의 길로 가야 한다"는 나팔을 힘차게 불어대고 있다. 5년 전

작은 정부 큰 시장, '줄·푸·세' 정책 노선으로 선거에서 압승하여 집권했던 당시의 주체들과 그러한 이론을 제공했던 지식인들이 납득할만한 이론적 근거 제시도 없이 대중영합주의에 편승하면서 경제민주화와 보편적 복지를 주장하는 정치적 행위는 국민을 우롱하는 비상식적 행위의 표본이다. 한 국가의 정책 노선이 5년마다 흔들리고 바뀐다면 그러한 국가는 장기적 발전을 이룩하기가 불가능하다. 국민도 이제는 권력에 기생하여 한 번씩 등장해서 세상을 어지럽혀 놓고 떠나버린 참여 지식인들의 뒤치다꺼리를 언제까지 해야 할 것인가를 깊이 생각할 때가 되었다. 노무현 정부 시절 동북아 균형자론과 세금폭탄 정책을 제공했던 자들도, 이명박 정부에서 중도실용론을 제공했던 자들도, 모두가 대학교수 배경을 지닌 인사들이다. 경제민주화와 보편적 복지의 바람잡이 역할을 하는 인사들도 다수가 대학교수 배경을 가진 인사들로서, 정치 계절이 바뀔 때마다 바람처럼 나타났다가 연기처럼 사라지는 책임지지 않는 무임승객들이다.

현실 정치에 참여했던 교수 출신 인사들 대다수는 자신들의 가계 족보에 총리, 장관, 국회의원 같은 직함을 추가하는 데는 성공했을지라도 국민들에게 기억할만한 실적을 남긴 인사는 한 두 명 정도에 불과한 것이 지난날 우리의 경험이다. 오히려 그들로 인해 국가가 소란해지고 위태로워진 일이 적지 않았다. 유신헌법 작성을 주도한 인사들이 당대 명망 있는 헌법학자들이었고, 세금폭탄이론을 제공하여 사회를 시끄럽게 만든 것도 학자들이며, 하향 평준화 교육정책을 앞장서서 주장하는 인사들도 학자들이다. 동맹 문제, 남북문제와 관련해서 건국 이래의 노선 이탈을 집요하게 주장하고 있는 것도 현실참여 학자들이다. 이들에게 상식을 기대하는 것 자체가 부질없는 짓이다.

▶▷ KAL기 폭파범 가짜 만들기

1945년 이래 한국 정치사회에서 벌어진 상식붕괴 현상들 중에서 가장 기념비적(?)인 것을 든다면 KAL기 폭파범이었던 '김현희 가짜 만들기 음모'가 아닌가 싶다. 정상적 자유민주국가인 법치사회에서는 상상할 수 없는 일이 노무현 정권 시절 2003년~2007년 사이에 있었다. 국가권력 비호 아래 국가기관, 정치인, 종교인, 시민단체, 언론과 지식인이 합세하여 계획적이고도 조직적으로 시도했던 건국 이래 초유의 정치적 음모였다. 'KAL기 폭파사건'이란 88서울올림픽 개최와 노태우 대통령 선거를 방해하기 위하여 북한 김정일로부터 직접 지령을 받은 김승일, 김현희에 의해 1987년 11월 29일 중동 근로자들이 대부분인 탑승자 95명과 승무원 20명, 도합 115명을 태운 KAL 858기가 미얀마 상공에서 폭파되어 바다 속으로 추락, 전원이 사망한 사건이다.

김승일은 자살하고 김현희는 생포되어 남한 당국에 의한 조사과정을 통해 진실을 털어놓음으로써 그 전모가 세상에 알려졌다. 이 사건으로 인해 북한은 테러지원국으로 지정되어 국제사회로부터 각종 제재를 받고 고립되는 처지에 내몰리게 되었다. 김현희는 그 후 사면복권되고 대한민국 국민이 되어 숨어살다시피 하여 오던 중 노무현 정부가 출범하면서 가짜 만들기 시련을 당해야만 했다. 이명박 정부 들어와서 여러 번 호소했음에도 뚜렷한 반응이 없던 차에 2012년 6월 18일~19일 양일간에 걸쳐 TV조선의 시사토크쇼 '판'에 출현하여 그동안 자신에게 일어났던 일들을 증언함으로써 새삼스러운 관심을 불러일으킨 계기가 되었다. 김현희를 가짜로 몰아가려고 했던 당시의 정치적 상황은 김대중 정부의 대북정책을 계승한 노무현 정부가 KAL

기 공중폭파사건을 남한 당국이 조작한 것으로 만들어 김정일의 범죄를 벗겨주고 미국으로 하여금 북한을 테러지원국 명단에서 제외하도록 영향력을 행사해야 할 필요가 절실했기 때문이다.

뿐만 아니라 김현희는 북한 공작원이 아니라 남한 당국이 만들어 낸 가짜 북한 공작원임을 꾸며냄으로써 그들이 비판하고 반대했던 우파 정부의 도덕성에 심대한 타격을 줄 정치적 필요성이 있었기 때문이다. 이것은 이념적 정치세력이 적을 이롭게 하고 남한 정부를 범죄집단으로 만들려고 했던, 명백한 파시스트적 반역 행위라고 할 수 있다. 김현희 가짜 만들기 음모는 가톨릭 신부들이 맨 먼저 불을 지피고, KBS, MBC, SBS 3대 TV 방송사들이 나팔을 불어댄 후 좌파 인사들이 나서서 국정원과 함께 위원회를 구성하여 벌인 연극이다. 2012년 9월 6일자 〈조선일보〉에 실린 가톨릭 신자들의 명의로 된 「거짓을 감행한 정의구현사제단 사제에게 사과를 요청합시다」라는 광고문을 보면, 이들이 어떻게 불을 지폈는가를 알 수 있다. 2003년 11월 3일 이른바 천주교 전국정의구현사제단 162명의 사제들이 기자회견을 열고 KAL기 폭파사건에 대한 진실 조사를 다음과 같이 촉구하였다.

대한항공 858기 폭파사건은 억울하게 고귀한 생명을 앗아간 사건이며… 고귀한 생명이 정치적 음모로 희생되는 일이 다시 없도록 예언적 사명을 실천코자 한다… 가짜 북한 공작원 김현희를 조작해낸 당시의 대통령, 안기부 책임자를 철저히 조사하라.

진실 규명을 위한 조사위원회에서 모든 노력을 다했음에도 가짜가 아니라는 사실이 확인되었으나, 2012년 9월 6일까지 8년 10개월 동안 사과 한마디 없었다. 교회 역사상 사제의 신분에서는 찾아보기 힘든 악행이므로 이들을 교회 법정에 세워야 한다는 청원을 로마 바티칸에 제출한 사실을 광고문에 명시하고 있다. 역사상 두드러진 음모나 악행들이 절대자의 이름과 정의의 이름 아래 행해졌다는 사실을 감안하면 놀랄 일은 아니나, 21세기 문명국가 한복판에서 예언자적 사명을 다하겠다는 명분 아래 저질러진 162명의 신부들의 악행은 중세 마녀사냥을 주도했던 사제들의 악행과 하등 다르지 않다. 그들이 한 여성에게 한없는 고통을 안겨주고서도 침묵한다는 것은 사제司祭 집단이라기보다 사제邪祭 집단이 아닌 다음에야 상식적으로 불가능한 일이다.

이들 신부들의 기자회견이 있고 난 2주 후 2003년 11월 18일에는 MBC가 'PD수첩'「16년 간의 의혹, KAL기 폭파범 김현희의 진실」편에서 가톨릭 사제단의 주장을 상기시키면서 심재환 변호사(전 통합진보당 이정희 대표의 남편)를 출현시켜 "김현희는 완전히 가짜다. 이건 어디서 데려왔는지 모르지만 절대로 북한 공작원이나 북한에서 파견한 공작원이 아니라고 단정 짓는다"고 보도하였다. 이 말은 북한에 있던 김정일이 하고 싶은 말이었을 것이다. MBC는 여기에서 멈추지 않고 숨어살다시피 하고 있는 김현희의 아파트를 취재 방영함으로써 그 가족들이 신변의 위험을 느껴 이사를 가지 않으면 안 되도록 만든 가증스러운 짓을 자행하였다. SBS는 2003년 11월 29일 고발 프로인「그것이 알고 싶다」('16년간의 의혹' 편)에서 "사고 후 블랙박스를 제대로 회수하지 않고 10여 일 만에 현지 조사단 철수"한 것을 들어 가짜 냄새가 짙은 것처럼 보도했다. 국영방송인 KBS는 TV 방송 좌장답게 해를 넘긴 다음 2004년 5월 23일~5월 24일 이틀에 걸쳐「일요스페셜」2부작으로 구성, 1부에서는 '폭파, 진실은 무엇인가'를, 2부에서는 '김현희와 김승일의 의문 행적'을 집중적으로 보도하면서 "국립과학수사연구소 비행기 잔해 감정 보고서를 최초로 입수해 분석한 결과 당시 발견된 잔해에서는 폭파 흔적이 전혀 없었다"고 단정 지었다.

이들 3개 TV 방송사 보도내용을 종합해보면 우연이 아니라 사전에 치밀한 누군가의 각본에 의해 진행된 것임을 짐작케 하고, 누가 봐도 김현희는 북한 공작원이 아니라 남한 당국이 조작해낸 가짜 공작원임을 의심케 만드는 내용들이라는 공통점을 보여준다. 한국에서 17년 전에 마무리된 사건을 같은 시기에 3대 TV 방송사가 긴 시간을 할애하여 상세히 분석 보도하는 일은 지극히 이례적이고 권력의 압력이 있을 때만 가능한 일이다. 이처럼 예열像熱 과정을 거친 다음 2004년 11월 정부는 국정원 내 '국가정보원 과거사 진실 규명을 통한 발전 위원회(과거사위)'를 발족시켜 국정원 직원 5명, 민간인 10명으로 구성하여 음모를 기정사실화하기 위한 활동을 벌였다. 이 과정에서 국정원 요원들은 정권 하수인에 불과하여 수동적일 수밖에 없었고, 조사활동을 실질적으로 주동한 것은 민간위원 10명이었다.

당시에도 이들 10명이 좌편향 인사들이라는 비판이

국정원 과거사위 민간위원	
이 름	주요 경력
오충일 (위원장)	– 1998년 민주개혁국민연합공동대표 – 6월사랑방 대표
안병욱	– 2000년 의문사진상규명위원회 위원 – 가톨릭대 국사학과 교수
손호철	– 1987년 미국 텍사스대 정치학 박사 – 서강대 정치학과 교수
이창호	– 민주주의법학연구회 회장 – 경상대 법대 학장
박용일	– 2002년 부패방지위원회 위원 – 변호사(민주사회를 위한 변호사 모임)
문장식	– 1989년 사형폐지운동협회 공동회장(목사) – 한국기독교교회협의회(KNCC) 인권위원장
효림	– 2001년 반부패 국민연대 공동대표(스님) – 2005년 실천불교승가회 의장
곽한왕	– 1992년 굴업도 핵폐기장 반대 시민대책위 대변인 – 천주교 인권위원회 운영위원
한홍구	– 2004년 평화박물관 건립추진위 상임이사 – 성공회대 교양학부 교수
김갑배	– 2003년 대한변협 법제 이사 – 2005년 진실화해위원회 상임위원

자료 : 국가정보원

있었다. 오충일 위원장을 비롯한 9명 대부분이 운동권 출신과 현실참여 인사들로서 수감생활을 했거나 국가보안법 폐지 국민연대, 재독 북한 간첩 송두율 석방 대책위원회 등에서 활동했던 인사들이다. 가짜 음모를 배후에서 부추기거나 동조한 것으로 의심을 받는 인사들이 스스로 조사위원이 되어 조사를 주도하는 것은 마치 피해자 자신이 가해자를 직접 조사하는 것과 마찬가지여서 법치 부재 사회에서나 있을 법한 행위이자 상식을 뒤집는 현상이다. 김영삼, 김대중, 노무현 정권 아래서 지속적으로 반복되어 온 것이 그간의 사정이다. 그러나 김현희 가짜 만들기 음모는 그들의 집요한 노력과 시도에도 불구하고 실패하여 2007년 최종보고서에서 KAL기 폭파는 북한 공작원 김승일, 김현희에 의해 자행된 테러사건으로 확인되었다면서도 심층적 검증 없이 김현희의 진술에만 의존했고, 정권 이익을 위해 서둘러 마무리했다는 토를 달아 의문을 완전히 털어낼 수 없는 듯한 뉘앙스를 남겼다.

2012년 6월 김현희가 TV조선 시사토크쇼 '판'에 출현하여 진실을 폭로한 후 당시 관계했던 국정원 조사요원은 "우리는 과거사위의 들러리였을 뿐 좌파 성향의 민간위원들이 주도… 우리가 했던 조사를 다시 진실 규명을 한답시고 재조사한다니 우리는 그것부터 불쾌했다"는 하소연을 털어놓았다. 김현희의 증언에 따르면, 정의구현사제단의 기자회견이 있기 훨씬 전인 2003년 여름부터 국정원과 경찰은 김현희에게 외국으로 나가줄 것을 종용했다. 그들의 요구가 먹혀들지 않자 가톨릭 정의구현사제단의 기자회견을 시작으로 정부 차원의 공개적 음모가 진행되었음을 짐작할 수 있다. 김현희는 항상 국정원과 경찰의 관찰보호 하에 있으므로 이들 기관 요원들과는 평소 밀접한 관계가 있었기 때문에 그러한 일은 충분히 가능했을 것이다. 김현희는 "2003년 여름 잘 아는 국정원 간부가 찾아오더니 내부가 시끄러운데 이민을 가줄 수 없느냐는 권고 아닌 경고를 했고, 2003년 10월 담당 경찰 간부로부터 2년 정도 타 지역에 거주해줄 것을 요구받았다. 참여정부는 나를 가짜로 만들려고 국정원을 개싸움시켰다"면서 좌파 세력에 의한 계획적 조작 사건임을 단언했다. 뿐만 아니라 조사과정에서 오충일 위원장이 "KAL기 폭파사건을 조사하는 핵심은 김정일이 하지 않았다는 것을 밝혀내는 것이다"라고 발언한 사실을 증언했다.

정부 차원에서 저질러진 이 음모는 연약한 한 여인과 국가권력의 비호를 받는 거대집단 간에 벌어진 가증스러운 이념적, 정치적 게임이었던 만큼 어느 쪽이 진실인가 하는 판단은 어렵지 않다. 2003년 11월 가톨릭 전국정의구현세자단의 기자회견을 신호탄으로 시작된 일련의 과정을 종합해보면 두 가지 사실이 분명해진다. 첫째, 정치권력 비호 하에 잘 짜인 사전 각본에 따라 진행되었다. 둘째, 국민은 고립무원의 상태에서 거대세력과 맞서야 했던 김현희의 증언을 믿지 못할 어떤 이유도 발견할 수 없다. 노무현 좌파 정권 시절 숨을 죽이고 살아가야 했던 김현희는 이명박 우파(?) 정권이 들어서자 2008년 북한 민주화포럼 이동복 대표에게 서신을 보내고, 2009년 〈월간조선〉과의 인터뷰를 통해 음모 사실을 밝혔으나, 정부는 어떠한 조치도 취하지 않았다. 다만 2009년 4월 국회 정보위에서 사실 확인이 있었으나 국정원은 개입 사실을 부인하는 것으로 마무리되었을 뿐이다.

김현희 가짜 조작 음모 행위는 명백한 반역 행위다. 북한은 엄연히 적으로 규정되어 있고 남한에서 북한의 노선을 추종하는 단체는 이적단체로 법의 제재를 받는다. 좌파 인사들이 주축을 이루고 있는 국정원 과거사 위원회가 벌인 조작 음모는 적인 북한의 최고 권력자 김정일의 범죄행위를 벗겨 주고 대한민국 정부를 범죄 집단으로 둔갑시켜 적을 이롭게 하고 대한민국을 해치고자 했기 때문이다. 지금까지 관심 있는 일부 언론과 소수 인사들을 제외한 일반 국민들은 한때의 이 야기거리였던 것처럼 잊어가고 있으며, 양식 있는 지식인 어느 누구도 이 음모가 우리에게 어떤 의미가 있는가를 말하지 않고 있다. 이 조작 음모는 김현희 개인 문제 차원을 훨씬 넘어서는 대한민국의 현재와 미래 차원의 문제이다. 국정을 책임지고 있는 최고 권력자가 반역을 방치하면 그것 자체가 반역을 방조하는 것이 되고 충분히 탄핵의 사유가 될 수 있다. 미합중국 헌법에 규정된 반역treason 조항을 보면 우리 형법 93조 여적죄與敵罪 내용과 비슷하다. 국가에 대한 전쟁행위, 적을 돕고 이롭게 하는 행위로 되어 있고, 대통령에 대한 첫 번째 탄핵사유로 명시되어 있다. 반역을 확인하고서도 침묵하는 국민은 국민이 아니다. 확인된 반역행위가 단죄되지 않는 국가가 있다면 그러한 국가는 국가라고 할 수 없다. 이렇게 되면 국민이 세금을 바쳐야 할 이유가 사라진다.

나는 이 반역적 음모에서 드레퓌스Dreyfus 사건과 에밀 졸라Emile Zola를 연상하게 된다. 이 사건은 프랑스 육군 장교 한 사람의 사건으로 시작되었으나 재판이 진행되고 진실이 드러나면서 프랑스는 물론 유럽 지식인들의 양심에 불을 붙였고, 유대민족 독립국가 건설을 목표로 하는 시온주의Zionism를 탄생시킨 역사적 사건으로 발전하여 진실이 승리를 거두게 된다. 드레퓌스 사건이란 1894년 10월 프랑스 참모본부 포병 대위 알프레드 드레퓌스Alfred Dreyfus(1859~1935)가 주 파리 독일대사관에 군사기밀을 넘겨주었다는 이유로 비공개 군법회의에 회부되어 종신유형형을 선고받고 1895년 악마도로 유형당했다. 그러나 1896년 에스테라지가 진범임이 밝혀지면서 1899년 재심을 받게 되지만 다시 유죄가 선고되자 프랑스 지식인들이 분기하여 정부를 집요하게 공격하고 대중의 여론을 환기시켰다. 그런 끈질긴 노력 끝에 1906년 무죄

확정과 복권을 이끌어냈고, 드레퓌스는 현역에 복귀하여 1차 세계대전에 참전한 후 중령으로 예편하게 된 일련의 사건을 말한다. 당시 이 사건을 둘러싸고 인도주의자, 자유주의자, 공화주의자들인 지식인, 정치인 등 친親드레퓌스파와 군국주의자, 국가주의자, 반유대인주의자들인 지식인, 정치인들을 주축으로 하는 반反드레퓌스파들 간에 치열한 싸움이 전개되면서 프랑스 제3공화정에 최대 위기를 안겼다. 뿐만 아니라 정치, 사상, 문학계에 심대한 영향을 미쳤다.

에밀 졸라는 1898년 클레망소가 몸담고 있던 잡지 〈오롤〉에 그 유명한 글 「나는 고발(규탄, J'Accuse)한다」를 실었다. 그는 왜 고발하고 규탄했을까? 군사재판에서 반역죄로 단죄 받았던 드레퓌스는 우수하고 애국심 강한 프랑스 육군 장교였다. 그럼에도 불구하고 오직 유대인이라는 이유 하나만으로 국가가 그에게 죄를 뒤집어 씌워 '반역자'로 만들어 유형에 처한 것은 야만적 국가 폭력 행위이며, 진실이 밝혀졌을 때 진실을 외면하는 국민은 비겁하고 침묵하는 지식인은 국가 폭력의 공범자와 다를 바 없다고 인식했기 때문이다. 당시 유럽의 시대 상황은 1차 세계대전이 잉태되어 가던 시기여서 위험한 민족주의와 애국주의가 팽배했던 때였다. 에밀 졸라 역시 조국을 사랑했으나 국가 권력이 반문명적인 인종차별주의에 빠져들면서 자행하는 파시스트적 범죄행위를 방관하는 것 자체가 그에게는 비애국적이고 반지성적 행위였다. 그로서는 정의와 지식인의 양심을 지키는 것이 조국 프랑스와 문명국 프랑스를 지키는 것이었으리라.

김현희를 가짜로 만들려고 했던 인사들은 KAL기 폭파사건이 그들이 반대했던 과거 정권 하에서 발생했다는 것만으로 이들에게 죄를 뒤집어씌우고 적이 범한 만행과 악행을 벗겨주려 했다. 그것은 20세기 파시스트들과 공산주의자들이 즐겨 사용했던 수법과 유사하다. 나치가 1933년 베를린 국회의사당 방화사건을 공산주의자들의 소행으로 몰아 정치적 주도권을 장악한 것, 일본 군국주의자들이 1937년 베이징 서남쪽에 위치한 노구교盧溝橋에서 벌인 발포사건을 중국 측에 뒤집어씌우고 본격적인 중국 침략의 구실로 삼은 것, 소련의 스탈린이 당내 경쟁자들을 제거하기 위해 반당, 반국가, 간첩 혐의를 뒤집어 씌워 처형한 것, 북한의 김일성이 박헌영을 미제 간첩으로 몰아 처형한 것은 모두가 비슷한 사례들이다.

김현희 가짜 만들기 음모가 우리에게 남긴 교훈은 이것이 단순히 과거에 있었던 한 번의 음모가 아니라 앞으로도 언제든지 반복될 수 있다는 경종을 울렸다는 점에 있다. 만약 우리가 이 경종을 그대로 흘려보내 버리게 되면 언젠가는 대한민국 헌정체제 수호 차제가 어려워지는 국면을 맞을 수도 있음을 깊이 생각할 필요가 있다. 과거에 있었던 미선이와 효순이 사건, 광우병 파동, 서해 연평해전, 천안함 폭침을 둘러싸고 벌어졌던 일들은 이 반역적 음모 연장선상에서만 이해 가능하다. 후진적 정치풍토와 이념투쟁이 진행되고 있는 상황에서 그러한 소동과 음모를 주도했던 세력들이 여전히 건재하고 있을 뿐 아니라, 언제든지 집권세력으로 등장할 수 있는 가능성이 있기 때문이다. 이들은 노무현 전 대통령이 내뱉었던 말처럼 그러한 소동과 음모를 통해 재미를 봐왔기 때문에 체제 변혁이라는 자신들의 숙원을 이뤄내기 위해 더 많은 소동과 음모를 꾸며낼 개연성이 매우 높다. 특정 정권의 이념적 동조자들이 국가권력 비호 아래 진실을 호도하고 필요하면 언제든지 진짜를 가짜로 만들어 국민을 오도할 수 있다고 믿고 행동할 수 있는 사회에서는 누구도 안전할 수 없다. 자신들에게 불리한 제도와 정책이나 논리에 대해서는 결코 수용하거나 타협하지 않음으로써 아무 것도 진척시킬 수 없는 사회가 된다. 이러한 사회는 상식이 붕괴된 사회가 아니라 아예 상식 자체가 부재한 사회이다.

현대사를 통하여 이룩한 성취가 남한 사회에 남긴 어두운 그림자 중 으뜸은 증오와 보복 심리이다. 토마스 페인이 밀턴의 『실락원』에서 인용한 "치명적인 증오의 상처가 너무 깊이 뚫고 들어간 곳에 참다운 화해는 결코 자랄 수 없다"는 말은 현대사 끝자락에서 목도되는 오늘날 한국사회에 그대로 적용된다. 상식이 붕괴된 자리에 증오와 보복 심리가 뱀처럼 똬리를 틀고 우리들을 노려보고 있다고 상상할 때 전율을 느끼게 된다. 국정원 과거사위에 참여한 민간인사 대부분은 유신정권, 권위주의 정권에 맞서 싸웠던 경력을 지닌 인사들로서 그들이 권력 주체가 되었을 때 "어떠한 짓도 할 수 있고 자신들이 행하는 어떠한 행동도 정당하다"는 파시스트로 변신할 수 있다는 것은 우리 시대의 비극이다. 그들이 맞서 싸웠던 정권 하에서 과도한 법 집행이 있었다하더라도 김현희 가짜 만들기처럼 적을 이롭게 하기 위하여 국제사회가 다 아는 진실을 가짜로 둔갑시키려고 시도한 적이 없었다는 점에서 자신들이 유신체제 주역들보다 도덕적 우위에 있다고 주장하기는 어렵게 되었다. 이러한 사회에서는 배운 자와 배우지 못한 자 간의 구분이 없어지고 심한 쏠림 현상이 생겨난다. 그러면서 분노와 증오의 충동을 억제하지 못하는 이념적 세력들이 끊임없이 가해자를 만들어내고 '희생제물'과 '보상'을 요구하게 된다.

▶▷ 기묘한 착취 현상

한국사회는 상식이 붕괴된 지 오래되었고 상식이 붕괴된 한국사회는 충분히 불평등하고 역설적 착취가 깊어간다. 충분히 불평등하다는 것은 정치에 있어서 건국 이래 제왕적 행정부가 입법부를 들러리로 만들고 사법부를 관료적 도구로 만드는 제도적 불균형과 불평등이 지금까지 지속되고, 경제에 있어서 고소득자 1%가 전체 국세의 43.9%를 부담하고 소득 있는 국민의 36%는 한 푼의 세금도 내지 않는 현실을 말한다. 사회적으로는 학연, 지연, 혈연과 같은 인간관계가 원칙을 무색하게 만들고 무리들의 정서가 법을 무력화시킴으로써 정의와 법치간의 균형이 날로 무너져 가고 있다. 모든 정치인, 현실 참여 지식인, 일부 언론에 이르기까지 한국 자본주의 모순의 주범을 대기업이라고 낙인을 찍고 있다. 그러나 상식을 지닌 국민이라면 그들의 주장과는 달리 한국사회야말로 기묘한 착취 사회임을 알 수 있다. 정치권력, 관료권력, 노동권력, 시민권력, 문화권력, 언론권력들은 '갑'의 위치에서 '을'의 위치에 있는 대기업에 기생하거나 착취하다시피 하면서 존재한다.

각종 선거가 있을 때마다 돈 거래가 상습화되어 있다는 것은 말할 필요조차 없지만, 역대 대통령 선거에서 가장 큰 돈줄은 대기업들이었다는 사실을 모르는 국민은 없다. 선거철만 되면 기업들이 안절부절 못 하거나 고심해야 하는 속내 사정이기도 하다. 줄을 잘못 서거나 인색하게 대처했다가는 심각한 불이익을 당할 수 있다고 믿기 때문이며, 실제로 그러한 사례가 비일비재했다. 심지어 선거 당시 충분히 지원하지 못했다고 생각하는 기업들은 당선자에게 당선 축하금 명목으로 보험에 가입해두어야 안심이 되기 때문이다. 이러한 현상은 특히 1987년 대선 이래 공식화되다시피 반복되었다. 최근 저축은행들의 부실 사건에서 드러났듯이 청와대를 비롯한 관련 정부 부처와 기관 공직자들, 현직 대통령의 친형을 비롯한 거물 정치 실세들까지 수십 명에 이르는 공직자들이 뒷돈을 받고 눈감아주거나 거들어준 죄로 검찰의 수사를 받고 구속 기소되어 재판에 회부되었다. 2011년 4월 5일 〈동아일보〉 사설은 우리의 정치, 공직 사회가 얼마나 부패해있는가를 생생하게 묘사하고 있다.

「기업과 시장에 빨대를 댄 정政, 관官, 법法 부패 끝이 없다.」

여기서 빨대를 대고 있다는 말은 빨아먹고 있다, 뜯어먹고 있다, 착취해 먹고 있다는 의미다.

법조인 출신 의원들이 위력을 발휘하여 변호사 일자리를 1천 개 이상 늘리는 준법지원제 법안을 기습 통과시켜 국민의 분노를 사고 있지만 의원들은 부끄러움을 모른다… 국세청과 사법부, 검찰과 경찰, 각종 규제 및 인허가권을 가진 정부 부처, 지방자치단체들은 이 나라의 강고한 '갑'이다. 경험이 많은 기업인은 이들이 '을'의 위치에 있는 기업들에 빨대를 대고 돈을 거둬 윗사람들에게 전별금, 자문료, 떡값으로 전하는 관행이 공직사회에 여전하다고 주장했다. 그러다 걸려든 공직자가 집무실에서 뇌물을 받은 강희락 전 경찰청장이나 '그랜저 검사' 같은 사람들이다.

법조인 출신 위원들이 주동이 되어 법을 만들어 기업이 준법 변호사를 의무적으로 채용토록 한 것은 자유시장 경제원리를 짓밟는 몰상식한 행위이며, 자유주의 사회 운영 원리를 정면으로 부정하는 상식 파괴의 극치다. 대기업들은 이미 고문 변호사들이 정해져 있는 상태임에도 이러한 입법조치를 통해 법조인들의 일자리를 늘리는 것은 법의 이름으로 기업을 합법적으로 착취하는 행위와 다름없다. 서민 보호를 위한다는 정권 차원의 거절할 수 없는 압력을 받은 대기업들은 그들이 낸 돈으로 미소금융을 만들고, 재해나 국가 대사가 있을 때마다 정부 입김을 이용하여 기업으로부터 돈을 거두는 것도 일종의 착취 행위라고 할 수 있다.

민주화 진전과 더불어 시민단체가 우후죽순처럼 생겨나 그들이 지지하는 정치세력의 집권을 지지한 대가로 강력한 시민 권력으로 등장했다. 그들은 사회정의를 내세워 대기업의 부조리를 고발하고 뒤에서는 해당 기업으로부터 돈을 뜯어내어 사회활동을 하면서 세력을 키우고 활동 영역과 영향력을 확대해 가고 있다. 특히 좌파 성향의 시민단체들은 대기업을 고문하다시피 하면서 기부금, 후원금 명목으로 돈을 받아낸다. 약점이 있는 기업들은 이들의 도움을 받아 사회적 비판으로부터 자신을 보호받고자 하는 공생공존 관계로 발전하고 있다. 기업의 체질상 좌파 인사를 도저히 받아들일 수 없는 포스코 같은 대기업이 시민단체 지도급 인사를 사외 이사로 영입하거나 후원금을 지원하는 것도 그러한 배경에서 이뤄진 것이다. 대표적 사례가 지난 서울시장 보궐선거 시 언론에 보도되어 알려진 박원순 현 시장과 관련된 경우다. 박원순 시장이 상임이사로 있었던 아름다운재단과 사무처장을 지낸 참여연대 등 두 단체의 과거 활동과 관련된 2011년 10월 〈조선일보〉〈동아일보〉의 보도 내용을 보면 「박원순 관련 단체들, 재벌 때리고 재벌 기부 받고」라는 제목으로 구체적 내용을 전하고 있다.

참여연대가 2000년대 생명보험사 사장, 한화그룹 부당 내부거래, LG그룹 계열 분리를 문제 삼은 후 교보생명, 한화그룹, LG그룹이 각각 아름다운재단에 47억 원, 10억 원, 20억 원을 기부했다… 오너 지배체제가 확실한 재벌들이 지배구조와 관련 시민단체의 공격을 막아 보려고 총력전을 펴온 것은 다 아는 상식이다. 그런 상식 있는 사람들은 참여연대 하면 창립 멤버인 박원순을 떠올린다.

대기업 10곳, '박원순'재단(아름다운 재단) 148억 기부. 박원순의 영향권 단체가 정한 '우선 감시대상 기업'들, 현대 정몽구 회장 수사 이후 매년 3억 이상식 기부, 일부 기업 지분 매입 비판 받은 포스코는 9억 내.

박 변호사가 사외 이사로 있던 포스코는 2006년~2008년 30여 명의 진보단체 직원들을 해외연수 보냈고 한국전력과 그 계열사들도 진보단체 인사들을 사외 이사로 뒀다.

박원순 후보가 "참여연대가 기업을 비판하는 것과 기업이 아름다운 재단을 후원하는 것이 무슨 상관이 있느냐"며 반박한 것은 상식을 벗어난 것이다. 비판자가 비판한 대상 기업으로부터 금전 지원을 받는 것이 정당하다면 협박과 갈취도 정당한 것이 되어야 한다. 대기업들이 우파 시민단체에 대해서는 인색하고 좌파 단체들에 대해서는 후원자가 되면서 지출하는 기업 비용은 결국 제품 생산원가에 포함돼 소비자 가격을 높이는 결과를 초래하여 시장가격 메커니즘 왜곡이 불가피해진다. 이처럼 대기업들이 정치권력과 시민권력에 보험금을 들지 않으면 생존 자체가 위협 받을 정도로 음성화된 착취가 보편화된 곳이 한국사회다.

노동세력 역시 정치세력화 하면서 거대한 권력집단이 되었고, 이들 대기업 노조와 거대 공기업 노조 집행부는 이미 노동귀족으로 통한다. 사기업 고용주는 그들의 과도한 요구를 수용하면서 원가에 그 비용을 포함하여 기업 손실을 보충하게 된다. 낙하산 인사로 자리 잡는 공기업 경영진은 자신들의 자리와 이익을 지키기 위해 노조 요구를 들어주면서 이익을 함께 나눠 갖는다. 이런 묵계가 공기업 부실과 적자의 원인으로 작용하여 결과적으로 국가 부담, 국민 부담으로 돌아오고 있다. 이들은 특정 정당의 지원세력임을 공개적으로 드러내고 조직의 힘을 이용하여 국회까지 진출, 정치적 영향력을 확대해갈 뿐아니라 때로는 법을 무시하고 상식을 벗어난 테러 행위까지 자행한다. 최근 보도된 두 건의 사건은 그야말로 불법 천지에서나 가능한 테러행위다.

경찰이 2012년 9월 23일 화물연대 파업 하루 전인 지난 6월 24일 새벽 울산, 경상남북도, 부산에서 화물차 27대가 연쇄적으로 불에 탄 사건은 민주노총 산하 화물연대 부산·울산지구 간부들이 조직적으로 역할을 분담해 저지른 것으로, 방화 등 혐의로 8명을 구속하고 2명을 수배했다.

지난 달 27일 민노총 소속 플랜트 건설 노조는 지부장과 노조원 10여 명이 울산의 플랜트 업체 (주)동부정문 앞에서 복면을 쓰고 모자를 눌러쓴 채 출근 중이던 회사 간부와 직원 6명을 폭행해 전치 6~8주의 중상을 입혔다. 경찰은 '복면 폭행' 역시 회사가 일감을 주지 않는데 불만을 품은 민노총의 '조직적 범행'임을 밝혀내고 플랜트 건설 노조 소속 노조원 4명을 구속했다.

사회가 다양해질수록 문화단체 역시 서서히 권력화 되어 가면서

자의든 타의든 대기업 의존도가 높아지고, 정부 지원 분야에서는 권력 주체에 가까운 문화예술단체들이 지원 혜택을 독식하려는 쟁탈전이 물밑에서 치열하게 벌어진다. 언론매체들은 김영삼 정권 출범과 더불어 급속하게 권력화 되었다. 대기업들은 이들의 광고시장으로서 언론매체와 밀접한 상호의존 관계에 있다. 언론매체들은 광고 확보 여하에 따라 직접적인 영향을 받으니까 모든 역량을 동원하여 기업광고 획득을 위한 노력을 하게 된다. 이들 권력 집단들이 존재하고 활동함에 있어서 필요한 돈의 출처는 대부분 기업과 연관되어 있다. 대기업의 경제적 비중이 절대적으로 큰 한국사회에서 이들이 권력 집단의 밥이 될 수밖에 없는 현실은 자본가가 노동자와 빈자를 착취한다기보다, 돈을 필요로 하는 권력집단들이 실질적으로는 기업의 돈을 뜯어내야만 하는 착취 사회임을 반증하는 것이다.

2012년 12월 대선을 앞두고 정치적 배경도, 경력도 없는 과학도가 IT 세대의 각광을 받는 가운데 대선 경쟁에 뛰어 들면서 '비상식 세력'의 집권을 막기 위해서라는 명분을 내세웠다. 이것은 그 자신이 '상식적 세력'의 구심점이 되어 비상식적 세력의 집권을 저지하겠다는 의미일 것이다. 그러나 문제는 비상식적 세력이 누구냐 하는 것이지만 이것과 관계없이 그의 현실 인식은 정확하다. 비상식적 세력이 지배하는 사회가 상식이 붕괴된 사회이다. 대한민국의 현재 상황은 선거 민주주의, 관치 시장경제, 상식 부재사회, 돈이 좀 생겼다고 기고만장하거나 그렇지 못한 사람들은 잘못된 모든 것을 남의 탓으로 돌리면서 세상이 뒤집어지기만을 바라는 수준이다. 분노할 줄 모르는 국민, 알려고 노력조차 하지 않는 시민, 상식이 붕괴되어 충분히 불평등하며 기묘한 역착취가 상식으로 통하고 있는 곳이 대한민국 사회다. 〈조선일보〉 윤영신 기자의 글 「'희망부재' 대한민국」은 우리 모두를 우울하게 만들고 깊은 한숨을 토해내게 만든다.

세계 최고의 자살률, 유행병처럼 번진 우울증, 교실 붕괴, 치솟은 성범죄, 청와대·국회로부터 함바집까지 만연한 부패와 비리… 한국 사회는 아노미(혼돈 상태)에 빠졌다는 가혹한 진단을 내려도 '아니다' 라고 반박할 논거를 찾기 힘들다… 지금 우리에겐 정치, 경제 등 모든 분야에서 무너져가는 사회를 일으켜 세울 리더도, 롤 모델도, 멘토도 부재한 상태다. 우리의 미래가 희망적일 것이란 강한 믿음을 주는 인물도 보이지 않는다. 그래서 희망이 보이지 않는다.

우리를 빈곤과 전쟁에서 꿋꿋하게 지켜주었고, 희망을 잃지 않고 희생을 두려워하지 않도록 이끌어주었던 국민적 용기와 시민적 미덕과 상식들, 없어서는 안 되는 상식들은 사라져가고 생겨나서는 안 될 나쁜 상식들은 날로 늘어가고 있다. 상식 붕괴에 대한 상식적 비판은 세상에 대한 상식적 비판이다. 상식은 시민사회의 근원적 힘이다. 상식은 한 나라가 지나온 과거 세월만큼이나 긴 시간의 산물이어서 한마디로 정의를 내리기는 어렵지만 그 형태는 간결하고 투박하다. 상식은 헌법적 가치에 대한 믿음, 법치에 대한 믿음, 정의에 대한 믿음, 책임을 수반하는 권리에 대한 믿음, 자유를 앞세운 평등에 대한 믿음, 시민적 미덕에 대한 믿음, 관용과 타협에 대한 믿음, 평화와 번영에 대한 열망과 같은 형태로 나타난다.

상식이 없는 자는 이利를 따르지만 상식을 지닌 자는 의義를 따른다. 명말明末 청초淸初의 사상가이며 학자였던 고염무顧炎武(1613~1682)가 백성들에게 호소했던 말 '천하흥망天下興亡, 필부유책匹夫有責'을 깊이 음미해볼 만 하다. "천하 흥망은 필부에게도 책임이 있다"는 이 말에서 필부란 현대 시민사회의 시민, 즉 보통 사람들을 뜻한다. 나라가 잘 굴러갈 때는 힘을 가진 자, 돈을 가진 자들이 재미를 보며 장구 치고 북을 치지만, 나라가 위기에 처하면 가진 것이 없는 보통 사람들이 나서서 나라를 지켜야 하는 책임이 있다는 것이 천하흥망, 필부유책의 의미다. 상식붕괴 현상을 막기 위해서 시민은 더 이상 속아 넘어가서는 안 된다. 속아 넘어가지 않기 위해서는 상식의 눈으로 현실을 주시하며, 상식의 마음으로 결단해야 하고, 상식의 힘으로 행동해야 한다. 속지 않고 상식의 힘으로 상식의 붕괴를 막는 것이 곧 나라를 지키는 시민의 책임이다.

4장

선택

▶▷ 선택의 원칙과 기준

　지금까지 논의된 식자의 무지와 허영, 경제민주화, 상식의 붕괴를 마무리하려면 이념과 체제에 대한 선택 문제를 거론하지 않을 수 없다. 선택은 결과를 좌우한다. 좋은 선택은 좋은 결과를 낳고 나쁜 선택은 나쁜 결과는 낳는다. 이러한 현상은 국민에 의한 국가적 선택에서 두드러진다. 국가적 차원에서 이루어지는 가장 중요한 선택은 이념, 체제, 그리고 지도자다. 이념과 체제는 국민과 국가의 운명을 좌우하고 지도자는 국민의 삶과 국가발전을 좌우하며, 이 셋은 직접적으로 연결되어 있다. 국가이념과 체제는 항구적으로 직접적인 영향을 미치고 지도자는 수년, 수십 년에 걸쳐 영향을 끼친다.

　세계사를 통틀어 성공한 사례는 미국과 영국에서 찾을 수 있고 실패한 사례는 러시아와 독일에서 확인할 수 있다. 이념과 체제 선택에서 성공한 것은 미국혁명이고, 실패한 것은 러시아 볼셰비키 혁명이다. 미국이 영국으로부터 독립을 쟁취한 후 당시 프랑스를 휩쓸었던 쟈코뱅Jacobin들의 급진적 자유주의를 위험시했다. 그래서 에드먼드 버크가 주장했던 보수적 자유주의에 입각한 입헌자유 민주공화국 체제를 세워 발전을 거듭하여 인류 역사상 가장 강력하고 부유한 국가로서 21세기 유일초강대국 지위를 누리고 있다. 이것은 그들이 선택한 이념과 체제가 인류 대의에 부합하고 시대를 초월하는 보편성을 지녔기 때문이다. 러시아 영토는 미국보다 광대하다. 공산주의 혁명지도자들이 내걸었던 무산계급 낙원건설 약속이 한때 인류의 새로운 희망으로 환영받았다. 그러나 그들의 혁명이 끝내 단명에 그친 것은 인류 대의에 어긋나고 보편성을 결여한 이념과 체제에 의존했기 때문이다.

영국이 19세기 중반 계급투쟁론을 앞세운 사회주의 위협으로부터 벗어날 수 있었던 것은 디즈레일리를 지도자로 선택했기 때문이며, 19세기 후반 미국이 남북전쟁에서 미합중국체제를 보존할 수 있었던 것은 링컨을 지도자로 선택했기 때문이다. 이들 국가들과 달리 독일 국민이 인종주의와 민족주의에 사로잡혀 히틀러를 지도자로 선택하고, 소련이 자본주의국가 타도와 공산주의 낙원건설이라는 환상으로 스탈린을 지도자로 받아들임으로써 독일 국민과 소련 인민은 물론 국제사회에 역사에서 지울 수 없는 비극과 상처를 남겼다.

신생독립국 대한민국이 자유주의에 입각한 입헌자유 민주공화국 체제와 자유주의 이념 신봉자 이승만을 지도자로 선택한 것은 민족적 대축복이 되었다. 하지만 북한이 전체주의 이념에 입각한 공산주의 체제와 공산주의 이념 신봉자 김일성을 지도자로 선택한 것은 민족적 대재앙이 되었다. 그러나 대한민국이 자신들의 선택을 자축하기에는 아직도 갈 길이 멀다. 대한민국의 이념과 체제를 북의 위협과 남한 내 적대세력으로부터 지켜내고, 훗날 하나 된 민족적 차원의 이념과 하나 된 민족적 차원의 체제로 발전시키면서 세계사적 흐름에 합류하기 위한 범국민적 재다짐이 요구되고 있는 상황이다. 재다짐이란 대한민국 헌법에 명시된 국가이념과 헌법에 근거한 국가체제에 대한 일체의 회의에서 벗어나 확신을 갖는 새로운 다짐을 말한다. 대한민국 이념과 체제는 출범 때부터 내외로부터 끊임없는 도전과 위협을 당해왔으나 굳건히 지켜져 왔다. 그러나 지도자 선택에서는 이념에 문제가 있거나 달리하는 두 사람을 택했기에 오늘날 우리 사회는 자유주의 이념과 체제에 대한 비판과 회의가 늘어나면서 이념갈등이 격화된다. 심지어는 그것이 이념투쟁 양상으로 번지는 가운데 이념과 체제 대안을 주장하는 지식인들이 늘어나고 있다. 이러한 현상은 국민 스스로 자초한 결과다.

국민에 의한 국가적 선택에는 중요한 원칙과 기준이 있다. 이념과 체제 선택을 위한 제일가는 원칙은 역사적으로 검증을 거친 '보편성'에 부합하는 것이고, 으뜸가는 기준은 모방하고자 하는 이상적 '모델' 선택이다. 지도자 선택을 위한 제일 원칙은 비전이며 제일가는 기준은 지적 역량이다. 비전은 이념에서 나오고 지적 역량은 학습과 경험에서 나온다. 보편성이 결여된 이념과 체제는 장수할 수 없고 나쁜 모델을 기준으로 하면 성공할 수 없다. 비전이 결여된 지도자는 대중영합적이거나 기회주의적이고 이기적이며, 지적 역량이 부족한 지도자는 시행착오를 반복하고 책임을 타인에게 전가한다.

이 모든 선택 과정에서 결정적 역할을 하는 것은 국민이다. 입헌자유 민주공화국 체제에서 국민이란 국가권력의 주체가 되는 주권자를 의미하는 것이므로 국민적 선택이란 곧, 국민의 주권행사를 뜻한다. 따라서 "주권을 행사하는 국민이 어떤 사고와 입장을 지니고 있어야 하는가?"라는 문제가 매우 중요하다. 우리가 국민의 입장에서 어떤 사고와 입장을 지녀야 하는 것일까? 흔히 말하는 열린 마음을 지녀야 하고 보편적 가치와 원칙을 존중하는 입장을 견지해야 한다. 이것은 민주시민의 기본 덕목이다. 열린 마음을 지닌다는 것은 강자에 대한 자격지심自激之心과 피해의식에서 벗어나는 것, 배타적 민족주의 심성과 인종주의 편견에서 벗어나는 것, 지구촌을 향한 무한개방과 무한경쟁을 두려워하지 않는 것, 관용정신을 갖는 것을 말한다.

강자란 외부적으로 선진 강대국을 의미하고 내부적으로는 기득권자, 가진 자들을 말한다. 이러한 강자들에 대한 콤플렉스나 피해의식에서 탈피하지 못한다면 글로벌 시대 능동적 참여자가 되고 일류국가가 되는 것은 불가능하다. 우리 국민의 심성에는 강자에 대한 자격지심과 피해의식이 깊이 깔려 있고 배타적 민족주의 인종적 편견이 꿈틀대고 있음을 부인할 수 없다. 반미, 반일 알레르기, 다문화 가족에 대한 냉담함, 가진 자들에 대한 거부감, 성공한 자들에 대한 저항감을 버리지 못하면 국가는 국제사회에서 고립되고 국가와 국민은 평범한 수준 이상으로 발전하기 어렵다. 우리 자신을 세련된 상식과 시민적 미덕을 갖춘 국민이라고 자부하기에는 갈 길이 멀다. 보편적 가치와 원칙을 존중하는 국민이 되려면 그러한 상식과 미덕을 갖춰야 하기 때문이다. 이것은 우리들 앞에 놓인 당면과제이자 미래의 과제이기도 하다.

대한민국의 국가이념과 국가체제는 수입품이자 모방품이다. 모방은 허술하고 피상적이어서 수입 원산지조차 분명치 않다. 마치 맨눈으로 우주를 관찰하여 그려놓은 그림과도 같다. 우리의 자유주의 이념이 개인의 자유와 권리를 중시하는 미국형 자유주의인지, 사회정의를 중시하는 사민주의 요소가 가미된 독일형 자유주의인지 분명치 않다. 대통령 중심 권력구조를 기준으로 하면 미국식 국가체제 같지만 권력분립 및 견제와 균형 원리와 정당정치 형태를 기준으로 하면 반드시 그런 것도 아니다. 이러한 현상은 정치발전을 가로막고 국가와 사회적 낭비를 초래하는 결정적 요인으로 작용한다. 오늘날 앞서가는 선진국들은 예외 없이 수입과 모방에서 성공한 국가들이며 그들 나라가 성공하고 발전할 수 있었던 것은 철저하고 치열한 창조적 모방 과정을 거쳤기 때문이다. 가까운 인접국 일본은 아시아 국가이면서도 일본인들의 의식 속에는 일찍이 탈아입구脫亞入歐를 거친 서구적 아시아 국가라는 우월감이 잠재하고 있다. 일본의 근대화 지도자들은 영국과 독일을 집중적으로 모방했고 지금은 미국의 영향을 받으면서도 고유의 전통과 문화를 잘 지켜간다.

일반적으로 모방은 창조보다 어려운 과정을 거쳐야 한다. 흉내만 낸다고 해서 되는 것이 아니라 자신의 전통과 문화와 역사에 접목시켜 자기 것으로 만들어내야 하기 때문이다. 이때 가장 중요한 것은 수입, 모방하고자 하는 대상을 잘 골라내는 일이다. 이것은 마치 성공하고자 하는 학생이 훌륭한 선생을 찾아내는 것과 같다. 현재 우리가 의존하고 있는 이념과 체제가 올바른 선택이었는지를 원점에서 재확인하고 허술했던 모방을 완전한 것으로 보완해야 한다.

1945년 이래 대한민국의 근대화 과정은 조선왕조시대 사상에서 벗어나고 일제식민지시대 문물과 제도를 탈피하여 서구, 특히 미국의 정치사상과 제도를 모방하는 과정이었다고 할 수 있다. 우리의 근대화는 하룻밤 사이에 불청객이 들이닥친 것처럼 시작된 것이어서 사상적 빈곤, 계획적이고 체계적인 모방정책의 부재로 인한 시행착오의 반복은 불가피하였다. 설상가상으로 요동치는 국제정세의 영향을 받는 가운데 건국과 전쟁, 혁명과 정치사회적 격동기를 거치면서 창조적 모방은커녕 최소한 원형에 가까운 모방조차 이루어내지 못했다. 그런 가운데 새로운 대안을 주장하는 지식인, 정치인들과 세력들이 대한민국의 이념과 체제를 비판하고 위협하고 있다. 이러한 현상은 우리들로 하여금 우리가 지켜온 국가이념과 국가체제에 대한 재인식을 강요한다. 국가이념과 체제에 대한 국민적 확신이 약한 사회는 결코 안정적일 수 없고, 국가이념과 체제가 비판의 대상이 되고 위협의 대상이 되는 상황에서 지속적인 국가발전은 불가능하다. 우리의 국가이념과 체제가 잘못된 선택이었다면 새로운 선택이 불가피하게 될 것이다. 그렇지 않고 올바른 선택이었다면 굳건히 지켜가기 위한 새로운 다짐과 함께 비판과 위협을 극복하고 창조적 모방을 완성시켜 나가야 할 것이다.

▶▷ 국가이념의 선택

국가이념이란 국가 공동체가 지향하는 가치체계를 이론화한 것으로, 국가체제 성격을 규정하고 국가 운영원리를 제공하는 사상적 체계를 말한다. 인간이 정신과 영혼을 지닌 것처럼 모든 국가는 국가의 근본법인 헌법에 이념을 명시하고 있다. 이념을 떠나서 국가체제를 논할 수 없는 이유다. 2012년 19대 총선 중에 있었던 최대 사건은 종북좌파 세력이 이념적 정체성이 모호하고 혼란스러운 민주당의 옷자락을 잡고 국회에 합법적으로 입성한 것이다. 이것은 평양 노동당 정권의 대남 적화통일 전략을 위한 일대 승리를 의미하는 것이며, 2013년 9월 통합진보당 소속 이석기 의원 내란음모사건 적발로 누구도 부인할 수 없는 현실로 드러났다. 상황이 이 지경에까지 이르게 된 것은 국민의 실수, 최고 지도자의 과오, 우파로 자처하는 정치인들의 무지와 지식인들의 태만과 관념적 사치가 복합적으로 작용한 결과다.

중도우파 인사쯤으로 알려져 있는 송호근 교수가 그의 저서 『이분법 사회를 넘어서』에서 진영논리에서 벗어나 좌·우 공동구역을 만들어내는 것이 시대정신이라고 단호한 주장을 하면서 우파, 즉 그가 말하는 보수인사들을 꾸짖는 것도 그러한 상황의 연장선상에서 쉽게 이해할 수 있다. 송호근 교수 같은 지식인들이 남한사회에서 벌어지고 있는 종북좌파들의 이념투쟁이 정치투쟁, 역사투쟁, 남한 내 인권투쟁, 언론투쟁, 교육투쟁, 환경투쟁, 심지어 사법투쟁에 이르기까지 다양한 형태로 광범위한 전선에 걸쳐 전개되는 현실까지 애써 감싸거나 외면하고 침묵하는 이유는 무엇일까? 복거일의 말처럼 남한사회가 그만큼 좌로 기울어져 있어 다수의 지식인들이 관념적 사치를 즐기고 있기 때문일 것이다. 백낙청이 2012년 4월 공개석상에서 확신에 찬 어조로 '이념투쟁의 주主무대'가 남한으로 옮겨졌으므로 선거에서 승리하여 대한민국을 송두리째 바꿔놓기 위한 2013년 체제를 만들 때가 되었다고 호언할 수 있었던 것도 같은 맥락에서만 이해할 수 있다.

이념투쟁의 주무대가 남한으로 옮겨왔다는 것은 어디로부터 옮겨왔다는 것일까? 아마도 남북에 걸친 전면적 이념투쟁 국면에서 북에서의 이념투쟁은 더 이상 있을 수 없게 되었고 오직 남쪽에서 이념투쟁을 마무리하는 일만 남았다는 뜻일 것이다. 남쪽에서의 이념투쟁이란 자유주의에 대한 투쟁 이외에 있을 수 없다. 19대 총선에서 13명의 종북좌파 통진당 소속 인사들의 국회 진출을 가능케 한 야권연대를 촉구했던 인사 중의 한사람이었던 박원순 서울시장은 2012년 2월 23일, 민주당 입당식에서 "허벅지의 살을 베어내는 심정으로, 더 많이 양보하고 희생하라"고 호소하였다. 그의 어투는 목적을 위해 수단방법을 가리지 않고 변혁을 위해 투쟁하는 자들의 어투다. 이들의 투쟁의지는 허벅지살을 베어내는 것도 불사할 만큼 잔인하고 단호하다.

이들의 손에 권력이 넘어가면 어떤 일이 벌어질까? 자유주의 체제를 옹호하는 인사들과 세력에게 회생불능의 타격을 가함으로써 김대중, 노무현 집권 10년 동안 이루지 못했던 체제변혁의 꿈을 실현하려고 하지 않을까? 허벅지살을 베어내는 심정이나 김정은이 고모부 장성택을 기관총으로 난사하여 죽이는 심정이나 무엇이 다를까. 사람 사는 세상을 위한답시고 정부가 시장을 지배하며, 국가가 골고루 나눠먹게 해주고, 사회적 강자도 경제적 강자도 없는 모두가 똑같은 사람들이 사는 세상, 민족끼리 통일하여 문을 걸어 잠가둔 채 남의 나라 눈치 보지 않고 우리끼리 사는 세상을 만들려고 하지 않을까? 그들의 꿈이 실현되는 날 국민의 99%는 1%도 되지 않는 이념적으로 무장된 정치권력자들과 이들의 하수인 노릇을 해야 하는 관료들의 명령과 지시를 받으면서 노예처럼 살아가게 될 것이다.

평범한 대한민국 국민들이 생각하기에는 절대 실현 불가능한 것이다. 하지만 종북좌파들을 중심으로 한 체제변혁 세력들은 그 어느 때보다 실현가능성이 높다고 확신하고 있는 것처럼 보이는 것은 그들 나름대로의 근거가 충분하기 때문이다. 그들은 정부, 국회, 사법부, 교육계, 노동계, 종교계, 언론계, 문화예술계, 수많은 시민단체 등에 이르기까지 똬리를 틀고 있다. 경찰이 거리에서 그들의 불법 폭력시위대에 밀려나고, 군사기지 건설을 저지하고, 가진 자들이 죄인처럼 수모를 당해야 하고, 군과 주한미군은 분단고착의 주모자인 것처럼 냉대를 받아야 하는 가운데 민족의 정통성이 북한 김일성 왕조에게 있음을 인정하라고 윽박질러 대고 있다.

종북좌파를 비롯한 체제변혁 세력들이 성공할 수 있었던 최대 무기는 그들의 이념이다. 그들이 거둔 최대 성과는 1980년 이래 남한사회에서 좌우 이념논쟁을 진부한 동서 냉전시대 색깔논쟁으로 만들어 버림으로써 국민들로 하여금 이념논쟁에 대한 피로감과 거부감을 갖게 한 것이다. 또 젊은 층으로 하여금 대한민국 국가이념과 체제에 대한 회의감과 비판의식을 갖게 하면서 마치 우리나라가 신종속시대를 꿈꾸는 선진자본주의 국가들의 음모에 빠져들고 있는 것처럼 착각하게 만든 점이다. 탈북하여 한국외국어대에 다니는 백요섭 군은 2009년 2월 17일 일기에 다음과 같이 썼다.

남한은 지금 너무 심하게 기울어져 가고 있다. 더 위험한 것은 경제 불황보다 남한의 이념적 사상문화, 제도적 불황이다.

학교 수업시간에 북한전문가라는 교수가 "가장 확실한 건 〈노동신문〉, 가장 못 믿을 건 탈북자"라고 말했을 때 그는 피가 끓어올랐다고 했다. 백요섭 군의 말처럼 심각한 이념적 불황에 처해 있는 남한사회에서 좌우 이념논쟁을 그만두자든가, 좌파에 대한 우파의 이념적 비판을 구 시대적 보수반동 세력들의 시대착오적 색깔논쟁이라고 몰아붙이는 것이 당연하게 받아들여지고 있다. 문명국가가 지닌 일반적 공통점은 보편적 가치체계를 근본으로 삼는데 있으며, 이는 곧 이념형태로 구체화되어 국가체제 운영원리로 작용하는 데 있다. 사상과 이념을 소홀히 하는 국가가 문명국가가 된 예는 없다. 지구상에서 유일한 이념적 분단국가에서 이념투쟁의 선두에 서야 할 대표적 지식인들이 이념논쟁은 소모적이고, 이념투쟁은 자해행위라고 주장하는 것은 모순 중의 모순이다. 남북통일문제는 이념적 통일을 의미하고 남한사회에서 이념적 기준을 떠나 정치, 경제, 사회, 군사, 외교 문제를 다룰 수가 없는 것이 분명한 현실이다. 그럼에도 좌와 우, 보수와 진보라는 진영논리를 집어치우고 좌우 공동구역을 만들어내자는 『이분법 사회를 넘어서』의 저자 송호근 교수는 자칭 중도우파로 알려져 있는 중진 사회학자다.

종북좌파들의 일관된 전략은 '종북 프레임'을 전제로 한 이념논쟁을 벗어나기 위하여 이념논쟁 자체를 국민통합과 화합을 해치는 독소라는 인식을 대중에게 심어주는 데 있음을 고려할 때, 송호근 교수의 주장은 종북좌파들의 입장을 옹호하는 논리에 가깝다. 좌파들이 말하는 종북 프레임이란 우파들의 적대적 남북관계 프레임을 지칭하는 것으로, 정석구가 2013년 10월 10일 〈한겨레신문〉에 기고한 글에 쉽게 요약되어 있다. 이것은 이석기 내란음모사건으로 세상이 한참 시끄러울 때 쓴 글의 일부다.

관건은 종북 프레임의 작동을 가능케 하는 적대적 남북관계를 평화공존의 관계로 바꿔 나갈 수 있느냐에 달려 있다. 기득권층이 종북 프레임을 버린다는 것은 그들이 대대로 누려온 권력과 이권의 일부를 포기한다는 것을 의미한다. 쉽지 않은 일이다.

이 말은 한반도 적화통일전략을 일관되게 추구하고 있는 북한의 지배세력들이 주장하는 내용과 똑같은 것임을 몰라서 하는 소리는 아닐 것이다. 국민통합을 이루려면 가장 먼저 종북 프레임에서 벗어나라고 하는 것은 이분법 사회를 벗어나 좌우 공동구역을 만들자는 송호근 교수 주장과 같다. 이 논리는 남한 우파들이 무장해제를 하라는 요구다.

우리가 송호근 교수가 내놓은 책 『이분법 사회를 넘어서』에 관심을 가져야 하는 이유는 중진 사회학자로서 그가 지닌 중량감과 영향력이 크기 때문이다. 20년간 대중과의 대화를 위해 칼럼을 써온 사회적 실천가이자 정치적 참여자로 자처하는 그는 심야토론, 백분토론, 끝장토론에서 활약하는 전문가들의 확신에 찬 논리가 부끄럽다고 말한다. 그러면서 독자들을 향하여 이념의 덫에서 벗어나 좌우 공동구역을 만드는 것이 시대방정식임을 단호한 논리로 주장하는 이율배반적 모순을 드러내고 있다. 책이 나온 2012년 9월은 18대 대선을 3개월 앞둔 시점이다. 18대 대선은 1992년 이래 가장 치열했던 좌우 진영 간의 격돌 양상을 띠고 치러진 선거였다. 만인이 알고 있는 종북좌파 세력과 어깨동무를 하고 노무현의 적자인 문재인을 앞세운 민주당과 제2의 노무현 정권 출현을 저지하려는 우파진영이 지지하는 박근혜 후보를 내세운 새누리당이 대접전을 벌이고 있는 시기에, 송호근 교수는 그야말로 유권자들을 헷갈리게 하는 책을 내놓았던 것이다.

그가 『이분법 사회를 넘어서』에서 좌우 진영논리를 벗어나 공동구역을 만들라고 하는 것이 남북을 망라한 것이라면 고려의 여지가 있을지 몰라도, 남한만을 대상으로 한 것이므로 일고의 가치도 없는 위험한 시대방정식이다. 치열한 이념투쟁을 하고 있는 종북좌파들이 우파의 이념적 대응을 시대착오적 색깔논쟁으로 몰아가고 있는 상황에서 진영논리에서 벗어나라는 것은 우파진영이 이념투쟁을 포기하라는 소리다. 그의 책은 얼핏 보면 좌우를 동시에 나무라고 있는 것처럼 보이지만 다시 보면 좌파에 대해서는 우호적인 반면, 우파에 대해서는 냉소적이고 비판적이다. 2012년 초 일간지 칼럼에 남한사회에서의 이념적 충돌 현상을 단속, 훈계, 독단 말고 보여준 게 없는 '무지한 보수'와 재벌경제 해체, 한미 FTA 반대, 무상복지라는 '복고적 진보'가 격돌하며 울부짖는 바람소리를 내는 현상으로 묘사하면서 타협의 지혜를 이끌어내기 위해 한나라당이 '보수'를 삭제하자는 제안에 찬성하고 보혁구도로 정치할 시대가 지났다고 썼다.

　그의 주장이 객관성을 지니려면 종북좌파 정당에 대해서도 종북강령을 삭제하라는 주문을 했어야 하는데 그렇지 않았다. 무상복지나 재벌해체 주장이 어째서 복고적인 주장인가? 이것은 2012년 선거 계절에 본격적으로 등장한 최신 정치적 메뉴다. 엄밀한 의미에서 보수를 진보와 대칭으로 놓고 전개하는 논리는 무리다. 원래 '보수conservative'의 대칭은 '진보progressive'가 아니라 '급진radical'이다. 송호근 교수가 에드먼드 버크의 『프랑스 혁명에 대한 성찰』을 읽었다면 그렇게 쓰지는 않았을 것이다. 보수와 진보는 이념을 표현하는 것이 아니라 노선을 표현하는 용어다.

　송호근 교수는 서울대학교 졸업 후 미국 하버드대에서 사회학박사 학위를 받았고 지금은 모교에서 사회학과 교수로 있다.『이분법 사회를 넘어서』는 그의 사상적 성향을 이해하는데 큰 도움을 주는 책이다. 그는 책에서 우리나라가 국민소득 1만 달러에서 2만 달러로 가는데 걸린 17년(1994~2011)이란 기간은 OECD 국가들 중 가장 긴 시간으로 잃어버린 17년이라고 할 수 있으며, 그 원인은 사회갈등 비용이 컸기 때문인데 갈등의 주된 원인은 우리 사회가 이분법의 덫에 걸려있기 때문이라고 하였다.

　우리는 사회적으로 진영논리가 맞붙고 국민적 공유가치가 합의점을 도출 못하는 사이에 우리도 모르게 많은 갈등비용을 지불했습니다. 그리고 그 과정에서 양극화는 심화되었으며 분배구조는 악화되었습니다. 더욱 난감한 현실은 지금 우리가 과거와 달라지지 않은 진영논리에 빠진 채 새로운 정권을 선택해야 하는 기로에 놓여있다는 사실입니다. 이것이 현재에 대한민국이 강요당하고 있는 이분법 사회입니다.

공유가치에 대한 국민적 합의를 도출해내지 못한 것이 갈등비용의 주된 원인이라고 하는 것은 이념적 분단 현실을 도외시한 비현실적 주장이며, 좌우 진영을 함께 이념적 갈등 및 투쟁원인 제공자로 단정하는 것은 심한 편견이다. 우익사회인 남한에서 이념적 갈등과 투쟁을 불러일으키는 주된 원인 제공자는 우파가 아니라 종북좌파다. 우파는 수비자고 좌파는 공격자다. 우리가 현재 치르고 있는 가장 큰 갈등비용이 이념적 갈등에서 비롯되는 것은 분명하지만, 그의 주장처럼 남한사회가 이분법에 빠져 좌우 공동구역을 만들어내지 못해서가 아니다. 남한사회가 결코 수용할 수 없는 좌파들의 체제변혁 투쟁으로 인한 갈등비용이며, 이념적 분단으로 인한 근원적 남북대결로 인해 지불해야 하는 안보비용과 깊은 관계가 있다. 이념적 남북분단과 대결은 일방적 선의와 양보에 의해서 해결되는 것이 아니라 이념과 체제경쟁을 통해서만 극복될 수 있다. 이는 1948년 이래 지속되고 있는 현실적 위협으로서 선택의 여지가 없는 문제다.

　이념적 분단현실과 북한 요소를 전제로 하지 않는 이념논쟁에 대한 평가나 비판은 무의미할 뿐 아니라 자칫 국민을 기만하고 오도하는 결과를 초래할 수 있다. 송호근 교수의 주장에서 이점에 대한 언급이 없다. 결국 이러한 자세는 남한 내 좌파, 특히 종북좌파들의 상투적 논리전개 방식과 일치한다. 한국에서 복지비용 지출이 OECD 국가들에 비해 상대적으로 적은 것은 그들 국가들에 비해 안보비용과 이념갈등 비용 지출이 높기 때문이다. 이러한 현상은 통일이 이루어질 때까지 계속될 것이고, 이념적 분단이 지속되는 한 좌우 진영 간의 갈등과 충돌은 피할 수 없을 것이다. 이는 이념적 분단이 남한 내 이념갈등과 투쟁의 상수로 작용하는 필연적 결과다. 적대적 이념과 가치관을 유지하는 집단 간 합의에 의하여 공동구역을 만들어낸 예는 역사상 존재한 바가 없다. 오직 혁명과 전쟁을 통한 한쪽의 승리와 다른 한쪽의 패배에 의해서만 해결되었다.

남한에서 국민적 공유가치란 좌우 공동구역에 있는 것이 아니라 인류의 보편적 가치에 근거한 보편적 이념에 있는 것이다. 이는 곧 건국 이래 우리가 지켜오고 있는 우익이념인 자유주의다. 자유주의 이념이란 정치에서 자유민주주의, 경제에서 자유시장 자본주의다. 우리의 당면과제는 자유주의가 지닌 보편성에 대한 학습을 게을리 함으로써 생겨난 이념적 회의와 갈등을 해소하고 자유주의에 대한 믿음을 새롭게 하는데 있는 것이지, 좌익이념을 끌어들여 잡탕을 만드는 것이 아니다. 우파정권의 정책적 실패를 우파이념의 실패 탓으로 몰아가려는 좌파들, 반자유주의자들의 술책을 경계하지 않으면 안 된다. 이승만 정권, 박정희 정권의 과오는 자유주의 이념과 체제와는 무관하며, 오히려 자유주의 가치를 소홀히 하고 자유주의 원리를 멀리한데서 비롯된 것이다. 민주화를 둘러싼 정치적 갈등의 비용지출이 컸던 것은 사실이다. 민주화 이후 이념적 갈등과 투쟁으로 인한 국가적 비용지출과 국민 삶의 손실은 가늠하기 어렵고 그 비용은 지금도 계속해서 쌓여가고 있다.

한반도에서 벌어지는 이념투쟁은 남한의 자유주의 체제 대 북한의 공산주의 체제, 남한의 자유평화통일 대 북한의 적화통일 형태로 진행되고 있다. 남한 내에서는 종북좌파, 반자유시장 자본주의 좌파, 평등주의 좌파, 반미 좌파, 민족자립주의 좌파들이 이미 화석화 된 자본주의 제국에 의한 종속론에 매달려 개방과 동맹을 비판하거나 거부하면서 남한의 자유주의 체제를 비자유주의 체제로 변혁하려는 투쟁을 일삼고 있다. 그렇기 때문에 사안별 정책 합의를 통하여 좌우 공동구역을 창출하자는 것은 그야말로 관념적 사치를 즐기며 우리들을 헷갈리게 만드는 부르주아 좌파 지식인들의 말장난을 넘어 언어 전술에 속한다. 만약 그러한 주장을 하는 지식인들이 부르주아 좌파에 속하지 않는다면 그들은 정치공학을 전혀 모르는 지적 무지자들이거나 현실을 오도하려는 무책임한 선동가들이다.

송호근 교수가 좌우 공동구역을 만드는 방안의 하나로 노동부와 보건복지부를 좌파진영에게 나눠주라는 것은 미학적 공상세계가 아니고서는 불가능한 주장이다. 노동부를 장악한 좌파진영이 색깔이 같은 노동세력의 전투적이고 폭력적인 투쟁을 방치하게 되고, 보건복지부를 장악한 좌파진영이 안보예산을 줄이고 복지를 늘려 보편적 복지사회로 가자고 강변하게 되었을 때, 대한민국의 자유시장 자본주의가 견디어 내고 자유민주주의가 건재할 수 있을까? 그의 주장은 현재의 대통령중심 권력구조상 이치에도 어긋난다. 독일과 같은 이념적 다당제를 근간으로 하는 내각제 구조 하에서나 가능하다. 뿐만 아니라 양보와 타협이 없는 정치문화 면에서도 꿈같은 소리다. 노무현 대통령이 임기 말에 제1야당이던 한나라당을 향하여 연정을 제안했으나 냉담한 반응이 있었을 뿐이다. 우리가 지키고자 하는 체제이념이 인류 보편적 가치에 근거하고 있는 것이 확실하다면, 이를 위협하는 세력은 타협의 대상이 아니라 극복의 대상이 되어야 한다.

이념투쟁 극복의 일차적 책임은 지식인들의 몫이다. 송호근 교수는 또 세계화, 시장경제가 양극화를 초래하고 분배구조를 악화시켰으므로 경제민주화가 불가피하다고 주장한 점에서 김종인을 비롯한 여타 좌파 지식인들인 임현진 교수, 김호기 교수와도 다르지 않다. 만약 한국사회에서 양극화 심화로 인한 분배 악화가 사실이라면 그 원인은 글로벌화, 시장경제, FTA 같은 신자유주의적 시대 흐름의 수용에 있는 것이 아니라 제도적 결함과 정치적 과오와 모순의 결과이자 정치 지도력과 직접적으로 관계되어 야기된 현상일 것이다.

그가 책머리에서 "너도 나도 모두 헷갈리는 사회"라고 말하고 있으나 좌파진영은 헷갈리기는커녕 내부적 결속을 다지면서 우파진영을 헷갈리게 만들고 있다. 그는 '헷갈림'이란 '의심의 옹호'이자 합리적 대안을 찾으려는 '사려 깊은 사유방식'으로서, 이를 통하여 얻은 결론이 다분법多分法(multichotomy) 시대에 적응하려면 이분법二分法(dichotomy) 시대를 넘어서야 하고, 이념이 모든 척도가 되는 시대는 끝났으므로 '단호한 논리로 무장한 사람, 단호한 글을 경계'하면서 '깃발 꽂기를 주저'하고 있다는 주장을 폈다. 오늘날은 다원주의pluralism 시대다. 그가 말하는 다분법 시대란 그가 만들어낸 신조어新造語인 듯하다. 영어사전에서 다분법multichotomy이란 단어를 찾아보기 어렵다. 다분多分은 편과 종류를 나누는 것이고, 다원多元은 다양함을 뜻한다. 그의 주장처럼 정치 사회적인 다분시대가 존재한다면 그러한 시대는 끊임없는 분열과 대립이 일어나야 하는 시대일 것이다. 그러나 다원주의 사회는 다양함을 수용하고 타협과 양보를 받아들이는 것을 당연시한다. 이분법이란 어느 시대, 어떤 사회에서도 적용되는 것이며 진실과 허위, 선과 악, 자유와 억압, 경쟁과 평등처럼 가치판단에서 항상 적용되는 방식이다. 좌, 우라는 이념적 이분법 대결이 격화되고 있는 곳에서, 이념이 모든 척도가 되는 시대, 이분법 시대가 끝났다고 단언하는 것은 상식에 심히 어긋나는 독단이다.

사회가 다양해질수록 가치판단을 위한 이념적 척도는 중요해지고 인간사회가 존재하는 곳엔 언제나 이념이 가치선택의 척도로 작용하게 되어 있다. 남한사회야말로 좌우 이분법 시대 열병을 앓고 있는 곳이자 이념이 주요 척도가 되는 곳이다. 그러므로 식별이 분명한 깃발을 꽂아야 한다고 주장해야 하는 것이 대표적 중진 사회학자의 몫이 아닐까? 세계가 지구촌이라는 단일 생활공간으로 좁혀지고 사회가 다원화 되고 파편화 된다는 것은 선택의 폭이 그만큼 넓어진다는 것을 의미하고, 선택의 폭이 넓어질수록 국가공동체를 유지·운영하기 위한 이념적 척도가 중요해지는 것은 순리다. 그가 좌우 공동구역을 만드는 것이 우리 시대방정식이므로 "현실 인식을 방해하는 선명한 이념을 의심하라"고 할 때 현실 인식을 방해하는 선명한 이념이 무엇인가를 밝혀야만 학자로서 정직성을 의심 받지 않는다. 그렇지 못하면 비판을 피해가려는 기회주의적 지식인이라는 오해를 피할 수 없게 된다.

그는 왜 그것을 밝히지 않는 것일까? 추측컨대 경제민주화와 보편복지를 반대하고 자유시장경제, 글로벌화와 FTA 수용을 옹호하는 성장 우선주의자들이 내세우는 이념, 즉 우리 사회가 견지해온 기본이념, 다시 말해 자유주의 이념을 의심하고 경계하라는 경고를 보내기 위해서일 것이다. 그는 또 "개혁방안을 좌파와 우파에서 선별적으로 차용하는 것, 좌·우파의 연합전선"을 펴라고 하는 것은 듣기 좋고 하기 쉬운 말이지만 이 주장 역시 비현실적 수사에 가깝다. 좌파 중에는 여러 갈래가 있고 그 중에는 혁명을 꿈꾸는 종북좌파도 있다. 그들과 연합하는 것이 현실적으로 가능하고 합리적인 것일까? 좌우 연합이란 국가의 기본이념과 체제수용을 전제로 했을 때 가능한 것이지 좌파와 우파가 지향하는 이념과 체제가 다른 경우엔 불가능하다. 남한사회에서 진행되고 있는 이념투쟁 양상은 자유주의에 대한 사회주의 대결이다.

전자는 경쟁과 성장 우선을, 후자는 평등과 분배 우선을 내세우고 있다. 전자는 자유평화통일 노선을, 후자는 적화통일 노선을 추구한다. 전자는 글로벌화에 합류하여 개방적 자유시장경제를, 후자는 글로 벌화를 반대하고 자립통제경제를 주장한다. 전자는 글로벌 시대 다민 족 다원주의를 수용하나 후자는 민족해방 순혈주의에 집착하고 있으 므로 단순한 정책차원을 훨씬 넘어서고 있음을 고려한다면 탁상공론 에 지나지 않는다. 우리 사회에서 사회안전망 구축과 복지정책에 대 해서는 타협의 여지가 있으나 이것은 1920년대 대공황 이래 모든 자 본주의 국가들이 사회주의 원리의 일부를 수용하여 제도화하고 정책 화함으로써 우파정부의 기본정책 노선이 된 지 오래다.

그러나 이념투쟁에서 좌·우가 양보하거나 타협할 수 없는 결정적 문제들이 있다. 통일문제, 대북문제, 외교안보문제, 동맹문제, 교육문 제, 노동문제, 조세문제, 역사교과서 문제, 주한미군 문제 같은 것들은 각자가 지닌 이념과 가치관, 역사관을 바꾸거나 포기하지 않는 한 양 보와 타협은 불가능하다. 송호근 교수는 확신에 찬 논리로 좌우 공동 구역을 만드는 것이 시대방정식이라고 하지만 통일이 이루어질 때까 지는 남한사회에서 좌·우가 손잡고 만들어낼 수 있는 공동구역, 즉 이념적인 골디락스goldirocks 출현은 불가능하다. 수적으로 열세한 좌파 들은 어느 시기까지 끌려가면서 일시적이고 전략적인 부분적 양보나 타협은 하겠지만 상황이 유리해지면 손톱과 발톱을 드러낼 것이다. 2013년 현재 좌파들이 자신들의 불법행위가 사법부에서 정당화될 수 있다고 확신하고 있음을 곳곳에서 목격할 수 있다. 이미 검찰과 사법 부에 자신들의 동조세력이 있는 것이 사실이므로 그러한 확신을 갖는 다는 것은 터무니없는 현실은 아니다.

이제 종북좌파들, 반체제 좌파들을 단순한 실정법으로 다스리기는 불가능해져 가고 있다. 이들은 국회의사당 안에서, 거리에서, 광장에 서, 재판장에서, 검찰 앞에서 색깔 공세를 멈추라고 요구한다. 그가 진영논리에서 벗어나라고 하지만 진영논리에 빠지는 것과 진영논리를 구분하는 것은 별개 문제다. 양대 진영이 격돌하고 있는 상황에서 진영논리를 구분하는 것은 지극히 당연하다. 진영 논리를 구분하지 못한다면 사회는 혼란에 빠지고 자기희생을 모면할 수 없게 된다.

대학교 강단에서 사회학을 가르치는 송호근 교수가 "주사파의 정신적 고향이 과연 평양일까?"하고 자문하는 것은 놀랍다. 민족해방노선을 따르는 NL파의 고향이라면 이해가 되겠지만, 김일성 주체사상을 신봉하는 주사파의 정신적 고향에 대해 의문을 갖는다는 것은 상상이 어렵다. 김일성이 말하는 주체가 아니라 민족주의적 차원에서의 주체라고 말할 수 있을지 모르나 현재 문제가 되고 있는 주체사상은 김일성의 주체사상이지 또 다른 주체사상은 아니다. 그는 또 2008년 6월 광화문 촛불시위와 관련하여 "그곳엔 조직적 배후, 급진이념, 음모집단, 사탄은 없었다. 있다 해도 축제를 부추기는 소도구일 뿐이다"면서 좌파세력이 없었다고 자신 있게 말한다.

촛불시위대에 참가한 사람이 아니고서는 할 수 없는 말이다. 그가 진실을 조사한 바가 있었을까? 조직적 배후나 음모가 확인된 바는 없으나 그러한 사실이 없었다는 증거도 없다. 그러나 TV 시청을 한 사람들은 안다. 그 많은 군중 속에 드러난 얼굴들은 제주 강정마을 해군기지 반대에도 나타나고, 밀양 송전탑 건설반대에도 나타나고, 한진중공업 사태 시 희망버스 탑승자들 중에서도 본 얼굴들이다. 당시 그 많은 집회 참가자들 손에 들려있던 크기와 모양이 같아 한 공장에서 생산된 것 같았던 초는 누가 공급해주었을까 하는 의심은 결코 지나치다고 할 수 없을 텐데 말이다.

"아무것도 모른 채 통합진보당에 표를 던졌다"는 유권자들을 "책무와 권리의 적절한 균형감각을 갖추지 못한 교양 없는 중산층"으로 규정하고, 그 원인을 박정희 권위주의 정치유산과 결부시킨 점은 경박하기보다 천박하다. 한국의 중산층은 그의 표현처럼 교양이 부족한지는 몰라도 이념적 감각 면에서는 송호근 교수를 능가하는 것 같다. 지난 18대 대선 당시 초반에 상승기류를 탔던 문재인 후보가 박근혜 후보에게 패배한 결정적 원인은 범야권 단일후보로 등장했던 문재인과 그를 지지했던 세력들의 이념적 정체성을 다수의 중산층 유권자들이 알아버린 데 있었다. 한국의 중산층은 세련되고 폭넓은 상식은 부족할지라도 그들이 지닌 정치현실에 대한 본능적 균형감각은 알량한 지식인들의 그것보다 훨씬 뛰어나다.

그가 1987년 이래 벌어지고 있는 보수와 진보 진영 간의 충돌을 "신자유주의로 불리는 시장의 시대가 열리면서 공론장에서 접점을 찾을 수 없는 격돌 양상"이라고 한 것은 임현진 교수나 김호기 교수의 주장과 같고, 이들에 뇌화부동하는 정치인들의 소리와 같다. 자본주의는 시장시대를 대전제로 하여 출발한 역사를 지니고 있다. 고전적 자유주의든, 케인즈적 자유주의든 예외가 없다. 신자유주의와 관계없이 자유시장 자본주의는 시장시대, 시장경제를 기본원리로 삼고 있다. 지구상 최악의 폐쇄된 국가인 북한에서 인민이 자유를 박탈당하고 경제가 빈사상태에 빠진 것은 글로벌화, FTA, 개방경제는커녕 시장경제 자체가 없기 때문이다.

시장이 없다는 것은 자유가 없다는 말이다. 북한이야말로 1% 대 99%의 양극화 사회다. 1%의 지배세력과 99%의 가난한 인민의 나라 북한이 일관되게 주장하는 것이 평등과 정의다. "세계화의 영향력이 여과 없이 국내에 투입, 적용된다는 점에서 시대방정식의 양상은 한국에서 더욱 심각하다. 이념투쟁과 사회갈등이 증폭되는 이유다. 한국은 세계 자본주의 모순과 민주화의 단계별 과제를 동시에 풀어야 하는 상황이다"라고 하는 거대담론은 20세기 세계사를 깡그리 무시하는 주장이며, 그 자신 구시대적 종속론에 갇혀 있는 반자유시장 자본주의자임을 드러내는 논리다. 그를 두고 중도우파 지식인으로 분류한다면 이는 오류를 범하는 것이 된다. 그가 좌파 지식인이 아니고서는 그러한 주장을 할 수 없다. 그가 만약 자신을 중도우파임을 자인한다면 이것은 그가 중도우파 가면을 쓰고 있음을 뜻한다. 글로벌화, 시장경제의 혜택을 가장 성공적으로 누리고 있는 국가 중의 하나가 바로 대한민국임을 몰라서 그러한 주장을 하는 것은 아닐 것이다. 그러한 주장을 하는 이유는 글로벌화를 반대하고 자유시장경제를 반대하기 때문일 것이다.

세계화가 진전됨에 따라 강한 자에게 더욱 부가 몰리는 것이다. 시장옹호자들의 기대와는 달리 세계화는 빈익빈 부익부 현상을 가속화했다. 세계화의 충격을 걸러줄 제도가 미흡한 한국은 유난히 그 속도가 빠르고 추세가 가팔라 우려를 자아내는 중이다.

이 주장은 국제전문기관들, 전문가들이 제시하는 과학적 통계와는 거리가 멀다. 국제시장에서 교역으로 먹고사는 국가이면서도 글로벌시장에서의 경쟁을 가로막는 족쇄가 너무나 많고 글로벌화 속도는 사회주의 국가 중국보다 늦고 글로벌화 추세는 멕시코보다 완만하다. 대한민국이 WTO 전신인 GATT에 가입한 것은 GATT 출범 3년 후인 1967년이다. 박정희 정부가 수입대체 공업화 정책에서 수출주도 공업화 정책으로 전환한 해가 GATT 출범 해인 1964년이었다. 대한민국은 일찍부터 국제시장 경제에 합류한 선도적 교역국가다. 대한민국이 본격적으로 수출주도국가, 교역국가로 닻을 올린 것은 역사적으로 큰 의미를 지닌다. 중국대륙 언저리에 있으면서 해양과 교역을 등진 낙후되고 빈곤하며 폐쇄적인 농업국가로부터, 유사 이래 처음으로 5대양 6대주를 무대로 하는 교역국가, 해양국가로 전환한 것은 국가 민족의 진로를 바꾼 의미가 있다. 화석화 되어버린 제국주의 시대 종속이론에 겁을 집어먹고 우리가 나아가는 진로를 바꿔야 된다는 말인가? 1961년 수출총액 4천100만 달러, 1971년 10억 6천800만 달러, 1979년 150억 5천600만 달러, 2013년 10월 한 달 수출액이 500억 달러, 3년 연속 수출입 총액 1조 달러를 넘어선 세계 9번째 교역강국이다. 송호근 교수 역시 다른 좌파교수들처럼 대한민국이 국제사회에서 여전히 약한 국가, 빈곤한 국가인 것처럼 말하면서 선진강국의 먹잇감이 될 것처럼 말하고 있으나, 자기주장을 합리화하기 위한 왜곡에 불과하다.

대한민국은 국제사회에서 경제적으로 약자인가, 강자인가 하는 것은 국제사회가 우리들보다 더 정확하게 알고 있다. 우리나라는 G-20에 속하는 경제강국이다. 우리가 여기까지 도달할 수 있었던 것은 비록 관치 시장경제의 틀을 완전히 탈피하지 못하고 있으나 자유시장 경제원리를 중시했기 때문이다. 송 교수 주장과 같이 글로벌화와 자유교역이 해로운 것이라면 싱가포르는 선진자본주의 국가들에게 종속되어 빈곤한 처지에 놓여있어야 하고, 중국은 경제대국으로 지금처럼 빠른 속도로 미국을 추격할 수 없을 것이다.

자유무역은 항상 시장의 약자에게 가혹하고 한 나라의 혼과 제도를 대책 없이 바꾸도록 강요한다. 낙관론자의 막연한 희망사고로 이런 경계론을 배척할 때 '개방의 찬가는 종속의 신음'으로 바뀔 것이다.

배부른 지식인의 지적 사치며 유희다. 그 역시 기억하고 있을 것이다. 외국영화 수입쿼터를 늘리게 되면 국산 영화산업이 몰락한다고 그토록 반대하고, 문화시장을 일본에 개방하면 일본문화에 종속될 것이라고 반대했으나 현실은 그 반대다. 한국영화 관람객이 외국영화 관람객 수를 앞지르고, 한국 영화감독과 배우가 미국 헐리우드로까지 진출하고 있다. 한국의 영화와 대중음악이 일본의 소비자들을 열광시키고 한류가 되어 동남아로, 세계로 뻗어나가고 있음을 목격하면서도 강대국에 주눅이 들어 종속 공포증에서 벗어나지 못하는 왜소한 지식인들은 국민이 피와 땀을 흘려 이룩한 경이적 성취를 대수롭지 않게 여긴다. 그들은 개방과 경쟁을 두려워하며 오직 성취가 남긴 상처를 모든 것인 양 과대포장하면서 시대착오적이고 퇴행적인 주장을 되풀이하는 지적 아나키스트들이다.

송호근 교수가 책 후반부에 가서 독일 사민주의 체제를 치켜세우더니 결론에 가서는 사민주의를 하자는 것은 아니라고 하면서 마치 전경련을 편드는 듯한 논리를 편 것은 위선적이다. 그가 사회 합의를 위해서 '난폭한 개인주의를 넘어 실용적 자유주의'로 가자면서 "공익과 실익을 최우선 가치로 설정, 개인의 권리와 자유 신장을 위해서는 정치개입 불가피, 공공선이 전제되지 않는 자유주의는 성립되지 않는다"고 결론내린 것은 개인주의를 심히 경계했던 급진적 자유주의자였던 미국인 존 듀이의 20세기 전반기적 사고의 틀에서 벗어나지 못하고 있음을 말한다. 국가를 개인 위에 두고 공공선을 개인의 자유와 이익보다 앞세우면서 국가가 개인의 권리와 자유 신장의 책임관리자가 되어야 한다는 것은 공동체주의자, 국가주의자, 집단주의자의 기본 사상이다. 루소의 공공선을 위한 일반의지가 프랑스 혁명의 뇌관이 되었고, 국가이익과 공공선이 전체주의자들의 통치도구가 되었던 역사의 잔해들을 새로운 포장지로 포장한다고 해서 본질이 달라지는 것은 아니다. 그는 선명하고 단호한 논리를 경계하고 깃발을 꽂지 말라고 하면서, 그 자신은 확신에 찬 논리로 여러 가지 깃발을 꽂으려 하고 있음을 『이분법 사회를 넘어서』에서 확인할 수 있다. 그가 꽂고자 하는 깃발은 국가주의 깃발, 평등주의 깃발, 경제민주화 깃발, 자주자립 경제 깃발, 반글로벌화 깃발 같은 것이다.

2013년 10월 〈조선일보〉 어수웅 기자가 소설가 복거일과 나눈 대화 내용을 송호근 교수 주장과 비교하면 투명하고 담백하다. 가난한 소설가로 자처하는 복거일은 자신의 빈곤을 선진자본주의 강대국이나 자유시장 경제 탓으로 돌리지 않을 뿐만 아니라, 여전히 자유시장 경제에 미래의 희망을 두고 있는 자유주의체제 옹호자다.

대한민국 토대는 미군정 3년 동안 결정됐다… 미국에 절대적 빚이 있다. 그런데도 우리는 반미를 외쳐야 지식인 대접을 받는 나라다. 이해하기 힘들다. 나는 아마 우리나라 지식인 중에서 유일한 친미주의자일 것이다… 나의 가난은 약간의 오기와 불운이 겹친 데서 나왔다. 약간의 오기는 글만 써서 살아보겠다는 것이고, 약간의 불운은 그동안 우리사회의 이념적 지향이 꾸준히 왼쪽으로 이동해서 독자가 줄어든 거다… 지식인의 가장 불행한 운명은 한번 진리를 만나면 그것이 '공산당 선언'이든 '가이아 숭배'든 그 속에 안주해서 관념적 사치를 즐기는 것이다.

2012년 선거 해에 좌파 지식인들의 이념적 공세는 치열했으나 우파 지식인들은 대조적으로 소극적이거나 수동적이었고, 좌파 지식인들에게 손을 내미는 과오까지 범했다. 좌파진영에서는 백낙청의

『2013년 체제 만들기』(2012. 1. 25), 송호근의 『이분법 사회를 넘어서』(2012. 9. 17), 김종인의 『지금 왜 경제민주화인가』(2012. 11. 20)와 같은 책이 쏟아져 나왔으나, 우파진영에서 그들의 주장을 반박하고 자신들의 주장을 내세우는 책은 나오지 않았다. 신문광고와 간헐적인 선언문 발표만 있었다. 이념투쟁은 고도의 지적 투쟁이다. 지적 투쟁을 게을리 하게 되면 쉽게 승리할 수 없다.

우리가 국가이념 선택을 위해 고심해야 할 이유는 없으나, 1948년 이래 지켜온 자유주의가 위협을 받는 상황에서 새로운 점검을 강요당하고 있는 것이 현실이다. 한국사회에서 이념갈등은 자유를 앞세우는 자유주의자, 평등을 앞세우는 사민주의자, 사회주의자들 간의 갈등이다. 이념투쟁의 양대 진영은 자유주의 진영과 사회주의 진영이다. 자유주의 진영은 헌법수호 진영이며 사회주의 진영은 종북좌파 진영이다. 우리가 치르고 있는 이념과 가치관을 둘러싼 충돌은 빈곤한 신생 립국가가 산업화 되고 민주화 되었을 때 겪게 되는 정치, 경제, 사회적 열병이다. 기득권층에 대한 대중의 반감이 생겨나고 기존질서가 심각한 도전을 받는 것은 근대 자본주의 국가들이 겪어야 했던 공통적 경험이다. 이러한 시기에 목소리를 높이는 자들은 선동가, 궤변가들과 그 시대 쟈코뱅들이다.

민주화로 인한 자유 과잉과 산업화로 인한 물질만능 사고가 지배하는 사회가 되면 절제를 모르는 대중의 열정이 이성과 상식을 마비시킨다. 보편적 가치와 전통적 가치에 대한 믿음과 존중이 사라지고 기존 질서조차 거추장스러운 장애물이 되면서 비인간적 사회로 추락하게 된다. 지금까지 이룩해 놓은 모든 성취는 물거품이 되고 미래에 대한 희망이 회의와 두려움으로 바뀌게 된다. 이렇게 되면 국가는 가장 취약한 상황에 놓이게 되어 예상치 못했던 혼란과 홍역을 치른다.

이때 당대를 이끌어가는 지도자들과 지식인들의 역할과 책임의 중요성은 한없이 커지고 국민적 각성이 절실해진다. 자유주의 체제를 비판하고 반대하는 정치인들과 지식인들은 과거 성취를 인정하려 들지 않고, 우리가 마치 선진 자본주의 국가들에게 종속되어 가고 있는 것처럼 주장한다. 하지만 세계는 분단국가로서 반세기만에 이룩한 대한민국의 발전과 성공을 경이의 눈으로 바라보면서 하는 말이 흥미롭다.

남한의 성취에 대해서 감명을 받지 않는 유일한 사람들은 아마도 남한 사람 자신들일 것이다.

〈이코노미스트〉, 2013년 10월 26일

책임 있는 지도자들, 지식인들의 힘은 추종세력 규모나 지식의 양이 아니라 그들이 지닌 사상과 이념에서 나온다. 철학자와 사상가가 중요한 이유다. 우리 시대 우리가 믿고 길을 물어볼 수 있는 철학자와 사상가를 말하라고 하면 쉽게 대답할 수 없는 것이 우리 시대 불행이다. 2013년 10월 31일 고려대 사회학과 창립 50주년 기념 심포지엄에서 고려대 김문조 교수가 주제 발표를 통하여 한국 지식인 사회의 분발을 촉구하면서 국가와 시장의 실패 틈 사이로 시민사회가 성장하고 탈성장 시대가 되고 분배와 형평이 시대적 화두가 되었다고 주장했다. 그렇지만 대한민국은 실패한 국가가 아니라 성공한 국가이다. 시장 역시 실패한 것이 아니라 비판론자들이 시장만능주의라고 할 만큼 활발한 시장경제의 길을 가고 있는 사회이며, 분배와 형평을 앞세우기에는 여전히 성장이 중요한 국면이다.

이념 선택에서 가장 우선적인 것은 이념의 중요성에 대한 올바른 인식이다. 시대가 바뀌고 달라져도 국가가 존재하는 한 국가이념은 존재하고, 사회가 아무리 다양화 되고 다분화 되어도 국가운영에서 이념의 중요성은 줄어들지 않는다. 이념이 배제된 제도나 정책은 있을 수 없다. 자유사회에서는 매번 그것을 직접적으로 표현하거나 의식하지 않기 때문에 관계가 없는 것처럼 느낄 뿐이다. 어떠한 국가라 할지라도 그 국가는 이념적 바탕 위에 서있고, 어떠한 제도나 법률, 정책이라 할지라도 이념적 가치구현을 목표로 만들어진다. 이것은 불변의 법칙이다. 2013년 10월 국제사회가 우려의 시선으로 예의주시하는 가운데 미국이 일시적으로 정부 지불 불능상태shut down가 된 것을 두고 각국 언론은 민주, 공화 양당의 정책적 타협 실패라거나 심지어 미국 민주주의의 실패라고까지 보도했다. 하지만 사실은 민주당이 지향하는 큰 정부 노선과 공화당이 지향하는 작은 정부 노선을 둘러싼 건국 이래 계속되어 온 이념적 경쟁이자 대결 현상에서 비롯된 것이다.

미국은 건국 직후 알렉산더 해밀턴Alexander Hamilton 같은 강력한 연방정부 주창자들인 연방주의자federalist 그룹과, 각 주의 자치권한을 중시하는 토마스 제퍼슨Thomas Jefferson 같은 반 연방주의자anti-federalist 그룹이 팽팽한 경쟁을 벌였다. 그로 인해 중앙은행도 생겨날 수 없었으며, 국세청이 생겨나고 연방소득세를 징수하게 된 것도 남북전쟁 당시인 1862년의 일이다. 세계 대공황과 2차 세계대전을 계기로 큰 정부 노선을 택한 루즈벨트 시대는 1980년대 레이건 시대에 와서 작은 정부 노선으로 대전환을 하게 되지만, 노선 경쟁은 계속되어 왔고 앞으로도 계속될 수밖에 없는 것이 미국의 경우다. 미국이 최장수 민주주의 국가로서 최강의 국가로 발전하게 된 근원적 힘은 미국 건국 조상들이 인류의 보편적 가치라고 확신했던 자유주의 이념에 있다. 미국 정부의 지불중지 현상은 과거에도 수차례 있었고 앞으로도 있을 수 있는 현상이며, 이것은 미국 민주주의 쇠퇴나 실패가 아니라 미국 민주주의의 유연성과 역동성을 의미한다.

지불금지 사태는 민주당 오바마 정부가 레이건 이래 주도권을 빼앗긴 큰 정부 노선으로 복귀하려는 강력한 의지로 인해 생겨난 현상이다. 가장 자유스러운 나라, 가장 다원화된 사회, 가장 실용적인 문화로 특징 지워진 미국은 외견상 가장 실용적 정치를 하는 것 같지만 내부적으로는 가장 이념적 정치, 가치와 원칙을 중시하는 국가다. 미국과 상반된 이념과 체제를 유지하는 중국이 많은 모순과 문제점을 지니고 있음에도 불구하고 국제무대에서 약진하고 있는 이유 역시 그들의 이념과 관계된다. 과거 중국이 우세했던 시대는 예외 없이 사상과 문화의 힘이 작용했고 사상이 병들었을 때 열강의 먹잇감이 되었으나, 사상의 힘으로 다시 일어설 수 있었다. 중국인들은 미국인 못지않게 사상과 이념을 중시하는 민족이다. 신생 중화인민공화국에서 철학자, 사상가들의 위치와 영향력은 우리와는 비교가 되지 않을 만큼 높고 크다. 가장 최근의 예는 펑유란馮友蘭(1895~1990)일 것이다. 그는 생전에 중국 사상계를 대표하는 철학자의 한 명이다.

"무서워 말거라. 나는 살면서 내가 해야 할 일을 모두 끝냈다"는 것은 그가 죽음을 목전에 두고 딸에게 한 말이다. 2011년 김시천 등이 번역 출간한『펑유란 자술서』에 담긴 내용이다. "내가 해야 할 일을 모두 끝냈다"는 것은 철학자로서 신중국이 미래에 위대한 국가로 다시 일어설 수 있도록 하는 사상적 토양을 제공하기 위하여 중국 현대 철학 작업을 마무리했다는 뜻이다. 1918년 베이징대를 졸업하고 미국 컬럼비아대의 존 듀이 밑에서 수학, 철학 박사학위를 받은 후 귀국하여 칭화대(清华大), 베이징대에서 일생 동안 학생들을 가르쳤다. 1950년대 뼈아픈 자아비판과 사상학습을 거친 후 마르크시즘 입장에서 중국 철학사를 새롭게 해석, 집대성한 그는 95세의 나이로 중국 철학사 신편(전7권)을 완성하고 1990년 세상을 떠났다. 1895년~1990년에 이르는 100년 간을 인류 역사상 가장 '불확실한 시대'로 규정한 그는 "옷이 바뀌고 몸에 담은 모든 것이 완벽하게 바뀌었다.… 말이 바뀌고 생각이 바뀌면서 삶의 방식 전체가 전혀 다른 것으로 변화되었다. 모든 것이 바뀌고 바뀌지 않은 것이 없었다"고 하면서 사회주의 신중국 지식인으로서 자신에게 주어진 소명을 '오래된 나라, 새로운 사명'에 있음을 다음과 같이 말하였다.

비록 중화민족의 유구한 문화는 지나간 일이 되었지만 앞으로는 중국의 새로운 문화 원천이 되어 과거의 종결에 그치지 않고 미래의 기점이 될 것이다. 장차 중국의 현대화가 성공한다면 중국은 세계에서 가장 유구하면서도 가장 새로운 국가가 될 것이다. 새것과 옛것이 만나면 옛것은 생명력을 갖게 되어 더 이상 박물관에 진열된 견본품이 아니며, 새것 역시 중국의 민족적 특색을 갖게 될 것이다. 새것과 옛것이 만나 이어지면서 끝없이 흘러 유구한 중화민족의 문화가 새로운 빛의 뿌리가 될 것이다. 지금 나는 이 전망이 공상이나 환상이 아니라 반드시 실현해야만 하고 반드시 실현되리라는 것을 믿어 의심치 않는다.

그가 세상을 떠난 지 24년이 되는 현재, 중국이 그가 믿어 의심치 않았던 바대로 새로운 중국으로 변모하면서 용트림을 하는 저변에는 그와 같은 사상의 대가들의 노력이 깔려 있다. 그는 생전에 존경 받는 학자로서 새로운 중국의 미래에 대해 믿음과 열정을 지니고 있었음에도 거리 집회에 휩쓸리거나 권력 주변을 맴돌지 않았지만, 그의 글과 사상은 13억 중국 인민들의 머리와 가슴 속으로 스며들고 있다. 권력 주변을 맴돌거나 대선 캠프에 참여하기 좋아하는 다수의 한국 폴리페서들과는 너무나 다른 모습이다.

나는 중국철학 속에 인류의 정신적 경지를 높이고 인생의 보편적인 문제를 해결하는데 기여할 수 있는 부분이 있다고 생각한다. 그러면 그것은 영원한 가치를 지니는 것이다.··· 나쁜 것은 반면교사로, 좋은 것은 본받을 본으로 삼는다는 점에서 버릴 것은 하나도 없다. 거기에는 수 세대, 수백 년에 걸친 국민, 민족의 땀과 피가 묻어있기 때문이다.

철학자 펑유란의 학문적 체취가 진하게 느껴지는 부분이다. 그는 1940년대에 이르러 근대 중국철학의 창조자의 한 사람이 되려고 치열한 노력을 했으며, 비록 존 듀이의 제자이긴 했으나 스승의 실용주의가 진리의 본질을 제시할 수 없다고 판단하여 진리를 발견하는 방법을 독자적으로 모색함으로써 창조자의 면모를 보이고 있다.

진리의 본질은 주관과 객관적 사실이 일치하는 것이다.··· 실천과 실험만이 검증할 수 있고 이것은 공개된 비밀이다.

사상과 철학이 빈곤한 사회는 결코 안정적이고 지속적인 발전을 이룰 수 없다. 영국과 미국이 긴 세월에 걸쳐 안정적이고 지속적인 발전을 할 수 있었던 것은 그들이 지켜 온 자유주의 사상과 철학의 힘이 위대했기 때문이다. 사상과 철학이 현실에서 유기적으로 농축된 것이 이념이다. 우리가 사회주의에 대한 미련을 가져야 할 이유는 없다. 폭압과 빈곤을 상징하는 사회주의 인민공화국 북한을 눈앞에 두고 사회주의에 대한 환상을 갖는다면 미친 짓일 것이다. 실험과 실천에서 철저히 실패한 이념이 사회주의다. 거대제국 소련은 붕괴하여 '과두자본주의oligarchic capitalism' 국가로 변모했고, 거대 중국은 공산당 일당독재에 의한 '국가자본주의state capitalism' 국가로 탈바꿈하고 있다. 공산당 일당독재 체제인 베트남 역시 중국의 길을 답습하고 있다. 원형을 유지하려는 쿠바와 북한을 바라보는 국제사회의 시각은 이 두 나라가 언제까지 사회주의 체제를 유지해갈 수 있을 것인가에 모아져 있다.

그러나 사회주의는 자유주의 체제가 존재하는 한 유령처럼 떠돌아다닐 것이다. 남한사회에서 우리들이 경계심을 갖는 한 체제 변혁을 꿈꾸는 사회주의자들이 성공할 가능성은 희박하지만, 그들의 말과 행동과 글이 가져올 해악은 가늠하기 어렵다. 사회주의에 물든 자들은 마약에 중독된 사람과 같아서 사회주의 이념이 지닌 매력과 유혹에서 벗어나기 어렵기 때문에 쉽게 포기하지 않는다. 한국 좌파 지식인들의 아이콘과 같았던 에릭 홉스봄Eric Hobsbawm의 삶에서도 확인할 수 있다. 2012년 10월 1일 95세의 나이로 타계한 그는 유태계 어머니와 영국계 아버지 사이에 태어났고, 초등학교 학생 시절인 1932년 베를린에서 공산주의자가 되었다. 캐임브리지대 입학 후인 1936년 공산당에 가입하여 생을 마감할 때까지 마르크시스트 역사학자로 활동하면서 국제사회 좌우 지식인들에게 큰 영향을 끼친 마르크스주의자 혁명가이다. 그는 1789년을 기점으로 1914년에 이르는 기간에 걸친『혁명시대 The Age of Revolution』,『자본시대 The Age of Capital』,『제국시대 The Age of Empire』를 썼고, 1914년 이후 1991년에 이르는 기간에 걸친『극단시대 The Age of Extremes』를 썼다. 그는 생전에 공산주의혁명 성공과 몰락을 지켜본 역사가로서 냉철한 결론을 내렸음에도 마르크시스트임을 포기하지 않았다.

"공산주의 과업은 이제 출발부터 실패였음이 확실하다"고 실패를 인정하면서도 마르크시스트이기를 포기하지 않았던 이유를 2012년 10월 6일자 〈이코노미스트〉는 "1917년 러시아 혁명이야말로 세계의 희망이라고 믿었기에 혁명 그 자체와 혁명투쟁을 했던 사람들을 배반할 수 없었다"고 소개했다. 그가 스탈린주의를 수용한 것이 어리석었음을 인정하게 된 것은 1956년 헝가리 봉기를 소련군 탱크가 제압하고, 흐루시초프가 과거 소련이 저지른 죄악상을 세상에 폭로하면서였다. 그 후 그는 스탈린을 변호하는 입장에 머물렀던 것을 후회하면서 중국에 대한 애정은 갖지 않았다. 하지만 자본주의 체제의 본질적 모순인 불평등과 탐욕으로 인해 발생하는 내부 긴장으로 자본주의 체제가 붕괴되고 더 좋은 체제가 출현하게 될 것이라는 믿음을 버리지 않았다. 우리는 그의 삶을 통하여 이념이 지식인의 삶에 얼마나 큰 영향을 미치는 것인가를 진하게 느낄 수 있다. 우리의 경우 남한사회에서 사회주의자들을 경계하는 것만으로는 충분하지 않다. 그들의 언동과 글을 놓치지 말아야 하고 불법, 탈법을 방치하지 말아야 하지만 교실에서 학생들에게 제대로 가르치는 것이 가장 확실한 방법이다.

한국사회에서 신자유주의를 비판하고 사민주의 체제를 선호하는 사람들은 자유시장 자본주의 체제를 반대하고 분배와 평등, 자본 통제를 앞세우는 좌파 지식인들이다. 사민주의 정당 창당을 준비 중인 정승일 사회민주주의센터 준비위원이 2013년 3월 언론을 통하여 밝힌 견해에서도 잘 드러나 있다. 그는 사민주의란 자본, 시장, 기업, 사적 소유권은 인정하지만 자본주의는 인정하지 않는 것이며, 자본에 대한 사회적 통제를 중요하게 여기는 것으로 정의했다. 그러면서 자유시장 기능을 중시하는 영국, 독일의 사민주의 우파 노선인 제3의 길보다 사회통제를 중시하는 북구형 사민주의 좌파 노선을 대안으로 제시하고, 이것은 곧 신자유주의에 대한 비타협적 저항과 가치관이라고 말했다.

신자유주의는 악랄할 정도로 인간을 파괴하는데 이것과 타협하는 게 어떻게 사민주의냐. 신자유주의와 타협한 영국과 독일의 '제3의 길' 사민주의는 지난 금융위기 때 실패로 판명 났다.

그의 주장처럼 신자유주의는 악랄하지도 않고 영국과 독일의 자유시장경제가 실패한 적도 없다. 그 역시 자신의 주장을 정당화하기 위해 신자유주의를 맹목적으로 비판하는 여타의 좌파 지식인들과 다르지 않은, 신자유주의를 깊이 있게 연구하지 않은 도그마적 반자유시장 자본주의자다. 그는 1991년 독일로 유학하여 베를린 훔볼트대에서 사회과학 석사학위를, 자유베를린대에서 정치경제학 박사학위를 받고 귀국하여 2001년부터 2008년까지 신자유주의를 비판하는 시민단체인 대안연대회의를 이끌었다. 국가의 경제개입을 강조하는 장하준 교수와는 학문적 동반자다. 그는 자신이 내세우는 사민주의는 한국경제의 시스템과 구조를 혁신하는 것을 목표로 하므로 시장주의적 개혁, 주주 자본주의적 재벌개혁에 대해서는 강한 비판적 입장을 취한다. 그러면서 경제민주주의와 경제구조개혁을 통한 보편복지와 노동민주주의(노동해방) 실현으로 재벌뿐만 아니라 모든 특권과 특혜를 철폐하고, 복지국가를 건설하는 것만이 정의와 평등을 달성할 수 있다고 믿기 때문에 '공정한 시장질서'를 중시하는 자유시장 자본주의와 경쟁적 성과주의와 능력주의를 반대한다. 한국사회에서 사민주의가 새로운 이념적 대안으로 거론되기 시작한 것은 1990년 소련, 동구의 몰락 이후이며 10여 년 전부터 사회민주주의를 표방하는 여러 단체가 생겨나고 있다. '한국 사회민주주의 연구회(옛 민주노동당 내 그룹),' '사회민주주의연대,' '진보신당 사민주의자 모임,' '사회민주주의 정책연구회,' '한국 사회민주주의센터(사민센터)' 등이다. 2013년 10월 한국사회학회가 주최한 심포지엄에서 경제민주화를 주제로 한 토론에서 최장집 교수는 경제민주화는 앞으로 자유주의냐 사민주의냐 하는 사회적 논쟁의 초점이 될 것으로 전망하였다.

지금 경제민주화 정의는 광범위하게 열려있다. 여당과 야당, 보수파와 진보파 누구도 아직 분명히 정의하지 않았다. 하지만 앞으로 선거가 거듭되고 정당 간 경쟁이 거세지고 사회로부터 경제개혁에 대한 요구가 높아지게 될 때 '무엇이 경제민주화냐' 하는 것에 대해 정치인들이 구체적으로 정의해야 한다는 압력이 높아지게 될 것이다. 이 과정에서 정당 정치인들이 고민하게 될 문제의 초점은, '경제민주화가 사회민주주의를 포괄하느냐 아니냐'가 될 것이다.

이 자리에서 우파 지식인으로 분류되어 나온 듯한 송호근 교수가 "복지국가를 작동시키는 가장 중요한 열쇠는 노사연대. 노사연대로서 '생산성 동맹'은 노동은 생산성 향상에 매진하고 자본(기업)은 그 대가로 복지를 제공하고 경영참여를 허용한다는 것이다. 복지제공은 증세로, 경영참여는 노동권 강화로 구현된다"고 한 것은 정승일이 주장한 '보편복지와 노동민주주의(노동해방)'와 같은 내용이라고 할 수 있다. 그가 자신이 쓴 『이분법 사회를 넘어서』에서 사민주의를 치켜세우면서도 사민주의를 하자고 하는 것은 아니라고 한 것은 변명에 가까워보인다. 김종인을 비롯하여 경제민주화를 주장하는 지식인들이 사민주의를 하자는 말은 애써 피하고 있지만, 노동자의 경영참여와 보편복지를 공통적으로 주장한다는 점에서 사민주의자의 모습을 가차 없이 드러내고 있음을 부인하기 어렵다. 최장집 교수가 심포지엄에서 앞으로 경제민주화가 사회민주주의를 포괄하느냐 아니냐가 초점이 될 것이라고 진단을 내린 것은 좌파 진영의 본심을 우회적으로 드러낸 것이라 할 수 있다.

대한민국이 자유주의 대안으로서 사민주의를 받아들이는 것이 시대흐름에 맞고 현실적인 것이 될 수 있을까? 자유주의 체제 아래서 의회민주주의 원칙을 지킨다면 사회민주주의 정당을 수용할 수 있어도 자유주의 대안으로서 사회민주주의를 수용한다는 것은 1948년 이래 지켜온 자유주의 체제의 변혁을 의미하기 때문에 있을 수 없는 일이다. 정승일과 같은 급진적 사민주의 옹호론자들이 자유시장 자본주의 체제 변혁을 목표로 하고 있다는 점에서도 분명하고 합법적 사민당을 현실적으로 인정할 경우에도 문제는 남는다. 궁극적 변혁을 노리는 종북세력이나 반자유시장 자본주의 세력이 사민당 간판 아래 안주할 수 있는 안전지대를 제공할 수 있기 때문에 세심한 관찰을 게을리 할 수 없음을 최근의 경험이 말해준다. 독일의 사민주의는 우리와 역사적 배경이 다르고 국민적 정치수준 면에서도 비교가 되지 않는다. 스칸디나비아 국가들 역시 사회주의, 사민주의 영향을 오랫동안 받아온 역사적 배경을 지닌 국가들이어서 우리와 단순 비교하기는 어렵다.

사회주의와 사민주의를 거부하니까 자유주의를 선택해야 하는 것이 아니라 자유주의 자체가 지닌 검증된 보편성과 우월성과 생명력 때문이며, 글로벌화가 진행되어 갈수록 보편성과 우월성 역시 확산되어 가는 추세다. 자유주의는 압제와 억압 체제가 낳은, 인간존엄성 존중을 최고의 덕목으로 하는 이념으로서 인간의 특권이라 할 수 있는 천부적 자유와 권리를 신성시한다. 인간 본성이 지닌 무한한 욕구와 잠재력과 창의력이 개인의 성취와 인간사회 발전을 좌우하는 원천적 에너지가 된다는 믿음 위에서, 만인이 법 앞에 평등하고 기회의 평등을 전제로 한 경쟁사회 건설을 목표로 하는 사상이다.

자유주의 역사에서 20세기는 자유사회에서 평등은 호흡할 수 있어도 평등사회에서 자유는 질식한다는 진리가 검증된 세기였으며, 평등이 없는 자유가 공허한 것과 같이 자유가 없는 평등 역시 공허하지만 평등사회는 독재체제 하에서만 가능하다는 것을 일깨워 준 세기였다. 그러나 자유주의 체제가 보편성과 우월성을 지닌 체제임에도 불구하고 끊임없이 비판을 받는 이유는 항존하는 불평등과 맨 얼굴을 한 탐욕이 사회적 긴장과 모순, 갈등을 야기하기 때문이다. 따라서 자유주의 투쟁 역사는 사회적 불평등 현상을 합리적 방식으로 최소화하고 인간의 탐욕을 순치順治하려는 과정의 역사이기도 하다. 하지만 자유주의자들은 사회적 불평등과 인간적 탐욕과 욕구가 자유주의 체제의 생명력과 역동성의 근원임을 믿는다는 점에서 평등을 사회정의로 규정하는 사회주의자들과 사민주의자들과 근본적으로 다르다. 미래 물리학에서 엘리베이터로 우주여행을 하는 시대가 도래할 것이라고 말하는 뉴욕시립대 미치오카쿠 양자물리학 교수가 "오늘날 우리는 100년 전 영국왕도 누리지 못했던 아침식사를 즐기고 있다"고 한 것은 자유주의 체제 발전 그 자체를 의미한다. 사회주의와 사민주의가 자유주의를 추월할 수 없는 결정적 이유는 자유주의가 내포한 개방성에 있다. 이는 곧 21세기 글로벌화의 추동력이 자유주의에서 분출되고 있는 이유다.

2008년 국제금융위기 직후 반글로벌화와 반자유주의 체제 정서가 고조되던 시기인 2009년 보스턴대 정치학 교수이자 대표적 자유주의 신봉자의 한 사람인 앨런 울프Alan Wolf는 저서 『자유주의 미래 *The Future of Liberalism*』를 펴냈다. 이 책에서 그는 글로벌 시대 자유주의 앞날에 대해 "근대란 인간이 룰에 의해 살아가는 것을 의미한다면, 글로벌화란 그러한 룰들이 더 이상 통하지 않는 것을 의미한다"면서 18세기 계몽시대와 19세기 산업시대 논리에 입각한 비관적 반글로벌화 정서를 벗어나 탈근대 입장에서 낙관적 견해를 지닐 것을 강조하였다.

한국사회에서 사회주의, 사민주의를 선호하고 옹호하는 지식인들이 신자유주의적 글로벌화를 비판하고 반대하는 것은 그들이 18세기 계몽주의적 사고와 19세기 산업시대 논리에 집착하고 있음을 말하는 것이며, 탈근대 시대임에도 근대시대 삶을 살아가고 있음을 뜻한다. 그들은 변하고 있는 미래를 향해 나아가려는 것이 아니라 지나온 과거 틀 안에서 새로운 활로를 찾고자 하기 때문에 성공할 가능성은 매우 희박하다. 앨런 울프는 미래에 자유주의가 직면하게 될 도전은 적수들을 굴복시키는 데 있지 않고 자유주의자들로 하여금 다시 한 번 자유주의에 대해 새로운 믿음을 갖도록 하는 데 있음을 잊지 말라고 권고한다. 그의 권고야말로 오늘날 우리 자신들에게 해당하는 말이다. 자유주의의 글로벌화, 글로벌화의 확산은 멈추지 않을 것이며 이 흐름에 합류하고 있는 대한민국이 이탈한다는 것은 상상할 수 없다.

비판론자들, 반대론자들, 대안론자들의 주장과는 달리 자유주의와 글로벌화가 빈곤을 감소시키고 저개발 국가들로 하여금 긴 잠에서 깨어나게 하고 있음을 국제전문기관들이 수치로 말해준다. 한미 FTA 체결 1년 후 우리의 대미 무역흑자는 44% 증가하였고, 지난 20년간 세계는 10억 인구가 절대빈곤에서 벗어났다. UN은 밀레니엄 개발목표 MDG(The Millenium Development Goals)에서 2030년까지 여전히 최빈곤층(1일 생계유지비 1.25불)에 머물고 있는 11억을 빈곤에서 탈출시키기로 하고, 자유시장 자본주의와 자유교역을 더욱 확대하고 강화할 것을 강조하고 있다. 2013년 7월 1일자 〈이코노미스트〉가 1990년 이래 지난 20년간 절대빈곤층의 감소 추이를 제시하면서 앞으로 빈곤 감소를 위해 자본주의와 자유교역에 감사해야 할 것이라고 썼다.

┃빈곤퇴치를 향하여

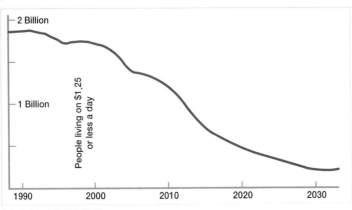

〈이코노미스트〉 2013년 7월 1일

대한민국이 국제사회에서 짧은 기간에 경제강국 민주국가 대열에 합류할 수 있었던 것은 전적으로 자유주의 체제 덕분임을 부인할 수 없다. 그럼에도 내부적으로 이념갈등과 투쟁이라는 심한 역풍을 맞고 있다. 우리의 자유민주주의가 어리고 거칠며, 자유시장 자본주의가 미숙하다고 해서 이를 버리고 우리의 체질에 맞지 않는 대안을 찾아나서야 한다는 것은 이치에도 맞지 않고, 그동안 피땀 흘려 쌓아온 성을 허물어버려도 아까울 것이 없다는 선동에 지나지 않는다. 지금은 글로벌 시대를 앞서가는 세련된 자유주의 체제를 갖추기 위한 다짐과 궁리를 할 때이다. 국제사회에서 알려진 대한민국의 정체성은 자유주의 체제와 다원주의 사회다. 결과적 평등사회를 꿈꾸는 종북좌파들과 사민주의자들이 우리나라가 신자유주의적 글로벌화와 시장만능주의로 극심한 양극 사회가 되었다고 주장하지만 국제사회에 알려진 국가경쟁력은 초라하다. 〈동아일보〉가 2013년 10월 15일자로 보도한 내용에 따르면 2005년 이후 투자 순유출은 1천232억 달러에 달하며 180만개의 일자리가 날아갔다. GDP 기준 15위 국가, 20-50 그룹 국가, 교역량 1조 달러 국가, 세계 7위 수출국가로 알려진 대한민국의 글로벌 시대 경쟁지표는 형편없이 낮은 수준이다.

어리고 거친 민주화와 미숙한 산업화가 만나게 되면 대중영합주의자들, 선동가들, 음모가들이 연출해내는 정치, 경제, 사회적 쓰나미 현상을 피할 수 없다. 쓰나미에 휩쓸려 가지 않으려면 자유주의 체제 깃발을 더욱 단단하게 잡고 있지 않으면 안 된다. 역사학자이자 저술가이며 하버드대 케네디스쿨에서 인권을 가르치는 마이클 이그나티에프 교수, 그가 아산정책연구원 초청으로 방한한 기회에 언론과 가

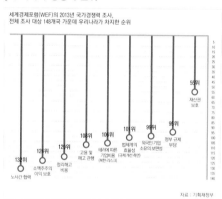

기업 투자환경에 영향을 미치는 항목별 우리나라 경쟁력 순위

세계경제포럼(WEF)의 2013년 국가경쟁력 조사,
전체 조사 대상 148개국 가운데 우리나라가 차지한 순위

자료: 기획재정부

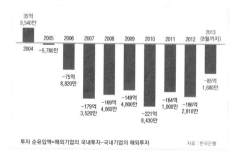

직접투자 순유입액 추이 (단위: 달러)

투자 순유입액=해외기업의 국내투자-국내기업의 해외투자
자료: 한국은행

〈동아일보〉 2013년 10월 15일

진 인터뷰에서 마르크시즘에 비판적이었던 이사야 벌린의 말을 인용하면서 오늘날 한국이 직면하고 있는 이념적 환경을 정확하게 지적하였다.

한국은 민주화와 경제발전을 둘러싼 세계적 논쟁의 중심에 서있는 성공사례국가로서 자유민주주의가 그동안 만나지 못했던 '새로운 적인 독재적 과두체제authoritarian oligarch 중국, 러시아, 북한'과 싸우고 있는 최전선이다.… 벌린은 '평등을 위해 자유를 희생시킬 용의가 있는 사람은 결국 둘 다 잃게 될 것이다'라고 말했다.

▶▷ 국가체제의 선택

대한민국 국가체제인 자유민주공화국 체제는 어디서 본 따온 것이며, 그 수준은 어느 정도이고, 계속 유지·보존할 가치는 있는 것일까? 나쁜 것, 잘못된 것이므로 대안을 찾아 나서자는 주장은 경청할만한 가치가 있는 것일까? 국가체제는 국가이념에 근거하여 결정되고, 체제유지와 운영을 위해 제도가 만들어진다. 제도는 국가체제가 지향하는 목표를 구체적으로 실현하는 역량으로 나타난다. 정치제도는 정치역량을, 경제제도는 경제역량을, 사회제도는 사회역량을, 교육제도는 교육역량을, 문화제도는 문화역량을, 노동제도는 노동역량을, 외교제도는 외교역량을, 군사제도는 군사역량을 만들어낸다. 이들 제도의 저변에는 국가체제를 떠받치고 있는 국가 이념이 깔려있다. 그렇기 때문에 제도의 틀 안에서 이루어지는 매 정책마다 이념이 직접적으로 언급되지는 않지만, 어떤 정책도 이념 성향을 띠지 않을 수 없게 된다. 이념, 체제, 제도와 정책은 일직선상에 놓인 하나의 유기체처럼 작동하며 이것은 국가 공동체 유지발전을 가능케 하는 불변의 원리다. 이는 국가체제가 한때의 유행을 따라 결정되거나 쉽게 바뀌질 수 없는 이유다. 주권자인 인민이 자신들이 원하는 이념과 체제선택을 위하여 혁명과 투쟁을 불사하고, 그들이 선택한 체제보존을 위하여 어떤 대가지불이나 희생도 마다하지 않는 것은 그들이 선택한 국가이념과 체제가 그들의 삶을 직접적으로 좌우하기 때문이다. 현재 우리 사회에서는 제도적 결함과 정책적 과오로 인한 모순을 마치 이념과 체제 모순인 것처럼 호도하면서 대안을 모색하자는 비현실적이고 급진적인 주장이 점증하는 현상이 벌어지고 있다. 이들 주장은 사회주의, 사민주의에서부터 독일모델, 프랑스모델, 북구모델에 이르기까지 다양하지만 하나의 공통점은 반 앵글로-아메리칸 모델anti Anglo-American model, 즉 반미정서에 바탕을 준 반자유시장 자본주의anti free-market capitalism 노선이다.

대한민국 체제는 자유주의에 입각한 '자유민주공화국' 체제이자 '자유시장 자본주의' 체제다. 우리 체제는 자생 체제가 아니라 미국의 주선으로 얻어진 수입 체제다. 따라서 국민 절대다수가 우리나라는 미국식 자유민주공화국 체제를 갖고 있다고 인식하지만, 대한민국의 자유민주공화국 체제 원산지를 말해보라고 하면 대답하기가 쉽지 않다. 정직하게 말하면 원산지가 불분명한 자유민주공화국 체제다. 형식상 삼권분립과 대통령중심제라는 면에서 미국식이라고 할 수 있지만 내각제 요소가 있어서 온전한 미국식이라 할 수 없다. 권력분립과 견제와 균형 원리 면에서 보면 미국식과는 거리가 멀다. 내각제 요소가 가미된 대통령중심제이므로 프랑스 이원정부 모델에 비교할 수 있을지 모르겠으나, 우리의 경우 내각은 주권자인 국민이 아니라 행정수반인 대통령에 대해서만 책임을 지는 체제이니까 비교대상이 될 수 없다.

물론 영국, 독일, 북구 국가체제와도 판이하다. 그렇다고 해서 한국적 자유민주공화국 체제라고 자부하기에는 너무나도 허술하다. 2008년 미국 금융위기와 유로존 금융위기로 인해 미국의 자유시장 자본주의 체제가 한계에 달했다는 비판을 받고 남부 유럽 국가들이 휘청거렸다. 그런 가운데 독일과 북구 국가들이 안정적 모습을 보이자 최근에는 영국인들조차 독일을 배우자는 말을 하게 되고, 프랑스 정부는 '2025년 프랑스'라는 주제에 매달리면서 새로운 활로를 모색하고 있다. 그러나 이것은 어디까지나 기존 체제를 바꾸자는 것이 아니라 글로벌 시대에 맞는 체제로 개선·보완하려는 차원이다. 2012년 7월 28일자 〈이코노미스트〉가 회계업무를 전문으로 하는 '언스트&영 기업인Ernst & Young's business people'이 조사한 것을 인용한 내용 가운데 앞으로 마이크로소프트나 구글 같은 기업이 출현할 수 있는 가능성이 가장 큰 곳으로 상하이, 샌프란시스코, 뭄바이를 지목했다. 반면 유럽 국가들은 1·2차 세계대전 후 다시는 과거와 같은 창의력과 생산력을 회복하지 못한 채 1914년 수준으로 후퇴하여 기업가 정신을 박대하는 문화에 빠져있음을 도표로 설명하고 있다.

1950~2007년 기간 중 500대 기업군 가운데 유럽은 12개 신생기업이, 미국은 52개가 생겨났다. 그러나 1975~2007년 기간 중 유럽은 단지 3대 기업만이 포함되었다는 것은 유럽 국가들의 역동성이 미국에 비해 그만큼 뒤떨어져 있음을 말한다. 독일이 안정적이고 견고한 경제환경을 유지하고 있으나 기업가정신에 대한 거부감은 다른 유럽 국가들과 다르지 않다. 독일정부가 과거 13년 동안 기업가 정신을 고

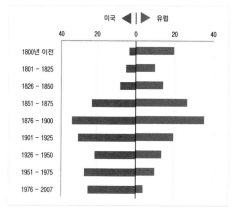

미국 ◀ | ▶ 유럽

〈이코노미스트〉 2012년 7월 28일

무하기 위한 노력을 했으나 성공을 거두지 못하였다. 독일, 프랑스, 이태리 기업인들이 미국, 캐나다, 브라질 기업인들보다 기업가 정신이 약하다는 것은 그들이 그들 국가에 대한 믿음이 약하다는 것을 의미하며, 이는 국가 체제와 제도와 정책의 차이에 기인한다. 국가체제의 대안을 주장하는 인사들이 거론하는 대상국가들은 스웨덴 식 복지국가, 독일 같은 내각제 국가, 프랑스 같은 이원정부 국가이다.

스웨덴 체제 모방은 용이할까? 스웨덴의 인구는 한국의 1/5 수준인 1천만 명 정도이고, 오래전부터 사회주의 영향을 받아온 사민주의 복지국가로서 내각제 체제를 유지하고 있다. 사민당은 1932년~1976년 사이 44년 동안 집권했고, 1982년~2006년 사이 24년 동안 21년을 집권하면서 기업을 옥죄는 정책을 시행한 국가다. 상생을 위한 정치사회적 타협을 당연시하고, 또 그런 타협이 용이한 정치환경은 한국 정치환경과 판이하다. 스웨덴은 경제성장과 분배정의를 동시에 달성하기 위해 1938년 좌익인 사민당과 우익인 농민당이 살트셰바덴

협약으로 성장과 분배의 균형을 실현시켰다. 1951년엔 노동조합총연맹이 나서서 대기업 노동자와 중소기업 노동자의 임금격차를 줄이는 '연대 임금제'를 결정함으로써 노노勞勞 갈등을 해소하였다. 스웨덴 복지는 공짜가 아니라 경제 여건이 어려우면 복지지출 축소에 동의하는 국민이 있기에 가능하다.

2013년 2월 2일자 〈이코노미스트〉가 특집으로 다룬 북구 국가들인 스웨덴, 노르웨이, 핀란드, 덴마크에 대한 심층분석 내용을 보면 더욱 모방이 쉽지 않을 것 같다. 현재 이들 국가들은 복지국가의 이상을 지키면서도 재정 건전성과 경제성장을 동시에 달성하려는 새로운 자본주의라고 할 수 있는 복지자본주의welfare capitalism를 모색하면서 좌에서 우로 방향을 선회하는 추세에 있다. 1870년~1970년 동안 이들 국가들은 세계에서 가장 빠른 속도로 성장했으나 정부규모가 방만해지고 지출이 늘어나며 능력을 초과하는 복지비용 지출로 깊은 침체의 늪에 빠지게 되었다. 1970년 세계에서 네 번째로 부유했던 스웨덴이 1993년에 14위로 추락하였다. 구 소련공산주의제국이 기세를 올리던 시기였던 1974년, 사민당 지도자였던 팔메Olof Palme 수상은 확신에 찬 어조로 말하였다.

신자본주의 시대는 종말을 향해 가고 있다. 사민주의는 미래 열쇠를 쥐고 있는 사회주의의 하나다.

The era of neo-capitalism is drawing to an end. It is some kind of socialism that is the key to the future.

공교롭게도 이 시기는 영국과 미국이 복지병와 큰 정부 병의 한계에 직면하여 새로운 탈출구를 찾아내고자 고심하던 때이고, 신자유주의가 현실적 해답으로 주목을 받기 시작하던 때이다. 팔메의 언급에서 알 수 있듯이 사민주의는 사회주의의 아류이고 반자본주의다. 사회주의 성격을 띤 북구 국가들은 국가가 개인의 삶을 관리하는 국가주의 체제이며, 국가주의는 개인의 이익보다 공동체 이익을 앞세우는 집단주의 전통 위에 서왔다. 그러나 1990년대 이후부터 이들 국가들은 개방경제 정책을 기조로 인간자본에 대한 공공투자를 중시하면서 점차로 국가보다 개인 중심사회로 선회하면서 사회주의와 자본주의 중간지대를 가고 있다. 이미 스웨덴과 핀란드 경제자유도는 미국에 근접하고 있고, 교육에서는 신자유주의 거두인 밀턴 프리드먼이 권고하는 바우처 제도를 가장 적극적으로 받아들이면서 글로벌화에 박차를 가한다.

스웨덴의 경우 1993년 정부지출에 의한 공공지출 비용이 GDP의 67%였으나 2013년엔 49%로 축소되었다. 감세 조치로 인해 소득세 최고세율은 1983년에 비해 27% 낮아진 57%였고, 법인세는 미국보다 낮은 22%다. 복지정책에서도 경쟁을 도입하고 민간기업에 공공영리병원 경영을 허용함으로써 환자의 선택권을 확대하였다. 사기업과 공기업의 경쟁을 조장하고 기업가 정신을 강조함으로써 글로벌 시장에서 경쟁력을 키워가고 있다. 스웨덴을 비롯한 국가들이 종전의 간섭주의와 온정주의paternalism 보다 선택과 경쟁을 우선하는 정책으로 선회하는 것은 불가피해 보이나, 여전히 사회주의적 전통 위에 서있는 큰 정부 국가임에는 틀림없다. OECD 국가들보다 두 배나 높은 수치로 노동력의 30%가 공공부문에 종사하지만, 국민이 다른 대안을 고려하지 않고 정부를 신뢰하는 결정적 원인은 정부의 투명성, 정직성, 민주성에 있다. 바로 이 부분이 우리나라는 갈 길이 아득하고 스웨덴 모델을 모방하기 불가능한 이유다. 정부와 국민이 실용적 정신으로 낡은 것을 새로운 것으로 바꿔가려는 결연한 의지가 뛰어나기 때문에 미래를 위한 개선과 개혁을 주저하지 않으며, 시대 흐름과 환경변화에 신속하게 적응해간다. 현재 스웨덴이 정부의 시장개입 확대보다 시장을 정부로 확대해가려는 추세에 있는 것은 글로벌화에 적응하기 위한 불가피한 선택이다.

우리가 스웨덴 국가체제를 본받을 수 있다고 생각하는 것은 크나큰 환상이며 착각이라는 것을 2013년 대한민국 정치 사회현실이 생생하게 보여주고 있음을 마음속 깊이 새겨두지 않으면 안 된다. 2013년 현실은 대한민국 정치사회 자화상 그 자체이다. 개원한 이래 3개월 동안 한 건의 법안도 처리하지 못한 것이 대한민국 국회이며, 상습적으로 헌법에 명시된 예산안 처리 시한을 11년째 넘긴 것이 여의도 국회다. 2012년 12월 100여만 표 차이로 당선한 대통령에 대해서 곁가지 수준의 과실을 구실 삼아 대선결과 승복을 머뭇거리는 것이 한국의 정치판이다. 부정직하고 부패한 집단이 정치, 관료 집단이며, 믿을 수 없는 것이 검찰 수사와 판사 판결이라고 믿고 있는 것이 절대다수의 국민이다. 우리가 정부의 투명성, 정직성, 민주성을 담보할 수 있는 선행조치 없이 국민복지와 국민행복을 책임지겠다는 정치인들의 달콤한 약속에 넘어가 정부규모와 정부지출 확대를 허용하게 되면 국민 개개인의 자유는 그만큼 줄어들게 되고, 개개인의 금전적 부담 역시 그만큼 늘어나게 되어 국가사회 전체가 깊은 침체의 늪으로 빠져드는 것은 시간문제가 될 것이다.

독일 국가체제가 대안이 될 수 있을까? 만약 우리가 다당제 하에서 내각제 권력구조를 선택하게 되면 고려의 대상이 될 수 있으나 이 경우에도 놓쳐서는 안 되는 점들이 있다. 우선 국민수준과 문화적 배경이 우리와 판이하고 정치사상적으로 사회주의, 사민주의 정서가 뿌리 깊다. 또 역사적으로도 우리와 비교할 수 없는 경험을 지닌 국가다. 독일의 자유민주주의 체제 역사는 짧다. 1차 세계대전 패배로 제국이 붕괴되고 성립된 바이마르공화국(1918~1933) 기간을 제외하면 우리와 다를 바 없다. 독일은 국제사회에서 체질적으로 카이저제국에 뿌리를 둔 국가주의와 공격적 민족주의 성향이 강한 정상급 수준의 관료주의 국가로 인식되며 러시아, 프랑스, 일본, 중국, 한국 역시 같은 범주 국가들로 분류되고 있다. 독일에서 자유주의는 1848년과 바이마르공화국에서 좌절당했고, 1949년 서독에서 다시 살아난 역사를 지니고 있다. 2차 세계대전 후 질서자유주의 체제 하에서 라인강 기적을 이루어낸 국가이긴 하지만 제국시대, 나치시대, 패전을 겪으면서 독일 고유의 국가체제를 구축하였기 때문에 겉모양 흉내는 낼 수 있을지 몰라도 내실 있는 세부 모방을 한다는 것은 불가능에 가깝다. 유럽 제1의 경제강국으로서 안정적이고 지속적인 발전을 하고 있으나 글로벌 경쟁시대를 선도하기에는 역동성 면에서 미국에 비해 훨씬 약한 체제다.

우리 주변에서 프랑스 이원정부二元政府 체제를 선호하는 정치인들과 지식인들을 적지 않게 볼 수 있으나, 이러한 현상은 깊이 있는 사고의 연구 부족에서 오는 결과다. 절대로 모방해서는 안 되는 국가체제 모델이다. 17세기 절대 왕정시대부터 자리 잡은 관료행정주의는 세계 최강이며, 사회주의 뿌리가 깊은 국가이고, 현 집권당은 사회당이다. 사회당은 전통적으로 국가주의, 집단주의, 큰 정부 노선을 추구한다. 과거 미테랑 정부는 36개 은행, 여러 개의 산업그룹을 국유화했으며 심지어 사기업에까지 낙하산 인사를 하였다. 프랑스 권력구조는 외견상 이원제이나 실질적으로는 대통령중심제라고 할 수 있다. 프랑스 체제는 프랑스 특유의 역사적 산물, 즉 프랑스 혁명 이래 정치사회적 흐름으로 자리잡아온 급진적 자유주의 영향이 크다. 1789년 대혁명 당시 1만7천여 명이 처형당했고 수만 명이 감옥으로 갔으나 혁명은 나폴레옹 독재로 막을 내렸다. 1830년, 1848년 대중혁명이 있었으며, 역사상 최초의 인민정부라 할 수 있는 1871년 파리코뮌Paris Commune이 생겨났으나 단명으로 끝났고, 제2공화국, 루이 나폴레옹의 제2 제정을 거쳐 독일에게 패전한 후 제3공화국으로서 재기하여 자유민주 공화국 체제 기틀을 잡은 국가다.

2차 세계대전 후 내각제 체제로 인한 정치적 혼란을 벗어나기 위하여 드골을 정점으로 하는 강력한 대통령 체제가 탄생하였다. 그러나 1968년 학생혁명으로 드골이 퇴진하게 된 것은 순수 내각제와 순수 대통령제의 실패를 의미하였으므로 국가 기능, 즉 중앙정부의 기능을 강화하면서도 다양한 정치집단의 이해관계를 합리적으로 관리할 수 있는 변형된 대통령 체제를 만들어낸 것이 현재의 이원정부 체제다. 프랑스 이원정부 체제는 사실상 혁명과 피의 역사와 관련되어 있다. 서구 자유주의 체제 국가들 중에서 가장 반앵글로·아메리칸적이고 반자유시장 자본주의적인 국가가 프랑스다. 프랑스 정치문화는 억제력을 약화시키면 모래알 같고 억제력을 강화시키면 폭력적 저항을 서슴지 않는다. 2012년 〈포린 어페어Foreign Affairs〉에 하버드대 프랑스 역사 교수인 히고네트Patrice Higornet가 기고한 "프랑스인들은 자치정부 능력이 없다. 수세기에 걸친 절대왕정으로 생겨난 나쁜 습관으로 부패했다"는 글에 과거 프랑스인들의 정치 성향이 잘 드러나 있다.

현재와 같은 이원정부 체제가 언제까지 지속할지는 누구도 예측하기 어렵다. 그렇지만 분명한 것은 현재의 체제가 또 다른 장벽에 봉착하게 되면 프랑스 정치문화 특성은 파괴적이고 인위적이며 단절적이므로 주저 없이 새로운 체제를 모색해낼 것이라는 점이다. 프랑스 국가체제는 지속성 면에서 취약점이 많다. 프랑스 국가체제에 미련을 갖는 인사들은 과거 장면 정권이 왜 단명으로 끝났는가를 진지하게 뒤돌아보아야 한다. 명분주의와 타협 부재 정치풍토 속에서 행정부 권력을 둘로 나눈다는 것은 국가를 파국으로 몰고 가는 가장 확실한 방법이다. 영국 국가체제 모방은 현실적으로 불가능하다. 입헌군주 공화국 체제와 관습법 전통은 다른 국가들의 모방을 어렵게 하는 결정적 이유다. 고려 대상에서 남는 것은 미국 국가체제다.

미국 국가체제를 모방함에 있어서 고려 요소는 세 가지다. 타 모델들의 비현실성, 미국 모델이 지닌 현실적 타당성과 근원적 타당성, 이들 타당성들이 지닌 역사성, 보편성, 생명력 여부를 살펴봐야 한다. 미국의 입헌자유 민주공화국 체제는 근대적 입헌자유 민주공화국 체제의 시조이자 지금도 작동하고 있는 인류사회 최장수 자유주의 국가체제다. 이는 영국의 영향과 고대로부터 전해 내려오는 서양 정치사상과 이론과 경험에서 추출해낸 결정체이며 혁명적 이상과 열정이 결합되어 만들어진 전대미문의 창작품이다. 미합중국은 1776년 7월 4일 독립선언에서 잉태되었으나 독립전쟁이 끝나고 현재의 헌법이 제정·발효된 것은 1787년 12월 17일이다. 그래서 일반적으로 미국 민주주의 역사를 220여 년으로 인식하게 되지만, 실제 역사는 17세기 초로 거슬러 올라가야 한다.

미국 국가체제 진가를 이해한다는 것은 미국 헌정체제 발전사를 이해하는 것인데, 이에 대한 최근의 자료가 이화여대 사학과 조지형 교수가 쓴 『미국 헌법의 탄생』(2012)에서 잘 정리되어 있다. 미국 자유민주주의 체제는 식민지 개척 첫날부터 시작되었다고 봐야 한다. 17세기 초 영국을 비롯한 유럽 국가들은 사기업에 인허장, 혹은 특허장을 줌으로써 해외 식민지 개척을 도모했다. 대표적인 예가 1600년 영국 왕 엘리자베스1세로부터 인허장을 받아 설립된 동인도회사다. 동인도회사는 인허장에 근거하여 영국 정부의 직접적 간섭에서 벗어나 상당한 민주적 자치권을 행사한 법인체로서 영국 왕이 임명한 총독 아래 부총독이 있었다. 총독을 보좌하는 24명으로 구성된 평의회는 영국의 추밀원과 비슷하여 행정, 입법, 사법 기능을 보유하고 있었으며, 회사 주주, 자유로운 신분의 주민들로 구성된 총회는 영국 법률에 합치되는 모든 합법적 법률, 규약 등을 다수 의견에 따라 제정할 수 있는 권한을 행사할 수 있었다. 동인도회사 인허장을 본 딴 것이 아메리카 식민지 인허장이었으며, 아메리카 식민지인으로 거주할지라도 영국에서 출생하여 거주하는 것과 동일한 자유와 권리를 누렸다. 인허장은 훗날 미국 성문헌법 발전에 큰 영향을 미쳤고, 식민지 건설의 법적 근거를 제공하고 식민지 사회에 기본질서를 부여하는 근거가 되었다. 아메리카 최초의 식민지 정착지인 버지니아의 제임스타운Jamestown을 위해 제임스1세가 1606년 사기업인 런던회사에 내려준 인허장 내용은 미국혁명기에 영국인으로서의 권리를 주장하게 되는 근거를 포함하고 있다.

아메리카의 모든 식민지와 플랜테이션Plantation에 거주하는 식민지인은 짐의 잉글랜드에서 출생하고 거주하는 이들처럼 우리의 다른 영토 안에서 그들은 모든 자유와 시민권, 면책특권을 소유하고 향유하여야 한다.

런던회사는 위와 같은 인허장에 근거하여 1619년 버지니아의 제임스타운에 민주적인 조직과 구조를 갖는 시민정체를 위해 미국 역사상 최초의 대의기관인 하원을 설치하고, 각 플랜테이션(대농원)에서는 모든 자유민이 선거로 2명의 대표를 선출하여 하원으로 보냈다. 이와 같은 민주적 제도는 1621년 런던회사 조례에 따라 문서화됨으로써 미국 식민지에 수여된 '최초의 성문헌법'이 되었다. 이 조례에서 버지니아Virginia 식민지 통치구조와 방식, 권력배분, 의회구성과 권한 등이 명시됨으로써 권력분립과 초기 형태의 양원제를 갖는 대의정부가 출현하였다. 총독은 일반의회 제정 법률을 통제하고 거부권을 행사할 수 있었고, 평의회는 런던회사가 임명하여 총독을 보좌하며 모든 정치권력을 실질적으로 행사하는 상원 기능을 수행하였다. 하원은 식민지 공공복리를 자문하고 법률을 제정하여 영국에 있는 런던회사의 비준을 받았다. 평의회는 연 4회 회기를 갖는 법원으로서의 기능을 발휘했다. 영국의 관습법common law이 식민지에 그대로 적용되었고, 배심재판에 대한 권리가 인정되었다. 총회general assembly는 총독, 평의회, 하원 합동으로 구성되었다. 이러한 식민지 통치구조상의 총독은 오늘날의 대통령, 평의회는 상원, 하원은 하원, 총회는 상하원 합동회의에 비교할 수 있다.

당시 영국 왕의 인허장에 근거하여 북아메리카에 건설된 영국 식민지는 국왕이 총독을 직접 임명하고 총독이 평의회 의원을 임명하는 왕령 식민지(버지니아, 뉴욕, 매사추세츠, 뉴저지, 노스캐롤라이나, 사우스캐롤라이나, 뉴햄프셔)와 국왕의 승인을 받아 자유 사기업인이 총독과 평의회 의원을 임명하는 기업령 식민지(로드아일랜드, 코네티컷), 그리고 왕이 개인에게 직접 인허장을 주어 통치하도록 하는 개인령 식민지 등 3가지 종류가 있었다. 이들 3개 종류의 식민지가 지닌 공통점은 총독, 평의회, 총회를 두었다는 점이다. 여기서 주목되는 점은 그러한 공통점에도 불구하고 출발부터 다양한 형태의 식민지 자치제도가 정착되면서 풀뿌리 민주주의가 생겨났고, 개인의 책임과 역할을 중시하는 정치문화가 형성되었다는 것이다. 1620년대 아메리카 식민지가 건설될 무렵 영국은 명예혁명 이전이었고, 프랑스는 절대왕정 시대 정점으로 향하고 있었다. 독일은 30년 종교전쟁에 휩싸여 있었던 때였고, 스웨덴은 1818년 현 왕조시대가 열리고 입헌군주체제 하에서 자유주의가 발전했으나 1975년 개헌 후에야 국왕이 상징적 존재가 되었다.

1637년 로드아일랜드 식민지가 프로비던스 협정Providence Agreement을 맺고 정치와 종교의 분리를 선언함으로써 세속적 정치공동체를 지향하게 된 것은 종교개혁 이후 확산되어 온 개인주의적 경향의 결과이다. 이 협정에서는 서약의 증인이자 보증인으로서 하느님의 이름이 등장하지 않았다. 이를 계기로 공동체 구성원 자격은 교회 신도라는 신분에서 재산보유자의 신분으로 바뀌게 되었고, 1691년 매사추세츠 식민지에서는 참정권 조건을 종교에서 재산으로 재조정하였다. 13개 아메리카 식민지가 하나로 단결하여 1776년 7월 4일 독립을 선언할 때까지 150여 년간 축적된 풀뿌리 민주주의 에너지가 인류 대의를 위한 이상과 결합되면서 대폭발을 일으킨 것이 미국 혁명이다.

인류 역사에서 가장 중요한 문서의 하나로 자리매김하고 있는 미국 독립선언서는 토마스 제퍼슨Thomas Jefferson이 기초 작업을 하고 벤자민 프랭클린Benjamin Franklin과 존 애덤스John Adams가 수정보완한 것으로 프랑스 혁명에도 직접적인 영향을 미쳤다. 1781년 10월 19일 요크타운 전투 승리로 독립전쟁이 마무리되고 1783년 파리조약에서 독립을 인정받게 되었으나, 독립선언 당시 13개 식민지 전체가 단일국가로 독립하는 것이 아니라 각 식민지가 각각의 주권국가로 독립을 선언한 것이었으므로 독립된 아메리카 식민지는 13개 독립국가가 연합한 형태가 되었다. 이것을 문서로 뒷받침한 것이 「연합헌장 *The Articles of Confederation and Perpetual Union*」이다. 이 헌장에 입각한 연합회의Congress

에서 결정되는 사항은 지극히 제한적이어서 신생 독립국가로서 응집된 역량을 발휘할 수가 없었다. 법률은 13개 주 중 9개주가 찬성해야하고 주요 사항은 만장일치로 결정하며 세금징수권, 통상규제권이 결여된 것이어서 취약하기 이를 데 없었다.

이러한 상황에서 1785년 8월 쉐이즈 반란Shay's Revolt이 발생하자 강력한 중앙정부 필요성이 절실해지면서 헌법 제정을 위한 필라델피아 대륙회의가 소집되고, 그 결과 인류 역사상 최초의 근대적 성문헌법이 탄생하고 이 헌법에 근거하여 입헌자유민주공화국 체제인 미합중국이 출범하였다. 당시 미국 건국지도자들의 독립정신, 혁명정신은 단순히 영국의 식민지배로부터 벗어나는 것에서 만족하는 것이 아니라 고대로부터 당대에 이르기까지 인간이 생각해낸 것들, 실제로 실험하고 경험한 것들을 참고로 하여 인류의 대의를 구현하고 영원한 생명력을 갖는 이상적 헌정체제를 신대륙에 건설하고자 염원했다. 그로 인해 미국인들은 과거 어떤 제국이나 국가들과도 비교될 수 없고 미래에도 더 이상 좋을 수 없는 국가 체제를 만들어냈다는 믿음과 자부심을 갖게 되었으며, 이것을 오늘날 미국인들이 자랑스러워하는 예외주의exceptionalism 현상이라고 한다.

현재의 미국 헌법은 1787년 5월 25일~9월 17일 사이에 완성되어 1787년 12월 7일 델라웨어주의 비준을 시작으로 하여 1788년 6월 21일 아홉 번째로 뉴햄프셔 비준으로 발효되었다. 그러나 로드아일랜드주가 최종적으로 비준한 것은 1790년이다. 이 헌법이 탄생하기 이전 독립선언을 전후하여 각 주마다 만들어진 독자적 헌법이 기초자료가 된 것은 물론이다. 1776년 1월 뉴햄프셔주공화국 헌법, 1776년 6월 버지니아주공화국 헌법, 1777년 4월 뉴욕주공화국 헌법, 1780년 6월 매사추세츠주공화국 헌법 등 총 17개의 헌법이 만들어졌으며, 이들 헌법이 지닌 공통점은 헌법제정 권력이 인민people에게 있음을 천명한 점이다. 미국 헌법 탄생은 인류 역사상 전환기적 발전을 가져온 역사적 사건이며, 진정한 의미에서 최초의 성문헌법이자 인민주권을 기본원칙으로 하는 공화국의 근본법이다.

헌법이 쓰이게 된 것은 1640년대 영국에서의 국가기본법에서 비롯되었으며, 오늘날의 헌법 개념으로 사용된 것은 18세기 미국에서의 일로 조지형 교수는 자신의 책에서 "18세기 미국 헌정주의의 위대한 혁신이자 업적"이라고 단언하고 있다. 헌법은 일반 법률의 위헌성 여부를 결정하는 근본법이 되고 정부권력의 한계를 규정하는 문서가 되므로 법규범 체계에서 최고이자 최상의 법으로 자리매김을 하게 되었다. 이러한 이유로 인해 일반법률 제정은 의회에서 이루어졌지만 헌법 제정은 의회가 아닌 별도 제헌회의에서 이루어졌다. 미국 역사상 최초로 제헌회의를 개최한 것은 1779년 매사추세츠주다. 현재 우리의 경우 개헌은 국회가 주도하도록 되어 있으나 이것은 원리상 모순이므로 만약 개헌을 하게 될 때 개헌을 위한 대표를 별도로 선출하여 개헌회의를 구성해야 한다. 필라델피아 제헌회의(1785년 5월~9월)는 조지 워싱턴을 의장으로 하는 55명으로 구성되었고 이들 대표는 각 주(국가)에서 2명씩 선출되었다. 표결방식은 주별 1표에 의한 다수결 원칙을 채택했다. 이들 중 42명이 연합회의 국가대표로 참가한 경력이 있고, 21명이 독립전쟁에 참가하였으며, 이들 중 8명은 독립선언서에 서명한 인사들이었다. 최고령자는 81세의 벤자민 프랭클린이었으며, 평균 연령은 43세였다.

당시 미국 헌법의 아버지로 불리는 제임스 매디슨James Madison은 36세, 대통령 권력구조에 결정적 역할을 했던 핑크니Charles Pinckney는 24세로서 최연소 위원이었으며, 제임스 윌슨James Wilson은 36세, 구버너 모리스Gouverneur Morris는 35세였다. 제헌회의는 "미국 헌법을 '연방 최고의 법'으로 만들고 강력한 중앙정부와 행정부를 두면서도 권력간 균형으로 독재의 출현을 방지하고 권력남용을 견제"하는 문서를 만들어 냈다. 미국 국민들이 건국 조상을 신격화하고 헌법을 신성시하다시피 하는 것은 헌법과 헌정체제를 창조해낸 건국 조상들이 "근대 헌정이론에 정통하고 놀라운 지적 능력 소유자들로서 정치적 이해관계를 넘어설 수 있는 용기와 지혜의 소유자들이자 구체적 사안을 원리원칙에 비추어 성찰할 수 있는 원칙주의자들이었고, 자유, 생명, 행복 추구가 보장되고 실현되는 정치체제를 염원했던 이상주의자들이었기에 양보와 타협을 주저하지 않았고, 각 주(국가)의 기득권을 서슴없이 포기"했기 때문이다. 맥이웨인Charles Howard McIlwain 같은 후대 학자들이 "헌법은 단순히 한 국가의 통치체제를 규정하는 법이라기보다 한 국가의 혼"이라고 규정한 것도 그러한 배경에서 나왔다.

미국 혁명과 헌법정신에 영향을 준 사상과 이론을 간단하게 제시할 수는 없으나 큰 흐름의 줄기는 자유주의liberalism와 공화주의republicanism라고 할 수 있다. 이러한 흐름 외에도 고대 공화국들의 이상, 혼합정부와 균형정부의 이상, 자연법과 자연권 사상, 권력분립 원칙과 영국의 헌정 전통과 아메리카 식민지 자치 전통에 더하여 미국 혁명 당시 지적 분위기가 깊숙하게 작용하였기 때문에 독일, 프랑스 헌정 체제와는 비교할 수 없는 역사적 뿌리가 있고 원초적 보편성과 생명력을 지니고 있다. 미국 헌법의 사상적 바탕에 대한 이해는 보편성과 생명력에 대한 믿음 여부를 가늠하는 것이어서 매우 중요하다. 미국 헌법이 내포하고 있는 핵심적 사상은 근본법, 인민주권, 혼합정체, 권력분립, 권력간 견제와 균형이다. 대한민국 헌법이 통치용이라면 미국 헌법은 인민주권 사상에 근거하여 개인의 자유와 권리를 보장하기 위한 제한적 헌법이다. 주권자인 인민이 정부에 권한을 부여하면서도 그 권한이 주권자인 인민의 자유와 권리를 침해하지 못하도록 최소화하고, 권력남용과 침해를 방지하기 위하여 정부에 부여하는 권한을 명시적으로 열거하였다. 그래서 헌법에 명시되지 않은 권력은 불법적이며 위헌적인 것이 되도록 하였다.

예컨대 연방정부에 의한 소득세 징수 권한이 헌법에 명시되지 않았기 때문에 소득세 징수는 불가능하였다. 1862년 남북전쟁 당시 전쟁비용 조달 목적으로 개인에게 소득 정도에 따라 누진되는 소득세 부과를 법률로 결정, 실시했다. 그러나 내전 종식 후 폐기되었고 1894년 경제난으로 연방정부가 소득세를 부활시켰으나 대법원이 위헌 판결을 내리자 헌법에 명시된 소득세 징수 권한을 부여하기 위해 1909년 수정조항에 제16조를 발의하여 1913년 비준으로 비로소 연방정부가 개인소득에 대한 세금을 징수할 수 있는 권한을 부여받게 된다. 연방정부에 위임되지 않은 권력은 각 주, 각 개인에게 유보되어 있으므로 연방정부가 유보 권력reserved power을 행사할 수 있으려면 헌법을 수정하여 각 주나 국민으로부터 위임을 받아야만 한다. 미국 헌법은 영국의 '근본법' 사상에 기원을 두고 있다. 영국 근본법은 1215년의 마그나 카르타 대헌장Magna Carta에서 시작되어 1628년 찰스1세 동의에 의한 권리청원Petition of Right, 1679년 찰스2세 동의에 의한 인신보호법Habeas Corpus, 1689년 윌리엄3세와 메리2세의 동의에 의한 권리장전Bill of Rights의 의회에 대한 국왕의 양보를 담은 여러 선언과 법률을 통해서 나타난 것이다. 영국의 경우 불문관습법 형태를 띠고 있으며 관습, 즉 판례가 중시되었다. 18세기 유명한 법학자였던 블랙스톤William Blackstone은 근본법을 '모든 영국인의 절대적 권리'라고 규정하였다. 이 이론의 근거는 13세기 브랙턴Henry de Bracton이 제공한 것인데, 브랙턴은 로마법 영향을 받아 영국의 관습법을 정리하면서 근본법 초석을 다졌다. 관습과 이성에 뿌리를 둔 근본법은 고차법high law으로서 일반법보다 상위법이다.

국왕 위에는 사람이 없다. 그러나 국왕도 하느님과 법 아래에 있는데 법이 그를 국왕으로 만들기 때문이다.

18세기 의회주의자였던 쿡Sir. Edward Coke은 최고의 권위를 갖는 기본법은 불문법으로서 자연법, 신법, 관습법의 혼합물로서 실정법과는 별개로 높은 차원의 고차법으로 실정법인 의회제정법에 우선한다고 하였다. 국가의 근본법이 헌법으로 표현된 것은 1688년 명예혁명 당시 제임스2세가 "왕국의 헌법constitution을 전복하려 한다"는 비난을 한 것이 계기가 되었다. 그가 말한 헌법은 근본법을 의미했다. 영국의 근본법 사상은 18세기 미국 헌정주의를 뒷받침하는 성문헌법으로 발전하였다. 미국 헌법이 지닌 중심사상은 인민주권popular sovereignty 사상이다. 이 사상을 이론화하여 처음으로 제시한 인물은 1603년 독일 법학자이자 칼뱅파 정치학자였던 알투시우스Johannes Althusius였으나 현실 정치에서 실제적으로 구현한 것은 미국이다. 알투시우스가 반反군주권을 개진하고 사회계약설을 주장한데서 비롯된 인민주권 사상은 중세 로마 법학자, 신학자들이 선구자들이다. 중세 로마 법학자였던 마르실리우스Marsilius는 교황 주권을 거부하고 인민주권론을 주장하였다. 그는 인민의 의사와 동의를 모든 정부가 지녀야 할 합법성의 원천으로 파악하고 인민을 입법권자legislator humanus로 인정함으로써 법률 아래 존재하는 정부라는 개념을 제시했다. 위대한 스콜라 철학자였던 토마스 아퀴나스Thomas Aquinas는 신중심의 철학사상에 인간의 상대적 자율성을 인정하였다.

신은 정부를 선한 것으로 결정하고 축복하며 인간에게 주지만 구체적 정부 형태를 결정하는 것은 인간에게 위임하였다.

알투시우스가 생명을 양도할 수 없는 것처럼 주권 역시 양도할 수 없는 것이며, 정부 형태를 결정하는 것은 신이 아니라 인민이며, 인민주권은 양도할 수 없는, 신성불가침한 인민의 권리라고 주장한 사상은 북아메리카 필라델피아 제헌회의에서 연방주의를 옹호하는 이론으로 작용하였다. 홉스Thomas Hobbes가 『레비아탄』(1651)에서 원초적 인민주권을 인정했으나 인민의 저항권을 부정했으며, 로크John Locke는 『정부론』에서 인민의 동의를 강조하면서도 의회우월주의를 강조함으로써 입법부가 현실적인 주권자가 되었다. 그러나 근대적 의미에서 인민주권 개념이 완전하게 정립된 것은 스위스 법학자 바텔Emerich de Vattel이 『국제법』(1758)에서 내린 정의다. 그는 주권을 '원래, 그리고 본질적으로 사회공동체에 속한 공적 권위'로 규정하고 '각 개인은 주권에 복종하고 자신의 자연권을 양도했을' 뿐 아니라 '사회공동체가 항상 그 손안에 이 주권적 권위를 보유'하지 않기 때문에 '의회와 개인에게 위임'하며 그를 주권자로 만든다고 하였다. 이때 주권적 권위란 인민으로부터 양도받은 것이 아니라 위임된 것을 뜻한다.

미국 헌정주의에서 정부 형태 결정에 영향을 준 것은 혼합정체론 사상이다. 미국혁명은 영국의 식민지배를 위한 제도와 체제의 모순에서 비롯된 것이었으므로 건국지도자들이 권력 간 상호견제장치를 통하여 어떠한 환경 하에서도 독재 현상의 출현이 불가능한 정부형태를 모색해내고자 하는 과정에서 받아들인 것이 혼합정체론 사상이다. 혼합정체론 개념을 역사상 처음으로 정리해낸 사람은 고대 희랍의 철학자 아리스토텔레스다. 그는 인간이 지선至善(the best)의 정체를 고안해낸다는 것은 어려우므로 현실적으로 가능한 정체들의 장점을 혼합한 정체가 가장 바람직하다고 하였다. 그는 1인 지배 하의 군주정君主政(monarchy)이 타락하면 참주정僭主政(despotism)이 되고, 소수지배의 귀족정貴族政(aristocracy)이 타락하면 과두정寡頭政(oligarchy)이 되고, 다수지배의 민주정民主政(democracy)이 타락하면 폭민정暴民政(mobocracy)이 되므로 이들 세 가지 정체를 잘 조화하면 바람직한 대안이 가능할 것이라고 믿었다.

고대 그리스 역사학자였던 폴리비오스Polybios는 로마공화국 체제를 이상적 혼합정체로 인식하였다. 집정관은 왕정, 원로원은 귀족정, 민회民會는 민주정 성격을 띠고 이들 삼자가 협조와 대립, 균형과 조화를 이루면서 외부 위협에 대해서는 상호 지원, 협동, 단결로 대처하고 내부적 나태와 부패에 대해서는 스스로 악행을 치유하는 기능을 발휘하는 권력분점을 통한 혼합정체로 파악하였다. 토마스 아퀴나스, 칼뱅 역시 전제정치를 비판하고 혼합정체를 바람직한 대안으로 주장했다. 근본법의 제한을 받아야 하는 왕정, 세습귀족에 의한 상원, 인민이 선출한 하원 구조 하에서 의회가 국왕에 대한 거부권을 행사함으로써 견제 기능을 발휘하는 영국 정체 역시 같은 맥락에서 이해되었다.

고대의 혼합 정체론을 근대적 개념에 가깝게 발전시킨 마키아벨리는 한 가지 정체를 선택하지 말고 세 가지(군주정, 귀족정, 민주정) 정체의 장점을 취하여 가장 안정되고 굳건한 체제를 채택함으로써 사회계급 간 갈등을 승화시킬 수 있는 역동적 권력 분점 체제가 되게 하여야 한다고 주장하였다. 폴리비오스처럼 용병을 싫어한 그는 공공선을 위해 헌신하는 독립적이고 자유로운 정신을 지닌 시민군이 혼합 정체의 근간이 되어 공화국의 수호자가 될 때 개인의 자유와 국가의 존립이 보장될 수 있다고 믿었다. 인민이 공공선에 기여하는 시민군으로 참여하기 위해서는 재산권 보장, 균등한 토지 소유, 개방적 관직 충원과 부정부패 방지를 위한 제도적 장치가 필요하다고 역설하였다. 특히 그가 제시한 이론 중에서 계급 간 갈등이 가져다주는 순기능에 대한 견해는 현대 자본주의 사회 작동원리와 부합하는 탁월한 견해다.

그는 사회계급성과 계급 간 갈등의 필연성을 인정하면서 로마제국이 지중해 세계를 제패할 수 있었던 이유는 원로원과 인민 간의 끊임없는 반목과 대립, 불화 속에서도 부단한 타협과 개혁을 통하여 상호 공존을 모색하는 체제였기 때문이라고 하였다. 그는 '귀족과 평민 사이의 불화를 비난'하기보다 '로마에 자유를 가져오게 한 최고 원인'으로 간주할 것을 주장하면서 로마공화국이 무너진 것은 선을 위한다는 명목으로 질서 파괴 관례를 남겼기 때문이라고 하였다. 따라서 한 계급에 의한 권력독점을 불가능하게 하고, 권력분점과 상호견제를 가능케 하는 혼합정부 체제 하에서 "모든 시민이 정치권력으로 나아갈 수 있도록 균등한 기회를 보장하는 공정한 선거 제도"를 실시할 것을 강조했다.

마키아벨리가 폴리비오스 사상의 주요 전달자라면 이것을 영국의 정치적, 법적 언어로 해석하고 아메리카 식민지에 지대한 영향을 끼친 사람은 해링턴James Harrington이다. 자신이 쓴 『오세아나 Oceana』에서 혼합정체의 공화국을 찬양한 그는 폴리비오스가 혼합정체의 기원을 고대 스파르타에서 찾았던 것과는 달리 고대 이스라엘공화국에서 찾았다. 고대 이스라엘은 "원로원, 행정관, 인민으로 구성된 혼합체였으며, 인민은 신의 뜻에 따른 균분토지법으로 경제적 기반을 갖추었고 비밀투표로 관직에 진출"할 수 있었다. 그가 경제, 특히 토지와 권력

관계를 중시한 것은 모든 시민의 정치적, 경제적 기반이 토지에 있었던 농업중심사회였기 때문이다. 『오세아나』에서 법률을 제안하는 상원, 법률을 결정하는 하원, 법률을 집행하는 행정관으로 구성된 오세아나공화국은 권력분립과 상호견제 체제 하에서 권력남용과 부패를 방지하고 법이 지배하는 제국이 되어야 한다고 하였다.

혼합정체가 건재하려면 권력분립에 의한 견제와 균형checks and balances 메커니즘이 효과적으로 작동되어야 한다는 권력분립론은 미 헌법이 담고 있는 기본 골격이다. 혼합정체론이 고대로부터 전해져 내려온 반면 권력분립론은 17세기에 와서 본격적으로 다루어졌다. 권력분립론을 본격적으로 다룬 사람은 영국의 존 로크다. 그는 『정부론』에서 정부권력의 기능을 사법권을 포함한 입법권, 집행권, 주로 외교권과 관련된 연합권federative power으로 구분했다. 법률을 제정·집행하는 권력이 하나가 되면 사익을 위한 권력남용이 불가피하게 될 것이므로 입법부가 최대의 권력을 행사한다하더라도 입법부 의원은 입법 과업이 끝나면 자신이 만든 법률에 복종하는 시민으로 돌아가 행정권이 집행하는 법률에 따라야 하는, 입법권과 집행권이 분리되어야 한다는 원칙을 세웠다.

로크보다 더욱 구체적인 권력분립론을 주장한 사람이 몽테스키외 Baron de Montesquieu다. 그는 『법의 정신 *The Spirit of Law*』에서 제도적으로 입법권, 집행권, 사법권으로 구분, 분리할 것을 제시하면서 입법권과 집행권이 결합되면 전제적인 법률을 만들어 폭정으로 내닫기 쉽고, 사법권이 입법권, 집행권과 결합되면 시민의 생명과 자유가 박탈될 수 있음을 경고하였다. 그는 입법부를 상원, 하원으로 구분할 것을 주장했으나 모든 인민에게 동등한 투표권 행사를 하는 것을 무익하다고 생각했으며, 입법부와 사법부가 상시로 존재할 필요가 없다고 하였다.

그러나 입법부가 집행권을 통제할 권한을 갖지 않더라도 집행을 감사할 권한과 기능을 갖추어야 한다는 권력 간의 견제와 균형 원리를 제시하였다. 그의 권력분립론은 권력 간 견제와 균형 장치가 뒷받침될 때 체제안정이 지속될 수 있음을 전제로 하고 있다. 그는 또 권력의 견제와 균형은 입법권, 집행권, 사법권 사이에서만 중요한 것이 아니라 입법부의 상원과 하원 간에도 적용되어야 한다고 주장했으며, 권력간 견제와 균형 원리가 작용하는 연방적 공화제를 권고하면서 공화국은 작은 규모일수록 좋은 것이라고 하였다.

이상과 같은 몽테스키외의 연방공화국 이론은 제임스 매디슨에게 광역공화국 체제를 옹호케 하는 직접적인 영향을 미쳤다. 미국 헌법이 인류 역사상 처음으로 인민주권 사상을 성문화함으로써 새로운 정치적 지평을 전개하게 되지만, 이 과정에서 건국지도자들의 모방적 창조성이 두드러지게 드러나고 있는 부분이 권력분립에 의한 혼합정체와 견제와 균형 메커니즘이다. 미국 혁명 당시 건국지도자들은 독재 출현 가능성에 대해서 공포심에 가까운 체질적 거부감을 지니고 있었으므로 자신들이 생각해낼 수 있는 모든 지혜를 총동원하게 된다. 그들은 행정부 수장인 대통령이 자칫 잘못하면 선출된 군주로 돌변할 수 있다고 우려했기 때문이다. 심지어 식민지 시대 총독을 보좌하던 평의회 기능과 유사한 국무회의 제도를 두지 않기로 한 것은 대통령이 자신의 나쁜 정책에 동의하도록 국무회의를 설득할 것이고, 국무회의는 그의 정책 제안을 묵인해줄 것이라고 판단했기 때문이며, 주요인사 임명 동의를 국무회의가 아닌 상원에서 하도록 하였다.

미국 헌정체제의 생명력은 바로 위와 같은 권력분립 원칙과 권력간 견제와 균형 원리에서 발휘된다. 독립선언 직후 출범한 연합체제와 그 후 대치된 연방체제는 영국 식민시대에 뿌리를 두고 있으며 식민지에서의 연합체적 원형은 '뉴잉글랜드 연합New England Confederation'이다. 1637년 뉴잉글랜드 남부 인디언인 피쿼트족Pequot과 전쟁이 벌어졌을 때 공동으로 대처하기 위하여 1643년 뉴잉글랜드의 매사추세츠, 플리머스Plymouth, 코네티컷, 뉴헤이븐New Haven이 연합체를 구성하고 공동방어, 도망 노예 반송 등을 협력하였으며 1684년까지 41년간 지속되었다. 식민지 시대 최초의 연방체제 원형은 1754년 6월 작성된「올버니 연방구상 Albany Plan of Union」으로 미 헌법 연방주의에 실질적인 공헌을 하게 된다. 프랑스와 인디언 간 동맹세력과 영국 식민지 간의 전쟁(1754~1763)이 발발하자 중립적인 인디언 이로쿼이 연맹(모호크족 Mohawk, 세네카족Seneca, 오네이다족Oneida, 투스카로라족Tuscarora이 12세기경 공동방어 목적으로 만든 부족 동맹)과 협력체제 구축을 위해 식민지 대표단이 올버니Albany에서 회동하여 합의한 안이었다. 이 안은 영국의 거부로 무산되었지만 착상은 미 헌법에서 생명력을 얻게 된다. 이 당시 벤자민 프랭클린은 펜실베이니아 식민지 대표로 참가하였다. 대한민국 헌법이 외견상 백과사전 수준이라면 미국 헌법은 팸플릿 수준이라고 할 만큼 지극히 단순하여 7개 조, 10개 수정 조항으로 탄생하여 지금은 17개 수정조항이 더 추가된 것 외 몸통은 변함이 없다.

영미 이데올로기로 일컬어지는 자유주의가 북아메리카 신대륙에서 1787년 입헌자유민주공화국 체제인 미합중국이라는 기린아로 출범한 이래 근대 역사상 최장수를 누리면서 온갖 장애요소들을 극복할 수 있었던 원천적 힘은 미국의 자유주의 국가이념과 자유주의 국가체제에서 나온다. 미국인들은 내전에서 합중국 헌정체제를 보존했으며 1차 세계대전에 참전하여 독일제국과 오토만제국 붕괴를 도왔다. 2차 세계대전에서는 독일의 나치즘, 이태리의 파시즘, 일본의 군국주의 세력을 궤멸시켰고, 냉전을 통하여 공산주의 소련제국을 붕괴시키는

데 결정적 역할을 할 수 있었다. 1920년대 대공황과 1987년 월가 대폭락, 2008년 월가 금융위기를 거뜬히 극복할 수 있었던 것도 그들의 국가이념과 국가체제가 지닌 힘에 기인하는 것이다. 사민주의가 일부 지역에서 건재 가능하지만 글로벌 차원에서 자유주의를 추월한다는 것은 어렵다. 반미 정서가 고조될수록 미국의 자유주의 체제는 글로벌화 바람을 타고 보편화되어 가는 추세다. 영어 사용 인구가 날로 증가하고 자유교역은 날로 확대되어 간다. 미국의 입헌자유민주공화국 체제의 우월성을 이론적으로 옹호한 인물은 존 애덤스John Adams이고, 정치 현실에서 사법부의 독립성을 확고히 함으로써 삼권분립 확립에 지대한 공헌을 한 인물은 존 마셜John Marshall이다. 또 미합중국 헌정체제를 내전 위기에서 구한 인물은 에이브러햄 링컨Abraham Lincoln이다.

애덤스는 건국지도자의 한 사람으로서 연방주의자였으며, 매사추세츠주 상원의원 출신이자 제2대 대통령을 지냈다. 그는 영국의 에드먼드 버크가 글을 발표하기 3년 전에 절대 자유와 평등의 위험성을 경고했으며 주 상원의원 시절 권력분립 및 견제와 균형 원리에 입각하여 단원제를 반대하고 양원제를 주장하고 재산권을 중요시했다. 그는 유명한『헌법 옹호 *Defense of the Constitution*』(1787)를 저술하여 미국민들이 미국 헌법과 헌법에 근거한 공화국에 대한 무한한 확신과 자부심을 갖게 하는데 크게 기여한 지도자 중 한 사람이다. 그는 자연권에 입각한 추상적인 자유를 앞세웠던 토마스 페인이나 프랑스 혁명 당시 쟈코뱅들과는 달리 버크와 애덤 스미스처럼 관례적이고 규범적인 자유를 신봉했던 보수적 자유주의자였다. 그는 책에서 미합중국 헌법과 국가체제 창조를 위해 건국지도자들이 탐색하고 연구했던 지적 작업 범위를 상술했다.『보수적 자유주의자의 사상』에서 소개한 내용을 보면 놀라울 만큼 광범위하다. 그들이 탐색 연구했던 대상들은 12개 고대 민주공화국democratic republics, 3개 귀족공화국aristocratic republics, 3개 고대 군주공화국monarchial republics이며, 고대 민주공화국들 중에는 산마리노San Marino, 7개 스위스 칸톤Seven Separate Cantones, 네덜란드를 비롯한 저지대 국가들the united Provinces of the Low Countries, 귀족공화국들 중에는 루카Lucca, 제노아Genoa, 베니스Venice, 3개 군주공화국은 영국, 폴란드, 노이카텔Neuchatel 등이 포함되어 있다.

정부 체제와 관련해서는 마키아벨리, 몽테스키외, 해링턴의 이론과 희랍 역사가 폴리비오스를 비롯하여 할리카나수스의 디오니시우스Dionysius of Halicarnassus 등을 참고하였으며, 많은 철학자들의 정치사상을 섭렵하였다. 특히 네덜란드 체제를 많이 모방하였다. 추상적 자유를 앞세우는 급진적 자유주의가 프랑스 혁명 실패의 원인이라고 믿었던 그는 규범적 자유를 앞세우는 보수적 자유주의자로서 추상적 자유와 평등을 기본으로 하는 순수민주주의가 민주주의를 파괴하게 되고, 절대적 평등은 결국에 가서 절대권력을 필요로 하게 된다고 경고하면서 민주주의 남용만큼 파괴적인 것은 없다고 경고했다. 그는 "균형이 없는 정부 하에서 참된 법은 존재할 수 없으며 법이 없으면 자유도 없다"면서 권력분립에 따른 견제와 균형원리가 가장 중요하다고 주장하였다.

문서상 아무리 훌륭한 체제라 할지라도 책임 있는 자들의 사심 없고 원칙에 충실한 집행이 수반되지 않으면 성공적인 결과를 초래할 수 없다. 존 마셜은 존 애덤스 대통령에 의해 임명된 버지니아 출신 최장수 연방대법원장(1801~1835)으로서 마버리 대 매디슨 사건 처리를 통하여 사법심사권을 천명하고, 사법부의 법률위헌심사권한을 기정사실화 함으로써 권력분립 하에서의 견제와 균형 메커니즘을 정착시켰다.

링컨은 16대 대통령으로서 남군의 반란으로 야기된 내전을 승리로 이끈 미 헌정체제와 자유의 수호자였으며, 노예를 해방시킴으로써 독립선언서에 명시된 "모든 인간은 동등하게 태어났다"는 인류의 대의를 실현하였다. 21세기 미국의 자유주의 헌정체제 원리는 천하대세가 되었다. 권력구조나 국가운영방식은 국가마다 다르지만 인간의 자유와 권리를 보호하기위한 국가체제 원리로서 삼권분립, 견제와 균형, 법치주의, 재산권 보호를 철칙으로 하고 어떠한 도그마도 허용치 않는 다원주의는 날로 보편화되어 가고 있다. 미국 자유주의 체제는 내적 갈등을 극복해내고 외적 경쟁을 이겨내며 외부 위협을 물리쳐낸 원동력 그 자체이며, 번영을 향한 창조력의 원천이다.

대한민국이 해방과 더불어 미국의 주선으로 미국식 입헌자유 민주공화국 체제로 출발한 것은 행운이자 축복이었음을 자축해도 지나친 것은 아니다. 선진국들이 1~2백년 걸려 쟁취한 자유·보통·비밀 선거제도를 피를 흘리지 않고 시행할 수 있었던 것만 해도 증명이 되고도 남는다. 우리가 분단 상황 아래서 이 미묘한 시기에 과거 성취를 내다버리고 낯선 국가체제에 유혹을 받고 있다는 것은 어리석고 위험한 것이며, 시대 흐름과 역사 발전에 역행하는 것이다. 대통령제 권력구조를 유지하는 한 우리는 미숙하고 불완전한 지금의 미국식(?) 입헌자유 민주공화국체제를 원형에 가깝도록 개선보완해서 완전한 우리 것으로 만들어가는 것이 가장 합리적이고 현실적인 길임을 확신할 필요가 있다. 새로운 대안을 모색하고자 하는 자들은 도피자들이며 파괴자들이다. 우리는 정치의식 면에서 미국체제 모델에 익숙해 있고 제도, 문화, 교육면에서도 다른 어떤 아시아 국가보다 미국과 깊이 연결되어 있다. 이것은 앞날의 발전에 장애요소가 아니라 자산이 된다고 믿는 것이 실질적 사고다.

그렇다고 우리가 미국에 예속되거나 종속되는 것은 아니다. 문명과 문화란 국경과 민족, 종족을 초월하는 것이 오늘날의 현상이며 우리가 누리고 있는 것은 우리의 것이므로 예속감이나 종속감을 가져야 할 이유도 없다. 대한민국은 국제사회에서 성공한 민주국가로 평가되고 있으나 내실 면에서 선거 민주주의 수준을 벗어나지 못하고 있다. 〈이코노미스트〉 계열사인 EIU(The Economist Intelligence Unit)가 2011년 세계 167개 국가를 대상으로 완전한 민주주의, 결함이 있는 민주주의, 혼합 민주주의, 권위주의로 구분 조사한 내용 중 한국은 완전한 민주국가 25개 중 22위다. EIU가 규정한 완전 민주주의란 "기본적인 정치자유와 시민의 권리가 보장되고, 민주주의를 선호하는 정치문화가 있어야 하며, 정부 기능이 만족스럽고, 언론이 독립적이고 다양하며, 견제와 균형이 작동하는 제도가 있고, 사법부는 독립적이며 판결은 집행됨"을 말한다.

❘ 완전 민주국가 25개국 순위

1. 노르웨이	14. 독일
2. 아이슬란드	15. 말타
3. 덴마크	16. 체코
4. 스웨덴	17. 우루과이
5. 뉴질랜드	18. 영국
6. 호주	19. 미국
7. 스위스	20. 코스타리카
8. 캐나다	21. 일본
9. 핀란드	**22. 한국**
10. 네덜란드	23. 벨기에
11. 룩셈부르크	24. 모리셔스
12. 아일랜드	25. 스페인
13. 오스트리아	

우리의 국가체제와 운영제도를 완전하게 손질하는 것은 의지만 있으면 언제나 가능하다. 60년 이상 시행착오를 반복해온 경험이 있고 모순을 알고 있기 때문이다. 이와 관련하여 우리에게 가장 시급한 것은 삼권분립과 삼권 간의 견제와 균형원리에 맞게 미국 것을 모방하려면 제왕적 행정부 중심으로 되어 있는 현행 헌법을 개정하는 일이다. 국민 성향 역시 국가주의 성격이 짙은 독일이나 프랑스보다 개인주의 성향이 짙은 미국에 가깝다. 이것은 조선조 500년에 걸친 가부장적 문화와 건국 이후 장기간에 걸친 독재, 권위주의 정치경험에 대한 반작용의 결과이자 교역국가로의 발전이 진행될수록 개방적이고 개인주의 성향이 깊어질 수밖에 없는 환경 때문이다. 이러한 개방적이고 개인주의적 성향은 국가역할이 줄어들고 개인과 기업의 역할이 늘어나는 글로벌화와도 밀접하게 맞물려 더욱 심화될 것이다.

국가체제에 관한 한 우리의 당면과업은 새로운 대안을 모색하는 데 있는 것이 아니라 불완전한 현재의 것을 완전한 것으로 손질하여 미국 국가체제 이상 가는 대한민국의 입헌 자유민주공화국 체제를 만들어내는 것이다. 이것은 한반도 통일과 글로벌 시대 일류국가로의 도약을 위한 절대적 필요조건이자 시대적 요청이다. 민주과잉, 자유과잉, 평등과잉에 취해 대안모색에 몰두하는 정치인, 지식인들이 국민을 위하고 시대를 책임질 것처럼 외치지만 이들이야말로 국민을 혼란에 빠뜨리고 시대를 역행하려는 무책임한 선동가들이거나 위험한 야심가들이다. 대통령 권력구조를 유지하려면 미국 국가체제에 대한 철저한 연구와 학습을 통해 완전한 우리 것으로 만들어가야 한다. 이러한 노력은 태평양시대를 열어가기 위한 미래 청사진과도 일치한다. 지금이야말로 국가체제 원산지를 분명히 하고 창조적 모방을 서둘러야 할 시기다. 중국대륙 주변국가로 살아왔던 시대는 1910년 종말을 고했고, 지금은 태평양시대 해양국가로 발전하고 있다. 우리는 결코 과거처럼 중국대륙 주변국가로 뒤돌아갈 수 없다. 일당독재체제인 중국이 강력해질수록 경계수위를 높이면서 태평양시대 해양국가로서 입지를 강화시켜 나가야만 한다.

태평양시대를 열어간다는 것은 자유주의체제와 보편적 가치를 공유하는 미국, 일본과 더불어 가는 파트너 국가가 되는 것을 의미한다. 과거사를 두고 시비를 한다면 중국에 대해서 할 말이 더 많은 것이 사실이다. 다만 일본은 가까운 과거사와 관계가 있고 중국은 먼 과거사와 관계가 있을 뿐이다. 과거를 벗어나지 않으면 성숙한 선진국이 되기는 어렵다. 중국이 언젠가 자유주의 체제로 전환하게 되면 중국 역시 동반자로 합류하게 되어 진정한 태평양시대가 도래 할 것이라는 믿음을 견지할 때 행운의 여신이 우리들에게 다가올 것이다. 우리는 역사를 피해갈 수 없다.

▶▷ 국가 지도자의 선택

국가 지도자의 선택은 언제나 중요하다. 군주시대는 군주의 역량에 따라 흥망이 좌우되었고 영웅시대는 영웅의 능력에 따라 성패가 좌우되었다. 그렇기 때문에 최고 지도자 한 사람이 결정적으로 중요하다고 생각되었지만, 민주국가에서는 개인보다 인민의 역량이 더 중요하다고 생각하는 것이 일반 상식이다. 그러나 진실은 민주국가 지도자의 역량이 훨씬 중요하다. 군주나 영웅은 독단적 사고와 행동이 가능하지만, 민주국가 지도자는 감시와 견제 하에서 지역과 개인에 따라

무수한 이해관계로 얽혀 있는 인민의 동의를 받아 국가를 한 방향으로 안내해가야 하기 때문이다. 특히 전쟁, 경제적 위기, 사회적 불안에 직면했을 때 민주국가 지도자의 역량과 능력은 한없이 중요해진다. 우리 앞에는 분단국가로서 통일과업이 놓여 있고 내부적으로 심각한 이념갈등과 투쟁이 진행되고 있다. 정치·경제·사회적 모순으로 인해 지역 간, 계층 간 갈등이 날로 증폭해가는 여전히 어리고 미숙한 자유민주 국가이다. 주변 강대국 이해관계가 첨예하게 충돌하고 있는 엄중한 군사안보 환경에 처해있는 국가이므로 국가 지도자의 중요성은 말할 수 없이 크다.

2017년 대통령 선거 때가 되면 21세기도 거의 1/4이 지나가는 시점이 가까워진다. 21세기에 진입한 이래 국가 경제력은 조금씩 상승했으나 정치를 비롯한 나머지 분야는 크게 달라진 것이 없고 정체하거나 오히려 퇴보하고 있다. 2017년 이후에도 획기적 반전이 없으면 21세기 남은 기간도 허송세월로 끝날 가능성이 농후하다. 현 시점에서 2017년 이후를 책임질 지도자는 가시권에 들어오고 있지 않으나 바람직한 지도자의 등장을 바라는 국민의 바람은 어느 때보다 높다. 알렉산더 대왕이 B. C. 323년 6월 13일 바빌론에서 임종을 앞두고 "누구에게 왕국을 물려줄 것입니까?"라는 질문을 받았을 때 "가장 강한 자에게!"라고 말하였다. 그가 말한 가장 강한 자란 단순히 육체적 강자를 뜻한 것은 아니었을 것이다. 당대 최고 수준의 교육을 받았던 인물이었던 그로서는 아마도 지적으로 가장 강한 자, 가장 강력한 지도력을 발휘할 수 있는 자, 승리할 수 있는 자, 영감을 불어넣고 위업을 달성할 수 있는 자를 의미했을 것이며, 자신 만큼 강한 자가 뒤를 잇기를 바랐을 것이다. 위대한 지도자, 비범한 지도자, 뛰어난 지도자 범주에는 들어가지 못하더라도 최소한 당대의 시대적 사명을 알고 그것을 이루어낼 수 있는 지도자의 등장을 볼 수 있었으면 하는 것이 국민의 진솔한 염원이다.

민주주의 국가에서 훌륭한 지도자가 갖추어야 할 첫 번째 자질은 비전이다. 어빙 베빗Irving Babbitt이 자신의 명저 『민주주의와 지도력 *Democracy and Leadership*』(1924)에서 당대 최대 난제는 지도자의 비전 결핍보다 지도자의 엉터리 비전으로 인해 생겨난다고 한탄하면서, 민주주의 국가 지도자의 중요성을 강조하였다.

긴 안목에서 볼 때 민주주의는 정부 형태들보다 지도자들의 자질에 의해 판가름 난다. 지도자들의 자질이란 그들이 지닌 비전의 발현에서 비롯된다. 단순한 공상가와 비전을 갖춘 자의 차이는 지도력에 관계될 때 분명히 드러나는 것으로 비전은 좋은 지도자나 나쁜 지도자를 불문하고 직결되는 요소다. 이 진리를 외면하면 민주주의는 문명을 위협하게 된다.… 비전이 없으면 국민을 타락시키고 엉터리 비전은 국민을 더 빨리 타락시킨다.

베빗이 이 책을 쓴 동기는 당시의 시대적 상황과 관계된다. 1924년은 러시아혁명 직후 사회주의, 공산주의 바람이 거세게 불기 시작한 시기였으며, 미국사회에서도 마르크스주의자, 프로이드학파, 구조주의자, 공리주의자들에 의한 물질주의와 박애주의 바람이 거칠게 일어나던 시기였다. 그는 미국 인도주의자들을 옹호하고 인도주의와 자유주의에 반하는 그와 같은 시대적 역풍에 맞서기 위하여 책을 썼다. 이 책은 미국사회에서 지금도 사상적 영향을 주고 있다.

지도자의 비전은 지도자의 이념과 가치관에서 나온다. 자유주의 체제 역사가 짧은 신생독립국가일수록, 발전하고 도약하려는 국가일수록, 더욱이 이념적 분단국가일수록 이념과 가치관은 그 무엇에도 비교할 수 없을 만큼 중요하다. 대한민국이 바로 이 경우에 속하는 국가이므로 우리 국민들만큼 훌륭한 비전을 지닌 지도자를 필요로 하는 나라는 지구상에서 찾아보기 어렵다. 나쁜 이념을 지닌 지도자는 파국 초래자며, 이념이 없는 지도자는 혼란과 시행착오 초래자며, 이념의 시대가 지나갔다고 하는 지도자는 무지하고 위험한 선동자다. 530만 표라는 압도적 표차이로 당선했던 이명박 대통령이 초라한 족적을 남긴 것은 물론, 우리 사회를 이념갈등과 투쟁장으로 만들어놓고 떠났다. 그는 "이념의 시대는 지나갔으므로 중도실용주의로 가야 한다"는 정책노선을 들고 나와 체제변혁을 노리는 종북좌파들을 방치함으로써 역사에 크나큰 과오를 남기고 국민에게 무거운 짐을 안겨줬다.

지도자의 이념과 가치관은 그가 지닌 철학적 사고와 사상에서 나오는 것이므로 훌륭한 지도자, 성공하는 지도자가 되려면 평범한 정치인을 훨씬 능가하는 지적, 정신적 역량을 지닐 때 가능하다. 이념이 없는 지도자는 영혼이 없는 육체와 같고, 이념이 빈약한 지도자는 병든 육체와도 같다. 통일이 이루어지게 될 때까지 우리 시대 지도자들이 지녀야 할 비전은 어떤 것이어야 할까? 미래의 지도자들이 자유주의가 지닌 보편적 가치에 대한 믿음을 가지고 자유주의 체제를 유지·발전시켜 가는 것을 신성한 사명으로 받아들인다면 자유평화통일을 앞당길 수 있을 것이다. 글로벌 시대 경쟁력이 강한 국가로 발전하기 위하여 해양국가, 교역국가를 지향하고 정부간섭과 통제와 규제를 최소한으로 축소하면서 개인과 기업의 자유를 최대한 확대해나가는 지도자야말로 개방되고 자유스러운 법치 사회와, 만인이 법 앞에 평등하고 기회가 보장되는 정의사회 건설에 앞장설 수 있을 것이다.

우리 시대 지도자가 지녀야 할 두 번째 자질은 그러한 비전을 실현시키고자 제도적 개선과 정비를 감행하겠다는 결단력이다. 권좌에 오르기 위해 대중에 영합하고, 영달을 위해 양심을 팔며, 이념적 반대세력의 저항과 압력에 쉽게 굴복하거나 자리 보존을 위하여 그들에게 추파를 보내는 자는 제도 개선이나 정비를 안중에 두지 않는 최악의 지도자이다. 제도 개선과 정비 수준은 부분적이고 일시적인 것이 아니라 총체적이고 구조적이며 영구적인 것으로, 전면적인 리모델링 수준이어야 하므로 권좌를 걸고 결단하고 감행하는 지도자여야만 가능하다. 이렇게 하려면 개헌은 불가피하게 된다.

미래 지도자가 지녀야 할 세 번째 자질은 앞서 언급한 비전을 현실로 만들어내기 위해 파격적인 인재발탁과 미래지향적 인재양성 정책을 사심 없이 추구해 갈 수 있는 강력한 추진력이다. 역사를 본체만체하는 평범한 인물이나 이념을 장식품쯤으로 생각하고 비전을 광고물 정도로 여기는 수준 낮은 지도자는 결코 그와 같은 추진력을 발휘하지 못한다. 자유민주주의 국가에서 지도자를 선출하는 것은 국민이므로 국민이 선출한 지도자 수준은 국민의 정치적 수준을 벗어나지 못한다. 위대한 지도자, 비범한 지도자, 훌륭한 지도자를 바란다면 국민 자신이 위대하거나, 비범하거나, 훌륭한 지도자적 자질을 지닌 인물을 알아볼 수 있는 식견이 있어야 하고, 한때의 선동가나 영합주의자들에게 속아 넘어가지 않는 지혜가 있어야 한다. 따라서 바람직한 지도자 등장을 바라는 만큼 관심과 노력을 기울여야 하고 이것은 민주시민의 기본덕목이다.

나는 지도자 문제와 관련하여 우리들 자신을 포함하여 미래 지도자를 꿈꾸는 사람들에게 링컨을 한번쯤은 연구해볼 것을 권고하고 싶다. 링컨은 우리에게 너무나 많이 알려진 인물이지만 그가 왜 그토록 위대한 지도자였는지를 정확히 알고 있는 사람은 드물다. 흔히 흑인노예 해방으로 인해 위대해졌다고 알려져 있지만 흑인문제를 둘러싸고 벌어진 내전을 치르면서 노예해방을 선언하고 노예제도를 영구히 없애기 위해 수정헌법 13조를 발의하기까지 보여준 지도력이 위대했기 때문이며, 분열된 국민을 하나로 묶어내기 위해 보여준 한없는 관용정신이 위대했기 때문이다. 가장 미천한 출생과 가장 보잘 것 없는 학력과 경력의 소유자가 기라성 같은 당대의 정치 거인들을 제치고 건국 이래 가장 위험했던 시기에 미합중국을 구하고 헌법적 가치를 지켜낼 수 있었던 비전과 용기, 결단력과 실천력이 어디에서 나왔을까 하는 점을 확인하게 된다면 크나큰 도움을 받을 수 있지 않을까 싶다. 링컨은 우리에게 대한민국 민주주의 발전과 한반도 통일 달성을 위해 오늘날에도 살아있는 가장 위대한 자유민주주의 스승임에 틀림이 없다. 북아메리카 대륙으로부터 저 멀리 반대편 끝자락에 위치한 러시아의 대문호였던 톨스토이는 링컨이 얼마나 위대한 지도자였던가를 말하였다.

워싱턴은 전형적인 미국인이고 나폴레옹은 전형적인 프랑스인이다. 그러나 링컨은 세계에 널리 알려진 인도주의자다. 그는 미국보다 크고 모든 대통령을 합친 것보다 크다.

이것은 도리스 컨스 굿윈Doris Kearns Goodwin의 『라이벌들의 팀 Team of Rivals』(2005)에 쓰여 있는 내용이다. 이 책은 가장 최근에 나온 링컨에 관한 책이다. 미국 역대 대통령들 중 가장 많은 전기와 기록물의 대상이 되고 있는 인물은 단연 링컨이다. 저자인 굿윈은 하버드대에서 10년간 '미국 대통령 통치'를 가르친 교수였다. 린든 존슨 대통령 보좌관을 지냈고 NBC TV 방송 정치분석관으로도 활동한 저술가이다. 10

년간에 걸쳐 광범위한 조사, 연구를 통해 내놓은 것이 『라이벌들의 팀』이다. 출판되자마자 베스트셀러로 선풍적인 반응을 불러일으킨 책으로 링컨에 관한 한 가장 심도 깊게 링컨의 인간적 내면에 대한 실증적 자료와, 지도력 발휘와 관련된 다양한 사례를 담고 있다. 제목이 말해주듯이 쟁쟁한 경쟁자들과 정적들을 한 팀으로 만들어 남북전쟁을 승리로 이끌고 노예해방이라는 위업을 달성할 수 있었던 것이 책 내용의 줄거리다.

1860년 공화당 대통령 후보경선 당시 링컨은 가장 전망이 어두운 후보였다. 이에 비해 경쟁자들이었던 3명은 오래전부터 전국적으로 알려진 거물들로서 흑인 노예문제에 있어서 이미 링컨보다 앞서가던 인물들이었음에도 경선 결과는 링컨의 승리였다. 대통령 당선 직후 링컨은 그들을 간곡하게 설득하여 국무장관, 재무장관, 법무장관으로 영입하였다. 뿐만 아니라 민주당 인사들을 주요 직책에 발탁하였고, 변호사 시절 링컨에게 인간적 모욕감을 안겨주었던 인사를 전쟁장관에 앉혀 내전을 승리로 이끌고 노예해방 선언을 되돌려 놓지 못하도록 의회 내 반대자들을 설득, 회유하여 수정헌법 13조를 발의하는데 성공하였다. 노예제도 폐지를 골자로 하는 수정조항 13조는 링컨 사망 약 2개월 전인 1865년 2월 1일 발의되었으나 비준은 그의 사후인 1865년 12월 18일에 이루어졌다.

노예 또는 강제적 노역은 당사자가 정당하게 유죄 판결을 받은 범죄에 대한 처벌이 아니면, 미국 또는 그 관할에 속하는 어느 장소에서도 존재할 수 없다.

『라이벌들의 팀』을 읽어보면 톨스토이의 링컨에 대한 평가가 결코 과장이 아님을 확인할 수 있다. 미국의 국민 시인으로서 링컨을 '민초들의 대통령the prairie president'으로 묘사했던 휘트먼Walt Whitman은 1888년 글에서 링컨을 19세기 모든 지도자들 중 가장 위대한 지도자라고 썼다. 『라이벌들의 팀』을 읽고 번역·출판할 가치가 있다고 생각해서 검토하던 중 2007년 출판사 21세기북스에서 전문번역가 이수연이 『권력의 조건』이라는 제목으로 번역·출판한 것을 알게 되었다. 옮긴이가 왜 제목을 그렇게 정했는지는 확인하진 않았으나 링컨이 살벌한 정치 상황 속에서 권력 획득에 성공하고 권력 행사에서 위대해질 수 있었던 점을 중요시했기 때문이 아닐까 하고 추측이 된다.

그러나 내가 보기엔 『라이벌들의 팀』은 이 시대 우리들에게 꼭 필요한 민주주의 교과서로서 가치가 훨씬 높은 책이다. 링컨이 위대한 미국 대통령이어서 책을 권하고자 하는 것이 아니다. 링컨이 살았던 시대상황이 오늘날 우리 시대환경과 매우 유사하고 전쟁 시 군 통수권자로서 어떠한 리더십을 발휘해야 하고, 자유민주주의 국가 지도자가 어떤 자질을 지녀야 하며, 그러한 자질을 어떻게 발휘해야만 하는가를 교과서적으로 보여주고 있기 때문이다. 링컨이 집권했던 시기는 1787년 미합중국이 출범하고 73년째 되던 해였다. 철도산업을 비롯한 산업화가 본격화되기 시작하면서 무수한 이해관계 충돌이 생기고 노예문제를 둘러싸고 남북 간 심각한 분열 현상이 진행되던 시기다. 2014년 현재 대한민국은 1948년 건국 후 66년째를 맞이하고 있고, 산업화 마무리와 민주화 과정에서 빚어진 정치·경제·사회적 모순 갈등에 더하여 이념적 남북분단과 연계된 남한 내 이념갈등과 투쟁이 격화되고 있다. 당시 미국은 하나의 국가가 둘로 쪼개지는 것을 막아야 했다면 지금의 대한민국은 둘로 쪼개진 국가를 하나로 통합해야 하는 입장이다. 이는 외견상 반대현상이나 그러한 현상을 극복함에 있어서 어려움이 크고 초인적 노력이 필요하다는 점에서는 차이가 없다.

링컨이 4년 동안 내전을 치르면서 1차 세계대전, 2차 세계대전, 6·25전쟁, 베트남전을 통한 전사자 63만 4천 명에 가까운 62만 3천 명이라는 고귀한 인명을 희생하였음에도 국가분열을 막아내고 노예를 해방시킨 점은 이념적 분단을 극복해야 하는 우리들에게 많은 교훈과, 분열과 분단의 극복 지도상을 보여준다. 국가운명을 좌우하는 가치와 원칙 문제를 둘러싼 갈등과 충돌 속에서도 정적들, 비판자들과 국민을 자기편으로 끌어들이기 위한 인사와 정책결정 과정에서 보여준 지도력은 우리 지도자들이 본받아야 할 가치가 있고도 남는다. 그러나 무엇보다 링컨이 보여준 지도력의 위대함은 가치와 원칙의 힘에 있다. 그는 가치와 원칙의 힘으로 자신에게 주어진 역사적 사명을 다했으나 결국은 자신의 목숨을 바쳐야 했을 만큼 그가 지키고자 했던 가치와 원칙은 자신만의 것이 아니라 미국민의 것이자 인류의 것이라고 믿었다. 어떤 경우에도 양보할 수 없고, 어떤 것과도 흥정할 수 없는 것임을 보여주었다. 건국 조상들을 사자들의 가족, 독수리 가족과도 같고 거대한 참나무 숲과도 같다고 믿었던 그는 건국 조상들이 물려준 미합중국과 미합중국을 떠받치고 있는 가치와 원칙을 지켰다. "만인이 동등하게 태어났다"는 인류 대의 실현이라는 오직 하나의 목표를 달성하는 것이 자신에게 주어진 사명이라는 믿음 위에 서서 국가와 국민을 이끌었다. 그러한 링컨의 사상은 상원의원 선거에서 패배한 후 한 친구에게 보낸 편지에 잘 나타나 있다.

나는 한번 패배했다고 결코 포기하지 않을 것이다. 떨쳐버릴 수 없는 시대적 과제를 위해 백 번의 패배라도 감수할 생각이다.

그가 말한 시대적 과제란 노예문제를 염두에 둔 시민의 자유 실현을 의미했다. 그는 당선을 위해 싸웠다기보다 원칙을 위해 싸웠으며, 원칙을 포기할 수 없는 한 싸움 역시 포기할 수 없었다. 1860년 대통령 선거 당시 자유와 노예문제를 두고 상대후보로부터 맹공을 받고 "우리는 이 전투에서 오직 원칙 하나만을 두고 싸워야 한다"라고 응수하면서 독립선언문 중 인류 대의를 위한 보편적 가치를 압축한 표현을 인용하였다.

모든 사람은 평등하게 태어났고 창조주로부터 양도할 수 없는 권리들을 부여받았으며, 그 권리들 중에는 생명과 자유와 행복의 추구가 있다.

그런 다음 노예제도는 독립선언서 정신을 위배하는 것이라고 결론지었다. 1861년 2월 링컨이 대통령 취임을 위해 워싱턴으로 가던 도중 필라델피아에서 군중들의 요청을 받고 한 간단한 연설에서 미합중국 보존과 자유를 위한 투쟁에서 "원칙을 포기하느니 차라리 죽임을 당하겠다"는 결의를 다짐했다. 1863년 1월 1일, 노예해방 선언 당시 언급한 짤막한 말, "친애하는 국민 여러분, 우리는 역사를 피해갈 수 없습니다. Fellow citizens, we cannot escape history"는 그가 긴 역사적 안목에서 자신에게 주어진 시대적 사명을 겸허하게 받아들였다는 것을 의미한다. 우리들의 지도자들도 자유평화 통일이라는 민족적 과업을 미루어두거나 포기하거나 피해갈 수 없는 역사적 사명임을 링컨만큼이나 결연하게 인식할 필요가 있다.

1865년 4월 14일 링컨이 총탄에 맞아 쓰러졌을 때 그 옆에서 가장 비통한 눈물을 흘렸던 사람은 전쟁장관이던 에드윈 스탠턴Edwin Stanton

이었다. 그가 바로 변호사 시절 링컨이 듣는 자리에서 "원숭이처럼 팔이 긴 저자는 누구인가?"라고 모욕을 주고 조롱했던 장본인이다. 링컨이 대통령에 취임했을 당시 모든 정치 라이벌들과 대부분의 언론들은 그를 낮추어보고 얕잡아 보았으나, 링컨이 4년 후 흉탄에 맞아 쓰러졌을 때 가장 슬퍼했던 사람들이 그의 정치적 라이벌들이었으며 북군병사들과 국민들이다. 이는 지도자로서 그가 지녔던 성인에 버금갈 정도의 관대함에 그 원인이 있었다. 목표달성을 향한 그의 강인한 신념 뒤에는 한없는 관용정신이 있었다. 그가 남긴 가장 유명한 연설은 게티즈버그 연설로 알려져 있으나, 그것보다 더 위대한 정신이 담긴 연설은 재선 취임연설이다. 700여 자 남짓한 짧은 연설문 말미를 장식한 저 유명한 문구 "누구에도 원한을 갖지 말며, 모든 이에게 관용을. With malice toward none, with charity for all"은 지도자 링컨의 모든 것을 함축하고 있다.

남북이 갈라져 4년 간 피비린내 나는 내전을 끝낸 당시의 상황을 상상하는 것은 어렵지 않다. 전쟁은 끝났으나 극도의 적대감과 분노, 상실감과 보복심리가 팽배하던 시기에 승리자로서 상처 입은 미합중국의 치유와 분열된 미국민 간의 화해를 위해 어떠한 보복도 바라지 않고 어떠한 앙금도 남기지 않으려고 했던 그의 호소는 분열된 국가 지도자에겐 위대한 본보기가 아닐 수 없다. 링컨의 관대함과 관용정신은 내전 승리 직후 전쟁장관인 스탠턴에게 보낸 편지에 잘 나타나 있다.

양측이 다시 하나로 결합하는 날을 내다볼 때 정부는 사회 심장부에 너무 많은 가시를 심거나 기르는 일을 피하지 않으면 안 된다.

당시 스탠턴 장관은 전쟁 중에 발생한 온갖 반역행위, 탈법행위들에 대해 엄격한 처벌을 바랐다. 내전 후 재건정책에서도 원칙적 강경론을 주장하였기 때문에 이를 우려한 링컨이 그의 생각이 바뀌기를 바라면서 보낸 편지 내용이다. 만약 링컨이 가치와 원칙만 고집하고 관대함과 관용정신이 없었다면 그는 결코 자신의 과업을 성공적으로 이루어내지 못했을 것이다. 자유민주주의 국가에서 관대함과 관용이 없는 가치와 원칙 일변도 지도자는 아무리 숭고한 목적을 지녔다 하더라도 그것을 달성하기는 어렵다. 링컨은 위기극복 지도자로서 서둘러야 할 때와 기다려야 할 때와 앞장서야 할 때를 판단해낼 수 있는 타고난 감각을 지녔던 지도자였다. 당대에 링컨에 대해 인식을 바꾼 다수의 인사들 가운데 한 사람이었던 주영 미 공사 찰스 애덤스Charles Francis Adams가 1861년 링컨을 처음 대면한 인상을 기록에 남긴 것을 보면 "크고 못생기고 조금도 세련된 면이 없는, 같은 문명권에 속하고 있다고 믿기 어려운 자로서 영웅다운 자질은커녕 그의 직책에도 어울리지 않는다"라고 했다. 그러나 1863년 말경에 가서 생각을 완전히 바꾸게 된 동기를 "링컨이 우월한 천재여서가 아니라 시종일관 그가 보여준 정직성과 충실성에 대한 국민적 확신에 깊은 인상을 심어줬기 때문이다"고 말했다.

2017년 이후 대한민국 지도자가 되기를 꿈꾸는 정치 지망생들이 링컨의 지도력을 닮고자 하는 노력을 게을리 하지 않는다면 크게 성공할 수 있게 될 것이며, 국가와 국민에겐 큰 행운과 축복이 될 것이다.

　책을 마무리 할 즈음 세계인들을 슬프게 하고 세계인들을 경악케 하는 일이 동시에 발생하였다. 남아프리카공화국에서 넬슨 만델라 Nelson Mandela 서거로 91개 국가정상들과 지도층 인사들이 참석한 가운데 장례식이 치러질 무렵(2013년 12월 10일) 북한에서는 김일성 일가 3대에 걸친 충신 장성택이 공개회의 석상에서 끌려 나간 지 나흘 만인 2013년 12월 12일 기관총 난사로 처형당했다는 사실이다. 너무나도 기묘한 극과 극의 일치다. 만델라는 27년에 걸친 감옥살이를 감수하면서까지 수백 년에 걸친 백인지배를 종식시킨 흑인 지도자로서, 초대 흑인 대통령직에 올라 과거를 용서하고 흑백이 하나 되는 국가를 만들어낸 위업을 달성함으로써 링컨의 면모를 보인 금세기 가장 위대한 지도자였다. 북한 김정은 집단은 수십만 인민을 죽음의 수용소로 몰아넣고 정치적 동지들까지 무자비한 학살을 자행함으로써 1930년대 스탈린에 의한 '피의 숙청' 시대를 방불케 하는 공포시대를 연출하고 있다.

장성택은 김정일의 누이동생 남편이자 김정은의 친親고모부다. "반당, 종파분자는 혈육이라도 용서치 않는다"는 그들의 선전은 인간이기를 포기한 살인집단의 단말마 그 자체다. 북한의 세습독재 왕조체제 붕괴는 시간문제일 것이며, 공포정치가 강화될수록 붕괴의 날은 빨리 도래할 것이다. 기회가 왔을 때 기회를 놓치는 국민은 구제불능이다. 김일성을 어버이라 하고 김정일을 위대한 수령으로 치켜세우며 저 무시무시한 김정은 체제를 옹호하는 종북세력이 국회를 포함하여 곳곳에 포진하고 있다. 정치는 지금 이 시각에도 국민의 발목을 잡거나 손목을 비틀기에 여념이 없다.

과대망상적 독단을 일삼는 대학교수들은 국민을 바보로 알고 멋대로 떠들어댄다. "신자유주의를 종식시키지 않으면 인류는 또 다른 가공할 반인간적 체제 등장을 보게 될 것"이라고 겁을 주는 교수는 지금도 연세대에서 정치학을 가르치고 있다. 우리 사회는 과잉민주, 과잉자유, 과잉평등 바람이 몰아치는 광야와도 같다. 잘못 되어 가는 것이 너무나 많고, 잘못 하고 있는 것도 너무나 많다.

과연 우리 국민이 훌륭한 지도자를 만나 기회를 놓치지 않고 역사적 사명을 다해낼 수 있을까?

기파랑耆婆朗은 삼국유사에 수록된 신라시대 향가 찬기파랑가讚耆婆朗歌의 주인공입니다. 작자 충담忠談은 달과 시내의 잣나무의 은유를 통해 이상적인 화랑의 모습을 그리고 있습니다. 어두운 구름을 헤치고 나와 세상을 비추는 달의 강인함, 끝간 데 없이 뻗어나간 시냇물의 영원함, 그리고 겨울 찬서리 이겨내고 늘 푸른빛을 잃지 않는 잣나무의 불변함은 도서출판 기파랑의 정신입니다.

경제민주화를 비판하다

임현진 · 김종인 · 백낙청 · 송호근 주장의 허구

1판 1쇄 발행_ 2014년 3월 24일
　2쇄 인쇄_ 2014년 6월 16일

지은이_ 허화평
펴낸이_ 안병훈
디자인_ 표지 김은주, 본문 김유미

펴낸곳_ 도서출판 기파랑
등록_ 2004. 12. 27 | 제 300-2004-204호
서울시 종로구 대학로8가길 56(동숭동 1-49 동숭빌딩) 301호
전화_ 02-763-8996(편집부) 02-3288-0077(영업마케팅부)
팩스_ 02-763-8936
이메일_ info@guiparang.com
홈페이지_ www.guiparang.com

ⓒ 허화평, 2014

ISBN_ 978-89-6523-893-5 03320